STEFANO
FERRARI
1990
—

TASCABILI BOMPIANI 202
SAGGI

Umberto Eco

LA STRUTTURA ASSENTE

TASCABILI BOMPIANI

ISBN 88-452-0711-0

1968 Gruppo Editoriale Fabbri, Bompiani, Sonzogno, Etas S p A
Via Mecenate 91 - Milano

VI edizione "Tascabili Bompiani" settembre 1989

PREFAZIONE

1. Riflessioni 1980

Questa edizione della Struttura assente *appare oltre dodici anni dopo la prima. Troppo, per un libro che è stato scritto sotto l'impulso di discussioni culturali che si sono in seguito evolute e che talora hanno prodotto vistose inversioni di rotta. Troppo, se si pensa che, uscito nel 1968, questo libro è stato via via riscritto per una buona metà, in vista delle traduzioni straniere (che quindi sono diverse da questa edizione), tanto che nel 1971 pubblicavo i saggi de* Le forme del contenuto *come parziale (e talora vistosa) correzione di queste pagine; e nel 1975, dopo un disperante lavoro di adattamento de* la Struttura assente *per una edizione inglese sempre dilazionata, finivo per dare alle stampe il* Trattato di semiotica generale, *che pur partendo dagli stessi problemi di questo libro, e conservandone alcune proposte, di fatto si presenta come un'opera diversa.*

Il lettore ha dunque il diritto di chiedersi perché io acconsenta all'edizione economica, senza alcuna alterazione, di un libro che giudico in buona parte superato.

Potrei rispondere che i librai e il pubblico lo richiedono ancora, e in questa collana sono già stati ripubblicati altri miei vecchi libri come Opera aperta *e* Apocalittici e integrati. *Una collana economica ristampa di solito anche libri che vengono consultati o riletti a titolo di documento, per ricordare di cosa si discuteva tanti anni fa.*

C'è però una seconda risposta: ed è che ci sono alcune

parti di questo libro che, per quanti errori di valutazione contengano, mi lasciano ancora soddisfatto quanto alle prospettive che lasciavano intravvedere. In particolare, proprio la sezione D, quella che contiene la discussione filosofica sui fondamenti dello strutturalismo, è quella che, piú delle altre, non riscriverei oggi cosí come appare, ma è anche quella in cui — credo — intravvedevo degli sviluppi futuri che poi hanno avuto effettivamente luogo: la dissoluzione dello strutturalismo come ontologia, la nascita di un discorso neo-nietzscheano, lo scollamento tra questo discorso e il marxismo, il manierismo post-lacaniano, i nuovi filosofi e il loro rifiuto della prospettiva illuministica che ancora pervadeva il discorso strutturalista — e non dico infine il "riflusso" perché questo termine non mi piace, è vago, ambiguo, spesso falso come quello di "crisi della ragione", ma molte delle cose che oggi vengono impropriamente definite con queste etichette erano annunciate, vorrei dire minacciate, in queste pagine. Partendo da argomenti forse sbagliati (e mi dispiace), avevo ragione (e mi dispiace ancor di piú). A causa di questi due dispiaceri, provo una certa acre soddisfazione.

Ma andiamo per ordine. Tra il 1962 e il 1965, preparando l'edizione francese di Opera aperta *(si veda l'introduzione all'ultima edizione del libro, in questa stessa collana) trasformavo il mio approccio ai problemi della comunicazione, inizialmente debitore alla teoria dell'informazione e alle semantiche anglosassoni, in un approccio che risentiva sempre piú della linguistica strutturale e del formalismo russo. Nel 1964 Barthes pubblicava su* Communications *numero 4 i suoi "Elements de sémiologie". Mi pare giusto ricordare qui ciò che quel breve testo, volutamente umile e compilatorio, ha costituito per tutti noi che ci interessiamo oggi di semiotica: un impulso a lavorare sui sistemi di segni e sui processi di comunicazione, magari poi in direzioni diverse, magari ostinatamente ancora, dopo che Barthes si era sempre piú disinteressato alla teoria pura. Ma senza l'appello di Barthes molte cose non sarebbero successe.*

Nel 1967 mi trovavo a insegnare teoria delle comunicazioni visive alla Facoltà di Architettura di Firenze: di lí un corso sulla semiologia visiva e, naturalmente, sull'aspetto comunicativo dell'architettura, sviluppando certe idee che avevo abbozzato l'anno prima durante un corso estivo in

Brasile. Avevo deciso di fare delle dispense. La contestazione studentesca non era ancora scoppiata, ma mi pareva immorale ciclostilare un testo da far pagare molto caro, guadagnandovi una tangente. Cosí chiesi alla Bompiani di stamparmi qualche centinaio di copie fuori commercio di un libro a uso esclusivo degli studenti fiorentini, da vendere a prezzo di costo tipografico. Resi pubblici i conti del tipografo e del legatore, si poté vendere il libro a una cifra inferiore a quella delle consuete dispense.

Il libro si intitolava Appunti per una semiologia delle comunicazioni visive, contava duecento pagine e conteneva quelle che sono ora le sezioni A, B e C della Struttura assente. La destinazione dell'opera spiega gli scompensi rimasti poi nel presente libro. La parte teorica aveva funzioni meramente introduttive per studenti non a giorno dei problemi linguistici, era molto compilatoria, per nulla originale, ed è ora quella che sento piú superata e che di fatto è stata via via sviluppata per le edizioni straniere, sino al Trattato. Le sezioni B (sui segni iconici) e quella C (sull'architettura) rappresentavano invece il mio contributo originale al corso. Nella B muovevo per la prima volta una critica radicale al concetto di somiglianza iconica; in seguito ho corretto e diversamente bilanciato questo discorso, che nel Trattato ha dato origine poi alla teoria dei modi di produzione segnica. Ma, per imprudente che fosse, la mia argomentazione suscitò in seguito molte discussioni, specie tra i teorici della semiologia cinematografica (c'erano stati da poco gli incontri di Pesaro 1967, con Della Volpe, Pasolini, Metz, Garroni e altri). Cosí accadde che proprio la parte sui codici del film è quella che ancor oggi ritrovo continuamente tradotta, qua e là per il mondo, in molte antologie e readings. Nella sezione C sviluppavo infine un approccio semiotico all'architettura che oggi trovo molto difettoso, ma che non ho mai piú corretto: e anche questo testo è di continuo ripubblicato, se non come contributo attuale, almeno come documento dell'avvio di un discorso (si veda per esempio la recente antologia inglese Signs, Symbols and Architecture, a cura di G. Broadbent, R. Bunt e Ch. Jencks, London, Wiley, 1980).

Il libro, come ho detto, era fuori commercio. Ma, visto che ne avevo spedito varie copie a studiosi amici, ebbe varie *recensioni, e si cominciò a chiederlo nelle librerie. Pasolini, per esempio, ne scrisse una cordiale e appassionata confutazione ("Il codice dei codici", poi pubblicato in* Empirismo eretico) *auspicando che non rimanesse accessibile ai soli studenti fiorentini. Di qui la richiesta, da parte dell'editore, di metterlo in commercio. Volevo naturalmente integrarlo, aggiungervi i risultati di altre discussioni, e da duecento passò a quattrocento pagine.*

Qual è quindi la differenza tra quegli Appunti *e la* Struttura assente? *Che una discussione inizialmente finalizzata alla sezione C, e cioè all'impostazione di una semiotica dell'architettura, diventò strada facendo una discussione finalizzata a stabilire i rapporti tra l'impresa semiologica (o semiotica) e la metodologia strutturalista. Vale a dire che il centro del libro divenne la sezione D, il che spiega perché il tema della struttura si sia spostato nel titolo, mentre quello della semiologia è passato nel sottotitolo.*

Rivisto ora, il progetto appare ansimante: da un lato mi interessava porre i principi per uno studio semiologico generalizzato, e riconoscevo che questo, se pure poteva e doveva avvalersi di molti portati della metodologia strutturalistica quale si era sviluppata in linguistica e antropologia strutturale, non poteva identificarsi con essa. Nel Trattato *questo problema è abbondantemente superato, e cioè non esiste piú come problema. Ma a` quei tempi, dico 1967-1968, non si capiva bene cosa distinguesse la semiologia dallo strutturalismo. Non era ancora chiaro che la prima, se non era una scienza, o una disciplina omogenea, in ogni caso era l'approccio a un oggetto,* dato o posto *che fosse. Mentre il secondo era un metodo per studiare quello, e altri, oggetti.*

Ma perché si identificavano cosí strettamente la "scienza dei segni" (assumiamo pure il termine "scienza" nel senso piú lato e piú impregiudicato dei sensi) e il metodo strutturale? Certo, anzitutto, perché il rilancio di una scienza dei segni veniva fatto allora, specie in Francia, nell'ambito della linguistica strutturalistica. Ma bastava questo elemento contingente, diciamo pure, di moda culturale, a tener fermo l'equivoco quando si vedeva per esempio nell'opera di Jakobson una maggiore flessibilità nell'introdurre nel discorso semiotico anche teorie e pratiche non strutturalistiche, come per esempio quella di Peirce?

La verità era che proprio il discorso condotto in Francia tendeva, a mio parere, sempre piú a occultare il fatto che lo strutturalismo fosse un metodo (per quanto fecondissimo) per presentarlo (piú o meno esplicitamente) come una filosofia, una visione del mondo, una ontologia.

Era vero? La risposta a questa domanda era contenuta nella sezione D della Struttura assente. Lo studio di Lévi-Strauss mi aveva convinto che la tentazione ontologica fosse presente in tutti i suoi scritti (e forse sono stato piú severo e sospettoso di quanto Lévi-Strauss non meritasse: ma spero rimanga ancora evidente quanto fossi attratto e nutrito dal pensiero che criticavo). Le opere che allora stavano uscendo di Derrida e Foucault (Deleuze non aveva ancora pubblicato Différence et répétition) mi spingevano a identificare la nascita di un post-strutturalismo che conduceva a una anti-ontologia proprio sulla base delle contraddizioni dell'ontologia strutturalista. Tracce e indizi trovavo nel discorso della nouvelle critique che inverava il magistero di Blanchot... E infine erano apparsi da due anni gli Écrits di Lacan, o per meglio dire da un anno, poiché erano stati pubblicati a fine '66 e io ne scrivevo a inizio '68.

Stabilisco queste date per spiegare la natura di pamphlet della mia sezione D. Scrivevo sull'onda di letture fresche e di discussioni in atto: non elaboravo uno studio critico, intervenivo nel vivo di un dibattito.

Queste cose vanno dette perché oggi ammetto che la mia lettura di Lacan è stata infedele. Ma cosa vuol dire "infedele" dato che proprio dalla lezione di Lacan, non so dire per quanta responsabilità sua, sono uscite le teorie della decostruzione del testo, dei liberi rapporti di godimento con un tessuto testuale, e quindi del diritto a leggere quasi teologalmente le nuove Scritture? È chiaro che di Lacan ho dato una lettura "sintomale" e sarei disposto ad ammettere che le letture sintomali sono cattive perché bisogna far dire a un autore solo ciò che voleva dire e non ciò che ci sembra dire contro le sue intenzioni: ma mi riesce difficile accettare la lezione proprio da chi sarebbe dispostissimo a dare, e ha dato, letture sintomali della mia lettura sintomale.

Comunque: quale fosse il mio errore me lo hanno spiegato in molti. Io assumevo Lacan come fosse un filosofo e come se manovrasse concetti filosofici (si badi bene, li mano-

*vrava ed esplicitamente li derivava da Heidegger!) Ma, mi
è stato detto, questi concetti filosofici acquistavano nuove
valenze per il fatto che si inserivano nel discorso di uno
psicanalista. Termini come Essere, Verità o Altro, quando
sono riferiti all'inconscio, al fallo, al triangolo edipico, non
sono più la stessa cosa che erano quando erano riferiti, che
so, a Dio o all'essere in quanto essere. È vero? Forse era
vero per Lacan, non credo affatto che sia stato vero per
chi poi è partito di là per rileggere Platone o Parmenide,
Heidegger o Nietzsche. Voglio dire che credo ancora che,
quando io scrivevo: "partendo di qua si arriverà là", forse
usavo la pagina di Lacan con spregiudicatezza, ma indicavo
le direzioni che avrebbero preso molti che le avrebbero lette
con la stessa spregiudicatezza. Ecco perché ritengo che, una
volta avvertito il lettore che credo di essere stato polemico,
avventato e superficiale nello stendere il capitolo 5 della
sezione D ("La struttura e l'assenza"), in quel capitolo dicevo qualcosa di giusto. Non so cosa voglia dire "giusto", ma
lo dicevo.*

*Quando si trattò di riscrivere parte del libro per le edi-
zioni straniere, è proprio su quel capitolo che ho cercato di
sfuggire alle obiezioni che mi erano state mosse. Le traduzioni jugoslava, brasiliana e polacca uscirono troppo presto
ed erano ancora uguali alla prima edizione italiana (e quindi a questa qui ristampata). Invece le traduzioni spagnola,
francese, tedesca e svedese contengono già le parti nuove
e rivedute. Come dicevo nell'edizione francese del Mercure
de France (1972): "questi rimaneggiamenti non sono solo
dovuti all'atteggiamento normale di un autore che riconsidera il suo libro qualche anno dopo averlo scritto, ma alla
natura stessa della disciplina semiotica che, facendosi e rifacendosi giorno per giorno, obbliga studiosi e lettori a considerare ogni opera come un palinsesto."*

*Il palinsesto, dovutamente grattato e riscritto, propone-
va una sezione A affine al capitolo "I percorsi del senso"
che appare ne Le forme del contenuto; abbreviava e rivede-
va vari punti della sezione D ma, in particolare, riscriveva
del tutto il famigerato capitolo 5. Detto in poche parole,
saltava la polemica con Lacan. Siccome ritenevo fosse una
polemica attaccabile e confutabile, avevo deciso di eliminarla.
Ma eliminarla avrebbe voluto dire non avere più il punto*

*di raccordo che mi permetteva di dedurre la contraddizione
interna di ogni strutturalismo ontologico, e la sua dissoluzione fatale — se non si fosse accettato al contrario lo strutturalismo come un metodo.*

Come uscire da questo impasse? *Il mio ragionamento è
stato il seguente: io ritenevo, tra il 1966 e il 1968, che
nella psicoanalisi lacaniana ci fossero, piú o meno esplicite,
delle idee filosofiche (a cui Lacan era debitore) che non
avrebbero potuto che portare alle conseguenze x, y, z; quindi
si trattava di trovare le radici delle conseguenze di cui parlavo
in quelle idee filosofiche stesse, in modo che la mia deduzione da antecedenti a conseguenti fosse giudicata sul terreno
filosofico su cui mi ponevo, e non sul terreno psicoanalitico
su cui non mi sentivo di battermi (e male avevo fatto a battermi su un terreno che non era il mio). Naturalmente il
lettore, aiutato anche da qualche nota, capirà che il mio
discorso può coinvolgere anche Lacan, ma io non mi impegno a dire in che misura, visto che quando l'ho fatto sono
stato accusato di averlo detto male. In questa storia Lacan
appare come il tramite di certe idee, ma le idee sono quelle,
e forse avrebbero circolato e si sarebbero sviluppate lo stesso anche senza la mediazione psicoanalitica lacaniana. Mi
avvedo che sto enunciando un controfattuale a metà, del
tipo "se Napoleone non fosse esistito, l'assetto dell'Europa
ottocentesca sarebbe stato lo stesso quello che fu dopo il
congresso di Vienna" — dove la verità dell'inferenza (e giustamente, direbbe un logico) nasce dalla verità del conseguente e indipendentemente dalla verità dell'antecedente.
Ma lascio agli ucronisti la valutazione dell'implicita teoria
della storia delle idee che la mia decisione suggerisce. Quello
che so è che oggi, nel campo del post-strutturalismo, francese e no, si parla nei termini che io avevo annunciato anche
se si disconosce il lacanismo e la psicoanalisi in genere.*

*Siccome stiamo parlando a carte scoperte, vorrei preveni-
re una obiezione maliziosa; che cioè traducendo il mio libro
in Francia, agli inizi dei settanta, in un ambiente dominato
ormai dal verbo lacaniano, io cercassi di evitare scomuniche.
Le scomuniche erano già arrivate, e radicali, il libro era stato
rifiutato da miei precedenti editori, e da altri ancora, proprio
per peccato di lesa maestà. Per dirla un po' all'ingrosso,
l'edizione presso il* Mercure de France *fu patrocinata proprio*

da gruppi francesi estranei al discorso lacaniano che forse
avrebbero goduto di una polemica piú esplicita. La correzione di rotta è stata ispirata a valutazioni di prudenza argo-
mentativa e non di prudenza "politica". Anche se non posso
negare il ricatto psicologico: quando tutti ti dicono che hai
torto, e ti senti isolato, fai degli esami di coscienza forse
eccessivi. Ma in definitiva l'esame di coscienza è stato tutto
sommato sereno, almeno dal punto di vista teorico.

Tuttavia, la nuova stesura non rappresentava certo un
modo di fare ammenda, ma di mostrare semmai che avevo
ragione in ogni caso. E questo spiega perché i risultati di
quella scomunica si fanno ancora sentire. Devo solo aggiungere che l'unica persona da cui non ho avuto mai reazioni
astiose, né quella interruzione di rapporti umani che in terra
di Francia consegue fatalmente alle differenze di opinione,
ma anzi sincere e generose prove di cordialità, è stato proprio Jacques Lacan.

Ora che ho detto l'imbarazzo teorico che mi ha provocato
la sezione D, e i ripensamenti (parziali) a cui mi ha condotto, credo che, a conclusione di questa prefazione, sia opportuno fare una sola cosa. Pubblicare, per la prima volta in
italiano, la parte che nelle edizioni straniere sostituiva i paragrafi I-IX.4 di questo libro (da IX.5 in avanti, anche le
edizioni straniere riprendevano nello stesso modo).

2. Riflessioni 1971/1972

2.1 L'AUTODISTRUZIONE ONTOLOGICA DELLA STRUTTURA

Supponiamo di avere individuato la struttura di una lingua (chiamiamola s_a). Poi di avere individuato la struttura
dei rapporti parentali nel villaggio dove si parla la lingua esaminata. Chiamiamo questa struttura parentale s_b. Infine supponiamo di avere individuato la struttura che regola l'organizzazione spaziale del villaggio (chiamiamola s_c). Evidentemente queste sono strutture superficiali che hanno potuto
assumere una forma omologa in quanto erano le esecuzioni
di una struttura soggiacente, piú profonda, che chiameremo S_x.

Ora il problema è il seguente: se scopro un nuovo fenomeno la cui definizione è possibile negli stessi termini di s_a, s_b, s_c, non ho che da formulare una quarta struttura superficiale s_d di cui la struttura profonda s_x dà le regole di trasformazione in s_a, s_b, s_c. Se invece individuo un nuovo fenomeno che può essere spiegato nei termini di un modello s_δ, omologo a eventuali modelli s_α, s_β, s_γ, questi non saranno più riconducibili a S_x bensì a un nuovo modello S_y. Dal canto loro S_x e S_y saranno a loro volta le manifestazioni superficiali di una struttura profondissima S_n, secondo lo schema riprodotto qui sotto.

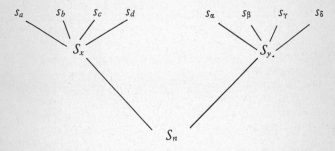

È ovvio come questo sia solo il nucleo di una ramificazione più vasta, grazie alla quale si possa discendere ogni volta che appare operativamente necessario *a strutture più profonde*. Ma sia chiaro che questo metodo prevede due principi fondamentali: a) la struttura S_n che individuo come l'ultima, la più profonda della serie, è tale solo al punto in cui la mia conoscenza è arrivata; una nuova indagine può indurmi a distruggerla come struttura profonda, codice ultimo, per identificarla come una delle tante strutture superficiali intermedie; b) la regressione da codice a metacodice va effettuata solo in presenza di fenomeni nuovi che mi obblighino a riformulare i modelli esplicativi; in assenza di questi fenomeni non ho ragioni (se non a titolo di esercizio logico) di formulare nuovi metacodici possibili. La formulazione di nuovi metacodici a livello "emic" senza materiale "etic" che ne giustifichi la proposta, è esercizio di una logica combinatoria astratta che serve a produrre strumenti possibili per *la spiegazione della realtà, ma non necessariamente a spiegare la realtà.*

Tuttavia è proprio su questo punto ultimo che lo strutturalismo ontologico non è d'accordo. Per esso ogni esercizio astratto di logica combinatoria fornisce modelli "veri" della realtà. Perché? Perché è stata ipostatizzata, come verità filosofica, quella che era solo la cauta ipotesi operativa con cui si era partiti: le operazioni del pensiero riproducono le relazioni della realtà, le leggi della mente sono isomorfe alle leggi della natura.

Una volta fatta questa affermazione lo strutturalista ontologico non ha piú bisogno (se ha trovato un metacodice S_x che spiega le strutture superficiali s_a, s_b, s_c, s_d) di attendere la scoperta di un nuovo ordine di fenomeni per dimostrare $(s_\alpha, s_\beta, s_\gamma, s_\delta) \supset S_y$ per cui $(S_x \cdot S_y) \supset S_n$. Lo strutturalista ontologico può dedurre S_n direttamente da S_x. Sempre e comunque. Per lo strutturalista ontologico deve esserci nella natura di S_x (come dato esistente oggettivamente, non posto dal ricercatore) un nucleo S_n — e forse un nucleo piú profondo ancora, il germe di tutti i Codici possibili, il Codice dei Codici, l'Ur Codice, o meglio ancora l'Ur-System che, presente in ogni manifestazione semiotica, ne riafferma il principio segreto. In altri termini lo strutturalista ontologico esamina la Cultura ma per tradurla in termini di Natura Naturata nel cui cuore egli individua, presente e operante (unica una volta per tutte), la Natura Naturans.

Una operazione di questo genere viene realizzata da Lévi-Strauss nel finale de Le cru et le cuit, dove si tratta di individuare, al di sotto di ogni mito possibile, la struttura elementare del mito la quale deve essere (a priori) la struttura stessa di ogni attività mentale possibile, e dunque la struttura de l'Esprit. La funzione ultima dei miti è quella di "signifier la signification", la stessa struttura oppositiva e binaria di ogni comunicazione possibile, la legge fondamentale di ogni vita mentale. "L'unique réponse que suggère ce livre est que les mythes signifient l'esprit, qui les élabore au moyen du monde dont il fait lui-même partie. Ainsi peuvent être simultanément engendrés, les mythes eux mêmes par l'esprit qui les cause, et par les mythes, une image du monde déjà inscrite dans l'architecture de l'esprit" (p. 346). In questo senso "la pensée mythique n'accepte la *nature qu'à condition de la pouvoir répéter"* (p. 347). *Come si diceva, il mito, come Cultura, è un fenomeno di Natura Naturata in cui si iscrive da sempre l'immagine costitutiva della Natura Naturans.*

Una opposizione *che si regge su una* differenza: *ecco la struttura elementare di ogni comunicazione possibile. Il principio binario, da strumento operativo suggerito dalla logica dei modelli cibernetici, diventa Principio Filosofico.*

Ma supponiamo che sia lecito individuare, in qualsiasi struttura superficiale che abbiamo elaborato, la struttura profondissima, l'Ur-System. Se questo è veramente la Struttura del Reale, è logico che sia presente e visibile in qualsiasi sua manifestazione superficiale.

Questa assunzione implica due conseguenze filosofiche, che dimostreremo: a) se l'Ur-System esiste non può essere un sistema o una struttura; b) se anche fosse un sistema strutturato, non sarebbe visibile e individuabile. Quindi l'affermazione dell'Ur-System è filosoficamente valida purché si neghi il metodo strutturale come metodo di conoscenza del reale. Se il metodo strutturale si appoggia sulla esistenza di un Ur-System, allora il reale conosciuto sotto forma di struttura è un reale falso e l'unità Verità non ha nulla a che fare con i modelli strutturali. I modelli strutturali sono una maschera della Verità.

Si badi bene che dal nostro punto di vista non avremmo alcuna difficoltà ad accettare una simile prospettiva: se sosteniamo che i modelli strutturali sono pure falsificazioni operative è perché appunto pensiamo che la realtà sia piú ricca e contraddittoria di quanto non dicano i modelli strutturali.

Ma c'è modo e modo di fare questa affermazione. Il che vuol dire: c'è filosofia e filosofia. Il che vuol dire ancora: ogni filosofia cela una ideologia.

Si può fare questa affermazione intendendo che, poiché la realtà è inconoscibile, l'unico modo di conoscerla è trasformarla; in tal senso i modelli strutturali diventano uno strumento della prassi. E si può fare questa affermazione sottintendendo che, poiché la realtà è inconoscibile il compito della conoscenza è di manovrare le sue falsificazioni per contemplare il piú possibile da vicino l'Origine misteriosa di questa realtà contraddittoria che ci sfugge. In tal senso i modelli strutturali sono strumenti di iniziazione mistica, vie alla contemplazione dell'Assoluto. La prima scelta implica che la conoscenza vale in quanto è operativa. La seconda implica che la conoscenza vale in quanto è contemplativa: come una teologia negativa, ci fa avvertire la presenza di un Deus absconditus.

Perché accettando l'idea di opposizione binaria come principio metafisico siamo costretti ad abolire la nozione di struttura? L'avvio ad una risposta lo troviamo in uno dei teorici della combinatoria universale, e cioè in Leibniz.

In un breve opuscolo dal titolo De organo sive arte magna cogitandi (ubi agitur de vera characteristica, cabbala vera, algebra, arte combinatoria, lingua naturae, scriptura universali) *Leibniz ricorda che "il massimo rimedio per la mente consiste nella possibilità di scoprire pochi pensieri dai quali scaturiscano in ordine altri infiniti pensieri, allo stesso modo in cui da pochi numeri... si possono derivare in ordine tutti gli altri numeri". "Per quanto siano infiniti i concetti che si concepiscono, è tuttavia possibile che pochi siano i concetti che vengono concepiti per se stessi". Regredendo verso questi concetti elementari Leibniz ne individua due soli: "Dio stesso, e inoltre il nulla, ossia la privazione: il che viene dimostrato da una mirabile similitudine". E quale è questa "mirabile similitudine"? È la struttura del calcolo binario! Dove, con "mirabile metodo si esprimono in tal modo tutti i numeri mediante l'Unità e il Niente". Ecco la radice filosofica del calcolo binario: una dialettica tra Dio e il Nulla, tra Presenza e Assenza.*

Sin qui Leibniz, che oltre che matematico era pensatore metafisico, senza esitazioni e senza infingimenti. Leibniz lascia, a chi mediterà sulle leggi della combinatoria universale, un problema metafisico e ontologico non da poco. La dialettica della presenza e dell'assenza può essere intesa come un puro meccanismo articolatorio o è un principio metafisico? Vediamo anzitutto come si può intendere questa dialettica, quale si configura nei maestri dello strutturalismo linguistico, al di qua di ogni ipostasi metafisica.

In un sistema strutturato, ogni elemento vale in quanto non è l'altro o gli altri che, evocando, esclude. L'elemento fonematico non vale per la presenza di una sostanza fisica dell'espressione ma per la valenza, in sé vuota, che ricopre nel sistema. Però, perché il senso scaturisca, bisogna che uno dei termini dell'opposizione si presenti e ci sia. Se non c'è, neppure l'assenza dell'altro viene rilevata. L'assenza opposizionale vale solo in presenza di una presenza che la rende evidente. *L'evidenza della presenza è data appunto dalla sostanza dell'espressione. Ciò che vale è ciò che è "emic" ma lo "emic" deve presentarsi attraverso qualcosa di "etic". O meglio, lo spazio vuoto tra due entità che non ci sono vale solo se tutti e tre i valori (sí, no, e spazio tra i due) sussistono in tensione.*

L'assenza di cui parla lo strutturalista concerne due fatti: 1) non conta cosa ci sia al posto del sí *o del* no, *ma che le entità che ne coprono la valenza siano appunto in tensione; 2) una volta emesso il* sí *(o il* no) *l'entità emessa* significa *per il fatto che si staglia sull'assenza dell'altra. Ma in definitiva, in questa meccanica della opposizione significativa, ciò che conta è che si dia la possibilità sistematica che qualcosa ci sia differenziandosi da qualcosa che non c'è. L'assenza strutturalistica conta in quanto* qualcosa non c'è, *e al proprio posto appare* qualcos'altro.

Detto questo il linguista (o il semiologo in generale) non ha il dovere di interrogarsi su cosa siano *questa "presenza" e questa "assenza": sono modi di funzionamento del pensiero, o almeno ipotesi su un possibile modo di funzionamento del pensiero. E sono, a livello "etic" fatti* materiali. *Ma il filosofo, si veda Leibniz, è portato a chiedersi se presenza e assenza non riflettano la presenza di Dio, come pienezza dell'essere e l'assenza di Dio, come Nulla.*

Una volta che si sia affermato questo, occorre però chiedersi: esiste una unità ulteriore, che unifica i due termini di questa dialettica?

Il teologo non avrebbe difficoltà a rispondere: nel pensiero divino non si ha dialettica di presenza e assenza. Dio, pienezza del proprio essere, è tutto presenza. Proprio per questo nella sua comprensione non c'è sviluppo ed egli non conosce il problema della comunicazione: tutto il reale è presente ai suoi occhi in un solo lampo (e le stesse intelligenze angeliche godono in una certa misura dello stesso privilegio, leggendo tutto l'universo nella visione beatifica di Dio) Perché l'uomo comunica? Proprio perché egli non vede di un colpo solo il Tutto. Per questo ci sono cose che egli non sa, *che devono essergli* dette. *La sua debolezza conoscitiva fa sí che la comunicazione avvenga in una alternanza di cose sapute e cose non sapute. E come può essere comunicata una cosa da sapere? Facendola sorgere sullo sfondo di quello che egli non sa, per differenza e opposizione.*

Ma allora — *e la conseguenza è talmente "necessaria" che il pensiero occidentale, dai mistici fiamminghi e tardo tedeschi sino ad Heidegger non ha potuto che seguirla* — *la comunicazione non avviene perché io so tutto, ma perché non so. E non perché io* sono *tutto (come Dio) ma perché io* non sono *Dio. Quello che mi costituisce come uomo è il mio non essere Dio, il mio trovarmi separato dall'essere, il non essere la pienezza di essere. L'uomo deve comunicare, e pensare, ed elaborare un avvicinamento processuale alla realtà, perché è difettoso, è mancante di qualche cosa. Ha una Mancanza. È una Mancanza, una ferita, una "béance", un Vuoto. Platone aveva intravvisto questa situazione con molta lucidità elaborando la nozione di χωρισμός. Cos'è il χωρισμός? Il dizionario lo traduce "differenza" o "separazione". È una differenza di spazio, di luogo (χύρα). Nel senso che tra l'essente e l'Essere vi è una differenza di luogo. Ricordiamo la tematica del "luogo originario": il luogo originario è quello dove vi è l'Essere. Ma noi non siamo là. Noi siamo sempre altrove.*

Questo "altrove" è l'assenza di essere che ci spinge a interrogarci e a informarci.

Non è che comunichiamo attraverso l'uso strumentale della differenza (come meccanismo oppositivo). Comunichiamo ("parliamo") proprio perché siamo ontologicamente fondati sulla differenza.

Questa tematica platonica è ripresa in carico con molta lucidità da Heidegger che la porta alle estreme conseguenze, in Was heisst Denken? *Se nella dialettica della Presenza e dell'Assenza io sto dalla parte dell'assenza, non posso fare gran che per descrivere e "mostrare" la presenza. Tutto il discorso filosofico deve partire dall'Assenza. Al massimo, come accade con Heidegger, il pensiero deve essere il pensiero di questa differenza che mi costituisce, ma dove conosco l'Assenza che sono, non la Presenza da cui sono costituzionalmente lontano,* in un altro posto.

In questa tensione il linguaggio svolge una funzione fondamentale. Attraverso di esso l'Essere si "svela". Forse perché il linguaggio può, come metalinguaggio, definirmi la dialettica della presenza e dell'assenza? Evidentemente no, dal momento che il linguaggio (vedi Leibniz) si fonda su questa dialettica. La risposta di Heidegger è: il linguaggio è il linguaggio dell'Essere. L'Essere si parla attraverso di me mediante il linguaggio. Io non parlo il linguaggio ma sono parlato *dal linguaggio.*

C'è chiaramente in Heidegger l'idea di un Essere non altrimenti attingibile se non attraverso la dimensione del linguaggio: di un linguaggio che non è in potere dell'uomo perché non l'uomo si pensa in esso ma esso si pensa nell'uomo.[1] *Ed è proprio nelle pieghe del linguaggio che deve essere colto il particolare rapporto dell'uomo con l'essere.*

Che è un rapporto di differenza e di divisione. L'oggetto del pensiero è la Differenza in quanto tale,[2] *la differenza come differenza. Pensare la differenza in quanto tale costituisce l'atto filosofico per eccellenza, il riconoscimento della dipendenza dell'uomo da qualcosa che lo origina attraverso la propria assenza, mentre non si lascia mai attingere se non per via di teologia negativa. Per Heidegger "ciò per cui un pensiero vale... non è quello che esso dice, ma quello che lascia non detto facendolo tuttavia venire in luce, richiamandolo in un modo che non è quello dell'enunciare".*

Quando Heidegger ci ricorda che di fronte a un testo, ascoltarlo come manifestazione dell'essere non significa capire ciò che esso dice, ma anzitutto ciò che non dice e tuttavia richiama, egli suggerisce una idea che ritroviamo in molti testi dello strutturalismo ontologico, dove si inseguono nel linguaggio le derisioni della metafora e della metonimia. La domanda "Chi parla?" significa: chi è che ci chiama, chi è

---

[1] Per i testi heideggeriani, oltre a *Hölderlin e l'essenza della poesia*, cfr. *Brief über der Humanismus*, Frankfurt, 1949; *Unterwegs zur Sprache*, Pfullingen, 1959; e *Einführung in die Metaphysik*, Tübingen, Niemayer, 1935. Per una interpretazione generale delle posizioni heideggeriane a cui ci rifaremo qui, si veda GIANNI VATTIMO, *Essere, storia e linguaggio in Heidegger*, Torino, Edizioni di "Filosofia", 1963, in particolare il capitolo IV, "Essere e linguaggio".

[2] Cfr. *Identität und Differenz*, Pfullingen, 1957. Vedi VATTIMO, *cit.*, pag. 151 e capitolo V in genere.

che ci appella al pensare? Il soggetto di questo appello non può essere esaurito in una definizione. Di fronte a un frammento parmenideo [3] *apparentemente semplice (interpretato di solito, secondo Heidegger, come "È necessario dire e pensare che l'essente è"),* [4] *Heidegger gioca con tutte le sue finezze e acrobazie etimologiche per ricondurre il detto a una esplicazione piú profonda, che quasi ne rovescia il senso usuale. Il "dire" diventa un "lasciar essere-posto-davanti" nel senso di un disvelare, lasciar apparire, e il pensare un "prendere cura", un custodire nella fedeltà. Il linguaggio lascia apparire qualcosa che il pensiero custodirà e lascerà vivere senza violentarlo e irrigidirlo in definizioni che lo determinino e lo uccidano. E ciò che viene lasciato apparire e viene preso in custodia, è Ciò che attira e lascia essere ogni dire e ogni pensare. Ma questo Ciò si costituisce come Differenza, come ciò che non potrà mai essere detto, perché sta alla scaturigine di tutto quel che ne verrà detto, perché la differenza è costitutiva del nostro rapporto con esso, la Duplicità dell'essente e dell'Essere.* [5]

Noi siamo parlati dal linguaggio perché attraverso il linguaggio l'Essere si svela. Heidegger (in Einfürung in die

---

[3] Cfr. *Was heisst Denken?*, Niemayer, 1954. L'interpretazione del brano parmenideo a cui ci si riferisce nelle linee che seguono è nella parte II, capitoli V-XI.

[4] Il frammento dice (è tra parentesi la parte che H. non utilizza): χρὴ τό λέγειν τε νοεῖν τ'έόν ἔμμεναι ἔστι γὰρ εἶναι). ANGELO PASQUINELLI (*I Presocratici*, Torino, Einaudi, 1958) traduce: "Per la parola e il pensiero bisogna che l'essere sia". Altre traduzioni adottate: "il dire e il pensare deve essere un ente" (DIELS, *Parm.*); "ciò che può essere pensato e detto deve essere" (BURNET); "è necessario dire e pensare che solo l'essere è" (*Vors.*).

[5] Secondo Lacan [*Ecrits*, p. 655] "le drame du sujet dans le verbe, c'est qu'il y fait l'épreuve de son manque-à-être". Nello stesso Lacan (p. 585) ritroviamo anche il gioco etimologico che Heidegger applica alla citazione di Parmenide commentata pocanzi, adattato all'interpretazione di un celebre detto freudiano: "Wo Es war, soll Ich werden". Questo detto non viene interpretato secondo la tendenza corrente ("là dove era l'Es dovrà essere l'Io — Le Moi doit déloger le Ça") ma proprio in senso opposto, e affine a quello in cui Heidegger interpreta Parmenide. Non si tratta di sostituire la chiarezza razionale dell'Io alla realtà originaria e oscura dell'Es: si tratta di *ad-venire*, di andare là, di venire alla luce là, in quel luogo originario in cui sta l'Es come "luogo d'essere", *Kern unseres Wesens*. Si può ritrovare la pace (nella cura psicoanalitica come nella cura filosofica che mi

Metaphysik) *riprende una definizione platonica (l'*ὄνομα *il*
δήλωμα τῇ ψωνῇ περὶ τὴν οὐσίαν, *Sofista, 261) e traduce:*
"Offenbarung in Bezug und im Umkreis des Seins des Sei-
enden auf dem Wege der Verlautbarung" e cioè "la mani-
festazione, per via del farsi percepibile sonoro, concernente
l'essere dell'essente e nel suo orizzonte". Tale è il "nome".
Nell'attività del linguaggio si ha un apparire (Erscheinen)
dell'essere e la verità come ἀλήθεια *è, etimologicamente*
parlando, una "non-latenza", un "non stare nascosto". Anzi,
nella stessa opera (IV,2) l'essere stesso viene definito come
quell'apparire che è l'alternanza dello schiudersi, dell'aprirsi
e dello svanire, quella sorta di respiro binario reso possibile
dalla differenza originaria.

Ora qual è la conseguenza di questa conclusione? Che il
linguaggio, coi suoi "nomi" e le sue leggi combinatorie, non
viene a ricoprire coll'involucro del significante qualcosa che
è già saputo e noto prima del linguaggio. È il linguaggio che
viene sempre prima. È ciò che fonda tutto il resto. E quindi
non può essere sottoposto a una indagine "positiva" che ne
spieghi le leggi. In altre parole, quella che alcuni chiamano
la "catena significante", non può essere strutturata perché
è l'Origine di ogni struttura possibile. L'uomo "abita nel
linguaggio". Ogni comprensione dell'essere avviene attra-
verso il linguaggio e quindi nessuna forma di scienza può
spiegare come funzioni il linguaggio, dato che solo attraver-
so il linguaggio possiamo intravvedere come funzioni il
mondo. Infatti per Heidegger l'unica soluzione possibile ri-
spetto a quella voce dell'essere che è il linguaggio è un "sa-
pere ascoltare", attendere, interrogare, non accelerare i tem-
pi, dimostrare fedeltà alla voce che parla attraverso di noi.
Come è noto la forma privilegiata di questa interrogazione è
la parola poetica. La parola poetica spiega le cose ma nulla

spinge a domandarmi cosa sia l'essere e chi sono io) solo se si accetta
l'idea di non essere dove abitualmente si è, ma di essere dove abitualmente non si è. Bisogna ritrovare il luogo di origine, riconoscerlo,
liegen lassen, lasciarlo apparire e custodirlo [Lacan, p. 417, 518, 563].
Non per nulla Lacan attribuisce al detto di Freud un tono presocratico.
Il richiamo è alla interpretazione che Heidegger ha dato di un detto
presocratico. "Quand je parle d'Heidegger ou plutôt quand je le tra-
duis, je m'efforce à laisser à la parole qu'il profère sa significance
souveraine" [Lacan, p. 528].

*può spiegare la parola poetica, e la parola in generale. Del
linguaggio, come dell'essere, non vi è codice, non vi è struttura. È solo storicamente, nelle varie epoche, che l'essere
può esprimersi anche attraverso universi strutturati. Ma ogni
volta che si vogliano riportare questi universi alla loro origine profonda si scopre una non-origine che non è strutturata né strutturabile.*

*Compiendo questa operazione filosofica Heidegger come
è noto ha cercato di mettere in crisi tutta la tradizione occidentale che ha pensato l'essere come "ousía" e quindi come
"presenza" (cfr.* Einführung, *IV.4.). Ma se si porta il suo
pensiero alle conseguenze più logiche, anche la stessa nozione di "essere" viene a essere messa in crisi. Chi studi la non-
origine del linguaggio studia una differenza originaria che
non ha più alcuna connotazione positiva e che, anche se provoca ogni comunicazione, non ha più nulla da dire tranne il
proprio "gioco" continuo.*

*Jacques Derrida è il pensatore che, partendo da una cri-
tica dello strutturalismo e attenendosi alla duplice lezione
di Heidegger e Nietzsche, ha portato alle più logiche conseguenze questo sviluppo filosofico. Così facendo viene distrutto non solo lo strutturalismo come filosofia (che "reste
pris aujourd'hui, par toute une couche de sa stratification,
et parfois la plus féconde, dans la métaphysique — le logo-
centrisme — que l'on prétend au même moment avoir,
comme on dit si vite, 'depassée'* " [De la grammatologie,
pag. 148]); *viene distrutto lo stesso pensiero "ontologico ,
come già peraltro voleva Heidegger.*

*Se la "différence" (che nel suo movimento generatore
Derrida chiama la "différance") sta all'origine di ogni comunicazione possibile, essa non si lascia più ridurre ad alcuna forma della presenza (p. 83). Aprendo tutto il movimento del divenire temporale, umano, storico (le varie "epoche"
di cui parla Heidegger) essa "en tant que condition du système linguistique, fait partie du système linguistique lui même... située comme un objet dans son champ" (p. 88). Di
essa non si può dunque descrivere alcuna struttura.*

*Se la differenza è una pura "traccia" (ancora una volta:
separazione, "béance" e* χωρισμός*) essa non solo è la disparizione di ogni origine: "elle veut dire ici que l'origine n'a
même pas disparu, qu'elle n'a jamais été constituée qu'en*

retour par une non-origine, la trace, qui devient aussi l'origine de l'origine... Si tout commence par la trace, il n'y a surtout pas de trace originaire" (p. 90).

Si noti come in questo movimento di pensiero si portino alle estreme conseguenze certe affermazioni che ritroviamo nei maestri della linguistica strutturale, da Saussure a Hjelmslev. Saussure aveva detto che il suono, come entità materiale, non appartiene alla lingua, perché alla lingua appartiene solo il sistema di differenze che rende significativi i suoni. Le conclusioni a cui perviene Derrida fanno semplicemente dilagare il secondo polo dell'opposizione di Saussure: non solo la differenza si oppone alla realtà materiale del suono, ma è essa stessa la struttura di ogni determinazione materiale possibile. È la struttura della determinazione, se fosse possibile designarla ancora come struttura. Ma non è struttura. Cos'è allora?

Per capire bene come questa definizione della differenza abbia una sua necessità "filosofica" bisogna ritornare alle definizioni che abbiamo dato del codice, nel suo senso più elementare di "sistema".

Un sistema viene sovrapposto alla equiprobabilità di una fonte di informazione per ridurre, in base a certe regole, la possibilità che possa avvenire di tutto. Un sistema è un sistema di probabilità che riduce l'equiprobabilità originaria. Un sistema fonologico sceglie poche decine di suoni, li irrigidisce in opposizioni, e conferisce loro un significato differenziale. Tutto quello che sta prima di questa operazione è il mondo indifferenziato di tutti i suoni e di tutti i rumori possibili, ove ogni unione è possibile. Un sistema interviene per porre un senso a qualcosa che in origine non lo ha, promuovendo certi elementi di quel qualcosa a rango di significante. Ma in assenza di un sistema, quel qualcosa non codificato che lo precede, può produrre infinite aggregazioni alle quali solo dopo, sovrapponendovi un sistema qualsiasi, potrà essere attribuito un senso.

Cos'è il non-codificato? È la sorgente di ogni informazione possibile, o — se vogliamo — la realtà. È ciò che sta prima di ogni semiosi, e che la semiotica non può né deve studiare, se non nel momento in cui un sistema lo mette in forma riducendone le possibilità. Infatti c'è un solo modo di studiare quello che può avvenire nell'universo del pre e

*del non-codificato: sovrapporvi una teoria della probabilità.
Ma una teoria probabilistica, sia che identifichi le leggi statistiche con le leggi oggettive del caos-realtà, sia che le intenda solo come strumenti attendibili di previsione, può solo
dire in che modo può accadere tutto là dove non c'è stata
ancora l'impronta limitatrice di un sistema.*

Ora cos'è ciò di cui il pensiero umano, non potendone
determinare la struttura, cerca di prevedere l'andamento
attraverso una teoria probabilistica? Ricordiamo il modello
comunicativo esposto in A.I. È la Fonte, la Sorgente di una
comunicazione possibile. A questo punto si potrebbe dire
che Fonte o Sorgente sono concetti cibernetici ben precisi
e che usarli in senso filosofico significa farli divenir semplici metafore. E indubbiamente è vero anche questo. "Fonte" e "Sorgente" ricordano metafore della poesia di Hölderlin (da cui Heidegger trae ispirazione per le sue definizioni
del linguaggio poetico): "Ma ciò che faccia il fiume, nessuno
sa" (come di ogni fonte informazionale). E ci si potrebbe
chiedere che senso hanno certe applicazioni dell'apparato
statistico per definire una situazione di non-origine che, tra
l'altro, si trova a metà tra la categoria filosofica e quella
psicoanalitica, come avviene in Lacan [Ecrits, p. 806]: "Cet
Autre, n'est rien que le pur sujet de la moderne stratégie des
jeux, comme tel parfaitement accessible au calcul de la
conjecture, pour autant que le sujet réel, pour y régler le
sien, n'a à y tenir aucun compte d'aucune abérration dite
subjective au sens commun, c'est-à-dire psychologique, mais
de la seule inscription d'une combinatoire dont l'exhaustion
est possible".

Ma c'è peraltro una profonda unità tra l'idea di una concezione probabilistica e l'idea di gioco, che appaiono appunto unite nella definizione di una "teoria dei giochi". Una
teoria dei giochi usa strumenti probabilistici per sapere quello che potrebbe avvenire là dove non c'è struttura predeter-
minata, cosí che potrebbero accadere tutti i possibili. Ora,
anche a livello filosofico, quando si teorizza una non-origine
(che non ha neppure l'aspetto ancora mistico e "numinoso"
dell'essere di Heidegger), l'idea di non-origine suggerisce
quella di "gioco". La suggestione è nietzscheiana e viene
ripresa con molto rigore (sempre "filosofico") da Derrida
e Foucault.

MURSIA

John Ruskin

DIARIO ITALIANO
(1840-1841)

TRADUZIONE DI
HILIA BRINIS

INTRODUZIONE DI
ATTILIO BRILLI

Prima persona

certo modo senza tener conto che il «concerto» di Martelli era stato negato a Giardina e conces-

stra non è una impuntatura po mica», chiarisce Galloni: «E' u esigenza di chiarimento. Nell'

E di chi non vuol fare il governo c

Forlani: "Il Quir

ROMA – Il segretario della Dc, Arnaldo Forlani, non esclude una sua candidatura al Quirinale. «Perché volete limitare le mie possibilità?», ha risposto ai giornalisti che gli chiedevano se nel suo futuro ci fosse la presidenza della Repubblica. E a chi gli faceva notare che è stato uno dei pochi uomini politici a non ricevere picconate, Forlani ha replicato: «Non credo di essere il solo. Sono state chiamate picconate, ma non direi così. Vi sono state molte sollecitazioni, molte critiche rivolte da Cossiga al funzionamento complessivo del sistema, del quale per altro egli ha grande esperienza perché prima di essere presidente della Repubblica è stato a lungo uomo di governo».

«Vi sono molt ste - ha prosegu essere accettat opportune delle conto ma vi sono te, altre opinion gittimo il dissen opinabili, sulle in dissenso».

Il segretario una manifestazi futuri assetti di versari - ha dett ex comunisti, i r missini. Non fa che non verrann Ma chi li ha invit

«Sento dire in

È in Nietzsche che si profila la tematica dell'uomo come il "senza origine" e del mondo come del campo di un gioco continuo: "il mondo è diventato piuttosto per noi ancora una volta 'infinito'; in quanto non possiamo sottrarci alla possibilità che esso racchiuda in sé interpretazioni infinite" [Gaya scienza, 374]. La ricerca della non-origine è allora la ricerca di "le sommet virtuel d'un cône où toutes le différences, toutes les dispersions, toutes les discontinuitées seraient resserrées pour ne plus former qu'un point d'identité, d'impalpable figure du même" [Foucault, Les mots et les choses, p. 341]. Piú esplicitamente, per Derrida [De la grammatologie, p. 73] il movimento stesso della "differance" crea un gioco che non è "un jeu dans le monde" bensí "le jeu du monde".

Proprio in questo senso egli muove le piú severe obbiezioni a Lévi-Strauss, inteso come l'ultimo e grandissimo interprete di una "ontologia della presenza" e dunque di una metafisica della struttura.

2.2 LO STRUTTURALISMO ONTOLOGICO E LA SUA IDEOLOGIA

Come è che siamo scivolati da un discorso sulla opposizione fonologica a un discorso su opposizioni ontologiche? Riandiamo per un momento al tragitto compiuto dal linguista. In principio due persone parlano. Emettono suoni. Fatti materiali, tanto che potevano essere registrati anche da un magnetofono. Il linguista si chiede: come mai questi suoni "significano"? Risposta: "perché — e la spiegazione è ipotetica — essi si definiscono per opposizioni." Il concetto di opposizione è lo strumento che permette di spiegare perché due eventi materiali producano significati: dunque, come mai su una base materiale possano elaborarsi "pensieri". Il linguista deduce dunque degli accadimenti "sovrastrutturali" (nel senso del materialismo dialettico) da accadimenti "strutturali" (nel senso di una dialettica materialistica). Il linguista elabora l'ammirevole costruzione di un universo "emic" solo perché esiste un universo "etic". Il rovesciamento filosofico avviene quando il linguista, o chi per lui, trasforma lo strumento esplicativo (probabilmente provvisorio, e comunque effetto di una astrazione) in concetto filosofico, e fa diventare lo strumento causa causante di quel fenomeno per causa del quale egli aveva elaborato lo strumento. *L'emic diventa causa dell'etic. Il fonologico, che spiegava il fonetico, ora* fonda *il fonetico. Questa operazione consiste nel far camminare sulla testa ciò che prima camminava sui piedi. A questo punto la differenza, che prima cercava di spiegare perché due presenze (in sé "stupide") significassero, diventa ciò che genera la significazione. Non ciò che la spiega, ma ciò a causa del quale si significa. Al di là di tutte le spiegazioni filosofiche, quelle astrazioni filosofiche che sono* differenza e assenza *diventano l'unica* presenza *degna di nota.*

Da questo momento in avanti chi voglia spiegare i fenomeni della comunicazione — se è conseguente — deve affermare che:

a) il linguaggio precede l'uomo e anzi lo costituisce come tale;

b) l'uomo non "parla" il linguaggio bensí il linguaggio "parla" l'uomo.

L'affermazione (b) non significa che l'uomo è continuamente indotto a pensare e a comunicare in base a codici socialmente determinanti; questa conclusione è accettabilissima in una prospettiva semiotico-metodologica e anzi di qui parte il progetto di una semiotica che cerchi continuamente di mostrare in base a quali codici, socialmente e storicamente esistenti, gli uomini comunichino. Ma questa premessa implica che il linguaggio "parli" l'uomo seguendo leggi e regole che l'uomo non può indagare.

Di conseguenza potranno esistere delle strutture delle lingue e dei codici *storici, ma esse non sono la struttura del linguaggio, lo Ur-System, il Codice dei codici. Esso sta sempre al di là della nostra presa. Non è possibile nessuna operazione metalinguistica sui meccanismi elementari del linguaggio, perché è in base a questi meccanismi che noi crediamo di parlare sui suoi meccanismi. Studiare il linguaggio significa* solo *interrogare il linguaggio, lasciarlo vivere.*

Il linguaggio, non è mai quello che viene pensato, ma quello in cui *si pensa. Parlare sul linguaggio non significa dunque elaborare strutture esplicative o rapportare le regole del parlare a situazioni culturali precise. Significa dare al linguaggio tutto il suo potere connotativo, fare del linguaggio una operazione artistica, affinché in questo parlare venga alla luce, ma mai completamente, l'appello dell'essere. La*

*parola non è segno. È l'aprirsi dell'essere stesso. Se c'è una
ontologia del linguaggio muore ogni semiotica. In luogo della semiotica c'è una sola scienza del linguaggio: la poesia,
la* écriture creatrice.

Ciò che ogni indagine sulle strutture della comunicazione mette in luce, dunque non è una struttura soggiacente,
ma l'assenza di struttura. È il campo di un "gioco" continuo.

Quello che sopravviene in luogo della ambigua "filosofia
strutturale" è qualcos'altro. Non a caso chi ha dedotto queste conclusioni nel modo piú rigoroso, e pensiamo a Derrida
e a Foucault, non ha mai affermato di essere "strutturalista" anche se per ragioni di comodità è invalso l'uso di chiamare "strutturalisti" tutta una serie di studiosi che sono
partiti da una tematica comune.

Se all'origine di ogni comunicazione, e quindi ogni fenomeno culturale, sta un Gioco originario, questo gioco non
può piú essere definito ricorrendo alle categorie della semiotica strutturalistica. Cade in crisi per esempio la stessa nozione di Codice. Alla radice di ogni comunicazione possibile
non vi è un Codice, bensí l'assenza di ogni codice.

Nel momento in cui intende il linguaggio come la presenza di una forza che agisce alle spalle dell'uomo, una "catena
di significanti" che si impone attraverso le proprie leggi probabilistiche, lo strutturalismo ontologico (non piú strutturalismo) cessa di diventare una metodologia per lo studio
della cultura e diventa una filosofia della natura.

L'analisi scientifica delle catene significanti diventa allora una pura utopia. Se la catena dei significanti si identifica
con l'origine, come è possibile darne una analisi oggettiva dal
momento che essi richiedono interrogazione continua e quindi una ermeneutica?

Come si possono analizzare i significanti prescindendo dai
sensi che essi assumono se l'origine si svela epocalmente proprio sotto forma di significati e il conferire significati "epocali" ai modi in cui l'Essere, sempre nascosto, si vela, è l'unica forma che può assumere l'attività filosofica?

In una intervista rilasciata in Italia, Lévi-Strauss obbiet-
tava al nostro Opera Aperta (1962) che non ha senso
porsi il problema di una struttura della fruizione dell'opera:
l'opera deve poter essere analizzata come un cristallo, facendo astrazione dalle risposte che il destinatario dà reagendo

*al suo stimolo. Ma se il linguaggio è un luogo originario,
allora il nostro parlare altro non è che interrogare l'Essere,
e quindi altro non è che dare solo e sempre* risposte *senza
potere mai individuare la reale struttura del linguaggio.*

Se la Struttura Ultima esiste, essa non può essere definita: non c'è metalinguaggio che la possa imprigionare. Se
la si individua, allora non è l'Ultima. L'Ultima è quella che
— nascosta e imprendibile, e non — strutturata — genera
nuove apparizioni. E se anziché venire definita viene evocata attraverso un uso poetico del linguaggio allora ecco che
si è introdotto nello studio del linguaggio quella componente
affettiva che è caratteristica dell'interrogazione ermeneutica.
La struttura allora non è oggettiva, non è neutra: è già caricata di senso.

Andare dunque alla ricerca di un fondamento ultimo *della
comunicazione* significa cercarlo là dove non si può più definirlo in termini strutturali. I modelli strutturali sono validi
solo se non ci si pone il problema dell'origine della comunicazione. Come le categorie kantiane sono valide solo come
criteri di conoscenza nell'ambito dei fenomeni e non sono
valide per operare un collegamento tra il mondo dei fenomeni e il mondo del noumeno.

La semiotica deve dunque avere il coraggio di definire i
suoi limiti di applicabilità, attraverso una sua, sia pur modesta, "Kritik der semiotischen Vernunft". Non può essere una
tecnica operativa e una conoscenza dell'Assoluto al tempo
stesso. Se è tecnica operativa deve rifiutarsi di raccontare
cosa *avviene alla origine della comunicazione.* Se è conoscenza dell'Assoluto non può più dirci *come funziona la
comunicazione.*

Se invece l'oggetto della semiotica è diventata l'Origine
di ogni comunicazione, e questa Origine non può essere analizzata ma sta sempre "dietro" o al di qua dei discorsi che
si fanno su di essa, allora la prima domanda che una semiotica di questo tipo deve porsi è: Chi parla?

Non si vuole qui negare che questa domanda sia legittima. Vorremmo anzi dire che nel porla si aprono interessanti
e appassionanti orizzonti filosofici. Ma a questo punto, proprio perché questa domanda è la domanda che costituisce da
secoli un ben preciso tipo di filosofia, dobbiamo anche avere
il coraggio di individuare l'ideologia che vi si sottende, anche

quando chi fa la domanda pensa di domandare per altre ragioni. Individuare questa ideologia è fare opera di semiotica.
Per farlo bisogna credere che la semiotica sia possibile. Credere che la semiotica sia possibile implica a sua volta un'altra ideologia.

LA STRUTTURA ASSENTE

INTRODUZIONE

Questo libro si domanda cosa sia e che senso possa avere una ricerca semiologica. E cioè: una ricerca che veda tutti i fenomeni di cultura come fatti di comunicazione, per cui i singoli messaggi si organizzano e diventano comprensibili in riferimento a codici.

Che siano messaggio la comunicazione linguistica, un testo in Morse o un segnale stradale, e che si riferiscano a codici convenzionali, non costituisce oggetto di discussione: ma la ricerca semiologica si trova sfidata da quelle comunicazioni che sembrano naturali, immotivate, analogiche e spontanee, come il ritratto di Monna Lisa o l'immagine di Franchi e Ingrassia; e — piú ancora — da quei fatti di cultura il cui fine primario non sembra la comunicazione, come una casa, una forchetta o un sistema di rapporti sociali. Ed ecco il motivo per cui questo libro si sofferma tanto sulle comunicazioni visive e sull'architettura: la battaglia semiologica si combatte su quel fronte, oppure gli studi sulla comunicazione vanno lasciati ai linguisti o ai cibernetici, che possiedono entrambi strumenti assai raffinati. Ma se la ricerca semiologica dovrà rifarsi con insistenza alle scoperte dei linguisti e dei teorici dell'informazione, tuttavia — ed è uno dei punti della polemica di questo libro — i suoi strumenti non possono ridursi né a quelli della linguistica né a quelli della teoria dell'informazione.

Naturalmente la domanda che sorge a questo punto è se sia ragionevole voler vedere tutti i fenomeni di cultura come fenomeni di comunicazione. Anche riconoscendo che questa è la scelta di un punto di vista, qualcuno ha insinuato che la scelta stessa sia capziosa, elaborata per far fronte a penosi fenomeni di disoccupazione intellettuale. Si notava recentemente in un arguto pamphlet che l'approccio semiologico pare un semplice artificio burocratico che

applicherebbe "nuovi controlli" ad oggetti già controllati: come un
sistema di tassazione che coprisse di balzelli additivi come "spor-
genze", ciò che la legislazione vigente tassa già come "balconi".
Cosí il "nuovo visto" si applicherebbe non a un nuovo soggetto,
ma "a un vecchio oggetto sotto nuovo profilo". Non è chi non veda la malizia eristica di chi distrugge il nemico applicandogli connotazioni fiscali, stimolando l'evasore che si cela in ciascuno di noi.
Ma è un poco come se Tolomeo avesse contestato a Galileo di
star studiando esattamente lo stesso Sole e la stessa Terra del-
l'astronomia classica, salvo la piccola e burocratica variazione di voler considerare la Terra in rapporto al Sole anziché il Sole in rapporto alla Terra. Ora, può darsi che l'approccio semiologico non
attui una gran *rivoluzione*, ma la rivoluzione vuole essere mode-
stamente *copernicana*.

                                    * * *

   Chi vorrà seguirci in questo approccio, potrà affrontare la prima
sezione del libro, che soltanto in apparenza procede come una trascrizione fedele di ciò che è stato detto in questo campo: mentre
ciò che è stato detto è cosí vario e contraddittorio, che la nostra
sistemazione deve operare delle scelte e delle esclusioni. Divulgativa ma non ecumenica, sistematica ma partigiana, essa contratta via
via attraverso una serie di definizioni le proprie infedeltà necessarie.
   Verranno quindi le discussioni sui codici visivi, dalla segnaletica marittima al cinematografo, dove si contestano i vari miti di
una linguistica applicata come *clavis universalis*. E dove il titolo
"Lo sguardo discreto", non si riferisce alla discrezione con cui lo
sguardo è rivolto al proprio oggetto (col che si suggerirebbe l'idea,
non esclusa, di "cauto approccio") ma viene usato in senso tecnico: per cui "discreto" si oppone a "continuo", e il problema implicato è quello della individuazione di tratti pertinenti nella comunicazione visiva. Segue infine la sezione sull'architettura, l'urbanistica e il design.
   A questo punto il libro, che ha seguitato a parlare dei codici e
della loro "struttura" (definendo per sommi capi l'accezione del termine) si trova di fronte al problema epistemologico di ogni discorso
strutturalistico.
   E lo affronta in riferimento alle richieste etnologiche, alla critica
letteraria, alle poetiche musicali, alla psicoanalisi e alla storia delle

idee. Il problema non è di entrare nel merito delle singole ricerche ma di portare alle estreme conseguenze filosofiche la assunzione — ingannevole — di una struttura *già data* come fondamento ultimo e costante dei fenomeni culturali e naturali; e di mostrare che questo *primum* ontologico implica, come viene asserito, la distruzione della stessa nozione di struttura, che si risolve in una ontologia della Assenza, del Vuoto, di quella mancanza all'essere che costituirebbe ogni nostro atto. Decisione filosofica — questa — altissima, radicale, forse "vera". Ma tale da piegarci a un riconoscimento silenzioso della Necessità, e da bloccare ogni progetto di contestazione delle cose cosí come sono. Per cui si insinua il sospetto che sia piú ragionevole diffidare di ciò che appare troppo — troppo presto — Definitivo. Come se si stabilisse, provocatoriamente, che "amica veritas, sed magis amicus Plato".

* * *

L'aver mutuato dalla quarta sezione il titolo di tutto il libro ha il duplice scopo di eccitare il lettore e di calmare l'autore. Il lettore dovrà essere provocato dalla dichiarazione di assenza nei riguardi di qualcosa come "la Struttura" che non solo appare in modo invadente sulla scena culturale contemporanea, ma che viene di solito chiamato in gioco per costituire un punto di riferimento indiscutibile di fronte a ciò che muta, che sfugge, che si scioglie e si ricompone. L'autore, dal canto proprio, ha scelto questa formula per compromettersi *coram populo* e porre termine al dubbio che rode tutto il libro dal principio alla fine e lo costituisce come introduzione alla ricerca futura. Ricerca che diventa possibile solo se la Struttura (che — se postulata come oggettiva — si riassorbe, per deduzione fatale, in qualcosa che non è Struttura) venga dichiarata — per decisione metodologica — inesistente. Se ci fosse, e fosse data una volta per tutte, la semiologia non imporrebbe alcuna ricerca, bensí l'assunzione di alcuni principi basilari, da applicare in seguito ad ogni fenomeno, sicuri che la spiegazione di ogni fatto che avverrà domani fosse già contenuta nella certezza ottenuta ieri. Ritenendo dubbia tanta tranquillità, l'autore ha voluto mettere sull'avviso sin dal titolo i lettori.

I quali, se non saranno assillati da problemi filosofici, potranno tranquillamente saltare la sezione quarta, e scorrere la panoramica della sezione quinta, dove si mostrano tutte le direzioni in cui si muove oggi una ricerca sui segni, fino a quelle frontiere dove si

presumeva che non vi fosse comunicazione, o comunque che non
vi fossero codici e convenzioni.

* * *

Cosí, proprio mentre nega polemicamente l'affermazione filosofica di un Codice dei Codici, la ricerca semiologica (quale la proponiamo) si affanna a mostrare come ogni nostro atto comunicativo
sia dominato dalla massiccia esistenza di codici — socialmente e
storicamente determinati. E sembra sempre voler affermare che
noi non parliamo il linguaggio, bensí *siamo parlati dal linguaggio*:
se non altro perché i casi in cui non ne siamo parlati sono piú rari
di quanto si ritenga, e si danno sempre *sub aliqua conditione*. Nel
contempo, però, attraverso il riconoscimento delle determinazioni,
si demistificano i falsi atti di libertà e, restringendo i margini del-
l'invenzione, la si riconosce solo *là dove veramente è*.

Sapere i limiti entro i quali il linguaggio *parla attraverso di noi*,
significa non illudersi circa le false effusioni dello spirito creatore,
della fantasia libera da impacci, della parola pura che comunica per
forza propria e persuade per magia. Significa poter riconoscere, con
realismo e cautela, i casi in cui veramente il messaggio ci dà qualcosa che non era ancora convenzione; che potrà diventare società
ma non era ancora previsto dalla società.

Ma il compito della semiologia è ancora piú importante e radicale ai fini di una conoscenza del mondo storico e sociale in cui
viviamo. Perché la semiologia del delineare *codici come sistemi di
attese validi nel mondo dei segni*, delinea corrispettivi sistemi d'attese nel mondo degli atteggiamenti psicologici, dei modi di pensiero. *La semiologia ci mostra nell'universo dei segni l'universo delle ideologie, che si riflettono nei modi comunicativi precostituiti.*

* * *

Negando la Struttura e affermando le strutture, questo libro si
muove — l'autore lo sa benissimo — con un certo affanno. Altrimenti non si proporrebbe come una introduzione bensí come
una conclusione.

In particolare, esso riproduce in fondo, nei modi della ricerca
sulla semiologia, il metodo di indagine che alla semiologia sugge-

risce. Invece di cominciare ponendosi dei problemi e chiarificandoli via via, inizia sovrapponendo ai fenomeni un modello assai semplice, costruito sulla base della piú elementare tra le comunicazioni, quella che intercorre tra due macchine. Poi, i concetti di partenza vengono messi in dubbio, allargati, riproposti, negati, fatti cadere in trabocchetti sleali, portati al punto massimo di rottura. Questo per evitare l'equivoco riduzionistico che vorrebbe riportare ciò che è piú complesso a ciò che è piú semplice: e per fare irrompere via via la complessità nel modello di partenza, a titolo di verifica. Nella speranza che il libro non debba assumere il blasone di Walt Whitman: "Mi contraddico? Ebbene, mi contraddico" (che non è affatto ignobile), ma conduca a ritrovare alla fine il modello d'inizio, reso piú duttile e comprensivo, capace di definire la comunicazione non solo al suo livello piú ovvio e lineare, ma là dove si introducono nei processi segnici — e nell'universo della cultura — lo scarto, la collisione, il rapporto interattivo tra costanti presunte e variazioni storiche, la mutazione, l'urto e la mediazione dialettica.

Ciò che si può chiedere al lettore è di non fidarsi mai di quello che si asserisce in un capitolo preso isolatamente. E se poi — spinto dalle esigenze della cronaca — questo lettore vorrà domandarsi se il libro è "strutturalista" o "antistrutturalista", l'autore avverte che accetterà con buona grazia entrambe le etichette.

* * *

Vorremmo ricordare che la prima parte di questo libro era apparsa in tiratura limitata fuori commercio, a uso universitario, col titolo *Appunti per una semiologia delle comunicazioni visive*, ed era dedicata a Leonardo Ricci.

Gran parte delle ricerche contenute ne *La struttura assente* sono state elaborate durante tre corsi svolti nelle Facoltà di Architettura, a Milano, São Paulo e Firenze. E il libro deve agli studenti di architettura la continua preoccupazione di un ancoraggio dell'universo delle cose da comunicare all'universo delle cose da modificare. I vari capitoli riprendono temi dibattuti in convegni e discussioni: all'Istituto di Sociologia di Bruxelles, al CECMAS di Parigi, ai colloqui di Royaumont, all'Istituto A. Gemelli per lo Studio Sperimentale dei Problemi Sociali dell'Informazione Visiva, al congresso "Vision 67" presso la New York University, al Seminario sullo strutturalismo presso l'Istituto Gramsci di Bologna,

al Convegno di studio sulla Televisione di Perugia 1965, e alla
Terza Mostra Internazionale del Nuovo Cinema a Pesaro, alla Scuola Superiore di Comunicazioni Sociali di Bergamo.

Del debito contratto coi vari studiosi fanno fede le citazioni; qui
vorrei ricordare le contrastate discussioni con Roland Barthes e
l'équipe di "Communications", in particolare Metz, Brémond e
Todorov; i dialoghi con François Wahl; le questioni sull'esistenza
della semiologia con Maria Corti e Cesare Segre; i problemi sul-
l'architettura postimi da Vittorio Gregotti e da Bruno Zevi nelle
tre note dedicate agli "Appunti". E il contributo bibliografico e
problematico datomi da Paolo Fabbri mentre il libro stava prendendo forma.

Milano, 1964 - 1968.

A.

IL SEGNALE E IL SENSO
(Nozioni di semiologia generale)

1. L'UNIVERSO DEI SEGNALI

I. I sistemi di segni

I.1. La semiologia studia tutti i fenomeni culturali come se fossero sistemi di segni — partendo dall'ipotesi che in verità tutti i fenomeni di cultura siano sistemi di segni e cioè fenomeni di comunicazione.[1] E nel fare ciò interpreta una esigenza diffusa nelle varie discipline scientifiche contemporanee: le quali cercano appunto, ai livelli piú varii, di ridurre i fenomeni che studiano a fatti comunicativi. La psicologia studia la percezione come fatto di comunicazione, la genetica si occupa della trasmissione *in codice* dei caratteri ereditari, la neurofisiologia spiega i fenomeni sensori come passaggi di *segnali* dalle terminazioni nervose periferiche alla zona corticale; e queste discipline si avvalgono degli strumenti forniti dalla *teoria matematica dell'informazione*, che è nata per spiegare fenomeni di trasmissione dei segnali a livello delle macchine, ma si è basata su principi comuni alle altre discipline fisico-matematiche; e gradatamente, scienze come la cibernetica, che si occupava dei sistemi di controllo e di governo nell'ambito degli impianti automatizzati o dei calcolatori elettronici, si sono fuse con le ricerche biologiche e neurologiche.[2] Nel contempo i modelli

---

[1] Cfr. " Communications " n. 4, *Présentation*; ROLAND BARTHES, *Elementi di semiologia*, Torino, Einaudi, 1966. Che la semiologia studi solo i fenomeni " culturali " può esser messo in dubbio dal fatto che alcune sue branche, come la *zoosemiotica*, si occupano della comunicazione animale. Ma ci pare che anche questi studi (si pensi all'analisi del linguaggio delle api) tendano a mettere in luce dei sistemi di convenzioni, sia pure accettate per istinto, e quindi delle forme di regolamentazione sociale del gruppo animale.

[2] Cfr. J.R. PIERCE, *La teoria dell'informazione*, Milano, Mondadori, 1963;

comunicativi venivano applicati anche ai fatti sociali,[3] mentre si
verificava il fruttuosissimo incontro tra la linguistica strutturale e
la teoria dell'informazione:[4] di qui l'applicazione di modelli strutturali e informazionali allo studio delle culture umane, dei rapporti di parentela, della cucina, della moda, dei gesti, dell'organizzazione degli spazi, e cosí via; mentre anche l'estetica accoglie-
va i suggerimenti delle varie teorie della comunicazione e ne ap-
plicava le categorie al proprio campo.[5]

Oggi ci troviamo di fronte a una notevole unificazione del
campo; ed appare già possibile parlare di fenomeni diversissimi
tra loro applicando gli stessi strumenti descrittivi e interpretativi.

I.2. Ma se ogni fatto di cultura è comunicazione e può essere
spiegato secondo gli schemi che presiedono a qualsiasi fatto di comunicazione, *occorrerà allora individuare la struttura elementare
della comunicazione là dove si ha comunicazione — per cosí dire
— ai minimi termini.* E cioè al livello in cui si ha passaggio di
informazione tra due apparati meccanici. E questo non perché i
fenomeni di comunicazione piú complessi (compresi quelli di comunicazione estetica) siano riducibili al passaggio di un segnale
da una macchina a un'altra, ma perché è utile individuare il rap-

---

AAVV, *Filosofia e informazione*, " Archivio di Filosofia ", Padova, 1967;
Ross Ashby, *Design for a Brain*, London, Chapman & Hall, 1960; W.
Slukin, *Mente e macchine*, Firenze, Editrice Universitaria, 1964; AAVV,
Kibernetik, Frankfurt, Umschau Verlag, 1966 (in trad. in Italia); AAVV, *La
filosofia degli automi*, Torino, Boringhieri, 1965; A. Goudot-Perrot, *Cy-
bernétique et biologie*, Paris, P.U.F., 1967.

[3] Cfr. per es. Giorgio Braga, *La rivoluzione tecnologica della comunicazione umana*, Milano, Angeli, 1964, e *Comunicazione e · società*, Milano,
Angeli, 1961.

[4] In particolare il saggio " Linguistica e teoria della comunicazione " in
Roman Jakobson, *Saggi di linguistica generale*, Milano, Feltrinelli, 1966 (e
tutto il libro in genere); cfr. poi Colin Cherry, *On Human Communication*,
New York, J. Wiley & Sons, 1961; George A. Miller, *Language and Com-
munication*, New York, Mc Grow Hill, 1951; André Martinet, *Elementi di
linguistica generale*, Bari, Laterza, 1966 (in part. il cap. 6, III); Giulio C.
Lepschy, *La linguistica strutturale*, Torino, Einaudi, 1966 (appendice); S.K.
Saumjan, *La cybernétique et la langue*, in *Problèmes du langage*,. Paris,
Gallimard, 1966.

[5] I due esempi piú noti in questo campo sono A.A. Moles, *Théorie de
l'information et perception esthétique*, Paris, Flammarion, 1958 e Max Bense,
Aesthetica, Baden Baden, Agis Verlag, 1965 (che raccoglie tutti gli studi di
questo autore e sarà prossimamente tradotto in italiano); per una bibliografia in proposito si veda il cap. " Apertura, informazione, comunicazione " di
Umberto Eco, *Opera aperta*, Milano, Bompiani, 2ª edizione, 1967.

porto comunicativo, nella sua dinamica essenziale, là dove si profila con maggiore evidenza e semplicità, suggerendoci la costruzione di un *modello* esemplare. Solo se riusciremo a individuare questo modello (questa *struttura* della comunicazione) capace di funzionare anche ai livelli di maggiore complessità (sia pure attraverso differenziazioni e complicazioni di vario genere), solo allora potremo parlare di *tutti* i fenomeni di cultura sotto l'aspetto comunicativo.

Sia ben chiaro, infine, che quando si parla di "cultura" si intende il termine nel senso che gli conferisce l'antropologia culturale: è cultura ogni intervento umano sul dato naturale, modificato in modo da poterlo inserire in un rapporto sociale.[6]

II. Un modello comunicativo

II.1. Stabiliamo una situazione comunicativa tra le piú semplici.[7] Si vuole sapere, a valle, quando un bacino idrico, posto nella conca tra due montagne, raggiunge un certo livello di saturazione, che definiremo come livello di allarme.

Definiamo il livello di allarme come punto 0.

Se l'acqua ci sia o non ci sia; se essa sia al disopra o al disotto del punto 0; quanto al di sopra o di sotto; con quanta velocità salga; tutto questo — e altro ancora — costituisce una serie di *informazioni* che possono vernirmi dal bacino, che pertanto considero una *Fonte* o Sorgente di informazione.

Supponiamo che nel bacino esista un apparato (identificabile con una sorta di galleggiante) che, giunto al livello 0, sensibilizza un apparato *trasmittente*, capace di emettere un *segnale* (ad esempio un segnale elettrico). Questo segnale viaggia attraverso un

---

[6] Per una iniziazione al concetto antropologico di "cultura", cfr. KARDINER & PREBLE, *Lo studio dell'uomo*, Milano, Bompiani, 1963; CLYDE KLUCKHOHN, *Mirror for man*, N. Y., Mc Grow, 1944 (tr. it., esaurita, *Specchiati uomo*, Milano, Garzanti); TULLIO TENTORI, *Antropologia culturale*, Roma, Studium, 1960; RUTH BENEDICT, *Modelli di cultura*, Milano, Feltrinelli, 1960; AAVV, *La ricerca antropologica*, Torino, Einaudi, 1966; REMO CANTONI, *Il pensiero dei primitivi*, Milano, Saggiatore, 2ª ed., 1963; CARLO TULLIO ALTAN, *Antropologia funzionale*, Milano, Bompiani, 1968.

[7] L'esempio che segue prende le mosse dal saggio presentato da TULLIO DE MAURO, *Modelli semiologici - L'arbitrarietà semantica*, in "Lingua e stile", I. 1. È una delle iniziazioni piú chiare e utili ai problemi della codificazione.

canale (un filo elettrico, onde radio, ecc.) e viene captato a valle
da un apparato ricevente; questo *ricettore* riconverte il segnale in
una forma data che costituisce il *messaggio* rivolto al *destinatario*.
Nel nostro caso il destinatario è un altro apparato, opportunamente istruito, che ricevendo il messaggio scatta correggendo la
situazione di partenza (ad esempio un meccanismo di feed-back,
che provvede alla evacuazione dell'acqua nel bacino).

Una catena comunicativa del genere agisce in molti apparati
designati come omeostati, i quali per esempio assicurano che una
data temperatura non oltrepassi un limite prefissato, predisponendo
successive correzioni della situazione termica alla fonte, non appena ricevono un messaggio opportunamente codificato. Ma è la
stessa catena che possiamo identificare in una comunicazione radiofonica: la fonte dell'informazione è l'emittente del messaggio
che, identificato un dato insieme di eventi da comunicare, li fa
pervenire al trasmittente (il microfono) che li converte in segnali
fisici i quali viaggiano lungo un canale (onde hertziane), e sono raccolti da una trasmittente che li riconverte in *messaggio*
(suoni articolati) che il *destinatario* riceverà. Quando io parlo a
un'altra persona (come dice Warren Weaver),[8] il mio cervello è
la fonte dell'informazione, il suo il destinatario; il mio sistema
vocale è il trasmittente e il suo orecchio è il ricettore.

Ma, come vedremo, nel momento in cui inseriamo nel rapporto due esseri umani, ciascuno a un capo della catena, il rapporto stesso si complica; ritorniamo dunque al nostro modello che
contempla due macchine ai poli opposti della catena.

II.2. Per avvertire il destinatario al momento in cui l'acqua
raggiunge il livello 0, bisogna inviargli un messaggio. Pensiamo a questo messaggio nei termini di una lampadina che si accende al momento dato — ma è chiaro che l'apparato destinatario,
che non ha organi sensori, non ha bisogno di "vedere" una lampadina accesa; può bastargli un fenomeno diverso, quale lo scatto
di un interruttore, l'aprirsi di un circuito. Continuiamo comunque ad immaginarci il messaggio — per comodità — sotto forma
di lampadina.

La lampadina costituisce già il principio di un codice: "lampadina accesa" significa "livello 0 raggiunto", mentre "lampa-

    [8] WARREN WEAVER, *The Mathematics of Communication*, in "Scientific
American", 181, 1949 (tr. it. in AAVV, *Controllo automatico*, Milano, Mar-
tello, 1956).

dina spenta" significa "al di sotto dello 0". Il codice stabilisce già una corrispondenza tra un *significante* (la lampadina accesa e spenta) e un *significato*. Nel caso in esame il significato è soltanto *la disposizione che l'apparato ha a rispondere in un certo modo al significante*. Comunque, anche in questo senso il significato si distingue dal *referente*, e cioè il fenomeno reale a cui il segno si riferisce (e cioè il livello 0), perché l'apparato non "sa" che l'acqua ha raggiunto un certo livello, ma è stato istruito ad attribuire un certo valore al segnale "lampadina accesa" e a rispondervi di conseguenza.[9]

Esiste peraltro un fenomeno conosciuto come *rumore*. Il rumore è un disturbo che si inserisce sul canale e può alterare la struttura fisica del segnale. Può essere una serie di scariche elettriche, una improvvisa interruzione di corrente, che fa sí che l'accidente "lampadina spenta" (per interruzione di corrente) sia ínteso come messaggio ("acqua al di sotto di 0").

A questo punto si è delineata una situazione comunicaí va corrispondente allo schema riportato nella pagina seguente.

II.3. *Per ridurre al minimo i rischi del rumore devo complicare il codice.* Poniamo che io istituisca due lampadine, A e B. Quando A è accesa significa che tutto va bene, quando A si spegne e si accende B, significa che l'acqua è al di sopra di 0. In questo caso ho raddoppiato la "spesa" della comunicazione, ma ho ridotto le possibilità di rumore. Una interruzione di corrente spegnerebbe entrambe le lampadine, e il codice che ho adottato non contempla la possibilità "due lampadine spente": sarei cosí in grado di riconoscere i non-segnali dai segnali.

D'altra parte esiste ancora il rischio che un singolare guasto elettrico faccia accendere A in luogo di B o viceversa; per ovviare a questo rischio dovrò complicare ulteriormente le possibilità combinatorie del codice. Introdurrò altre due lampadine e disporrò di una serie ABCD, in base alla quale potrò disporre che $AC = livello$ *di sicurezza* e $BD = livello 0$. In tal modo avrò ridotto le possibilità che una serie ,di disturbi sul canale possa alterarmi il messaggio.

Ho introdotto cosí nel codice elementi di "ridondanza": l'uso di due lampadine opposte ad altre due, per dire ciò che potevo dire con la semplice alternanza di acceso-spento in una sola lampadina,

[9] Il punto sarà sviluppato in A.2.1.2.

Schema 1. IL PROCESSO COMUNICATIVO TRA DUE MACCHINE

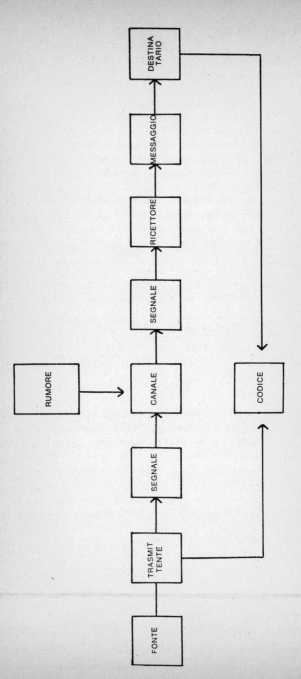

mi permette di reiterare il messaggio, di appoggiarlo su una forma di ripetizione.

Ma la ridondanza non significa solo che posso ripetere il messaggio per renderlo piú sicuro: significa anche che il codice, cosí complicato, *potrebbe* permettermi di comunicare altri tipi di messaggio. Infatti il codice, che dispone degli elementi ABCD, permette diverse combinazioni: ad esempio, A - B - C - D - AB - BC - CD - AC - BD - AD - ABC - BCD - ACD - ABD e anche le forme alternate " AB - CD " oppure " A - C - B - D ", e cosí via. Il codice fissa un *repertorio di simboli,* tra i quali posso scegliere quelli da attribuire a dati fenomeni. Gli altri possono rimanere come *riserva,* come possibilità non significanti (riconoscibili nel caso che si verifichino per rumore), pronti per indicare altri fenomeni che eventualmente mi paiano degni di comunicazione.

Già con le possibilità preordinate indicate sopra, ecco che il mio codice può indicarmi qualcosa di piú del semplice livello di pericolo 0. Posso segnare una serie di livelli che vanno dalla tranquillità assoluta al pre-pericolo (chiamandoli livelli —3, —2, —1 ecc.) e una serie di livelli al di sopra dello 0 (+1, +2, +3), dalla situazione di allarme a quella di massimo pericolo; e posso far corrispondere a ciascuno di questi livelli una combinazione del codice (che si realizzi in base a opportune istruzioni date ai meccanismi trasmittenti e riceventi).

II.4. Con un codice del genere, su cosa si basa la trasmissione di un segnale? Su una *scelta alternativa,* che possiamo indicare come una *opposizione tra " sí " e " no ".* O la lampadina è accesa o è spenta (o passa corrente o non passa). Anche nel caso in cui l'apparato destinatario debba rispondere in base a istruzioni ricevute allo scattare di un interruttore, alla comunicazione di un impulso, il procedimento non cambia. Si ha una opposizione binaria, una oscillazione massima tra 1 e 0, tra sí e no, tra aperto e chiuso.

Non è il caso di stabilire in questa sede se il metodo binario — che, come vedremo, è assunto dalla teoria dell'informazione — appare come l'artificio piú semplice per descrivere il passaggio di una informazione, o se ogni tipo di comunicazione riposa sempre e comunque su una meccanica binaria (se cioè noi comunichiamo sempre, in qualsiasi modo, per una serie successiva di scelte alternative).

Il fatto che varie discipline, dalla linguistica alla neuropsicologia, si appoggino sul metodo binario per spiegare i processi di comunicazione, indica comunque in questo metodo delle ragioni di economia che lo rendono preferibile ad altri.

III. L'informazione

III.1. Quando noi sappiamo quale tra due eventi si verificherà, abbiamo una informazione. Si suppone che i due eventi abbiano eguali probabilità di avverarsi, e che pertanto la nostra ignoranza rispetto alla disgiunzione di probabilità sia totale. La probabilità è il rapporto tra il numero dei casi favorevoli a che l'evento si verifichi e il numero dei casi possibili. Se getto in aria una moneta (e mi attendo o testa o croce) ho una probabilità di $1/2$ per ciascuna faccia della moneta.

Nel caso del dado, ove le facce sono sei, ho per ciascuna faccia una probabilità di $1/6$ (nel caso in cui getti due dadi, la probabilità che due eventi indipendenti si verifichino congiuntamente — che io riesca a fare, per esempio, sei e cinque — è data dal prodotto delle singole probabilità: e avrei in tal caso $1/36$).

La relazione tra una serie di eventi e la serie delle probabilità connesse è il rapporto tra una progressione aritmetica e una progressione geometrica, e la seconda serie rappresenta il logaritmo della prima.

Questo significa che, dato un evento e 64 probabilità di realizzazione diversa (ad esempio: quale delle caselle della scacchiera sarà prescelta?), quando vengo a sapere quale evento si è realizzato ho ottenuto una informazione pari a $\lg_2 64$ (che fa 6). Cioè per individuare uno tra sessantaquattro eventi equiprobabili, sono state necessarie sei disgiunzioni o scelte binarie.

Questo meccanismo può essere spiegato meglio dallo schema qui accanto, che, riducendo il numero degli elementi in gioco per facilitare l'operazione, ci mostra come, dati 8 eventi dei quali non si può predire l'occorrenza poiché hanno eguali probabilità di avverarsi, l'individuazione di uno di essi mediante scelte binarie implica tre movimenti di scelta, tre opzioni, tre alternative.

Si sono indicati con lettere alfabetiche i punti di disgiunzione binaria. E si vede come per identificare, per esempio, l'evento numero 5, siano necessarie tre scelte binarie: 1) da A scelgo tra B_1 o B_2; 2) da B_2 scelgo di dirigermi verso C_3; 3) da C_3 scelgo di

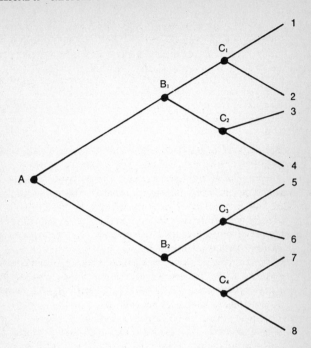

dirigermi verso 5 anziché verso 6.

Dato che si trattava di individuare un evento tra otto, l'espressione logaritmica della situazione dà:

$$lg_2 8 = 3.$$

La teoria dell'informazione chiama unità di informazione o *bit* (da " binary digit " e cioè " segnale binario ") l'unità di disgiunzione binaria che serve a individuare una alternativa. Si dirà allora che, nel caso dell'individuazione di uno tra otto elementi, ho ricevuto 3 bit di informazione; nel caso dei sessantaquattro elementi avévo ricevuto 6 bit.

Col metodo della disgiunzione binaria è possibile individuare un evento tra un numero infinito di eventi possibili. Basta procedere con costanza in una serie di biforcazioni successive, eliminando via via le alternative che si presentano. I cervelli elettronici detti " numerici " o " digitali ", lavorando ad altissime velocità,

riescono a procedere per disgiunzioni binarie su sistemi di equiprobabilità che mettono in gioco un numero astronomico di elementi. Ricordiamo che il calcolatore digitale funziona sulla·sem-
plice alternativa di passaggio-non passaggio di corrente, simbolizza-
bile attraverso i due valori di 1 e 0. E in questi termini può compiere le piú svariate operazioni, dato che l'algebra di Boole permette appunto di compiere qualsiasi operazione usando disgiunzioni binarie.

III.2.   Tuttavia le piú recenti ricerche linguistiche ci suggeri-
scono l'idea che anche a livello di sistemi piú complicati, come
ad esempio quello della lingua verbale, l'informazione sorga per
disgiunzione binaria.[10] Dobbiamo pensare che tutti i segni (le
parole) di una lingua sono costruibili mediante la combinazione di
uno o piú *fonemi*; i fonemi sono le unità minime di emissione vocale fornite di valore differenziale; sono brevi emissioni vocali che
possono o non possono identificarsi con una lettera dell'alfabeto, e
che — prese di per se stesse — non hanno alcun significato: salvo
che *la presenza di un fonema esclude quella di un altro che, se
fosse apparso in luogo del primo, avrebbe cambiato il significato della
parola*. Per esempio, in italiano io posso pronunciare in modo diverso
la " e " di " bene " o di " cena ", ma le varietà di pronuncia non
costituiscono opposizione fonematica. Invece in inglese, i due modi
diversi in cui pronuncio la " i " in " ship " e in " sheep " (che il vocabolario indica diversamente come " ∫ip " e " ∫i:p ") costituiscono
opposizione tra due fonemi diversi (e infatti nel primo caso ho il
significato " nave " e nel secondo il significato " pecora "). Anche in
questo caso si avrebbe dunque informazione che nasce per scelta
attuata tra i due poli di una opposizione.

III.3.   Ma ritorniamo al nostro modello comunicativo. Abbiamo
parlato di " unità di informazione " e abbiamo stabilito che quando,
per esempio, mi viene indicato quale evento si verificherà tra otto
eventi possibili, ricevo 3 bit di informazione. Ma il valore " informazione " *non va identificato con la nozione che mi viene comunicata*, anche perché nella teoria dell'informazione il significato di
ciò che mi viene comunicato (il fatto che l'evento tra gli otto possibili fosse un numero, un nome di persona, un biglietto della
lotteria o un simbolo grafico) non conta. Per la teoria dell'infor-

---

[10] Cfr. una bibliografia in LEPSCHY, *cit.* e in JAKOBSON, *cit.*

mazione conta il numero di alternative necessarie a definire l'evento senza ambiguità. E contano le alternative che — alla fonte — si presentano come con-possibili. L'informazione non è tanto ciò che viene detto, *ma ciò che può essere detto*. L'informazione *è la misura di una possibilità di scelta nella selezione di un messaggio*. Un messaggio computabile in un bit (la scelta tra due possibilità equiprobabili) e uno computabile in 3 bit (la scelta tra otto possibilità equiprobabili), si distinguono per il numero maggiore di possibili scelte che la seconda situazione presentava — alla fonte — rispetto alla prima. Nel secondo caso il messaggio informa di piú perché — alla fonte — c'era maggiore incertezza circa la scelta che sarebbe stata attuata. Per fare un esempio facile e comprensibile, c'è maggiore suspense in un romanzo giallo in cui l'assassino è sospettabile tra piú personaggi e la soluzione arriva piú inattesa. *L'informazione rappresenta la libertà di scelta che si ha nel costruire un messaggio, e quindi va considerata una proprietà statistica della sorgente dei messaggi*. In altri termini l'informazione è quel valore di equiprobabilità tra molti elementi combinabili, valore che è tanto piú grande quante piú scelte sono possibili: infatti in un sistema in cui fossero in gioco non due, o otto, o sessantaquattro, ma *n* miliardi di eventi equiprobabili, l'espressione

$$1 = \lg_2 10^9 n$$

darebbe una cifra piú alta. E chi ricevesse un messaggio da una sorgente del genere, riceverebbe, individuando un evento tra gli *n* miliardi possibili, molti bit di informazione. Ma è chiaro che l'informazione *ricevuta* rappresenterebbe già una riduzione, un impoverimento di quella sterminata ricchezza di scelte possibili che esisteva *alla fonte*, prima che l'evento fosse scelto, e il messaggio emesso.

L'informazione misura dunque una situazione di equiprobabilità, di distribuzione statistica uniforme che esiste alla fonte; e questo valore statistico è quello che i teorici dell'informazione, desumendolo dalla termodinamica, chiamano *entropia*.[11] Infatti *l'entropia di un sistema è lo stato di equiprobabilità a cui tendono i suoi elementi*. L'entropia è altrimenti identificata con uno stato di

---

[11] Cfr. NORBERT WIENER, *Cibernetica*, Milano, Bompiani, 1953; C.E. SHANNON, W. WEAVER, *The mathematical theory of information*, Urbana, 1949; COLIN CHERRY, *On human communication*, cit.; A.G. SMITH, ed., *Communication and Culture* (parte I), N. Y., Holt, Rinehart & Winston, 1966; nonché altri studi citati alle note 2 e 4.

disordine, nel senso in cui *l'ordine è un sistema di probabilità* che si introduce nel sistema per poterne prevedere l'andamento. Nella teoria cinetica dei gas è previsto, dato un recipiente diviso in due settori, uniti da un passaggio, l'esistenza puramente teorica di un apparato, detto demone di Maxwell, che dovrebbe permettere alle molecole gassose piú veloci di passare in un settore e a quelle piú lente di rimanere nell'altro: in tal modo si inserirebbe un principio di ordine nel sistema e sarebbe possibile prevedere una differenziazione termica; in realtà il demone di Maxwell non esiste, e le molecole di gas, nell'urtarsi disordinatamente, livellano le loro velocità rispettive creando per cosí dire una situazione " media ", che tende all'equiprobabilità statistica: cosí il sistema è ad altissima entropia e non è possibile prevedere il moto di una singola molecola.

Ora, se tutte le lettere dell'alfabeto formabili con la tastiera di una macchina da scrivere costituissero un sistema ad altissima entropia, avremmo una situazione di informazione massima. Seguendo un esempio di Guilbaud, diremo che, poiché in una pagina dattiloscritta posso prevedere l'esistenza di 25 linee, ciascuna di 60 spazi, e poiché la tastiera della macchina da scrivere (contemplata nell'esempio) possiede 42 tasti — ciascuno dei quali può produrre 2 caratteri — e che, con l'aggiunta della spaziatura (che ha valore di segno) la tastiera può produrre cosí 85 segni diversi, ecco che nasce il problema: dato che 25 linee per 60 spazi rendono possibili 1500 spazi, quante sequenze diverse di 1500 spazi si possono produrre scegliendo ciascuno degli 85 segni disponibili sulla tastiera?

Si può ottenere il numero totale dei messaggi di lunghezza L fornibili da una tastiera di C segni, elevando C a potenza L. Nel nostro caso sappiamo che potremmo produrre 85^{1500} messaggi possibili. Tale è la situazione di equiprobabilità esistente alla fonte; i messaggi possibili sono espressi da un numero di 2895 cifre.

Ma quante scelte binarie sono necessarie per individuare uno dei messaggi possibili? Un numero altissimo, la cui trasmissione richiederebbe un dispendio di tempo e di energie notevole, tanto piú che ogni messaggio possibile, lo sappiamo, si compone di 1500 spazi e ciascuno di questi segni va individuato per scelte binarie successive tra gli 85 segni previsti dalla tastiera... L'informazione alla fonte, come libertà di scelta, è notevole, ma la possibilità di trasmettere questa informazione possibile individuandovi un messaggio compiuto, diventa assai difficile.[12]

---

[12] G.T. GUILBAUD, *La Cybernétique*, P.U.F., 1954.

III.4. Interviene qui la funzione ordinatrice del codice. Cosa si ottiene introducendo un codice? Si limitano le possibilità di combinazione tra gli elementi in gioco e il numero degli elementi che costituiscono il repertorio. Si introduce nella situazione di equiprobabilità della fonte un sistema di probabilità: certe combinazioni sono possibili e altre meno. L'informazione della fonte diminuisce, la possibilità di trasmettere messaggi aumenta.

Shannon [13] definisce l'informazione di un messaggio che implica N scelte tra h simboli, come

$$I = N lg_2 h$$

(formula che ricorda quella dell'entropia).

Ora un messaggio che debba essere selezionato tra un numero altissimo di simboli, tra i quali siano possibili un numero astronomico di combinazioni, risulterebbe molto informativo, ma sarebbe intrasmissibile perché richiederebbe troppe scelte binarie (e le scelte binarie costano, perché possono essere impulsi elettrici, movimenti meccanici, o anche semplicemente operazioni mentali: e ogni canale di trasmissione può permettere il passaggio solo di un certo numero di tali scelte). Quindi, perché la trasmissione sia possibile, si possono formare messaggi, occorre ridurre i valori di N e di h. È piú facile trasmettere un messaggio che deve fornirmi informazioni su un sistema di elementi le cui combinazioni sono rette da un sistema di possibilità prefissate. Le alternative sono minori, piú facile la comunicazione.

Il codice introduce, con i suoi criteri di ordine, queste possibilità di comunicazione; *il codice rappresenta un sistema di probabilità sovrapposto alla equiprobabilità del sistema di partenza, per permettere di dominarlo comunicativamente*. In ogni caso non è il valore statistico "informazione" che richiede questo elemento di ordine, ma è la sua trasmissibilità.

Con la sovrapposizione del codice, una fonte ad alta entropia, come era la tastiera della macchina da scrivere, riduce le sue possibilità di scelta; nel momento in cui io, in possesso del codice lingua italiana, mi metto a scrivere, la fonte possiede una entropia minore: in altri termini, dalla tastiera non possono nascere 85^{1500} messaggi possibili in una pagina, ma un numero assai minore, retto da regole di probabilità, rispondente a un sistema di aspettative, e quindi

[13] Ma la prima formulazione della legge sta in R.V.L. HARTHLEY, *Transmission of Information*, in "Bell System Tech. J.", 1928. Cfr. anche (oltre a CHERRY, cit.) ANATOL RAPAPORT, *What is Information?*, in "ETC", 10, 1953 (ora in *Communication and Culture*, cit.).

assai piú prevedibile. Anche se naturalmente il numero di messaggi
possibili in una cartella dattiloscritta è sempre molto alto, tuttavia
il sistema di probabilità introdotto dal codice esclude che il mio
messaggio possa contemplare sequenze di lettere come "wxwxxsde-
wvxvxc" (che la lingua italiana non ammette — se non nel caso
di formulazioni metalinguistiche come quella in corso); esclude
che dopo la sequenza di simboli "ass" possa esserci la lettera "q",
e lascia prevedere che invece ci sia una delle cinque vocali (dalla
cui apparizione potrebbe dipendere poi, con una probabilità computabile in base al vocabolario, la parola "asse" o "assimilare"
o "assumere" e cosí via). L'esistenza del codice, pur permettendo
combinazioni di vario genere, limita enormemente il numero delle scelte possibili.

*Definiremo — per concludere — il codice come il sistema che
stabilisce* 1) *un repertorio di simboli che si distinguono per opposizione reciproca;* 2) *le loro regole di combinazione;* 3) *e, eventualmente, la corrispondenza termine a termine tra ogni simbolo
e un dato significato* (senza che un codice debba necessariamente
possedere insieme queste tre caratteristiche).[14]

IV. Il codice

IV.1. Quanto abbiamo detto ci permette di ritornare al nostro
modello iniziale.

Nel bacino idrico potrebbero avvenire fenomeni di vario genere.
L'acqua potrebbe raggiungere infiniti livelli, con differenze infinitesimali. Se dovessi comunicare tutti i livelli possibili, dovrei fare
uso di un repertorio assai vasto di simboli, e in effetti non mi servirebbe sapere se l'acqua è aumentata o diminuita di un millimetro
o due. Scelgo allora delle situazioni discontinue, discrete, ritagliate
nel continuum dei fatti possibili, e le eleggo come *tratti pertinenti*
ai fini della comunicazione che mi interessa. Quando ho stabilito
che m'interessa sapere se l'acqua passa dal livello —2 al livello —1,
il fatto che poi l'acqua sia qualche centimetro o qualche millimetro
sopra al —2 non mi interessa. Il livello non sarà piú —2 solo quando
sarà ormai —1. Il resto non mi riguarda, non è pertinente. E

[14] Per esempio, la macchina del nostro modello esclude il punto 3. I se
gnali che riceve non corrispondono a un significato (al massimo, corrispondono solo per chi ha instaurato il codice).

quindi posso elaborare un codice che, tra le numerose combinazioni possibili tra i quattro simboli A, B, C, e D, ne contempli solo alcune come le piú probabili. Per esempio:

A		AB = —3		
D	elementi privi di significato, con valore puramente differenziale	BC = —2	BCD	
		CD = —1	ACD	
		ABC = 0	ABD	combinazioni che non sono previste
B		AC = +1	AB-CD	
		BD = +2	A-C-B-D-	
C		AD = +3	ecc.	

In tal senso l'apparato destinatario può essere istruito in modo che risponda in modo adeguato alle combinazioni previste, e che non risponda alle combinazioni non previste, intendendole come rumore. Nulla esclude, come si era detto, che le combinazioni non previste possano essere utilizzate quando si vogliano differenziare maggiormente i livelli, identificando cosí altri tratti pertinenti nel codice.

IV.2.   Ora c'è da osservare come, già a questo punto, il concetto di informazione come possibilità e libertà di scelta alla fonte, si sia scisso in due concetti, formalmente uguali (si tratta di una misura di libertà di scelta), ma denotativamente diversi. Infatti abbiamo una *Informazione della fonte*: questa (in assenza di elementi idrografici e meteorologici che mi consentano di avanzare previsioni) va considerata come equiprobabilità; l'acqua può trovarsi a tutte le posizioni possibili.

Questa informazione della fonte viene corretta dal codice che stabilisce un sistema di probabilità. Al disordine statistico della fonte sostituisce un ordine probabilistico.

Abbiamo però una *Informazione del codice*: infatti, sulla base del codice, posso elaborare sette messaggi diversi, in situazione di equiprobabilità tra loro. Il codice ha introdotto all'interno del sistema fisico un ordine e ha ridotto le possibilità di informazione, ma rispetto ai messaggi che può generare, costituisce esso stesso, sia pure in modo ridotto, un sistema equiprobabile (che può essere limitato solo dall'emissione di un messaggio singolo). Il messaggio

singolo rappresentando una forma concreta, una scelta di una e non
di un'altra sequenza di simboli, costituisce un ordine definitivo (vedremo poi sino a qual punto) che si sovrappone al (parziale) disordine del codice.

Diremo dunque che nozioni come quella di informazione (opposta al messaggio), di disordine (opposto all'ordine), di equiprobabilità (opposta a sistema di probabilità), sono tutte nozioni *rela-
tive*. La fonte è entropica rispetto al codice che ne limita gli elementi pertinenti ai fini della comunicazione, ma il codice possiede
una entropia relativa rispetto agli indefiniti messaggi che può generare.

Ordine e disordine sono concetti relativi; si è ordinati rispetto a un disordine precedente e disordinati rispetto a un ordine
successivo, proprio come si è giovani rispetto al proprio padre e
vecchi rispetto al proprio figlio, libertini rispetto a un sistema di regole morali e codini rispetto a un altro piú duttile.

IV.3. Tutte le osservazioni che abbiamo fatto valgono nella
misura in cui:

1) c'è una fonte di avvenimenti (di informazioni) distinta dal trasmittente in quanto elemento che seleziona, in base a codici, i tratti pertinenti ai
fini dell'informazione, scartando altri fenomeni;

2) l'apparato destinatario è una macchina, che risponde in modo univoco
ai messaggi che riceve;

3) c'è un codice comune all'apparato trasmittente e al destinatario;

4) la macchina — in quanto trasmittente e in quanto destinatario — non
mette in discussione il codice.

Il problema cambia se noi variamo la situazione come segue:

1) ponendo in luogo del destinatario un essere umano; anche se mante-
niamo inalterata la situazione alla fonte (vedi A.2.I-IV.);

2) ponendo in luogo della fonte un essere umano: in tal caso fonte e
trasmittente si identificano (io sono la fonte e la trasmittente dell'informazione che intendo comunicare); non solo, ma spesso si identificano fonte e
codice, nel senso che l'unica informazione di cui dispongo è il sistema di
equiprobabilità consentitomi dal codice che uso (vedi A.2.V.);

4) assumendo che si abbiano casi in cui trasmittente o destinatario mettano
in discussione il codice (vedi A.3.).

Come vedremo, accettando queste condizioni, si passa dall'*universo
dei segnali* all'*universo del senso*.

2. L'UNIVERSO DEL SENSO

I. Il significato del " significato " · Denotazione e connotazione

I.1. Poniamo che il destinatario del messaggio proveniente dal bacino idrico non sia piú una macchina *ma un essere umano*.

Istruito secondo il codice egli sa che ABC corrisponde a " punto zero " e che altri segnali corrispondono ad altri livelli di minimo e massimo pericolo.

Poniamo ora che l'uomo riceva il segnale ABC. In tal caso egli comprenderà che l'acqua ha raggiunto il livello 0 (pericolo), ma non si limiterà a questo. Per esempio, *potrebbe spaventarsi*. Questo spavento non può essere catalogato tra le reazioni emotive indipendenti dai fenomeni di comunicazione, perché si basa su un fenomeno di comunicazione. Il simbolo ABC, puro evento fisico, infatti, oltre che ad essere per lui il significante del significato denotativo " livello 0 ", gli connota anche " pericolo ". Ciò che non accadeva per la macchina: la macchina riceveva ABC e, secondo istruzioni, reagiva nel modo dovuto; riceveva una informazione, ma non un significato; la macchina non sapeva cosa significasse ABC, non comprendeva né " livello 0 " né " pericolo ". Riceveva tanti bit computabili dall'ingegnere che doveva curare le possibilità di trasmissione lungo il canale, e operava di conseguenza.

A livello della macchina eravamo ancora nell'universo della cibernetica, la quale è interessata al *segnale*. Introducendo l'uomo siamo passati nell'universo del *senso*. Si è aperto un *processo di significazione*, perché il segnale non è piú una serie di unità discrete computabili in bit di informazione, bensí una forma significante che il destinatario umano dovrà riempire di significato.

I.2. A questo punto occorre però stabilire le condizioni d'uso del termine " significato " — almeno nell'ambito delle pagine che seguiranno.[15]

Per fare questo bisogna anzitutto liberare il campo dalla dannosa identificazione di *significato* e *referente.*

Ci rifacciamo per questo al noto triangolo di Ogden e Richards [16] formulabile come segue

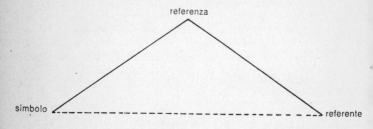

Per simbolo possiamo intendere, ad esempio, un segno della lingua verbale, come la parola " cane ". Questo simbolo ha un rapporto immotivato e non naturale con la cosa che indica, vale a dire il cane vero e proprio (in lingua inglese al lato sinistro del triangolo avremmo " dog " in luogo di " cane " senza che il rapporto muti). Ma la mediazione tra il simbolo e il referente è data dalla "referenza", che altro non è che — come dice Ullmann [17] — "l'informazione che il nome trasmette all'ascoltatore". Questa definizione può bastare provvisoriamente per indicare qualcosa che per alcuni sarà un *concetto,* per altri una *immagine mentale,* per altri ancora la *condizione d'uso* del simbolo in questione, eccetera. In ogni caso è chiaro che, mentre la relazione tra simbolo e referente è discutibile, e comunque non naturale e indiretta, la relazione che si stabilisce tra simbolo e referenza è immediata, reciproca e reversibile; chi impiega la parola " cane " pensa al significato " cane " e chi la

[15] Per un primo avviamento e una ricca bibliografia sull'argomento, cfr. ADAM SCHAFF, *Introduzione alla semantica,* Roma, Editori Riuniti, 1965; PIERRE GUIRAUD, *La semantica,* Milano, Bompiani, 1966; TULLIO DE MAURO, *Introduzione alla semantica,* Bari, Laterza, 1965; STEPHEN ULLMANN, *La semantica,* Bologna, Mulino, 1966; W.V.O. QUINE, *Il problema del significato,* Roma, Ubaldini, 1966; L. ANTAL, *Problemi di significato,* Milano, Silva, 1967.

[16] C.K. OGDEN, I.A. RICHARDS, *Il significato del significato,* Milano, Saggiatore, 1966.

[17] Cfr. tutto il cap. 3 dell' *op. cit.*, pp. 90-130. In particolare sono discusse le posizioni di BLOOMFIELD (*Language*, N. Y., 1933).

ode viene condotto mentalmente a individuare lo stesso ordine di
fenomeni definibile come " cane "; cosí chi vuole indicare un cane,
impiegherà il simbolo " cane ".

I.3. Infinite sono le discussioni sui rapporti tra simbolo, referente e referenza. In questa sede assumeremo solo che in una prospettiva semiologica, *il problema del referente non ha alcuna pertinenza.*[18] Le critiche correnti della nozione di referente mostrano
benissimo che un simbolo non può venire verificato in base al controllo condotto sul referente; ci possono essere simboli che hanno
una referenza e non hanno un referente (come " unicorno " che si
riferisce a un animale fantastico che tuttavia non esiste; il che
non impedisce che chi ode la parola " unicorno " sappia benissimo
di cosa si sta parlando); ci sono simboli diversi con significato diverso che riguardano lo stesso referente: un esempio celebre è
quello che riguarda due entità astronomiche conosciute dagli antichi, la " stella della sera " e la " stella del mattino ", i cui significati sono assai diversi mentre di fatto il referente, come sa l'astronomia moderna, è uno solo; e cosí due espressioni come " il mio
patrigno " e " il papà del mio fratellastro " riguardano uno stesso
referente, ma hanno due significati diversi e possono essere usati
in contesti diversi per indicare situazioni affettive opposte. In taluni sistemi semantici si indica come *denotazione* di un simbolo
la classe delle cose reali a cui l'uso del simbolo si estende (" cane "
denota la classe di tutti i cani reali), e come *connotazione* l'insieme
delle proprietà che devono essere attribuite al concetto indicato dal
simbolo (si intenderanno come connotazioni di " cane " quelle proprietà zoologiche mediante le quali la scienza distingue il cane da
altri mammiferi a quattro zampe). In tal senso la denotazione si
identifica con la *estensionalità* e la connotazione con la *intensio-
nalità* del concetto.[19] In ogni caso nelle pagine che seguono *non*
useremo " denotazione " e " connotazione " in questa accezione.

[18] Tra gli autori che invece intendono porre l'accento sul problema del
referente, oltre a Bloomfield già citato, ricorderemo tutti gli studiosi di
osservanza materialistica (non si dice " marxista " perché la loro posizione
dipende da *Materialismo e empiriocriticismo* di LENIN) quali SCHAFF, già citato, e L.O. REZNIKOV, *Semiotica e marxismo*, Milano, Bompiani, 1967.
[19] Su quest'uso dei termini v. in particolare A. PASQUINELLI, *Linguaggio, scienza e filosofia*, Bologna, Mulino, 2ª ed., 1964 (appendice A), dove
vengono discusse e confrontate le posizioni di Russell, Frege, Carnap, Quine,
Church. Cfr. anche LUDOVICO GEYMONAT, *Saggi di filosofia neorazionalisti-
ca*, Torino, Einaudi, 1953, cap. 3. (Per bibl. completa cfr. sempre SCHAFF).

I.4. La presenza del referente, la sua assenza, o la sua inesistenza, *non incidono sullo studio di un simbolo in quanto usato in una certa società in rapporto a determinati codici*. Non è di pertinenza della semiologia sapere se l'unicorno esiste o no (è di pertinenza della zoologia e di una storia della cultura che voglia mettere in luce il ruolo dell'immaginario nella civiltà di un'epoca): mentre è importante sapere come in un certo contesto la forma significante "unicorno" riceva un determinato significato in base a un sistema di convenzioni linguistiche; e quali associazioni mentali, basate su abitudini culturali acquisite, provoca la parola "unicorno" in determinati destinatari del messaggio.

In tal senso dunque *la semiologia, del triangolo di Ogden Richards, considera solo il lato sinistro*. Salvo che lo considera molto a fondo, consapevole del fatto che lungo quel lato sinistro avvengono numerosi fenomeni di significazione. Per esempio tra il significato e il simbolo intercorrono rapporti *onomasiologici* (si conferiscono certi nomi a certi significati), mentre tra il simbolo e il significato intercorrono rapporti *semasiologici* (certi simboli designano certi significati).[20] In piú — e lo vedremo nelle pagine che seguono — il rapporto tra un simbolo e i suoi significati può mutare, crescere, deformarsi; il simbolo rimane costante e il significato si arricchisce o si impoverisce. Questo processo dinamico continuo sarà chiamato "senso". E useremo in tal modo questi termini, definiti una volta per tutte, anche se per alcuni autori i termini vanno impiegati in modo opposto.[21]

I.5. Ma, per usare con maggiore proprietà i termini, ci rifaremo a una serie di distinzioni introdotte dalla linguistica saussuriana e che paiono piú acconce per impiantare una ricerca semiologica (e in effetti i capitoli che seguono ad altro non mirano che a verificare l'utilizzabilità di queste categorie per mettere in forma anche fenomeni come quelli visivi).

De Saussure propone una nozione di segno linguistico come di

---

[20] Cfr. oltre a ULLMANN, *cit.*, KLAUS HEGER, *Les bases méthodologiques de l'onomasiologie et du classement par concepts*, in "Travaux de linguistique et de litt. ", III, 1, 1965; dove vengono discussi gli studi di Baldinger, Weinrich, Ogden e Richards, Coseriu, Pottier, ecc.

[21] Per esempio Ullmann propone un uso opposto, ponendo il "senso" al vertice del triangolo e il "significato", comparato al "meaning", lungo il lato sinistro, come continuo processo di significazione che si arricchisce. Abbiamo deciso di attenerci invece all'uso piú comune presso i semiologi francesi.

un oggetto il quale presenta una stretta unità (come le due facce
di un foglio) di *significante* e *significato*: "il segno linguistico non
unisce una cosa e un nome, ma un concetto e una immagine acustica ".[22] Il significato non è la cosa (il significato "cane" non è
l'oggetto reale cane che viene studiato dalla zoologia); e il significante non è la forma fonica del nome (l'emissione vocale "cane"
che viene studiata dalla fonetica e che può venir registrata da apparati elettromagnetici). Il significante è l'immagine della forma
fonica, mentre il significato è una immagine mentale della cosa,
quella che può avere rapporto onomasiologico con altri significati
(quali arbor, tree, baum, arbre, eccetera).

I.6. Il legame tra significante e significato è *arbitrario*, ma
nella misura in cui è imposto dalla lingua (che, lo vedremo, è un
codice) il significato diventa necessario per il parlante. Anzi, è proprio questa imposizione, che il codice esercita sul parlante, che ci
permette di non intendere necessariamente il significato come un
concetto, una immagine mentale (pericolosa concessione "mentali-
stica" che è valsa alla semiologia saussuriana critiche di vario genere)[23]; e, nella misura in cui piú avanti definiremo la natura dei
codici, possiamo sfuggire anche alla identificazione tra il significato
e *l'uso corrente* che si fa di un significante (definizione piú empirica della precedente, che consente di sfuggire alla ipostatizzazione
di un significato come entità platonica, ma che presta il fianco ad
altre obbiezioni). *Il significato ci deve apparire invece come ciò che
il codice pone in rapporto semasiologico col significante.* In altre
parole il codice stabilisce che un dato significante denota un determinato significato. Se poi questo significato si realizzi nella mente
del parlante sotto forma di concetto o nella società sotto forma di
media degli usi concreti, tutto questo riguarda discipline come la
psicologia o la statistica. Paradossalmente, nel momento in cui si
pone a definire il significato, la semiologia rischia di cessare di essere se stessa, per farsi logica, psicologia o metafisica. In un certo
senso il fondatore della scienza dei segni, Charles Sanders Peirce,
cercava di sfuggire a questo rischio introducendo la nozione di
"interpretante", su cui vale la pena di soffermarsi.[24]

---

[22] Ferdinand De Saussure, *Cours de linguistique générale*, Paris, Payot,
1916 (il libro, come è noto, ricostruisce le lezioni tenute dal 1906 al 1911),
tr. it. a cura di T. de Mauro, Bari, Laterza, 1967.
[23] Cfr. per esempio le obiezioni di Richards e Ogden, *op. cit.*, cap. I.
[24] I testi semiotici di Charles Sanders Peirce sono in *Collected Papers*

I.7. In una forma che ricorda il triangolo richardsiano, Peirce intendeva il segno ("qualcosa che sta per qualcuno in luogo di qualcos'altro sotto qualche aspetto o capacità ") come una struttura triadica che ha alla base il simbolo o *representamen,* posto in relazione con un *oggetto* che rappresenta; al vertice del triangolo il segno ha l'*interpretante,* che molti sono portati a identificare con il significato o la referenza. Comunque *l'interpretante non è l'interprete,* e cioè colui che riceve il segno (anche se talora in Peirce si genera una confusione del genere). L'interpretante è ciò che garantisce la validità del segno anche in assenza dell'interprete.

Potrebbe essere inteso come il significato perché è definito come " ciò che il segno produce nella quasi mente che è l'interprete "; ma è stato anche visto come la definizione del representamen (e dunque la connotazione-intensione). Tuttavia l'ipotesi che sembra piú fruttuosa è quella di vedere *l'interpretante come un'altra rappresentazione che si riferisce al medesimo oggetto.* In altri termini, per stabilire cosa sia l'interpretante di un segno, occorre nominarlo mediante un altro segno, il quale ha a sua volta un altro interpretante nominabile con altro segno e cosí via. Si aprirebbe a questo punto un processo di *semiosi illimitata* che, per quanto paradossale, è l'unica garanzia per la fondazione di un sistema semiologico capace di rendere ragione di se stesso coi propri mezzi soltanto. *Il linguaggio sarebbe allora un sistema che si chiarifica da sé, per successivi sistemi di convenzioni che si spiegano a vicenda.*[25]

Sembrerebbe facile uscire da questo circolo, pensando che, se voglio indicare il significato del significante "cane", non ho che da puntare il dito su di un cane qualsiasi. Ma, a parte il fatto che il significato di "cane" può essere ben piú ricco, e cambiare da cultura a cultura (un indiano indicherebbe come noi una vacca reale per stabilire il significato del significante "vacca", e ciono-

of C.S.P., Harvard Un. Press, 1931, 1936. Data la difficoltà nella ricostruzione del pensiero di Peirce ci rifacciamo, per la nostra esposizione, a Nynfa Bosco, *La filosofia pragmatica di Ch. S. Peirce,* Torino, Edizioni di " Filosofia ", 1959; cfr. pure Ogden e Richards, *op. cit.,* App. D, e M. Bense, *op. cit.* (dove però la nozione di " interpretante" viene appiattita su quella di " interprete ".

[25] Questo spiegherebbe allora in che senso (cfr. Barthes, *cit.*) non la linguistica sarebbe una branca della semiologia ma la semiologia una branca della linguistica, perché i segni non verbali possono essere caricati di significato solo ricorrendo al linguaggio verbale. Probabilmente nel gioco successivo degli interpretanti di un segno, la definizione verbale è quella che interviene con maggior peso. Ma l'interpretante di un significato verbale può benissimo essere un segno figurativo.

nostante il significato di "vacca" è per lui infinitamente piú complesso che per noi), davanti a significanti come "bellezza", "unicorno", "comunque" o "Dio" non possiamo *additare* nulla. Il
chiarimento del significato di questi significanti, escluso il ricorso
alle idee platoniche, alle immagini mentali, e alla media degli usi,
non può essere che il ricorso ad altri segni della lingua usata, che lo
traducano, ne definiscano le condizioni di impiego, ricorrano insomma al sistema della lingua per spiegare un suo elemento, al codice per chiarire il codice. In tal senso, poiché un linguaggio che
parla sul linguaggio è un metalinguaggio, la semiologia ad altro
non porterebbe che a una gerarchia di metalinguaggi. Come vedremo, certe teorie rigorosamente strutturalistiche si limitano a definire un significato nei termini della sua differenza e opposizione
con significati vicini nell'ambito della stessa lingua, o in comparazione con significati di altre lingue.[26] Sia chiaro comunque che la
semiologia non studia i procedimenti mentali del significare ma solo
le convenzioni comunicative come fenomeno di *cultura* (nel senso
antropologico del termine). In tal senso non esaurisce il problema
della comunicazione, ma si limita a individuarlo là dove è riconoscibile e descrivibile.

I.8. Sulla base di un codice dato, un significante *denota* dunque un significato. Il rapporto di denotazione è un rapporto diretto e univoco, rigidamente fissato dal codice, nel senso in cui, nel-
l'esempio del bacino idrico, ABC denotava "livello 0". Ma abbiamo visto che il nostro ipotetico destinatario umano del messaggio,
ricevuto ABC, lo intende anche come "pericolo". Diremo che in
tal caso il significante, oltre che denotare "livello 0", *connota* anche "pericolo".

Il rapporto di connotazione si pone quando una coppia formata
dal significante e dal significato denotato diventano insieme il significante di un significato aggiunto.[27]

[26] Cfr. paragrafo A.2.III.2.
[27] Cfr. in particolare Barthes, *Elementi*, cit., cap. IV. Il problema è
ripreso e approfondito in Roland Barthes, *Système de la Mode*, Paris, Seuil,
1967. Per un'altra accezione di connotazione (maggiormente intesa come aura
emotiva che si crea intorno al termine, per evocazione individuale), cfr.
Charles Bally, *Linguistica generale*, Milano, Saggiatore, 1963 (in particolare
la Sez. Seconda). Ma, come pone bene in rilievo Cesare Segre nella *Nota
Introduttiva*, la linguistica di Bally è linguistica della *parole*, oltre che della
langue, accentua i valori affettivi che si stabiliscono nell'esercizio concreto,
processuale del linguaggio, e quindi è portata a individuare il movimento

Per esempio il termine "cane" denota un certo tipo di animale (l'interpretante potrebbe essere l'immagine di un cane, la definizione "animale quadrupede che abbaia alla luna di notte", eccetera), ma connota anche "cattivo tenore". Però il significato "cane" non si trova nello stesso tipo di rapporto sia rispetto al concetto di cane che a quello di cattivo tenore. Si indica come "cane" un cattivo tenore perché si associa il concetto di cantante inabile non a una immagine acustica, ma a un altro concetto, quello di animale dalla voce sgraziata. Quindi la connotazione si stabilisce non sulla base del semplice significante, ma del significante e del significato denotativo uniti. Potrà poi accadere che questa connotazione ne generi una seconda, rispetto alla quale il significato già connotato diventa il significante del nuovo significato. Ad esempio in una espressione come: "nel suo duetto con l'opposizione il ministro X si è comportato come un cane", il gioco delle metafore e delle similitudini ("duetto" è metafora, "come un cane" è similitudine) si basa su meccanismi connotativi; scomposta nelle sue componenti semiologiche, l'espressione ci dà una denotazione primaria, da cui si genera una connotazione prima (cane=cattivo tenore) da cui si genera una connotazione seconda (cattivo tenore=cattivo politico), secondo uno schema di questo tipo:

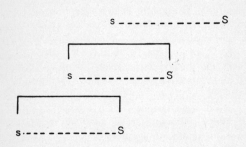

II. Codici e lessici

II.1. Ora, tutti coloro che usano il codice lingua italiana sanno cosa denota la parola "cane". Non è detto invece che tutti sappiano che connota "tenore cattivo", e sovente questa connotazione

generativo di significati là dove non esiste ancora codice che ne fissi le corrispondenze, ma il procedimento linguistico, sintetico, "si avvicina alla nebulosa primitiva, cioè al pensiero non comunicato" (pag. 171).

è resa evidente solo dal contesto dell'enunciato. È poi ancora piú facile che certi destinatari non colgano la similitudine tra tenore e uomo politico, resa evidente dalla parola "duetto", e perdano questa seconda connotazione. Diremo quindi che, *mentre i significati denotativi sono stabiliti dal codice, quelli connotativi sono stabiliti da sottocodici o "lessici" specifici,* comuni a certi gruppi di parlanti e non necessariamente a tutti; sino al limite estremo in cui, in un discorso poetico, una connotazione viene istituita per la prima volta (una metafora ardita, una metonimia inusitata) e in tal caso il destinatario deve inferire dal contesto l'uso connotativo proposto (salvo poi, se l'espressione ha fortuna, integrare quella modalità di impiego nelle norme d'uso consueto, e quindi in un lessico connotativo accettato da un gruppo di parlanti).

Nel caso del nostro uomo che riceve il messaggio ABC, la corrispondenza tra "livello 0" (significato denotato) e "pericolo" (significato connotato) è stabila da un sistema di convenzioni talmente forte da identificarsi quasi col codice denotativo. Ma al ricevere ABC il destinatario umano può collegare il significato denotativo ad altri significati collegati: gli si può aprire quello che viene variamente definito come "campo semantico", "costellazione associativa", "campo associativo" o "campo nozionale" o "carrefour linguistico",[28] per cui la parola mucca può richiamarmi alla mente l'idea di pascolo, di latte, di lavoro, di serenità agreste, di muggito; e a un indú le idee di ritualità, religiosità, rispetto, e cosí via. Cosí il nostro destinatario del messaggio ABC può collegare a questo segno (significante piú significato) le idee di morte imminente, rovina per il villaggio a valle, case distrutte, allarme, insufficienza dei sistemi di controllo e di intervento, a seconda di come lo abbia disposto la sua esperienza precedente. Nella misura in cui questa esperienza, che si è tradotta in sistema di aspettative, è compartecipata da altri, la connotazione è prevista da un lessico connotativo (vale a dire che convenzionalmente, proverbialmente, ABC può connotare allarme o case distrutte dall'alluvione).

Il significante ci si presenta allora sempre piú come una forma generatrice di senso, che si riempie di cumuli di denotazioni e connotazioni in virtú di una serie di codici e di lessici che ne stabiliscono le corrispondenze con gruppi di significati.

II.2. A questo punto occorrerà spendere alcune parole di piú

---

[28] Sono le teorie di Trier, Matoré, Sperber, ecc., esaminate in GUIRAUD, *La semantica,* cit.

sul concetto di codice. Nel caso del modello proposto ci siamo trovati di fronte a un codice assai semplice, che funziona in base a
un sistema di combinazioni limitato a quattro simboli. Indubbiamente ciascun simbolo si distingue dall'altro per la sua posizione
e come polo di una opposizione. Il codice è un sistema di differenze, dove A si qualifica come ciò che non è B, C e D, e viceversa. A da solo non comunicherebbe nulla se non fosse riferito o
alla presenza o all'assenza degli altri simboli. Non diversamente
accade con codici piú complessi come la lingua. Le definizioni che
la linguistica strutturale dà della lingua corrispondono alla nozione di codice che abbiamo proposto.

Una volta ricordato come Saussure distingua opportunamen-
te la *langue*, che è il deposito di regole su cui si basa il parlante, e
la *parole* che è l'atto individuale attraverso cui il parlante usa la
langue e comunica ai suoi simili, avremo ritrovato la coppia codice-messaggio; e come per la coppia codice-messaggio anche la
coppia *langue-parole* definisce l'opposizione tra un sistema teorico
(la *langue* non esiste fisicamente, è una astrazione, un modello creato dal linguista) e un fenomeno concreto (il mio messaggio di
ora, il vostro messaggio di risposta, e cosí via).

"La lingua è il prodotto sociale della facoltà del linguaggio, e
nello stesso tempo un sistema di convenzioni necessarie adottate dal
corpo sociale per permettere l'esercizio di questa facoltà presso gli
individui." [29] La lingua è un sistema, vale a dire che ha una *struttura*, descrivibile in astratto, e rappresenta un insieme di relazioni.
L'idea di una lingua come struttura era già balenata a molti linguisti del passato. Già Humboldt [30] affermava che: "non possiamo
concepire il linguaggio come avente inizio dalla designazione degli
oggetti mediante le parole e come procedente in un secondo tempo
dalle parole stesse. In realtà il discorso non è composto dalle parole che lo precedono, ma al contrario le parole prendono origine
dallo stesso discorso". Nella prospettiva saussuriana "la lingua è
un sistema di cui tutte le parti possono e debbono essere considerate
nella loro solidarietà sincronica. Le alterazioni, non verificandosi
mai sul blocco del sistema, ma sull'uno o sull'altro dei suoi elementi, non possono essere studiate che al di fuori di esso. Naturalmente ogni alterazione ha il suo contraccolpo sul sistema; ma il
fatto iniziale si è verificato solo in un punto: e non ha alcuna relazione col complesso di conseguenze che possono verificarsi ri-

[29] *Cours*, cit., pag. 15.
[30] WILHELM VON HUMBOLDT, *Gesammelte Werke*, VII, 1.

guardo all'insieme. Questa differenza di natura tra termini successivi e termini coesistenti, tra fatti parziali e fatti che riguardano
il sistema, impedisce di fare degli uni e degli altri la materia di
una sola scienza ".[31]

L'esempio tipico che porta Saussure è quello di una partita a
scacchi. Il sistema delle relazioni reciproche tra i pezzi cambia a
ogni mossa. Ogni perturbazione del sistema cambia il senso degli altri pezzi in correlazione. Ogni mutazione *diacronica* stabilisce una
nuova relazione *sincronica* tra gli elementi.[32] I mutamenti diacro-
nici di un sistema-codice (lo vedremo piú avanti) avvengono attraverso atti di parola che mettono in crisi la *langue* — anche se
Saussure sostiene che difficilmente un parlante da solo può influenzare le tendenze equilibratrici del sistema. Ma per il resto il sistema determina il parlante, ponendogli regole combinatorie che egli
deve osservare.

Il codice si stabilisce, nel caso della lingua, per cristallizzazione
sociale, è il prodotto di una media stabilita dall'uso; e dal momento che il codice si stabilisce tutti i parlanti utilizzeranno gli stessi
segni in relazione agli stessi concetti, combinandoli secondo regole
date.[33] Un codice può anche essere istituito d'autorità e imposto a
un gruppo (il codice Morse) e quindi il gruppo lo usa consciamente riconoscendolo come tale. Altri codici, tra cui la lingua, pur aven-
do valore coercitivo, sono usati inconsciamente dai parlanti, che
vi ubbidiscono senza rendersi conto di sottostare a un sistema di
relazioni obbligate.

Viene discusso dall'ultima linguistica se questo codice deve venire inteso come *sistema chiuso* o come *sistema aperto*; se cioè si
parli ubbidendo a un sistema di rapporti dato una volta per tutte,
e posseduto inconsciamente, o se si parli in base a una nativa

---

[31] *Cours*, pag. 124.

[32] Come già spiegava Saussure nel *Cours*, pag. 117, si intende per
studio sincronico di un sistema l'analisi delle sue relazioni viste sotto il
profilo statico; lo studio diacronico si occupa invece dello sviluppo e dell'evoluzione del sistema. Naturalmente l'opposizione tra diacronico e sincronico
non può essere assoluta, l'una prospettiva implicando anche l'altra. Ma è
certo che, nel definire una struttura, un codice, si procede a immobilizzare il
gioco delle corrispondenze tra significanti e significati, e le loro regole di
combinazione, *come se* queste relazioni non fossero soggette a mutamento.
Solo una volta definito il sistema in esame è possibile individuarne le mutazioni e poterne identificare cause e conseguenze.

[33] Cfr. *Cours*, pag. 29. Ma sulle differenze tra *norma, uso, funzione* cfr.
le importanti distinzioni di Luigi Rosiello, *Struttura, uso e funzioni della
lingua*, Bologna, 1965, dove si discutono le tesi di Hjelmslev, Brøndal e altri.

competenza sulla cui base si generano poi sequenze linguistiche (*esecuzioni,* messaggi) generate in base ad alcuni principi elementari di combinazione che permettono poi le relazioni piú svariate.[34] Quelli che vengono considerati sistemi e codici (come a esempio una lingua), sarebbero allora solo le strutture *superficiali* generate da una struttura *profonda* — un sistema di regole che però non sarebbe forse articolabile per opposizioni come le altre strutture. Tuttavia — a parte che sulla natura della struttura profonda è ancora aperta una vasta discussione,[35] i codici semiologici che ci interessano possono essere considerati benissimo delle strutture superficiali; e per queste possono valere per ora le considerazioni che seguono, ispirate ai criteri strutturalistici di derivazione saussuriana.

II.3. Alla nozione saussuriana di " struttura " si riferisce anche Lévi-Strauss quando (parlando dei sistemi sociali, ma visti appunto come sistemi di comunicazione) dice: " È struttura solo l'arrangiamento che risponde a due condizioni: è un sistema, retto da una coesione interna; e questa coesione, inaccessibile all'osservatore di un sistema isolato, si rivela nello studio delle trasformazioni, grazie alle quali si ritrovano proprietà similari in sistemi in apparenza diversi ".[36]

Questa affermazione si scinde, a ben vedere, in due nozioni egualmente importanti:

1) *la struttura è un sistema retto da una coesione interna;*

2) *la struttura appare solo quando viene rilevata comparando fenomeni diversi tra loro e riconducendoli allo stesso sistema di relazioni.*

Questi due punti vanno affrontati piú a fondo perché ci portano a definire con maggiore esattezza la nozione di struttura che — come vedremo — si identifica con quella di codice.

---

[34] Si aprirebbe qui il capitolo della grammatica generativa di Noam Chomsky. Per la quale non possiamo che rimandare, per un primo cenno, a LEPSCHY, *op. cit.*; al saggio di NICHOLAS RUWET, " Introduction " a *La grammaire générative,* in " Langages ", dicembre 1966, numero unico dedicato a Chomsky con una ricchissima bibliografia; e a NOAM CHOMSKY, *De quelques constantes de la théorie linguistique,* in *Problèmes du langage,* Paris, Gallimard, 1966; *Aspects of the Theory of Syntax,* M.I.T., 1965; *Syntactic Structures,* The Hague, Mouton, 1957.

[35] Questi problemi saranno ripresi nelle sezioni D e E.

[36] CLAUDE LÉVI-STRAUSS, *Elogio dell'antropologia,* 1960, ora in *Razza e storia,* Torino, Einaudi, 1967.

III. La struttura come sistema retto da una coesione interna

III.1. Varie correnti della linguistica contemporanea riconoscono una doppia articolazione della lingua.[37] Nella lingua si articolano tra loro unità di *prima articolazione*, che sono unità dotate di significato (che per la linguistica europea si chiamano " monemi " e per la linguistica americana " morfemi ", e che possono identificarsi, se pure non sempre, con la parola tout court).[38] Queste si combinano tra loro e formano delle unità piú vaste chiamate " sintagmi ".

Ma le unità di prima articolazione, che possono essere in numero grandissimo all'interno di una lingua, come dimostrano i dizionari, si costruiscono combinando tra loro unità di *seconda articolazione*, i fonemi, forniti di valore differenziale l'uno rispetto all'altro, ma sforniti di significato. Tanto che con un numero ridotto di fonemi, poche decine per ogni lingua, si possono formare indefiniti monemi; e una quarantina di fonemi in tutto presiedono alla seconda articolazione di ogni lingua nota.[39]

Il fonema è l'unità minima dotata di caratteristiche sonore distintive; il suo valore è stabilito da una *posizione* e da una *differenza* rispetto agli altri elementi. Di una opposizione fonologica si possono dare *varianti facoltative*, che cambiano per ciascun parlante, ma che non eludono la differenza da cui scatta il significato.

Il sistema dei fonemi costituisce un sistema di differenze che può sussistere omologamente in lingue diverse, anche se i valori fonetici (la natura fisica dei suoni) cambia. Cosí come il codice elaborato nel nostro modello può funzionare sia che A, B, C, D siano lampadine, impulsi elettrici, fori su una scheda perforata, eccetera.

---

[37] Cfr. MARTINET, *op. cit.*

[38] " Ci sono monemi che coincidono con quelli che, nella lingua corrente, si chiamano parole: per esempio *mal, di, testa*. Ma da tutto questo non bisogna concludere che ' monema ' sia semplicemente un termine dotto per dire ' parola '. In una parola come *scriviamo* ci sono due monemi: *scriv-*/skriv/, che designa un certo tipo d'azione, e *-iamo*/jamo/ che designa chi parla e una o piú altre persone. Tradizionalmente si distingue tra *scriv-* e *-iamo* dicendo che il primo è un *semantema* e il secondo un *morfema* " ma " sarebbe meglio designare come *lessemi* i monemi che trovano posto nel lessico e non nella grammatica, e riservare *morfema* per la designazione di quelli che, come *-iamo*, si trovano nelle grammatiche " (MARTINET, *op. cit.*, pag. 20).

[39] Cfr. N.S. TRUBECKOJ, *Principes de phonologie*, Paris, Klincksieck, 1949 (tr. Cantineau); e *Il circolo linguistico di Praga, le tesi del 29*, Milano, Silva, 1966 (Cfr. l'introduzione di EMILIO GARRONI).

Ma lo stesso criterio differenziale ed opposizionale funziona anche a livello delle unità dotate di significato.

III.2.   In effetti, nell'ambito di un codice, una parola ha un significato nella misura in cui non ne esiste un'altra che si carica di un significato vicino ma diverso. Nella lingua italiana la parola " neve " si carica di vari significati (neve bianca, sporca, neve soffice, neve mentre cade e neve depositata al suolo, neve ghiacciata e neve quasi liquefatta), mentre pare che per certi gruppi eschimesi i vari significati siano contraddistinti da una serie di parole diverse. È dunque il sistema, la struttura relazionale tra i termini che, togliendo all'uno quanto è *portato* dall'altro, ne differenzia il valore significante.[40]

C'è così uno studio rigorosamente strutturale della semantica che cataloga i significati senza bisogno di ricorrere al rapporto significante-significato.

Per Hjelmslev introdurre l'atteggiamento strutturale a livello semantico significa studiare non il significato ma il *valore posizionale* del segno. Il significato si verifica per prove di *commutazione* (mutando il significante cambia il significato) e di *sostituzione* (mutando il significante il significato non cambia); al primo esperimento appaiono le invarianti del sistema, al secondo le varianti contestuali.

Nello schema che segue possiamo vedere come la parola francese " arbre " copra lo stesso ambito di significati di quella tedesca " Baum ", mentre la parola francese " bois " serve sia per " legno " che per " bosco ", affidando a " forêt " la designazione di una sequenza di alberi più fitta e più vasta; invece la parola tedesca " Holz " indica " legno " ma non " bosco ", e lascia i significati " bosco " e " foresta " sotto la denominazione generale di " Wald ". Altre differenze si creano con gli equivalenti danesi ed è facile operare le comparazioni con l'italiano.[41]

In una tabella del genere non abbiamo più a che fare con " idee " *ma con valori emananti dal sistema.* I valori corrispondono a presunti concetti, ma si profilano e sono controllabili come *pure diffe-*

---

[40] Cfr. Guiraud, *cit.*, cap. V. Per le più recenti posizioni della semantica strutturale cfr. A.J. Greimas, *Sémantique Structurale*, Paris, Larousse, 1966; *Recherches sémantiques*, numero unico di " Langages ", marzo 1966; *Logique et linguistique*, numero unico di " Langages ", giugno 1966.

[41] Louis Hjelmslev, *Essais linguistiques*, Copenhagen, Nordisk Sprog-og Kulturforlag, 1959, p. 104.

FRANCESE	TEDESCO	DANESE	ITALIANO
arbre	Baum		albero
		trae	
bois	Holz		legno
		skov	bosco
forêt	Wald		foresta

renze; sono definiti non per il contenuto, ma per il modo in cui si oppongono ad altri elementi del sistema.

Anche qui, come nel caso dei fonemi, abbiamo una serie di scelte differenziali che possono essere stabilite e descritte con metodi binari. E in questo senso non è necessario sapere cosa sia (fisicamente o ontologicamente parlando) il significato: basta poter affermare, in base a un codice, che a certi significanti vengono assegnati certi significati. Che poi questi significati siano visti comunemente come "concetti", meglio come "pensieri", è normale; e che possano essere indotti attraverso una media degli usi, è legittimo. Ma nel momento in cui la semiologia stabilisce l'esistenza di un codice, il significato non è piú una entità psichica o ontologica o sociologica: *è un fenomeno di cultura che viene descritto dal sistema di relazioni che il codice definisce come accettato da un certo gruppo in un certo tempo.*

IV. La struttura come modello teorico

IV.1. A questo punto occorre stabilire *cosa sia una struttura.* E qui possiamo appena sfiorare un problema vastissimo, ancora aperto e su cui esiste una numerosa letteratura. Diremo dunque soltanto come intendiamo usare la nozione di struttura nell'ambito del presente discorso.[42]

Facciamo un esempio molto semplice, che ha solo lo scopo di chiarire alcuni procedimenti mentali, alcune operazioni che compiamo quando, a livelli piú complessi, individuiamo delle strutture.

Io osservo vari esseri umani. E stabilisco che, per individuare alcune caratteristiche comuni, che mi permettano di parlare di vari fenomeni usando strumenti omogenei, debbo procedere a una semplificazione. Posso cosí ridurre il corpo umano a una rete di rapporti che identifico nello scheletro, e dare dello scheletro una rappresentazione graficamente semplificata. Ho individuato cosí una struttura comune a piú esseri umani, un sistema di relazioni, di posizioni e di differenze tra elementi discreti, rappresentabili in linee di diversa lunghezza e posizione. È chiaro che questa struttura è già un *codice*: un sistema di regole a cui un corpo deve sottostare, pur attraverso le variazioni individuali, perché io lo possa intendere come corpo umano.

IV.2. Ma è altrettanto chiaro che la mia struttura non è solo una semplificazione, un impoverimento della realtà: è una semplificazione che *nasce da un punto di vista*. Riduco il corpo umano alla struttura dello scheletro semplificato perché voglio studiare piú corpi umani dal punto di vista della struttura scheletrica, o dal punto di vista di caratteristica come "animale in posizione eretta", o "bipede con due arti superiori e due inferiori". Se volessi studiare il corpo umano dal punto di vista della struttura cellulare elaborerei altri modelli. *Una struttura è un modello costruito secondo certe operazioni semplificatrici che mi permettono di uniformare fenomeni diversi da un solo punto di vista.*

Cosí un codice fonologico mi permette per esempio di uniformare diversi tipi fisici di emissione vocale dal punto di vista della trasmissione di un certo sistema di significati; per far questo elaboro ad esempio delle relazioni fonemiche, e trascuro come varianti facoltative delle variazioni di tono che, alla luce di altri codici, come ad esempio la lingua cinese, hanno valore differenziale e costituiscono variazioni di significato.

Se poi volessi poter parlare dell'uomo e dell'albero secondo la

[42] Per un discorso piú ampio sul concetto di struttura cfr. AAVV, *Usi e significati del termine struttura*, Milano, Bompiani, 1965; la Prefazione alla 2ª ed. di *Opera aperta*, cit.; tutto il problema viene comunque ripreso nella sez. D.

stessa prospettiva operativa (dovendo per esempio comparare situazioni umane a situazioni vegetali, per studiare il rapporto di altezza e di numero tra uomini e alberi in un habitat dato) potrei ricorrere ad ulteriori semplificazioni strutturali: potrei identificare nello scheletro umano una struttura ancora piú elementare, riducibile a un segno di questo tipo

e potrei confrontarla a una modellizzazione dell'albero, attuata mediante un segno di questo tipo

riducendo entrambe a un modello comune, formulabile in questo modo:

Avrei cosí identificato, per via di astrazione e di modellizzazione successiva, un codice comune all'albero e al corpo umano, una *struttura omologa* che posso riconoscere in entrambi (e che mi sa-

rebbe difficile riconoscere in un serpente); e questo modello mi servirebbe per compiere alcune operazioni di confronto da un certo
punto di vista.[43]

IV.3.   Ovvio che la struttura cosí individuata *non esiste in sé*,
perché è un prodotto di mie operazioni orientate in una certa direzione. *La struttura è un modo, che elaboro, per poter nominare
in modo omogeneo cose diverse*. Resta espunto da questo nostro
discorso se, per poter elaborare strutture, non ricorra a operazioni
mentali che sono strutturalmente omologhe alle relazioni reali che
le cose esibiscono; a questo punto si profila la differenza tra uno
strutturalismo ontologico e uno *strutturalismo metodologico*; ed è
piú conveniente, in questa sede, riconoscere come valido il secondo,
anche perché ci basta quello per condurre il nostro discorso.

IV.4.   Abbiamo visto che sono passato da una struttura-codice
valida per molti uomini a una struttura-codice valida per molti
uomini e molti alberi. Avevo una struttura in entrambi i casi, ma
la seconda risulta da una semplificazione della prima.

Pertanto, ogni volta che identifico una struttura omologa all'interno di un dato ordine di fenomeni, *devo chiedermi se non esista
una struttura di quella struttura*, un codice di quel codice, che mi
permetta di allargare l'area di predicabilità a un ordine piú vasto
di fenomeni.

Cosí i fonologi e i linguisti, dopo aver individuato il sistema di
relazioni di una lingua, si chiedono se questo sistema di relazioni
non possa essere comparato al sistema di relazioni di un'altra lingua, attraverso un codice che renda ragione di entrambi. E, fatto
questo, se non esista un codice che permetta di comparare le relazioni all'interno di una lingua con le relazioni che regolano i sistemi di parentela, e queste con le relazioni che regolano la disposizione delle capanne nel villaggio studiato. Operazione che viene
compiuta dall'antropologia strutturale e con successo.

E, di semplificazione in semplificazione, il sogno dello strutturalista è, al limite, quello di individuare il Codice dei Codici, l'*Ur-
Codice*, che permetta di ritrovare ritmi e cadenze analoghe (le stesse operazioni e relazioni elementari) all'interno di ogni comportamento umano, di quelli culturali e di quelli biologici. Questo Ur-
Codice consisterebbe nel meccanismo stesso della mente umana reso

---

[43] Cfr. tutta la sezione D, " La struttura assente ".

omologo al meccanismo che presiede ai processi organici. E in fondo, la riduzione di tutti i comportamenti umani e di tutti gli avvenimenti organici a comunicazione, e la riduzione di ogni processo di comunicazione a scelta binaria, ad altro non mira che a ricondurre ogni fatto culturale e biologico allo stesso meccanismo generativo.[44]

IV.5. Ma non è detto che si arrivi a una rarefazione dei modelli strutturali per successiva semplificazione del *già noto*; anzi l'operazione strutturalistica piú spesso (poiché la recensione delle cose note porterebbe la ricerca all'infinito) anziché *trovare* la struttura, la *pone*, la inventa *come ipotesi e modello teorico*, e postula che tutti i fenomeni che studia debbano corrispondere all'arrangiamento strutturale teorizzato. Le verifiche verranno poi (e sarà compito dello studioso non sforzarsi di far entrare a tutti i costi i fenomeni nella gabbia che ha ipotizzato, restando aperto alle correzioni e ai pentimenti); ma questo procedimento si rivela fecondo in molte discipline e permette di scavalcare certe ricerche empiriche che si protrarrebbero all'infinito, per sovrapporvi delle ipotesi strutturali che vengono controllate direttamente nei punti presumibilmente piú deboli.[45]

Ora, *l'identificazione di un codice è esattamente un simile atto di posizione e postulazione teorica.* Certo il linguista, prima di identificare le leggi di una lingua, studia molti comportamenti linguistici concreti; ma non potrebbe esaurire tutte le possibili variazioni, i possibili atti di parola, i possibili messaggi che il parlante può emettere. Deve dunque scavalcare di un balzo l'accumulazione dei dati e *costruire* il sistema della lingua.

Cosí si procede (e cosí si intenderà che sia avvenuto il procedimento) ogni qual volta parleremo di un codice determinato. *Il codice è il modello di una serie di convenzioni comunicative che si postula, come esistente in tal modo, per spiegare la possibilità di comunicazione di certi messaggi.*

IV.6. Ecco perché non si dovrà necessariamente ricondurre i significati a determinati accadimenti psichici, a un mondo di idee

---

[44] Cfr. LÉVI-STRAUSS, *Il crudo e il cotto*, cit., e LACAN, *cit.*
[45] Questa posizione è espressa lucidamente nei due scritti introduttivi, rispettivamente al numero unico di " Langages " sulla grammatica generativa e a quello di " Communications " sull'analisi strutturale del racconto, dovuti a RUWET e a BARTHES.

platoniche, a degli usi concreti (anche se l'osservazione degli usi concreti e una loro media approssimativa ci conduce nell'immaginare
il codice). Si stabilisce un codice assumendo che chi comunica abbia
a disposizione un repertorio di simboli dati, tra i quali sceglie
quelli che vuole combinare e che combina seguendo certe regole. Si
stabilisce cosí una sorta di ossatura di ogni codice, rappresentabile
per mezzo di due assi, uno verticale e uno orizzontale, che sono gli
assi del *paradigma* e del *sintagma*. L'asse del paradigma è l'asse del
repertorio di simboli e di regole (*l'asse della selezione*), l'asse del
sintagma è *l'asse della combinazione* dei simboli in catene sintagmatiche sempre piú complesse, che costituiscono il discorso vero e
proprio. Vedremo in seguito come questa impostazione serva anche a identificare le leggi di articolazione di codici non verbali.

Per concludere: *un codice è una struttura, elaborata sotto forma
di modello, che viene postulata come regola soggiacente a una serie di messaggi concreti e individuali che vi si adeguano e che risultano comunicativi solo in riferimento ad esso. Ogni codice può essere paragonato ad altri codici mediante l'elaborazione di un codice
comune, piú scheletrico e comprensivo.*

IV.7. Riandando a quanto è stato affermato circa i codici denotativi e i lessici connotativi, diremo che mentre i primi sono facilmente individuabili, costruibili secondo regole precise, stabili e
quindi *forti*, gli altri sono variabili, *deboli*, spesso diversi da parlante a parlante, da piccolo gruppo di parlanti a piccolo gruppo; e
vanno postulati con maggiore ardimento ipotetico per verificare il
funzionamento di determinati messaggi.

IV.8. Ma occorre ancora distinguere tra un repertorio, un
codice e un lessico — almeno secondo l'accezione che seguiremo
in queste pagine. Un *repertorio* prevede una lista di simboli, ed
eventualmente ne fissa l'equivalenza con determinati significati.
Un *codice* erige questi simboli in un sistema di differenze e opposizioni e ne fissa le regole di combinazione. Un *lessico* si costituisce come sistema di opposizioni significative, ma può non
contemplare le regole di combinazione, rinviando per queste al
codice di cui è lessico. Cosí un lessico connotativo assegna altri
valori ai significati del codice denotativo soggiacente, ma accetta
le regole di articolazione previste da questo. Spesso nel corso
dell'indagine semiologica può accadere di supporre un codice dove di fatto funziona solo un lessico; o, come vedremo a proposito dei vari codici figurativi (come il codice iconografico), di de-

finire come dei lessici quelli che sono soltanto dei repertori. In questi casi non si dirà che non esistono le condizioni della comunicazione perché non esiste codice, bensí che lessici e repertori funzionano sulla base di un codice soggiacente su cui si appoggiano.[46]

V. Semiologia della fonte

V.1. Tutto quanto abbiamo detto da A.2.I a A.2.IV si riferisce a quanto avviene se, in luogo di un destinatario-macchina, pongo un destinatario uomo. Si passa, come si è visto, dal *mondo del segnale* (computabile in unità di informazione fisica trasmessa) al *mondo del senso* (qualificabile in termini di denotazione e connotazione). Ma quanto abbiamo detto ci aiuta anche a capire cosa accade se, in luogo della fonte-evento fisico e della trasmittente-macchina, pongo ugualmente un essere umano.

A questo punto potremmo dire che fonte e trasmittente si identificano nell'uomo, che diventa l'*emittente* del messaggio (anche se si possono distinguere nell'emittente il suo cervello come fonte e l'apparato fonatorio come trasmittente).

Ma a questo punto siamo pure costretti a chiederci se, quando l'uomo parla, è libero di comunicare tutto quello che liberamente pensa, o è determinato dal codice. La stessa difficoltà di identificare i " nostri pensieri " se non in termini linguistici, lascia legittimamente sospettare che l'emittente del messaggio *sia parlato dal codice*. I meccanismi, gli automatismi del linguaggio spingerebbero il parlante a dire certe e non altre cose. In tal senso la vera fonte dell'informazione, la riserva di informazione possibile, sarebbe il codice stesso. Il codice (ricordiamolo) come sistema di probabilità sovrapposto alla equiprobabilità della fonte, ma a sua volta ponentesi come sistema di equiprobabilità rispetto alla serie non infinita (nel senso di un *infinito discreto*) ma comunque amplissima dei messaggi che consente.

V.2. Questo problema tocca il cuore della riflessione filosofica sul linguaggio, ed è stato affrontato in vari termini. Per il momento accantoniamolo, definendo l'emittente come un parlante sottomesso a tutti i condizionamenti biologici e culturali del caso, e di cui si

---

[46] Cfr. ad es. i problemi trattati in B.3.III.

può sospettare che nella maggior parte delle situazioni sia parlato dagli automatismi del codice.[47] Tuttavia *quando parleremo di emittente lo identificheremo con la fonte dell'informazione* (nel senso almeno che il parlante, anche quando è parlato dal codice, sovrappone le regole e il sistema di probabilità del codice alla ricchezza di informazioni possibili che *avrebbe potuto* generare se il codice non lo avesse controllato).[48]

VI. Le differenze dei codici

VI.1. Il terzo punto che ci si era ripromessi di esaminare (cfr. A.1.IV.3.) era *se emittente e destinatario comunichino e ricevano sempre in base allo stesso codice*. È la risposta, data non solo da una teoria della comunicazione ma da tutta la storia della cultura e dalle esperienze di una sociologia della comunicazione, è: *no*.

Per comprendere meglio come avvenga questo fenomeno ricostruiamo lo schema comunicativo da cui siamo partiti, tenendo conto del fatto che ora non ci interessa piú distinguere fonte e trasmittente (un solo essere umano), e non ci interessa piú stabilire come sia trasmesso il segnale in partenza e lungo quale tipo di canale (problema che riguarda l'ingegneria delle comunicazioni), ma ci interessa stabilire *cosa arriva*.

Consideriamo per esempio l'emissione di un segnale come " I vitelli dei romani sono belli ". Questo segnale può essere composto di suoni vocali o di segni grafici, e il canale può essere costituito da onde acustiche o dalla carta su cui è scritto; il ricettore può essere l'orecchio che converte vibrazioni acustiche in immagini sonore, o l'occhio, che converte tracce di inchiostro tipografico in percezioni visive... Quello che ci interessa a questo punto è il messaggio in arrivo. Ma qui è necessario porre una differenza tra il messaggio

---

[47] Cfr. per questa posizione estrema le pagine di LACAN in *Ecrits*, cit.; tra le varie critiche della posizione lacaniana citiamo FRANÇOIS VAN LAERE, *Lacan ou le discours de l'inconscient*, in " Synthèse ", aprile-maggio 1967.

[48] I determinismi del codice linguistico sul parlante riportano all'interrogativo se la linguistica sia parte della semiologia o la semiologia parte della linguistica, il codice come fonte di ogni informazione possibile altro non essendo allora che il linguaggio verbale. Ma in Lacan lo stesso linguaggio verbale appare codificabile in base a un meccanismo binario piú profondo che lo supera e lo riduce " all'osso " (cfr. comunque tutta la sez. D.5).

come *forma significante* e il messaggio come *sistema di significati*. Il messaggio come forma significante è la configurazione grafica o acustica "I vitelli dei romani sono belli", che può sussistere anche se non viene ricevuto, o se viene ricevuto da un giapponese che non conosce il codice lingua italiana. Il messaggio come sistema di significati è invece la forma significante riempita dal destinatario di senso, in base a codici determinati.

Tutti sappiamo che la frase citata costituisce un giochetto proposto agli alunni delle scuole medie, perché può essere letta (decodificata) sia in latino che in italiano. La forma significante rimane immutata, ma il significato varia a seconda del codice usato. In latino è "Va', o Vitellio, al suono di guerra del dio romano", e in italiano, se proprio vogliamo ricondurre il messaggio all'*interpretante* che gli compete, significa che i nati dalle vacche allevate dai nostri antichi progenitori (o dagli attuali abitanti della capitale italiana) sono gradevoli a vedersi.[49]

D'altra parte può darsi benissimo che l'emittente emetta il messaggio riferendosi al codice lingua latina e che il destinatario lo decodifichi riconducendolo alla lingua italiana. Avremmo in tal caso una decodifica che diciamo "aberrante" solo se comparata alle intenzioni dell'emittente; ma che aberrante non è, bensí legittima, tanto quanto la messa in codice dell'emittente. La situazione è indubbiamente paradossale, ma — se pure è una situazione limite — definisce la condizione della comunicazione tra esseri umani. Talora il codice denotativo può cambiare in modo radicale permettendo il generarsi di messaggi polisemici del tipo citato. Talora la polisemia può essere ridotta, come quando affermo che "quel cagnolino è molto caro", dove non è chiaro se sto dicendo che il cagnolino è amabile o costa troppo. Naturalmente questi elementi di polisemia sono chiariti (la decodifica è orientata) da vari elementi:

— uno è il *contesto interno* del sintagma (e cioè il sintagma come contesto) che può fornire le chiavi per l'interpretazione del resto;

— l'altro è la *circostanza di comunicazione,* che mi permette di capire a quale codice l'emittente si stia riferendo (cosí la frase sui vitelli, dal momento che appare nelle grammatiche latine, o in un contesto generale scritto interamente in latino, viene piú facilmente

---

[49] Naturalmente una interpretazione del genere rimanda a un lessico connotativo particolare per cui, tradizionalmente, "pulchra dicuntur quae visa placent". In effetti, anche inteso in riferimento alla lingua italiana, il messaggio offre ancora il destro a molte letture.

decodificata in riferimento al codice lingua latina);

— infine può sussistere una *esplicita indicazione di codice* contenuta nel messaggio stesso (ad es.: "il significato, nel senso che gli conferisce Saussure... ").

VI.2. A proposito della *circostanza* occorre dire che questo elemento sposta e risolve la questione connessa all'esistenza o meno del referente di un segno (cfr. A.2.I.3.). Infatti, come si è detto, la semiologia si occupa di riconoscere processi di codificazione per i quali a significanti determinati corrispondono determinati significati, e non è tenuta a stabilire se i significanti si riferiscano anche a una realtà oggettiva (poiché la semiologia è scienza della cultura e non della natura). Ma rimaneva il dubbio che, in molti casi, potesse contare se e sino a qual punto il segno si riferisse a qualcosa di sperimentabile.

Ora la circostanza di comunicazione (che la semiologia non codifica nelle sue varie possibilità di realizzazione, ma prevede come elemento fondamentale nel processo di ricezione del messaggio) si presenta essa stessa come una sorta di referente del messaggio. Nel senso però che *il messaggio non indica il referente, ma si svolge nel referente*, nella situazione concreta che contribuisce a dargli senso. Se io dico la parola "maiale" non conta che al termine corrisponda o no un determinato animale, conta piuttosto il significato che la società in cui vivo assegna a questo termine, e le connotazioni di cui lo fascia (può essere un animale impuro, può venir usato in senso traslato come insulto); l'esistenza reale del maiale-referente conta, rispetto alla natura semiologica del segno, quanto il fatto che esistano o meno le streghe quando insulto una donna dandole della strega. Ma se l'enunciato "quello è un bel maiale" viene pronunciato nella circostanza "allevamento suino", oppure nella circostanza "discorso su un amico", ecco che la portata del termine cambia. La presenza del referente mi induce a identificare il lessico connotativo più adatto; *la realtà mi orienta verso i codici acconci*. Ma la circostanza non si identifica sempre col presunto referente del segno, perché può costituire una situazione globale in cui il referente è assente e che tuttavia mi orienta verso il significato collegato. La circostanza è la presenza di una realtà a cui, per esperienza, sono stato abituato a collegare l'impiego di certi significati in luogo di altri.

Per riassumere, diremo che la circostanza muta la scelta del codice; e quindi:

1) la circostanza muta senso al messaggio (una bandiera rossa sulla spiaggià non ha lo stesso significato di una bandiera rossa in una manifestazione di piazza; le nervature interne della Chiesa dell'Autostrada connotano elevazione mistica mentre in un padiglione industriale esprimerebbero valori tecnologici e funzionali);

2) la circostanza muta la *funzione* del messaggio: [50] un senso vietato sull'autostrada ha un impatto emotivo e un valore imperativo assai maggiore di un senso vietato all'interno dei viali di scorrimento di una zona di parcheggio;

3) la circostanza muta la *quota informativa* del messaggio (nel passaggio tra il segno del teschio sulla bottiglia e quello sulla mostrina dell'ardito ha un mutamento parziale di senso; ma il teschio su una cabina elettrica appare più ridondante, più prevedibile, del teschio che scorgo su una bottiglia in cucina).

In definitiva la circostanza si introduce nell'universo semiologico, che è un universo di convenzioni culturali, col peso di una realtà ineliminabile; àncora l'astratta vitalità dei sistemi di codici e di messaggi al contesto della vita quotidiana; nutre la gelida autosufficienza dei rapporti di senso con gli influssi della storia, della società e della natura.

VI.3. Ma se (grazie al controllo del contesto e della circostanza) le esitazioni possono essere ridotte a livello del codice denotativo di base, esse sussistono ampiamente a livello dei lessici connotativi.

A questo livello si inseriscono le oscillazioni di senso che ciascuno di noi esperimenta non solo durante la lettura e la comunicazione di messaggi ad alta temperatura connotativa, come i messaggi poetici, ma anche nel corso delle comunicazioni normali. Una metafora ardita, se pure già codificata, una ironia, una allusione, il suggerimento di una serie di immagini collegate mediante la citazione di un solo significato, tutto questo genera complicità e incomprensioni tra i parlanti.

Si pensi, per esempio, a una frase come " gli operai debbono stare al loro posto ": sul piano denotativo il suo senso appare univoco per chi capisca la lingua italiana, ma il codice non mi chiarisce quale sia il *posto* degli operai. Devo ricorrere, per decodificare l'enunciato, a lessici connotativi che contemplino il senso secondo di espressioni come " stare al loro posto " o " il posto degli operai ". E mi accorgo che posso usare due lessici connotativi diversi che (come

[50] Della funzione del messaggio si parlerà in A.3.1.2.

vedremo in A.4.) si riferiscono a due situazioni culturali e a due posizioni ideologiche diverse.

Posso leggere la frase in chiave conservatrice, conferendole queste connotazioni: "Gli operai debbono stare al posto che la sorte ha destinato loro, senza tentare di forzare l'equilibrio sociale"; oppure posso leggerla in chiave rivoluzionaria, nel senso di: "gli operai debbono stare al posto che la dialettica della storia assegna loro, e cioè al vertice del potere, realizzando la dittatura del proletariato".

Cosí un messaggio visivo che mostri un negro che fa all'amore con una donna bianca, anche se denota la stessa cosa sia per un razzista che per un integrazionista, per il primo connota "violenza carnale", "eventualità temibile" e "contaminazione tra razze diverse", mentre per l'altro può significare "integrazione", "possibilità auspicabile di una intesa sessuale tra razze diverse", "amore libero da pregiudizi". Naturalmente il contesto può accentuare certe connotazioni (la donna ha un'espressione di terrore sul volto) in modo da suggerire il lessico connotativo adatto; e la circostanza di comunicazione può orientare il destinatario (se l'immagine appare su una rivista di fanatici razzisti o — come è avvenuto — su una rivista come "Eros" che si proponeva la lotta contro i vari pregiudizi sessuali). Se ciò non fosse, i processi di comunicazione sarebbero quasi sempre impossibili, mentre di solito si comunica con una certa facilità; ma è anche vero che con eguale facilità si hanno comunicazioni distorte o arricchite dal destinatario.

Diremo allora che, nella misura in cui emittente e destinatario si riferiscono a una catena di lessici connotativi di vario grado e forza, e nella misura in cui, se non il codice, almeno gran parte di questi lessici differiscono, *il messaggio come forma significante appare come una forma vuota cui possono venir attribuiti i significati piú vari*.[51]

---

[51] Sul messaggio (estetico) come forma che la storia passa il tempo a riempire, cfr. ROLAND BARTHES, *Saggi critici*, Torino, Einaudi, 1966; sul messaggio come "vuoto" (idea di origine lacaniana) vedi in particolare GÉRARD GENETTE, *Figures*, Paris, Seuil, 1966; su un messaggio che diventa "disponibile" per accidenti connessi ai circuiti di comunicazione di massa cfr. U. Eco, *Per una indagine semiologica sul messaggio televisivo*, in "Rivista di estetica", maggio-agosto 1966; naturalmente in questa sede stiamo accentuando la disponibilità del messaggio-significante: nei paragrafi dedicati al messaggio estetico questa disponibilità della forma verrà ricondotta alle determinazioni del contesto, a una "logica dei significanti"; di cui vedi anche in *Opera aperta*, cit., se pure in termini meno omogenei e rigorosi di quelli qui impiegati.

VII. Il messaggio come fonte e l'informazione semiologica

VII.1. In tal senso il messaggio come forma significante, che doveva costituire una riduzione dell'informazione (e, come segnale fisico, la costituisce) — poiché rappresenta una scelta di certi e non altri tra i vari simboli equiprobabili (sia pure rispetto al codice come sistema di probabilità) — di fatto si ripropone, cosí come esce dal canale e viene tradotto dal ricettore in una forma fisica riconoscibile dal destinatario, *come una fonte di messaggi-significati possibili*. Esso possiede allora la stessa caratteristica (non lo stesso grado) di disordine, di ambiguità, di equiprobabilità che erano proprie della fonte. *E in tal senso si può parlare di informazione, come valore consistente nella ricchezza di scelte possibili, individuabile a livello del messaggio-significante*; informazione che viene ridotta solo quando il messaggio-significante, riportato a certi lessici, diventa messaggio-significato, e quindi *scelta definitiva attuata dal destinatario*.

Questa informazione del messaggio non è lo stesso tipo di informazione della fonte: quella era *informazione fisica*, computabile quantitativamente, e questa *informazione semiologica*, non computabile quantitativamente, ma definibile attraverso la serie di significati che può generare una volta messa in contatto coi codici. Quella era equiprobabilità statistica, questa è rosa di probabilità abbastanza vasta ma non indeterminata. Quella veniva ridotta dal codice, come correzione in termini probabilistici (e pur sempre aperti a esiti possibili); questa viene ridotta definitivamente dall'elaborazione, dalla scelta di un messaggio-significato.

Ma entrambe sono definibili come *stato di disordine rispetto a un ordine successivo*; come *situazione ambigua rispetto a una messa in forma ulteriore*; come *possibilità di scelte alternative, scelta da attuarsi, rispetto a un sistema di scelte attuate che ne conseguirà*.

Una volta stabilito che l'informazione semiologica non è dello stesso grado di quella fisica, non sarà però inopportuno né illegittimo nominare entrambe "informazione", entrambe consistendo in uno stato di libertà rispetto a determinazioni ulteriori.[52]

[52] Queste spiegazioni intendono rispondere anche alle obiezioni (mosse alla prima edizione di *Opera aperta*, e alla nozione di "informazione" che vi si proponeva) da EMILIO GARRONI, in *La crisi semantica delle arti*, Roma, Officina, 1964, pagg. 233-262. Crediamo che l'impostazione che stiamo dando al problema in queste pagine corregga il punto di vista di Garroni, ma dobbiamo ammettere che, senza le sue obiezioni, non saremmo riusciti a chia-

Schema 2. IL PROCESSO COMUNICATIVO TRA ESSERI UMANI

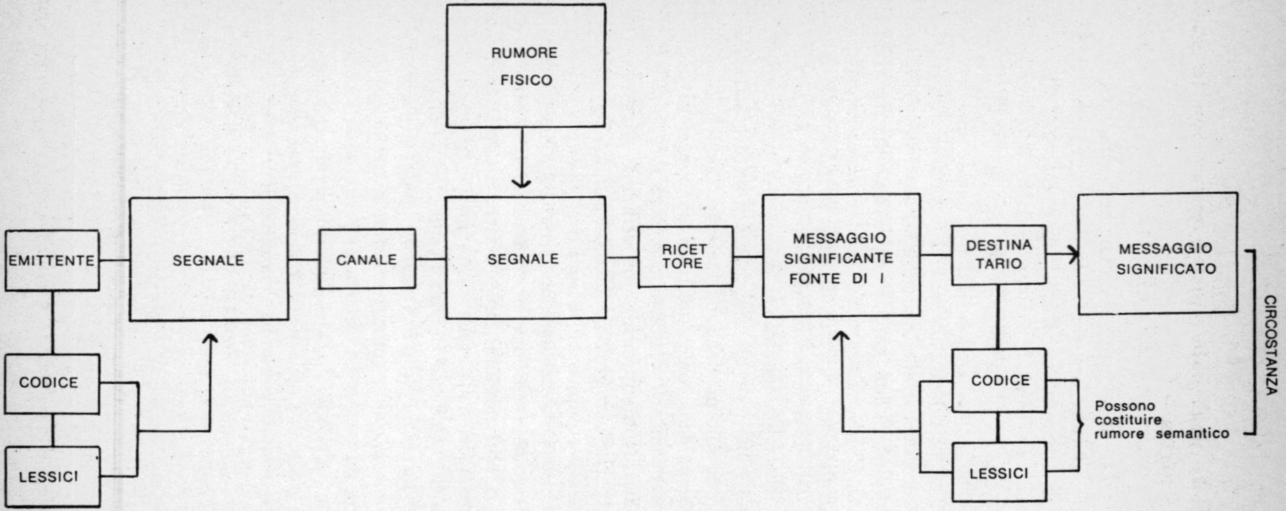

VII.2. Quali sono i gradi dell'informazione semiologica e su cosa informano?

Torniamo al nostro modello e facciamo alcuni esempi.

1) Il destinatario che riceve il messaggio dalla fonte, invece di uno dei segnali prevedibili, compresi nella fascia di probabilità del codice (vedi A.1. IV.1.) — e cioè segnali quali ABC, AB o BD — riceve un segnale che, secondo il codice, non dovrebbe significare nulla; poniamo " A - A - B - A - A - C ".

Se il destinatario è una macchina, non succede nulla; essa non ha ricevuto istruzioni in proposito e considera il messaggio come rumore.

Se la fonte è una macchina il destinatario umano è autorizzato a pensare a un rumore. Ma se la fonte è un essere umano emittente, il destinatario, supponendo una intenzione nella formulazione del messaggio, si interroga sulla sua natura. La forma del messaggio gli appare *ambigua*. Sino a che punto questa ambiguità non gli appare chiaramente rumore e lo spinge ad approfondire l'interrogazione del messaggio? Questa domanda apre la problematica del messaggio ambiguo e del messaggio a funzione estetica (vedi A.3.I.).

2) Il messaggio ambiguo indica al destinatario che era possibile usare il codice in modo inusitato. *Viene così messo in questione il codice.* Anche questo punto si collega alla problematica del messaggio estetico (vedi A.3. II.3.).

3) Di fronte a un messaggio, sia ambiguo che ordinato e ridondante, il destinatario ricorre a certi codici e lessici di interpretazione: su quale base (oltre alle determinazioni della *circostanza*, del *contesto* e delle *indicazioni di codice* esplicitate dal messaggio) il destinatario sceglie i suoi codici? Questa domanda ci apre alla problematica di un rapporto tra universo dei segni e universo del " sapere " complessivo del destinatario, tra universo dei sistemi retorici e universo delle ideologie (cfr. A.5.).

rire il nostro. Bisogna dare atto a Garroni della sottigliezza e documentazione con cui ha proceduto a una critica dell'uso della categoria di " informazione " in campo semantico, in generale, ed estetico in particolare. Infatti la maggior parte delle altre obiezioni a questo impiego sono solo *emotive* e *immotivate*: sono cioè del tipo " l'uso disinvolto della teoria dell'informazione... " oppure " l'indebita traduzione degli strumenti matematici in campo estetico " o ancora (ma siamo già a livello goliardico) " coloro che si fanno belli con le penne di Markov — o di Shannon... ". Sfortunatamente in nessuna di queste critiche si può leggere *perché* l'uso sia disinvolto, indebito, illegittimo; così che l'obiezione tradisce, al di sotto di una critica apparente e inesistente, l'irritazione dell'umanista per l'apparizione di termini che gli ricordano confuse e sgradevoli esperienze liceali, sentimenti d'inferiorità malamente rimossi.

4) Supponiamo che il messaggio che arriva sia, alternativamente, " AB - AD ". Siccome, secondo il codice, AB significa livello —3 (il piú basso possibile) e AD significa livello +3 (il piú alto possibile), il messaggio sta dunque indicando che nel bacino idrico l'acqua oscilla violentemente dalla quota minima alla quota massima. Se il destinatario è una macchina, la macchina registra e provvede; al massimo si rompe nel tentativo di correggere in modo cosí violento, rapido e contraddittorio la situazione idrica. Ma la macchina non ha opinioni; riceve e agisce.

Se invece il destinatario è un uomo, questo comportamento dell'acqua, contrario a tutte le leggi fisiche e a tutte le esperienze precedenti, provoca una crisi del suo sistema di attese. Badiamo bene che il codice prevede entrambi i messaggi e dunque non ci troviamo di fronte a un uso ambiguo del codice; al massimo, ne osserviamo un uso inconsueto ma legittimissimo. *Ciò che entra in crisi non è il codice come sistema di attese semiologiche* (come accadeva al punto 2), *ma il patrimonio di sapere del destinatàrio come sistema d'attese psicologico, storico, scientifico.* Ecco dunque che un certo uso del codice risulta informativo nell'ordine del patrimonio extrasemiologico e non nell'ordine del· patrimonio semiologico. Nell'ordine dell'universo ideologico e non dell'universo segnico. *Non si sconvolge una retorica ma si sconvolge una ideologia.* Questo problema apre la questione sulle varie quote di informatività che può avere un messaggio sia riguardo al sistema dei segni che rispetto a quello delle aspettative extra-segniche.

I capitoli che seguono saranno dedicati all'esame di questi punti. Il capitolo 3 (dedicato al messaggio estetico) contempla la risposta ai punti 1 e 2; il capitolo 5 (dedicato al rapporto tra retorica e ideologia) risponde ai punti 3 e 4.

3. IL MESSAGGIO ESTETICO

I. Il messaggio ambiguo e autoriflessivo

I.1. C'è un aspetto della dottrina crociana sempre apparso come il punto estremo di una estetica dell'espressione che, anziché definire il messaggio poetico e la sua natura, ne suggerisce gli effetti attraverso un immaginoso gioco di metafore. È la dottrina della cosmicità dell'arte. Secondo questa dottrina nella rappresentazione artistica si respirerebbe l'intera vita del cosmo, il singolo palpiterebbe della vita del tutto e il tutto si manifesterebbe nella vita del singolo: " ogni schietta rappresentazione artistica è in se stessa l'universo, l'universo in quella forma individuale, quella forma individuale come l'universo. In ogni accento di poeta, in ogni creatura della sua fantasia, c'è tutto l'umano destino, tutte le speranze, tutte le illusioni, i dolori, le gioie, le grandezze e le miserie umane; il dramma intero del reale, che diviene cresce in perpetuo su se stesso, soffrendo e gioiendo ".[53]

Bisogna peraltro dire che, benché vaga e insoddisfacente, questa definizione dell'effetto poetico risponde a certe impressioni che abbiamo avuto nella nostra esperienza di fruitori di opere d'arte. E si tratta di vedere se la prospettiva semiologica consenta di spiegare meglio, nei termini dei processi comunicativi analizzati, questo effetto.

I.2. Ci rifaremo, per ora, a una nota suddivisione delle funzioni del linguaggio, proposta da Jakobson e ormai acquisita dalla coscienza semiologica.[54] Un messaggio può rivestire, una per volta, o

---

[53] *Breviario di estetica*, pag. 134. Cfr. anche in *Opera aperta*, capitolo II.
[54] *Saggi di linguistica generale*, cit.

piú insieme, le seguenti funzioni:

a) *referenziale*: il messaggio intende denotare cose reali (comprese realtà culturali: quindi è referenziale il messaggio "questo è un tavolo" ma anche "l'esistenza di Dio è per Kant un postulato della ragion pratica");

b) *emotiva*: il messaggio mira a suscitare reazioni emozionali (ad es.: "attento!", "imbecille!", "ti amo");

c) *imperativa*: il messaggio rappresenta un comando ("fai questo", "vattene");

d) *fàtica o di contatto*: il messaggio finge di dire o di suscitare emozioni, ma di fatto intende solo verificare e confermare il contatto tra i due interlocutori (sono messaggi di contatto i "bene", "sicuro" che emettiamo durante una conversazione telefonica, e la maggior parte dei convenevoli, saluti, auguri [55]);

e) *metalinguistica*: il messaggio elegge a proprio oggetto un altro messaggio (ad es.: "l'espressione 'come stai' è un messaggio a funzione fàtica") [56];

f) *estetica*: il messaggio riveste una funzione estetica quando si presenta come strutturato in modo ambiguo e appare autoriflessivo, quando cioè intende attirare l'attenzione del destinatario anzitutto sulla propria forma.

In un solo messaggio possono coesistere tutte queste funzioni e nella maggior parte del linguaggio quotidiano si hanno continue interrelazioni e accavallamenti, anche se una delle funzioni prevale.[57]

I.3.   *Il messaggio a funzione estetica è anzitutto strutturato in modo ambiguo rispetto a quel sistema di attese che è il codice.*

[55] Per una interpretazione dei discorsi fatici in termini di teoria dei giochi e analisi psicologica transattiva, cfr. ERIC BERNE, *A che gioco giochiamo*, Bompiani, Milano, 1967.
[56] La funzione metalinguistica acquista particolare importanza in tutta la ricerca del neopositivismo logico, da Carnap a Tarski, da Wittgenstein a Russell. Per una prima introduzione al problema cfr. JULIUS R. WEINBERG, *Introduzione al positivismo logico*, Torino, Einaudi, 1950 e AAVV, *Neopositivismo e unità della scienza*, Milano, Bompiani, 1958.
[57] Si potrebbe analizzare un'opera d'arte complessa come la *Divina Commedia* e individuare in essa le varie funzioni del linguaggio che si intersecano: Dante parla *riferendosi* a oggetti e cose nell'intento di *commuovere* i suoi lettori e di *spingerli* a determinate decisioni, mantenendo con essi contatti verbali fatti di apostrofi e appelli, *spiegando il senso* in cui intende certe cose che dice, e costruendo tutto il suo messaggio con una intenzione *estetica* di base.

Un messaggio totalmente ambiguo appare come estremamente informativo, perché mi dispone a numerose scelte interpretative, ma può confinare col rumore; può cioè ridursi a puro disordine. Una ambiguità produttiva è quella che risveglia la mia attenzione e mi sollecita a uno sforzo interpretativo, ma poi mi consente di trovare delle direzioni di decodifica, di trovare anzi in quell'apparente disordine come non-ovvietà un ordine ben piú calibrato di quello che presiede ai messaggi ridondanti.[58]

Accade al messaggio estetico quello che accadeva all'intreccio tragico secondo le regole della poetica aristotelica: l'intreccio deve fare accadere qualcosa che ci sorprenda, qualcosa che vada al di là delle nostre attese e sia quindi *parà tèn dóxan* (contrario all'opinione comune); ma perché questo evento sia accettato e ci si possa immedesimare in esso bisogna che, al tempo stesso in cui appare incredibile, obbedisca a delle condizioni di credibilità; deve avere una certa verosimiglianza, deve essere *katà tò eikòs*.[59] È stupefacente e incredibile che un figlio torni a casa dopo lunghi anni di guerra e voglia uccidere ferocemente la madre, stimolato in questo dalla sorella (e di fronte a un fatto cosí contrario a ogni aspettativa, l'animo dello spettatore si tenderà, folgorato dall'ambigua carica informazionale della situazione); ma perché il fatto non venga rigettato come pazzesco, occorre che sia credibile: il figlio vuole uccidere la madre perché essa ha spinto il suo amante a uccidere il marito.

La tensione informativa, l'inarcarsi della linea narrativa sino al punto estremo dell'improbabilità, oltre la quale l'animo dello spettatore chiede una conclusione che gli rilassi l'attenzione troppo tesa, richiede delle basi di normalità, ovvietà. L'informazione, per stagliarsi in tutta la sua forza di sospensione "aperta", deve appoggiarsi su bande di ridondanza.

I.4. Assolta questa funzione, *il messaggio ambiguo chiede, per conseguenza, di essere intenzionato come fine primario della comunicazione.* Un messaggio come "il treno arriva alle ore diciotto sul terzo binario", nella sua funzione referenziale, sposta la mia at-

---

[58] È il problema della colorazione dei rumori, del minimo cioè di ordine da inserire nel disordine per renderlo recepibile; problema trattato da MOLES (cfr. *Opera aperta*, cap. III).

[59] ARISTOTELE, *Poetica*, 1452 a; cfr. pure LUIGI PAREYSON, *Il verisimile nella poetica di Aristotele*, Torino, 1950 (ora in *L'Estetica e i suoi problemi*, Milano, Marzorati, 1961); GUIDO MORPURGO TAGLIABUE, *Aristotelismo e Barocco*, in "Retorica e Barocco", Roma, Bocca, 1955; GALVANO DELLA VOLPE, *Poetica del Cinquecento*, Bari, Laterza, 1954.

tenzione sul significato contestuale dei termini e di lí al referente; siamo fuori dall'universo dei segni, il segno si è consumato, rimane una serie di sequenze comportamentali che ne costituiscono la risposta.

Ma un messaggio che mi sospenda in bilico tra informazione e ridondanza, che mi spinga a chiedermi cosa vuol dire, mentre vi intravvedo, tra le brume dell'ambiguità, qualcosa che, alla base, dirige la mia decodificazione, è un messaggio che io incomincio a osservare *per vedere come è fatto*.

Naturalmente sono portato a vedere come è fatto, se il messaggio presenta alcune caratteristiche che altro non sono che una corretta deduzione dalle caratteristiche principali dell'ambiguità e della autoriflessività:

1) I significanti acquistano significati appropriati solo dall'*interagire contestuale*; alla luce del contesto essi si ravvivano sempre di chiarezze e ambiguità successive; rimandano a un significato dato ma, come ciò avviene, appaiono ancor piú gravidi di altre scelte possibili.[60] Se altero un elemento del contesto, anche gli altri perdono il loro peso.

2) La *materia* di cui sono fatti i significanti non appare arbitraria rispetto ai loro significati e al loro rapporto contestuale; la parentela tra due parole, che si collegano quanto al significato, è rinforzata dalla parentela sonora attuata dalla rima; i suoni paiono riproporre il senso evocato, come nell'onomatopea; il complesso fisico dei significanti, in successione e in rapporto dato, realizza un ritmo sonoro o visivo che non è arbitrario rispetto ai significati: quando uso una figura retorica come l'anafora e per descrivere una sfilata dico " arrivano i cavalieri, arrivano i fanti, arrivano le bandiere ", il procedere parallelo dell'idea, reso dal procedere parallelo dei significanti, si struttura omologamente al procedere parallelo degli uomini che rappresento mentre sfilano; sto usando in modo inusitato il codice, e l'uso inusitato mi obbliga a cogliere una parentela tra referenti, significati e significanti.[61]

---

[60] Sul valore del contesto, che renderebbe univoci segni altrimenti equivoci (ma qui la nozione di univocità è solo apparentemente opposta alla nostra nozione di informazione e ambiguità) vedi GALVANO DELLA VOLPE, *Critica del Gusto*, Milano, Feltrinelli, 1960.

[61] JAKOBSON analizza magistralmente la rima come fattore relazionale per cui " l'equivalenza del suono, proiettata nella sequenza come suo principio costitutivo, implica inevitabilmente l'equivalenza semantica " (*Saggi*, cit., pag. 206) e cosí facendo riconduce a fattori relazionali anche quelli che molti sono portati a riconoscere, anche in una prospettiva semantico-strutturale,

3) Il messaggio può mettere in gioco *vari livelli di realtà*: il livello tecnico fisico della sostanza di cui son fatti i significanti; ii livello della natura differenziale dei significanti; il livello dei significati denotati; il livello dei vari significati connotati; il livello dei sistemi d'attese psicologici, logici, scientifici a cui i segni mi rinviano: e a tutti questi livelli si stabilisce come un sistema di relazioni strutturali omologhe, *come se tutti i livelli fossero definibili*, e lo sono, *in base a un solo codice generale che tutti li struttura.*

I.5. A questo punto siamo nel cuore del fenomeno estetico; che si può anche definire là dove esso si realizza ai minimi termini, là dove un messaggio, senza pretendere di essere opera d'arte (complesso sistema ove le funzioni estetiche si realizzano a tutti i livelli), appare già orientato verso la funzione estetica. Rimane celebre l'esame che Jakobson dedica a uno slogan politico come " I Like Ike ", in cui nota che "nella sua struttura succinta è costituito da tre monosillabi e contiene tre dittonghi /ay/, ciascuno dei quali è seguito simmetricamente da un fonema consonantico, /...l...k...k/. La disposizione delle tre parole presenta una variazione: nessun fonema consonantico nella prima parola, due intorno al dittongo nella seconda, e una consonante finale nella terza... I due cola della forma trisillabica *I like/Ike* rimano fra loro, e la seconda delle due parole in rima è completamente inclusa nella prima (rima a eco): /layk/ - /ayk/; immagine paronomastica d'un sentimento che inviluppa totalmente il suo soggetto. I due cola formano una allitterazione, e la prima delle due parole allitteranti è inclusa nel secondo: /ay/-/Ayk/, immagine paronomastica del soggetto amante involto nell'oggetto amato. La funzione poetica secondaria di questa formula elettorale rafforza la sua espressività e efficacia "[62]

Una lettura del genere ci fa comprendere la direzione in cui può

come « segni espressivi ». Cfr. C. BARGHINI, *Natura dei segni fisiognomici*, in " Nuova Corrente ", 31, 1963, e PIERO RAFFA, *Estetica semiologica, linguistica e critica letteraria*, ibidem, 36, 1965. Sui temi di una estetica strutturalista v. pure GILLO DORFLES, *Pour ou contre une esthétique structuraliste?*, in " Revue internationale de philosophie ", 73-74, 1965. Per l'analisi strutturale della poesia, cfr. R. JAKOBSON - C. LÉVI-STRAUSS, ' *Les Chats* ' *de Charles Baudelaire*, pubblicato su " L'Homme ", gennaio 1962; SAMUEL R. LEVIN, *Linguistic Structures in Poetry*, The Hague, Mouton, 1962; SEYMOUR. CHATMAN, *On the Theory of Literary Style*, in " Linguistics ", 27; NICOLAS RUWET, *L'analyse structurale de la poésie*, in " Linguistics ", 2; *Analyse structurale d'un poème français*, in " Linguistics ", 3; *Sur un vers de Ch. Baudelaire*, in " Linguistics ", 17.

[62] JAKOBSON, *op. cit.*, pag. 191.

muoversi l'indagine semiologica del messaggio estetico.

Naturalmente man mano che il messaggio si fa piú complesso e la sua esteticità piú intensa, l'analisi si complica e si frantuma ai vari livelli. Cosí in un messaggio estetico come il noto enunciato di Gertrude Stein: "*a rose is a rose is a rose is a rose*" noi possiamo notare:

1) Un uso indubbiamente inconsueto del codice. Il messaggio appare ambiguo proprio per un *eccesso di ridondanza* a livello dell'impiego dei significanti; e l'uso della ridondanza è cosí spinto da generare tensione informativa;

2) il messaggio appare *ridondante* anche a livello dei significati denotati; nessuna affermazione può essere meno equivocabile, il principio di identità (livello minimale della denotazione — il representamen riceve come interpretante se stesso) è cosí provocatoriamente ribadito da diventare ambiguo, da ingenerare sospetto (domanda: in ciascuna delle sue apparizioni, il significante ha sempre lo stesso significato?);

3) scatta una *informazione* a livello dei lessici definizionali (scientifici e filosofici); siamo cioè abituati a sentire articolare le definizioni in modo diverso; la novità del procedimento ci impedisce quasi di riconoscere il significato denotato;

4) scatta una *informazione* a livello dei lessici allegorici e mistici: sistemi di attese retoriche in base ai quali la "rosa" connota abitualmente vari significati simbolici, che qui vengono suggeriti ed elusi al tempo stesso;

5) scatta una *informazione* a livello dei lessici stilistici e cioè di sistemi di attese stabilitisi quasi come norma in conseguenza di abitudini stilistiche acquisite nel corso di altre letture poetiche (siamo portati ad attenderci usi metaforici del termine "rosa", affermazioni emotive sulla bellezza della rosa, ecc.).

Anche una semplice ispezione di questo tipo ci mostra come informazione e ridondanza si stabiliscono a livelli diversi interagendo tra di loro.

I.6. Integrando e articolando diversamente una classificazione proposta da Max Bense diremo che in un messaggio estetico possiamo individuare i seguenti livelli di informazione:

a) livello dei *supporti fisici*: nel linguaggio verbale sono toni, inflessioni, emissioni fonetiche; nei linguaggi visivi sono colori, fenomeni materici; in quello musicale sono timbri, frequenze, durate temporali; ecc.;

b) livello degli *elementi differenziali sull'asse della selezione*: fonemi; uguaglianze e disuguaglianze; ritmi; lunghezze metriche; rapporti di posizione; forme accessibili in linguaggio topologico, ecc.;

c) livello dei *rapporti sintagmatici*: grammatiche; rapporti di proporzione; prospettive; scale e intervalli musicali; ecc.;

d) livello dei *significati denotati* (codici e lessici specifici);

e) livello dei *significati connotati*: sistemi retorici, lessici stilistici; repertori iconografici; grandi blocchi sintagmatici; ecc.;

f) livello delle *attese ideologiche* come connotatum globale delle informazioni precedenti (cfr. A.5).

Bense però parla di una "informazione estetica" globale, che non si attua a nessuno di questi livelli in particolare, ma a livello di quella che egli chiama la "conrealtà" che tutti i livelli correlati denotano. In Bense questa "conrealtà" appare come la generale situazione contestuale di improbabilità che l'opera esibisce, rispetto ai codici soggiacenti e alla situazione di equiprobabilità a cui questi si sono sovrapposti; ma sovente il termine, a causa della matrice hegeliana del suo autore, si colora di connotazioni idealistiche. Allora la "conrealtà" pare denotare una qualche "essenza" — e altro non sarebbe che la Bellezza — che si realizza nel messaggio ma non è determinabile con strumenti concettuali. Questa possibilità deve essere eliminata, in una prospettiva semiologica coerente, attraverso la postulazione di quello che chiameremo l'*idioletto estetico*.

II. L'idioletto dell'opera

II.1. Potremmo condurre avanti delle indagini stilistiche per mostrare come, nella misura in cui il messaggio si complica, l'autoriflessività si stabilisce quando ad ogni livello le soluzioni si articolano *secondo un sistema di relazioni omologo*. Il gioco delle differenze e delle opposizioni a livello ritmico equivale a quello delle opposizioni a livello dei significati connotati, del gioco di idee chiamato in causa, eccetera. Cosa significa l'affermazione estetica dell'unità di contenuto e forma in un'opera riuscita, se non che *lo stesso diagramma strutturale presiede ai vari livelli di organizzazione*? Si stabilisce come una rete di forme omologhe che costituisce come il *codice particolare di quell'opera*, e che ci appare come misura calibratissima delle operazioni che procedono a distruggere il codice preesistente per rendere ambigui i livelli del messaggio. Se il messaggio estetico, come vuole la critica stilistica, si attua nel-l'*offendere la norma*[63] (e altro non è questa offesa della norma che la strutturazione ambigua rispetto al codice) tutti i livelli del messaggio offendono la norma seguendo la stessa regola. Questa regola, questo codice dell'opera, in linea di diritto è un *idioletto* (definendosi come idioletto *il codice privato e individuale di un solo parlante*); di fatto questo idioletto genera imitazione, maniera, consuetudine stilistica e infine nuove norme, come ci insegna tutta la storia dell'arte e della cultura.

Quando l'estetica afferma che possiamo intravvedere la legalità e la totalità di un'opera anche là dove l'opera è monca, rovinata, corrosa dal tempo, questo accade perché, dal codice che si profila a livello degli strati ancora percepibili, si inferisce il codice che ha generato le parti mancanti, e le si indovinano.[64] In definitiva l'arte del restauro si basa su questa possibilità di dedurre, dalle parti di messaggio esistenti, quelle che vanno ricostituite. Cosa che in sé dovrebbe essere impossibile, dato che si stanno ricostituendo parti che l'artista aveva inventato andando al di là di tutti i sistemi di norme e di previsioni validi nella sua epoca (se no avrebbe fatto opera di maniera): ma il restauratore, cosí come il critico (cosí come l'esecutore rispetto alla partitura musicale) è esattamente colui che ritrova la legge che governa quell'opera, il suo idioletto, il diagramma strutturale che presiede a tutte le sue parti.[65]

---

[63] Su questa nozione, e su tutte le possibilità di analisi stilistica che ne derivano cfr. l'opera di Leo Spitzer; in particolare *Critica stilistica e semantica storica*, Bari, Laterza, 1966, e le finissime analisi contenute in *Marce! Proust e altri saggi di letteratura francese*, Torino, Einaudi, 1959. Tutta l'attività della grande critica stilistica (e rimandiamo almeno ad alcune letture fondamentali: Eric Auerbach, *Mimesis*, Torino, Einaudi, 1956; William Empson, *Sette tipi di ambiguità*, Torino, Einaudi, 1965; Damaso Alonso, *Saggio di metodo e limiti stilistici*, Bologna, Mulino, 1965; Benvenuto Terracini, *Analisi stilistica*, Milano, Feltrinelli, 1966) può dare utili contributi a una riconsiderazione strutturale e semiologica dell'opera d'arte, e ne costituisce anzi una delle forze ispiratrici.

[64] Cfr. Luigi Pareyson, *Estetica*, Bologna, Zanichelli, 2ª edizione, 1959 in particolare il capitolo " Compiutezza dell'opera d'arte - Le parti e il tutto ".

[65] Si innesta qui la nozione di *stile* come *modo di formare* (cfr. Pareyson, *Estetica*, cit.). Tra l'idioletto dell'opera, lo stile e la maniera che si codifica esistono come delle progressive generalizzazioni strutturali. Per una considerazione linguistico-semiologica dello stile cfr. i saggi di I. A. Richards, R. M. Dorson, Sol Saporta, D. H. Hymes, S. Chatman, T. A. Sebeok, in AAVV, *Style and Language*, M.I.T., 1960. Cfr. pure Lubomir Dolezel, *Vers la stylistique structurale*, in " Travaux linguistique de Prague ", 1, 1966; Toma Pavel, *Notes pour une description structurale de*

II.2. Potrebbe tuttavia sembrare che la nozione di idioletto entri in contrasto con la nozione di ambiguità del messaggio. Il messaggio ambiguo mi dispone a numerose scelte interpretative. Ciascun significante si carica di significati nuovi, piú o meno precisi, non piú alla luce del codice di base (che viene violato) ma alla luce dell'idioletto, che organizza il contesto, e alla luce degli altri significanti, che reagiscono l'uno sull'altro come per trovare quell'appoggio che il codice offeso non offre piú. Cosí l'opera *trasforma continuamente le proprie denotazioni in connotazioni*, e i propri significati in significanti di altri significati.

L'esperienza di decodifica si fa aperta, processuale, e la nostra prima reazione è di ritenere che tutto ciò che facciamo convergere sul messaggio sia di fatto contenuto in esso. Cosí pensiamo che il messaggio "esprima" l'universo delle connotazioni semantiche, delle associazioni emotive, delle reazioni fisiologiche che la sua struttura ambigua e autoriflessiva ha suscitato.

Ma se l'opera messaggio, nella sua dialettica di riflessività e ambiguità, ci apre a una rosa di connotazioni cosí vasta e dinamica che noi crediamo di trovare "espresso" in essa ciò che, grazie alla sua forma, vi immettiamo, non si disegna allora una aporia? Da un lato abbiamo un messaggio che ha una struttura tale da permettere una lettura "aperta"; dall'altro una lettura talmente "aperta" da impedirci di riconoscere una struttura formalizzabile al messaggio.

Ora qui sono in gioco due problemi, nettamente separabili, e tuttavia profondamente legati e complementari:

a) nel corso della comunicazione estetica si attua una esperienza che non può essere ridotta né a misura quantitativa né a sistemazione strutturale;

b) tuttavia questa esperienza è resa possibile da qualcosa che, a tutti i suoi livelli, *deve avere una struttura*, altrimenti non ci sarebbe comunicazione, ma pura stimolazione casuale di risposte aleatorie.

Sono in gioco quindi, da un lato il *modello strutturale del processo di fruizione*, dall'altro *la struttura del messaggio a tutti i suoi livelli*.

la *métaphore poétique*, in "Cahiers de ling. théorique et appliquée", Bucarest, 1, 1962; CESARE SEGRE, *La synthèse stylistique*, in "Information sur les sciences sociales", VI, 5; A. ZARECKIJ, *Obraz kak informacija* (La figura come informazione) in "Voprosy Literatury", 2, 1963 (tr. inedita di Remo Faccani). Sull'opera come *sistema di sistemi*: RENÉ WELLEK & AUSTIN WARREN, *Teoria della letteratura*, Bologna, Mulino, 1956; e (a cura di T. TODOROV) AAVV, *Théorie de la littérature*, Paris, Seuil, 1965.

II.3. Esaminiamo il primo punto (a). È ovvio che quando contempliamo un palazzo rinascimentale con la facciata in bugnato, l'oggetto-palazzo è qualcosa di più della sua pianta, della sua sezione, dei disegni della facciata; la materia stessa, con le sue rugosità, con i richiami tattili che ci suggerisce, aggiunge qualcosa 'alla nostra percezione e questo qualcosa non può essere definito attraverso una formula esaustiva. C'è la possibilità che la struttura dell'opera possa essere definita nei termini di un sistema di relazioni spaziali realizzate *nel bugnato*. Non sarà *quella* pietra singola che potrà essere sottomessa ad analisi, ma la relazione tra il sistema generale di relazioni spaziali e la presenza del bugnato; solo questa relazione potrà essere ricondotta a un ulteriore rapporto relazionale; e su questa serie di rapporti relazionali si fonderà la struttura singolare dell'opera, tanto che in teoria le singole pietre sono sostituibili, e il gioco della loro consistenza materica può subire alcune variazioni senza che il rapporto complessivo muti.

Però, guardando e toccando la pietra, provo sensazioni non verificabili che entrano a far parte della mia fruizione. Effetto dell'ambiguità del messaggio, questi accadimenti sono *previsti* dal contesto, e il messaggio è autoriflessivo nella misura in cui posso contemplarlo come forma che *rende possibili* le varie esperienze individuali. Ma in ogni caso la semiologia fa presa sull'opera solo in quanto messaggio-fonte, e quindi in quanto idioletto-codice, come punto di partenza per una serie di libere scelte interpretative possibili: *l'opera come esperienza individuale è teorizzabile, ma non misurabile.*

Quindi, quello che si è tentati di chiamare "informazione estetica" è una serie di possibilità attuate su cui nessuna teoria della comunicazione può far presa. La semiologia e una estetica d'impianto semiologico *possono sempre dirci cosa un'opera può diventare, mai cosa è diventata.* Cosa l'opera sia diventata ce lo può dire al massimo la critica come racconto di una esperienza di lettura.

II.4. Veniamo ora al secondo punto (b). Dire che il libero movimento di attribuzione di senso al messaggio, dovuto alla sua quota di connotatività, si appoggia sulla presenza, in esso, di segni in un qualche modo "espressivi" [66] significa solo ritradurre

---

[66] Non sono in questione — ovviamente — le esplicite estetiche dell'espressione, ma le estetiche a impianto semiotico in cui il problema dell'espressi-

la questione (b) nella questione (a). Che il messaggio estetico permetta una interpretazione aperta e in progresso lo sappiamo già. Si può benissimo elaborare una estetica che si arresti a questo riconoscimento, e una estetica filosofica può arrivare a questa affermazione come al limite massimo del suo rigore teoretico. Dopo vengono le false estetiche normative che prescrivono indebitamente quello che l'arte deve suggerire, provocare, ispirare, e cosí via.[67]

Ma nel momento in cui il messaggio estetico viene sottoposto a indagine semiologica occorre tradurre gli artifici detti " espressivi " in artifici di comunicazione sulla base di codici (osservati o messi in crisi).

Altrimenti si è costretti a distinguere tra una *informazione semantica* e una *" informazione estetica "*:[68] la prima 'traducibile come sistema di relazioni trasponibile da un supporto fisico a un altro, la seconda radicata nella natura stessa dei supporti materiali messi in gioco, e trasponibile solo approssimativamente. Certo la presenza dei livelli che Bense definisce *sensoriali* gioca sulla

---

vità non appare ancora risolto. A es. tutta l'estetica morrisiana, stabilendo l'iconicità del segno estetico, si arresta su questo versante. Cfr., oltre alle opere citate, gli *Scritti di Ch. Morris sulla semiotica estetica*, raccolti in "Nuova Corrente ", 42-43, 1967. Cfr. pure PIERO RAFFA, *Avanguardia e realismo*, Milano, Rizzoli, 1967, in part. il capitolo finale; e *Per una fondazione dell'estetica semantica*, in " Nuova Corrente ", 28-29, 1963; ivi, ABRAHAM KAPLAN, *Il significato riferitivo nelle arti*; e le risposte di E. GARRONI, " Estetica antispecu'ativa " ed " estetica semantica ", ivi, n. 34, 1964.

[67] Cfr. il nostro *Il problema di una definizione generale dell'arte* (" Rivista di estetica ", maggio 1963) dove si esaminano le posizioni di Luigi Pareyson e Dino Formaggio — entrambe in polemica, in modi diversi, con le estetiche normative. E sui limiti di " scientificità " di una estetica filosofica si vedano i vari saggi della prima parte di UMBERTO ECO, *La definizione dell'arte*, Milano, Mursia, 1968.

[68] È la posizione di ABRAHAM MOLES, *Analisi delle strutture del linguaggio poetico*, in " Il Verri ", 14; e in genere nel già citato *Théorie de l'information et perception esthétique*. In *Opera aperta*, cit., avevamo accettato questa distinzione per definire il godimento complessivo che il fruitore prova di fronte agli scatti informativi che si realizzano ai vari livelli dell'opera: ma l'espressione, in questo senso, non può essere che metaforica. Il piacere estetico, esperienza che non va ignorata, non è però determinabile con strumenti semiologici, come già accennato in A.3.II.3. Per una critica alla nozione di " informazione estetica " e per molte considerazioni sull'applicabilità della teoria dell'informazione all'estetica cfr. GIANNI SCALIA, *Ipotesi per una teoria informazionale e semantica della letteratura*, in " Nuova Corrente ", 28-29, 1963. Riteniamo che molte delle critiche mosse da Scalia fossero pertinenti; per lo meno toccavano i punti su cui si imperniano le differenze tra questo libro e *Opera aperta*.

strutturazione di tutti gli altri livelli e ne determina il potere
comunicativo, ma il problema consiste esattamente nel vedere *se
anche a questi livelli si possano determinare dei codici*. Ora la
nozione di idioletto estetico, se pure intende il messaggio a funzione estetica come una forma in cui i vari livelli di significato
fanno corpo col livello dei supporti fisici, ribadisce il fatto che
deve realizzarsi, a tutti i livelli, una struttura omologa. Tale struttura dovrebbe permettere di definire, in termini di opposizioni
e differenze, anche gli elementi materiali dell'opera.

Non si tratta solo (come definito in A.3.I.6.) di stabilire che
l'opera stabilisce un rapporto tra gli altri livelli di relazioni e la
presenza dei supporti materiali. Si tratta di strutturare, sin dove
è possibile, questa presenza ancora *bruta*. Riconducendo anch'essa
a sistema di relazioni, si elimina il concetto equivoco di "informazione estetica".

III. La codificabilità dei livelli

III.1. Sinché si considera il livello puramente fisico dei supporti sensoriali, il problema pare risolubile. Bense stesso sviluppa
nella sua estetica una serie di formule (a partire dalla misura
estetica di Birkhoff vista come rapporto tra ordine e complessità [69]) atte a misurare la distribuzione e le relazioni d'ordine tra
fenomeni fisici. Rientrano in questo genere d'analisi le misura-
zioni in termini di teoria statistica del segnale delle varie relazioni — in un messaggio visivo — tra elementi di una *texture*,

---

[69] Bense cerca di far agire la formula di Birkhoff $(M = \dfrac{O}{C})$ sia a livello

microestetico (relazioni tra ritmi, metri, rapporti cromatici, parole, particelle
sintattiche, eccetera) che a livello *macroestetico* (narrazioni, azioni, conflitti,
eccetera). Cfr. *Aesthetica*, Baden Baden, Agis Verlag, 1965. Sulla scia delle
ricerche bensiane (ma rifacendosi ad altri filoni della teoria dell'informazione)
lavora la nuova scuola critica brasiliana. Si vedano tra i vari contributi,
HAROLDO e AUGUSTO DE CAMPOS, DECIO PIGNATARI, *Teoria da poesia concreta*, São Paulo, 1965; MARIO CHAMIE, Posfacio a *Lavra Lavra*, São Paulo,
1962; e in genere la rivista "Invenção". A un livello di alta formalizzazione matematica è la "Grundlagenstudien aus Kibernetik und Geistes-
wissenschaft", dove vengono pubblicati sovente studi di argomento estetico.
Cfr. pure M. R. MAYENOWA, *Poetijka i matematika*, Varsavia, 1965; H.
KREUZER e R. GUZENHÄUSER, *Mathematik und Dichtung*, Nymphenburger
Verlagstandlung, 1965.

tra linee, punti, intervalli spaziali, tra tutti quei segnali — non ancora segni — che sono analizzabili e producibili attraverso programmazione elettronica; segnali che nel messaggio verbale comportano le ricorrenze di lettere alfabetiche, di fenomeni fonetici, accenti, ritmi, cesure, e cosí via, anch'essi misurabili statisticamente; segnali che nel messaggio musicale sono le linee spettrali rivelate dagli oscillografi, le frequenze, le durate, gli intervalli, nonché le loro programmazioni stocastiche.[70]

Ma che dire quando si tratta di valori tradizionalmente piú inafferrabili, quali le sfumature tonali, le intensità coloristiche, le consistenze o le rarefazioni della materia, i richiami tattili, le associazioni sinestesiche, quei fenomeni che anche nel linguaggio verbale, ancora al di qua dell'organizzazione semantica, vengono chiamati "emotivi" e che sono i tratti soprasegmentali, i "gesti sonori", le inflessioni, le varianti facoltative, le coloriture mimiche, le appoggiature della voce; oppure i "rubato" musicali, e quindi — salendo in ordine di complessità — tutti quelli che in blocco si definiscono come comportamenti stilistici, variazioni individuali nell'uso del codice, idiosincrasie significative? [71]

Dati questi fenomeni, non dovrebbe apparire ragionevole la risposta di coloro che li catalogano tra i segni espressivi, fisiognomici, analogici, non riducibili a misura discreta, non regolati da un codice che ne contempli il sistema in termini di differenze e opposizioni?

Eppure la validità di un discorso semiologico dovrà misurarsi

---

[70] Si vedano le analisi su fenomeni visivi di FRED ATTNEAVE, *Stochastic Composition Processes*, in "Journal of Aesthetics", XVII-4, 1959; E. COONS e D. KRAEHENBUEHL, *Information as Measure of Structure in Music*, in "Journal of Music Theory", II. 2, 1958; L. B. MEYER, *Music, the Arts, and Ideas*, Un. of Chicago Press, 1967; ANTONIN SYCHRA, *Hudba očina vědy*, Ceskonslovensy Spisovatel, Praha, 1965; e, sui già citati "Grundlagenstudien" (ottobre 1964) VOLKER STAHL, *Informationswissenschaft un Musikanalyse*. Si vedano ancora: R. ABERNATHY, *Mathematical Linguistics and Poetics*; T. SEBEOK, *Notes on the Digital Calculator as a Tool for Analyzing Literary Information*; I. FONAGY, *Informationsgehalt von Wort und Laut in der Dichtung*; tutti nella sezione sull'applicazione della matematica alla "poetica" in *Poetics*, Aja, Mouton, 1961. Inoltre cfr. JURIJ LOTMAN, *Metodi esatti nella scienza letteraria sovietica*, in "Strumenti critici", 2, 1967, con bibliografia).

[71] Cfr. EDWARD STANKIEWICZ, *Problems of emotive language*, in *Approaches to Semiotics*, a cura di Th. A. Sebeok, Aja, Mouton, 1964. Quanto all'attenzione portata da sempre dagli studiosi di stilistica all'uso espressivo della "lingua individuale", cfr. ad esempio GIACOMO DEVOTO, *Studi di stilistica*, Firenze, 1950, e *Nuovi studi di stilistica*, Firenze, 1962.

proprio dalla possibilità di operare questa riduzione dal motivato, dal continuo, dall'espressivo, all'arbitrario, al discreto, al
convenzionale.

Come si vedrà nella seconda sezione di questo libro, il problema del segno iconico diventa il banco di prova della semiologia proprio per il fatto che tradizionalmente non si presta alla
codificazione in termini strutturali. Eppure la semiologia deve
vedere se questa incodificabilità sia effettiva, o costituisca solo il
punto di arresto a cui era giunta una scienza della comunicazione meno ricca di strumenti e di esperienze di quanto non
siano oggi le discipline semiotiche.

III.2. L'indagine sui segni, prima di arrivare a questo punto di totalizzazione della sua problematica, ha dovuto fare alcune scelte. Una di queste scelte, estremamente coerente nella sua
polemica contro le estetiche dell'ineffabile — e per molti versi
anticipatrice di molte problematiche recenti — è stata quella di
Galvano Della Volpe. La *Critica del Gusto* partiva dal principio
che la ricerca estetica non doveva vertere solo sui fenomeni di
" parola " ma sui fenomeni sociali della " lingua ", e dunque dai
codici in rapporto dialettico coi messaggi. E per poter riportare il
linguaggio poetico ai codici, doveva risolvere il messaggio poetico in un sistema di differenze esprimibili da un disegno " razionale ", riducendo a questo il meccanismo che poteva poi generare le connotazioni e tutta la ricchezza significativa del messaggio polisenso. Di conseguenza l'attenzione preferenziale era portata sui valori codificabili, mentre venivano visti con sospetto i
valori " musicali ", che non apparivano riducibili a codice e sfug-
givano alla regola dell'arbitrarietà e dell'immotivazione del segno
linguistico; e questi valori venivano relegati al rango di fatti
" edonistici ", di " compiacimento allotrio, extraestetico ". Di qui
il ripudio dei fenomeni fonetici che a detta di molti critici costituivano il fascino principale di certi versi; la diffidenza verso
il ritmo in quanto disgiunto dal significato a cui serve; e il
parametro di grandezza poetica affidato alla traducibilità del
messaggio in altri supporti materiali, là dove gli artifici musicali
cambiano di impatto, ma rimane una sorta di disegno razionale
che è quello del discorso capace di conservare, in altra lingua, o
ridotto dalla poesia in prosa, il proprio gioco di relazioni significanti. Così in definitiva si centrava l'attenzione sulla struttura
dei significati ritenendo ritmo e suono " esterni-strumentali, ossia
dell'ordine del significante e perciò accidentali e mutevoli col tra-

passare del testo poetico da un sistema semantico all'altro ".[72]

Scelta necessaria, si è detto, a una certa fase del discorso strutturalistico sul messaggio estetico; ma fase che la semiologia deve superare, dato che è in definitiva contraddittorio accettare il concetto di opposizione fonologica come modello per ogni struttura semantica superiore, e nello stesso tempo deprimere il ruolo della catena significante; o accettare la codificazione dei significanti a livello dei tratti pertinenti ed escludere che siano codificabili anche i tratti soprasegmentali. E questo perché se è vero che non si può trascurare la lingua come istituto storico-sociale " e cioè quel sistema oggettivo e unitario di segni (verbali) che è la norma preesistente, senza di cui nessuna mutua comprensione sarebbe possibile tra i soggetti parlanti ",[73] il problema che ne consegue è se si possano individuare anche elementi normativi, storici e sociali, a livello di quei segni espressivi che, altrimenti, interverrebbero cosí pesantemente a determinare la comunicazione (piaccia o non piaccia al teorico di estetica) senza che peraltro una teoria della comunicazione possa considerarli.

III.3. In tal senso appaiono molto importanti gli studi condotti su quelli che chiameremo per comodità i *livelli inferiori* della comunicazione (e che diventano determinanti nella comunicazione estetica). Nella seconda sezione di questo libro (B.I.3.5.) esaminiamo per esempio le ricerche di Ivan Fonagy sulla "informazione dello stile verbale " e sulla possibilità di codificazione (riconoscimento di convenzionalità) dei *tratti soprasegmentali* e delle *varianti facoltative.* È qui in questione l'esistenza di un *codice prelinguistico,* che se non altro esiste come codice postlinguistico in certe traduzioni puramente tonali del linguaggio verbale, come avviene per i linguaggi tambureggiati e fischiati.[74] E ricorderemo le ricerche sovietiche sui livelli inferiori della poesia, o le analisi statistiche formalizzate dei fenomeni ritmici.[75]

---

[72] GALVANO DELLA VOLPE, *Critica del gusto,* cit., pag. 142 (1ª ed., 1960), cap. II.15.

[73] *Ibidem,* pag. 91.

[74] Cfr. i vari problemi della paralinguistica, in *Approaches to Semiotics,* cit. In particolare WESTON LA BARRE, *Paralinguistics, Kinesics and Cultural Anthropology.* Cfr. la sezione E.2.

[75] Cfr. V.N. TOPOROV, *K opisaniju nekotorych struktur, charakterizujuscich preimuscestvenno mzsie urovni, v neskol'kich poèticeskich tekstach* (Sulle strutture dei livelli inferiori in poesia), in "Σημιωτική", Tartu, 1965, pagg. 306-319; e A. N. KOLMOGOROV, A. M. KONDRATOV, *Ritmika poèm Ma-*

Cosí come la questione complessiva della espressione vocale della emotività e del problema di trovare tratti pertinenti anche nell'universo apparentemente continuo dei "gesti sonori". Come diceva Hjelmslev, "è pericoloso stabilire per principio una distinzione tra elementi grammaticali, da un lato, e altri che vengono detti extra-grammaticali, dall'altro; tra un linguaggio intellettuale e un linguaggio affettivo. Gli elementi detti extra-grammaticali o affettivi possono in effetti obbedire alle regole grammaticali, e forse in parte a regole grammaticali che non si è ancora riusciti a individuare ".[76] È il problema di come le soluzioni "configurazionali" o "espressive" possano organizzarsi in un sistema significante di opposizioni convenzionalizzate; e per alcuni è — all'inverso — lo stesso problema incontrato da Trubeckoj a proposito di quelle entità fonologiche che chiama "enfatiche" e che, pur essendo convenzionali, hanno funzioni espressive.[77] In definitiva, che questi fenomeni siano codificabili in sistemi di opposizioni o in semplici sequenze graduate,[78] rimane da stabilire come organizzare dei *sottocodici emotivi* nei modi rigorosi in cui sono organizzati i codici cognitivi.[79] Si può ritenere che molte delle attuali ricerche semiotiche sui livelli inferiori della comunicazione poetica possano portare a risultati interessanti; i quali si fonderanno coi risultati di una stilistica strutturale, intesa a scoprire in molte soluzioni artistiche *ritenute originali* la presenza di schemi retorici convenzionalizzati, sia pure impiegati in situazioni inedite (si veda per questo il capitolo seguente, "Il messaggio persuasivo "). Ma anche là dove l'analisi stilistica va alla ricerca delle deviazioni dalla norma, si possono identificare deviazioni che "non debbono essere viste come licenze poetiche e creazioni individuali " e sono piuttosto "il risultato di manipolazioni del materiale linguistico disponibile e abili utilizzazioni delle possibilità inerenti al linguaggio parlato " (ma il discorso vale per ogni sistema di regole artistiche); cosí che la libertà creativa dell'artista appaia piú relativa di quanto non si creda, e la maggior parte delle soluzioni "espressive" possano essere viste come il prodotto di complesse transazioni tra gli appartenenti al corpo sociale, che fissano matrici combinatorie convenzionate, atte a generare va-

---

jakovskogo, in "Voprosi Jazykoznanija ", 3, 1962 (per entrambi i saggi cfr. la traduzione, ancora inedita, di Remo Faccani).

[76] LUIS HJELMSLEV, *Principes de grammaire générale*, Copenhagen, 1928, pag. 210.

[77] *Principes de phonologie*, cit., IV.4.c. (pagg. 144 sgg.).

[78] Vedi il problema dei codici analogici per gradi in B.1.III.7.

[79] Cfr. STANKIEWICZ, cit., pag. 259.

riazioni individuali e inattese di un codice riconosciuto.[80]

Tutto questo serve indubbiamente a ricondurre al sociale molte manifestazioni che andavano sbrigativamente assegnate alla genialità individuale: ma uno studio del genere diventa indispensabile anche per l'operazione inversa. Poiché solo quando si sia codificato tutto il codificabile, si può individuare l'innovazione là dove si è verificata mettendo in crisi tutti i codici preesistenti.

III.4. Cosí una indagine semiologica sul messaggio estetico dovrà tendere, da un lato a identificare i *sistemi di convenzioni* che regolano il trattamento dei diversi livelli; e dall'altro dovrà analizzare gli *scatti informativi*, i trattamenti originali delle convenzioni di partenza, che si attuano a ciascun livello del messaggio, istituendone il valore estetico attraverso l'attuazione di quell'isomorfismo globale che è l'idioletto estetico. Uno studio del genere, che mette in luce i sistemi di determinazione in contrapposizione ai fenomeni di invenzione, nel suo duplice aspetto di studio dei codici e studio dei messaggi, è quello che le scuole semiotico-strutturalistiche chiamano (con un termine che in Italia ha altre accezioni) " poetica ".[81]

IV. La logica "aperta" dei significanti

IV.1. Lo studio dei livelli del messaggio poetico è lo studio di quella *logica dei significanti* attraverso la quale l'opera svolge

[80] Cfr. EDWARD STANKIEWICZ, *Linguistics and the Study of Poetic Language*, in AAVV, *Style in Language*, M.I.T., 1960, pagg. 69-81.

[81] " Il compito fondamentale della poetica consiste nel rispondere a questa domanda: *che cosa fa di un messaggio verbale un'opera d'arte?*... La poetica tratta problemi di struttura verbale, esattamente come l'analisi della pittura si occupa della struttura pittorica... In breve molti tratti della poetica appartengono non soltanto alla scienza del linguaggio, ma alla teoria dei segni nel suo insieme, cioè alla semiotica generale " (ROMAN JAKOBSON, " Linguistica e poetica " in *Saggi di linguistica generale*, cit., pagg. 181-182). Considerata parte integrante della linguistica, nata dagli studi letterari dei formalisti russi e degli strutturalisti di Praga, la poetica può però costituire un modello di indagine per ogni sistema di segni; in tal caso diventa, come la stiamo proponendo, lo studio semiologico della comunicazione a funzione estetica. Si veda, per una rassegna di studi di poetica, AAVV, *Poetics* (Atti della Prima Conferenza Internazionale sulla Poetica, Varsavia, agosto 1960), Aja, Mouton, 1961.

la sua duplice funzione di stimolazione delle interpretazioni e di controllo del loro campo di libertà.[82] Come vedremo anche in D.6., questa logica dei significanti non va intesa come qualcosa di assolutamente oggettivo che precede il movimento di donazione di senso e lo predetermina; non a caso abbiamo parlato di codici, e quindi ancora una volta di convenzioni che regolano i vari livelli; anche il riconoscimento di un tratto pertinente o di un rapporto geometrico è consentito dal possesso — sia pure inconscio — di un codice fonologico o di una forma mentis euclidea, e solo in base a questo rimando al codice siamo in grado di riconoscere una logica — che appare ormai come oggettiva — ai livelli significanti su cui si esercita la decodifica. Ma — vista come "data" dal punto di vista del rapporto estetico — questa logica dei significanti determina il processo aperto dell'interpretazione, nel senso che il messaggio, come fonte offerta al destinatario, propone come forma significante da riempire anche i livelli che articolano già dei gruppi di significati (denotati e connotati). Strutturandosi ambiguamente rispetto al codice e trasformando continuamente le sue denotazioni in connotazioni, il messaggio estetico ci spinge a provare su di esso lessici e codici sempre diversi. In tal senso facciamo confluire nella sua forma vuota sempre nuovi significati, controllati da una logica dei significanti che mantiene tesa una dialettica tra la libertà dell'interpretazione e la fedeltà al contesto strutturato del messaggio. E solo cosí si comprende perché in ogni caso la contemplazione dell'opera d'arte susciti in noi quella impressione di ricchezza emotiva, di conoscenza sempre piú nuova e approfondita, che spingeva Croce a parlare di cosmicità.

Quale sia il tipo di risposte emotive che il messaggio estetico suscita, lo si è detto nel paragrafo precedente. Resta ora da ricordare in che senso il messaggio ambiguo e autoriflessivo possa essere considerato uno *strumento di conoscenza*. Questa conoscenza si attua sia nei confronti del codice da cui il messaggio ha preso le mosse, che nei confronti dei referenti a cui rimandano i suoi significanti attraverso lo schermo dei significati.

IV.2. Nel momento in cui scatena il gioco delle interpretazioni successive, *l'opera ci spinge anzitutto a riconsiderare il codice e le sue possibilità* (come si era detto al punto 2 in A.2.VII.2).

---

[82] Siamo al problema della dialettica tra "forma e apertura" studiata in *Opera aperta*, cit.

Ogni opera mette in crisi il codice ma al tempo stesso lo poten-
zia; ne mostra pieghe insospettate, duttilità ignote; offendendolo
lo integra e lo ristruttura (nel senso in cui dopo la *Divina Commedia* la lingua italiana si arricchisce di nuove possibilità), cambia
l'atteggiamento dei parlanti nei suoi confronti. Ma fa anche sí che
si intravvedano nel codice, riconsiderato criticamente, possibilità di
allusione, cose da dire, cose dicibili, cose già dette che si rinfrescano
e si riscoprono, che sino ad allora erano state o inosservate o dimen-
ticate. E questa è un'altra ragione della presunta impressione di
cosmicità. In una stretta interrelazione dialettica il messaggio rimanda al codice, la parola alla lingua, e se ne nutrono.[83] Il destinatario avverte la nuova possibilità linguistica e *pensa* attraverso
di essa tutta la lingua, tutte le sue possibilità, tutto il patrimonio
del da dirsi e del già detto, che il messaggio poetico si trascina
dietro come possibilità intravvista sullo sfondo.

IV.3.   Quanto si è detto ci riporta a una caratteristica della comunicazione estetica teorizzata dai formalisti russi: l'*effetto di straniamento.*

L'effetto di straniamento si verifica *deautomatizzando* il linguaggio: il linguaggio ci ha abituato a rappresentare certi fatti seguendo
determinate leggi di combinazione, mediante formule fisse. Improvvisamente un autore, per descriverci qualcosa che abbiamo forse
sempre visto e conosciuto, impiega le parole (o gli altri tipi di segni
di cui si avvale) in modo diverso, e la nostra prima reazione si
traduce in un senso di *spaesamento,* quasi in una incapacità di riconoscere l'oggetto (e questo è l'effetto dovuto alla organizzazione
ambigua del messaggio rispetto al codice). Da questo senso di "stra-
nezza" si procede a una riconsiderazione del messaggio, che ci porta a guardare in modo diverso la cosa rappresentata ma al tempo
stesso, come è naturale, anche i mezzi di rappresentazione, e il codice a cui si riferivano. L'arte aumenta "la difficoltà e la durata
della percezione", descrive l'oggetto "come se lo vedesse per la prima volta" (come se non esistessero già delle formule per descri-
verlo) e "il fine dell'immagine non è di rendere piú vicina alla
nostra comprensione la significazione che veicola, ma di creare una
percezione particolare dell'oggetto"; e questo spiega l'uso poetico

[83] Cfr. anche le osservazioni (in altra chiave, ma analoghe) di DELLA
VOLPE in *Critica del Gusto,* cit., pag. 91 (sui condizionamenti reciproci di
parola e lingua).

degli arcaismi, la difficoltà e l'oscurità delle creazioni artistiche che
si presentano per la prima volta a un pubblico non ancora addestrato, delle stesse violazioni ritmiche che l'arte mette in opera nel
momento stesso in cui pare eleggere le sue regole auree: "In arte
vi è 'ordine'; e tuttavia non vi è una sola colonna del tempio greco che lo segua esattamente, e il ritmo estetico consiste in un ritmo
prosaico violato... si tratta non di un ritmo complesso, ma di una
violazione del ritmo e di una violazione tale che non la si possa
prevedere; se questa violazione diventa canone, perde la forza che
aveva come procedimento-ostacolo". Cosí Sklovskij nel 1917, anticipando di qualche decennio le conclusioni — analoghe — di una
estetica basata sulla teoria dell'informazione.[84]

[84] VICTOR SKLOVSKIJ, *Una teoria della prosa*, Bari, De Donato, 1966; e
VICTOR ERLICH, *Il formalismo russo*, Milano, Bompiani, 1966. Ma qui si
apre il problema di una spiegazione strutturale della "creatività" artistica.
Da un lato l'analisi formalistica di Sklovskij chiede di essere integrata in una
prospettiva strutturale piú rigorosa, proprio facendo ricorso anche ai metodi
statistici della teoria dell'informazione, che egli non poteva conoscere. Dal-
l'altro, la problematica della deviazione dalla norma — mentre mostra come
l'atto creatore abbia offeso il codice — deve porsi anche il problema di come,
in ogni caso, l'offesa sia *accettabile*, venga riassorbita, il piú delle volte, nel
sistema delle norme vigenti. Si avanza l'ipotesi che il meccanismo "invenzione-
accettazione-assorbimento" non possa essere chiarito completamente da un
metodo strutturale tradizionale, ma debba essere spiegato in termini di
grammatica generativa chomskyana. Si veda ad es. GUALTIERO CALBOLI,
Rilevamento tassonomico e "coerenza" grammaticale, in "Rendiconti",
15-16, 1967. In part. pagg. 312-320: dove si ripropone in definitiva il problema della legittimità dell'*idioletto estetico*: "Quando cioè un poeta esplica
la sua funzione e nella misura in cui assolve la funzione poetica della lingua,
si stacca dallo standard linguistico, ma perché ne ricrea egli stesso uno?"
Secondo quali regole si realizzano quelle deviazioni dalla norma acquisita
che pure costituivano virtualità del sistema? Un criterio generativo che permetta di prevedere la serie infinita delle nuove proposizioni generabili da un
insieme finito di regole, porterebbe a riesaminare il problema dell'invenzione
artistica, e delle possibilità "aperte" del codice, visto come "struttura profonda" che genera le strutture "superficiali" usualmente riconosciute come
codici ultimi (problema che riprendiamo in D.4). È il problema degli usi
futuri di un codice, di uno studio della libertà della *performance* rispetto alla
competence (ed è ancora il problema di una linguistica della "parole").
"La novità degli usi linguistici è misurata dalla tassonomia delle ricorrenze
statistiche a livello della struttura superficiale, la coerenza invece — e intendo per 'coerenza' il rapporto solidale col sistema precedente (in particolare colla sua grammatica) tanto che la nuova forma non esca dal sistema,
sia quindi in 'coerenza' col sistema — è fondata sulla logica trasformazionale nel passaggio dalla 'deep' alla 'surface structure' e sulle specifiche
procedure della grammatica generativa" (Calboli, pag. 320). È però chiaro
che una problematica del genere è appena ai suoi inizi e una semiologia ge-

IV.4. La comprensione del messaggio estetico si basa anche su una dialettica tra accettazione e ripudio dei codici e lessici dell'emittente — da un lato — e introduzione e ripulsa di codici e lessici personali dall'altro. È una dialettica tra fedeltà e libertà interpretativa, dove da un lato il destinatario cerca di cogliere gli inviti dell'ambiguità del messaggio e di riempire la forma incerta con codici proprii; dall'altro è ricondotto dalle relazioni contestuali a vedere il messaggio cosí come è stato costruito, in un atto di fedeltà all'autore e al tempo in cui è stato emesso.[85]

In questa *dialettica tra forma e apertura* (a livello del messaggio) e tra *fedeltà e iniziativa*, a livello del destinatario, si stabilisce l'attività interpretativa di qualsiasi fruitore e, in misura piú rigorosa e inventiva, piú libera e piú fedele a un tempo, l'attività di lettura tipica del critico; in un ricupero archeologico delle circostanze e dei codici dell'emittente, in un saggiare la forma significante per vedere sino a che punto sopporti l'immissione di sensi nuovi, grazie a codici di arricchimento; in un ripudio di codici arbitrari che si inseriscano nel corso dell'interpretazione e non sappiano fondersi con gli altri.

nerale, per assumerla in campo estetico, deve attendere gli sviluppi di quella sua branca specifica che è la grammatica trasformazionale.

[85] Per una dialettica tra *fedeltà e iniziativa* cfr. Pareyson, *Estetica*, cit. Ma questo andare dalla nostra situazione interrogativa al mondo dell'opera e viceversa, è quello che Leo Spitzer chiamava " circolo filologico " (v. la introduzione di Alfredo Schiaffini al volume citato, *Critica stilistica e semantica storica*); e presenta molte analogie con un altro movimento circolare, quello teorizzato da Erwin Panofsky come costitutivo di ogni ricerca storico-critica, in " La teoria dell'arte come disciplina umanistica " in *Il significato nelle arti visive*, Torino, Einaudi, 1962. Per una ritraduzione di questo movimento circolare in termini di teoria della comunicazione cfr. lo schema 3.

4. IL MESSAGGIO PERSUASIVO

La funzione estetica ci dà dunque qualcosa che noi non sapevamo ancora e non ci attendevamo: e ce lo dà perché realizza quote di informazione ad alcuni dei livelli del messaggio; perché fonde in modo inatteso i livelli tra loro; perché ci impone di individuare un nuovo idioletto che è la legge strutturale dell'opera singola; perché mette in questione il codice, anzi i codici di sfondo, e ce ne mostra possibilità insospettate.

Essa si instaura, come si è visto, in una dialettica tra informazione e bande di ridondanza che la sostengono, ma la ridondanza ha lo scopo di far risaltare meglio l'informazione. Il messaggio estetico si contrappone a quello referenziale, moderatamente ridondante, teso a ridurre il piú possibile ogni ambiguità, a eliminare ogni tensione informativa per non incoraggiare il contributo personale del destinatario. Ma nella maggior parte dei nostri rapporti comunicativi le varie funzioni, dominate da quella emotiva, tendono a realizzare un messaggio *persuasivo*.

I. Retorica antica e retorica moderna

I.1. Il discorso persuasivo è quello che è stato codificato, durante i secoli, dalle varie *retoriche*.

Nell'antichità classica si riconosceva l'esistenza di un ragionamento di tipo *apodittico*, dove le conclusioni venivano tratte per sillogismo da premesse indiscutibili, fondate sui *principi primi*: questo discorso non doveva dare adito a discussione e doveva imporsi per l'autorità stessa dei suoi argomenti. Veniva quindi il discorso *dialettico*, che argomentava da premesse probabili, sulle quali erano

lecite almeno due conclusioni possibili; e il ragionamento si sfor-
zava di definire quale delle due conclusioni fosse la piú accettabile. Infine veniva il discorso *retorico*, il quale, come il discorso dialettico, partiva da premesse probabili e ne traeva conclusioni non
apodittiche in base al sillogismo retorico (l'*entimema*); ma la retorica non mirava solo ad ottenere un assenso razionale, quanto un
consenso emotivo, e quindi si poneva come una tecnica intesa a trascinare l'ascoltatore.[86]

Nei tempi moderni si è andata sempre piú riducendo l'area as-
segnata ai discorsi apodittici, fondati sulla indiscutibile autorità
della deduzione logica; ed oggi siamo portati a riconoscere l'apodit-
ticità solo a certi sistemi logici che deducono da assiomi posti come
indiscutibili. Tutti gli altri tipi di discorso, che un tempo appartenevano alla logica, alla filosofia, alla teologia, eccetera, sono ormai
riconosciuti anch'essi come discorsi persuasivi, i quali tendono a
soppesare argomenti non indiscutibili e a piegare l'interlocutore
verso un certo tipo di consenso, ottenuto non tanto in base all'autorità di una *Ragione Assoluta*, quanto per il concorrere di elementi
emozionali, di valutazioni storiche, di moventi pratici.

L'aver ridotto a retorica anche la filosofia e altre forme di argomentazione che un tempo si ponevano come indiscutibili, costituisce una conquista, se non della ragione, almeno della *ragionevolezza*,
diventata cauta nei confronti di ogni fede fanatica e intollerante.[87]

In tal senso la retorica, da *arte della persuasione* — intesa quasi
come sottile *inganno* — viene sempre piú riconosciuta come tecnica
di un ragionare umano, controllato dal dubbio, sottomesso a tutti
i condizionamenti storici, psicologici, biologici di ogni atto umano.

Ma vi sono vari gradi del discorso persuasivo. E tra questi gra-

---

[86] Cfr. Aristotele, *Retorica*. Per alcune notizie sulla retorica antica cfr.
Armando Plebe, *Breve storia della retorica antica*, Milano, Nuova Accade-
mia, 1961. Cfr. pure Renato Barilli, *La retorica di Cicerone*, in " Il Verri ",
19. Augusto Rostagni, *Scritti minori - Aesthetica*, Torino, Bottega d'Eras-
mo, 1955. Sulla retorica medievale (oltre a Ernst Robert Curtius, *Euro-
päische Literatur un Lateinisches Mittelalter*, Bern, 1948 e Edgar De Bruyne,
Études d'esthétique médiévale, Brugge, 1948) si veda lo studio di Richard
McKeon, *La retorica nel Medioevo*, in AAVV, *Figure e momenti di storia
della critica*, Milano, Feltrinelli, 1967. Sulla retorica umanistica v. *Testi
umanistici sulla retorica*, Roma, Bocca, 1953 (con testi e studi di E. Garin,
P. Rossi, C. Vasoli). Sulla retorica barocca v. G. Morpurgo Tagliabue, *Aristotelismo e Barocco*, in *Retorica e Barocco*, Roma, Bocca, 1953 (ma si veda
tutta la raccolta di questi saggi).

[87] Si veda Chaim Perelman e Lucie Olbrechts-Tyteca, *Trattato del-
l'argomentazione*, Torino, Einaudi, 1966, con l'importante prefazione di Nor-
berto Bobbio.

di si disegna come una serie di sfumature continue che vanno dalla persuasione onesta e cauta alla persuasione come inganno. Diremo, dal discorso filosofico alle tecniche della *propaganda* e della *persuasione di massa*.[88]

I.2. Aristotele distingueva tre tipi di discorso: 1) il *deliberativo*, che verteva su ciò che fosse utile o meno all'andamento della vita associata; il *giudiziario*, che verteva sul giusto e sull'ingiusto; e l'*epidittico*, che si sviluppava in lode o in biasimo di qualcosa.

Per convincere l'uditore, l'oratore doveva riuscire a mostrargli come la sua conclusione derivasse da alcune *premesse* che egli non poteva mettere in discussione, e mediante un tipo di *argomento* la cui ovvietà non fosse revocata in dubbio. Premesse e argomenti si presentavano quindi come modi di pensare della cui ragionevolezza l'uditore fosse già convinto. La retorica pertanto procedeva a recensire questi modi di pensare, queste opinioni comuni e acquisite, e questi argomenti già assimilati dal corpo sociale, rispondenti a sistemi di attese precostituiti.[89]

Un tipo di premessa, tanto per fare un esempio, potrebbe essere "tutti gli uomini amano la propria madre": è una affermazione che non dovrebbe suscitare opposizioni, perché corrispondente a modi di pensare quasi universalmente diffusi. Dello stesso tipo sono premesse quali "È meglio essere virtuosi che viziosi". E come premesse possono funzionare esempi probanti, ricorsi ad autorità (specialmente usati nei discorsi di propaganda e — oggi — nei discorsi pubblicitari: altro non essendo un argomento quale: "nove stelle su dieci usano il sapone Palmolive").

In base alle premesse si articolano argomenti: che la retorica antica riuniva in *luoghi*, vale a dire sotto rubriche generali, magazzini di argomentazioni possibili, formule generative di *enti-*

---

[88] Con particolare insistenza sull'aspetto emotivo della persuasione (quelle che in A.4.III.1 definiremo aristotelianamente come "prove extra-tecniche") si veda il capitolo "Persuasion" in CHARLES L. STEVENSON, *Ethics and Language*, Yale Un. Press, 1944 (tr. it. *Etica e Linguaggio*, Longanesi). Sulle tecniche di propaganda nella politica contemporanea e nella cultura di massa si veda ROBERT K. MERTON, *Teoria e struttura sociale*, Bologna, Mulino, 1959 (in particolare la parte III, XIV, "Studi sulla propaganda radiofonica e cinematografica"). Per altra bibliografia sulle comunicazioni di massa cfr. UMBERTO ECO, *Apocalittici e integrati*, Milano, Bompiani, 1964.

[89] In questo senso lo studio della retorica, oggi, dovrebbe diventare un capitolo fondamentale di ogni antropologia culturale. Cfr. GÉRARD GENETTE, *Insegnamento e retorica in Francia nel seco'o XX*, in "Sigma", 11-12, 1966.

memi o sillogismi retorici. Perelman, nel suo *Trattato dell'argomentazione* (dove i luoghi non vengono distinti dalle premesse —
seguendo in ciò una tradizione post-aristotelica abbastanza giu-
stificata), cita certi luoghi che, messi a confronto, appaiono contraddittori, ma che presi isolatamente possono apparire pienamente con-
vincenti. Si vedano ad esempio i *luoghi della quantità* (dove ciò
che è statisticamente normale deve apparire come normativo) e *i
luoghi della qualità* (dove diventa normativo solo ciò che è eccezio-
nale).[90] Nella nostra vita di ogni giorno, dalla propaganda politica
all'esortazione religiosa, dalla pubblicità al discorso di costume, siamo portati a usare o a essere convinti da luoghi opposti quali:
" non c'è persona al mondo che non faccia questo: quindi devi farlo anche tu " e — di converso — " tutti fanno in quel modo: se
farai questa cosa — che è diversa — sarai l'unico capace di distin-
guersi " (sulla capacità che chiunque ha di accettare con disinvol-
tura in momenti diversi argomenti così opposti, si era fondato un
progetto di annuncio pubblicitario che diceva ironicamente: " *po-
chissime* persone al mondo leggeranno questo libro: entrate *tutti
quanti* a fare parte di questo *ristretto numero* di eletti! ").

Ma, per spingere l'uditore a prestare attenzione a premesse ed
argomenti, occorre stimolare la sua attenzione; e a questo concorrono i *traslati* e le *figure retoriche*, che sono gli abbellimenti mediante i quali il discorso appare improvvisamente inconsueto e
nuovo, esibendo una sua improvvisa quota di informazione. Tutti
conosciamo i più celebri tra questi artifici retorici, come la *metafora*, che nomina un oggetto attraverso un altro oggetto, che si pone
nei suoi confronti come il termine di una similitudine occultata;
la *metonimia*, che nomina un oggetto attraverso un altro che ha
con il primo relazioni di contiguità: " il discorso della Corona "
per " il discorso del Re "; " la reazione di Parigi " per " la reazione del governo francese "; la *litote*, che afferma negando il
contrario (" egli non era eccessivamente intelligente " per " era
uno stupido "); la *preterizione*, che finge di non nominare la
cosa che nomina, per ricordare quanto sia nota a tutti (" per
non parlare del caso in cui... "); l'*ipotiposi*, che rende improvv-
visamente presente nel flusso del discorso la cosa di cui si parla, passando per esempio dall'uso del tempo passato a quello
del presente; l'*anastrofe*, che inverte l'ordine abituale dei termini (" eccezion fatta per... "); l'*elenco* o enumerazione; l'*ironia*; il

[90] PERELMAN, *op. cit.*, pag. 89 sgg.

sarcasmo; e cosí via, per centinaia e centinaia di possibili alterazioni dei modi abituali del discorso.[91]

II. Retorica: una oscillazione tra ridondanza e informazione

II.1. A questo punto bisogna rilevare una curiosa contraddizione della retorica:

— da un lato la retorica tende a fissare l'attenzione su un discorso che, in modo inusitato (informativo), vuole convincere circa qualcosa che l'uditore *non sapeva ancora*;

— dall'altro ottiene questo risultato partendo da qualcosa che l'uditore *sa e vuole già*, cercando di dimostrargli come la conclusione ne derivi naturalmente.

Ma per risolvere questa curiosa oscillazione tra ridondanza e informazione, occorre distinguere tre sensi della parola " retorica ":

1) La retorica come *studio delle condizioni generali del discorso persuasivo* (ed è argomento che riguarda la semiologia perché, come vedremo, è in gioco ancora una volta la dialettica tra codici e messaggi);

2) La retorica come *tecnica generativa,* e cioè come possesso di meccanismi argomentativi che permettono di generare argomentazioni persuasive basate su una moderata dialettica tra informazione e ridondanza (ed è campo che riguarda varie discipline che studiano gli stessi meccanismi del pensiero e dell'emozione);

3) La retorica come *deposito di tecniche argomentative già provate* e assimilate dal corpo sociale. In quest'ultima accezione la retorica è un deposito di *soluzioni codificate* attenendosi alle quali la persuasione riconferma, con una ridondanza finale, i codici da cui parte.

II.2. Noi siamo abituati a identificare la retorica con l'accezione 3. Infatti definiamo retorico un ragionamento che impieghi frasi fatte e opinioni acquisite, appelli all'emozione già frusti e consumati e tuttavia ancora efficaci per gli uditori piú sprovveduti. E

---

[91] Una esemplificazione ironica di quasi tutti gli artifici retorici si trova nel VII capitolo dell'*Ulisse* di Joyce. Per un manuale esauriente cfr. H. LAUSBERG, *Handbuch den Literarisches Rhetorik*, München, M. Hueber Verlag, 1960.

questo avviene perché una secolare tradizione di manualistica retorica, ogni qualvolta definiva un meccanismo generativo (accezione 2) lo esemplificava attraverso una soluzione fossilizzata (accezione 3).

Però quando la retorica, per esempio, con la teoria delle figure, codifica forme di inaspettatezza, non codifica direttamente *certe* forme di inaspettatezza, ma certe *relazioni generali di inaspettatezza*. La retorica non dice "è metonimia nominare il re attraverso la corona" bensí "è metonimia nominare un oggetto attraverso un altro che abbia col primo relazioni di contiguità". Chiunque può *riempire* in modo inatteso la relazione d'inaspettatezza codificata. Se leggiamo gli esempi di figure e luoghi retorici reperiti da Perelman nel corso della letteratura, della filosofia, della teologia, dell'oratoria sacra di alcuni secoli, ci accorgiamo di come, nei grandi autori, le soluzioni retoriche, pur rispondendo ai criteri stabiliti da una retorica come tecnica generativa, appaiano nuove e inusitate: a tal punto che occorre uno sforzo per identificarle nel vivo di un discorso che pare ben altrimenti libero e innovatore.

D'altra parte la retorica non codifica relazioni di inaspettatezza che si oppongono a *tutti* i sistemi di attese del codice o della psicologia degli uditori: codifica solo quelle relazioni d'inaspettatezza che, per quanto inusitate, *possano integrarsi al sistema di attese dell'uditore*. A differenza del discorso poetico che, appoggiandosi su bande minime di ridondanza (rispettando al minimo possibile le attese del destinatario) impone al fruitore uno sforzo interpretativo, un ridimensionamento dei codici che (nell'arte contemporanea) può raggiungere punti estremi di sopportabilità, la retorica codifica un tipo di informazione *giudiziosa*. Una inaspettatezza *regolata*, in modo che inatteso e informativo intervengano non per provocare e mettere in crisi tutto quello che si sa, ma per persuadere, e cioè per ristrutturare in parte quello che si sa già.

II.3. Naturalmente a questo punto c'è ancora uno spazio per una retorica *nutritiva*, che persuade ristrutturando al massimo possibile il già noto; tale è la retorica che parte sí da premesse acquisite, ma per discuterle, sottoporle al vaglio della ragione, magari appoggiandosi ad altre premesse (come chi criticasse il luogo della quantità appellandosi al luogo della qualità: "non dovete fare questo perché lo fanno tutti, altrimenti siete dei conformisti, ma dovete fare quello che può distinguervi dagli altri, perché l'uomo si realizza solo negli atti di responsabilità innovatrice").

Ma esiste di converso una retorica *consolatrice*, che si avvale invece della retorica nel senso 3, come deposito di cose già note e ac-

quisite, e finge di informare, di innovare, semplicemente per velli-
care le attese dei destinatari, riconfermando invece il loro sistema di
aspettative e convincendoli a consentire con quello con cui erano
già consciamente o inconsciamente d'accordo.

Ecco che si disegna cosí un duplice uso e una duplice accezione
della retorica:

1) Una retorica come *tecnica generativa*, che è retorica *euristica*,
e mira a discutere per convincere;

2) Una retorica come *deposito di forme morte e ridondanti*, che
è retorica *consolatoria*, e mira a riconfermare le opinioni del destinatario, fingendo di discutere ma in effetti risolvendosi in mozione
degli affetti.

La seconda ha un movimento *apparente*: sembra indurci a decisioni nuove (acquistare un prodotto, assentire a una opinione politica) ma lo fa partendo da premesse, argomenti e cadenze stilistiche
che appartenevano all'universo del già accettato, e quindi ci spinge a
fare, sia pure in modo apparentemente diverso, quello che abbiamo
sempre fatto.

La prima ha un movimento *effettivo*: parte da premesse e argomenti acquisiti, li critica, li riconsidera e procede inventando cadenze stilistiche che, se pur seguono alcune tendenze generali del
nostro sistema di attese, di fatto lo arricchiscono.

III. La retorica come deposito di formule acquisite

III.1. La retorica nell'accezione 3 (deposito di forme acquisite) è un *immenso magazzino di soluzioni codificate* e cioè di " formule ". E riunisce anche codici che tradizionalmente non venivano
catalogati nell'ambito delle convenzioni retoriche, come:

1) *soluzioni stilistiche* già sperimentate e che proprio per questo connotano in blocco, agli occhi dei destinatari, " artisticità " (sull'uso di questi
sintagmi a valore stilistico acquisito si basa l'arte *Kitsch*, che, anziché proporre forme nuove, blandisce il proprio pubblico riproponendogli forme già
sperimentate e cariche di prestigio).[92]

2) *sintagmi a valore iconografico fissato*, quali appaiono nei messaggi

---

[92] Sul Kitsch si veda: HERMANN BROCH, " Note sul problema del Kitsch "
in *Poesia e conoscenza*, Milano, Lerici, 1965; UMBERTO ECO, " La struttura
del cattivo gusto ", in *Apocalittici e integrati*, cit. (con bibliografia); GILLO
DORFLES, *Nuovi riti, nuovi miti*, Torino, Einaudi, 1966.

figurativi, dove la " natività " è connotata attraverso una disposizione dei personaggi che ubbidisce a regole e convenzioni; la " regalità " viene suggerita attraverso il ricorso a posizioni ed elementi di arredamento che costituiscono " luogo comune "; eccetera.[93]

3) *connotazioni prefissate a valore emozionale fisso*: la bandiera su un campo di battaglia, l'appello alla famiglia o all'amore materno, termini come " onore ", " Patria ", " coraggio " (la prova che il termine ha valore emozionale prefissato è data da una semplice commutazione del significante senza alterare molto il significato, come quando si dica, in luogo di " Nazione ", " Paese ").

4) *Prove extra-tecniche* (come le chiama Aristotele) e cioè ricorsi a soluzioni dal sicuro effetto emotivo, al di là del valore comunicativo dei segni.

III.2.   Gli artifici atti a suscitare emozioni non dovrebbero essere catalogati al di fuori dei sistemi di segni, dato che i segni hanno tra le loro funzioni anche quella di provocare emozioni; al di là dei sistemi di segni dovrebbero esistere al massimo gli *stimoli*. Una cipolla mi fa piangere a titolo di stimolo, ma l'immagine di una scena straziante mi fa piangere solo dopo che l'ho percepita come segno.

Tuttavia esistono, specie nelle arti visive, sistemi di stimoli che funzionano come tali, suscitando reazioni emotive, senza che apparentemente si possano codificare come segni. Questi stimoli possono provocare: 1) reazioni inconsce (e sono quei " simboli " che la psicanalisi classifica, sia come segni di un linguaggio personale del malato, sia come simboli archetipi); 2) reazioni senso-motorie (stimoli violenti, come una luce che mi fa sbattere le palpebre, o un grido improvviso che mi fa sobbalzare).

Questi tipi di stimolo vanno considerati: *a*) dal punto di vista del destinatario; *b*) dal punto di vista dell'emittente.

a) dal punto di vista del destinatario sono indubbiamente condizionamenti extra-segnici, però intervengono a determinare la scelta dei lessici connotativi con cui decodificare gli aspetti segnici del messaggio: dispongono cioè emotivamente a interpretare in un cer-

---

[93] Per una iniziazione agli studi iconografici si veda E. PANOFSKY, *Il significato nelle arti visive*, citato; E. PANOFSKY, *La prospettiva come forma simbolica*, Milano, Feltrinelli, 1961; ALOIS RIEGL, *Industria artistica tardoromana* (seconda edizione italiana col titolo *Arte tardoromana*, Torino, Einaudi, 1959); A. RIEGL, *Problemi di stile*, Milano, Feltrinelli, 1963; FRITZ SAXL, *La storia delle immagini*, Bari, Laterza 1965; EUGENIO BATTISTI, *Rinascimento e Barocco*, Torino, Einaudi, 1960. Per altra bibliografia si rimanda ai volumi citati.

to modo, e quindi rientrano nel circuito comunicativo.

b) dal punto di vista dell'emittente, dobbiamo supporre che egli articoli questi stimoli perché conosce il loro effetto. Quindi li articola come segni, a cui assegna una risposta codificata, e li dispone per promuovere nel destinatario particolari scelte interpretative. Se alla destinazione non appaiono come segni questi stimoli, alla fonte vengono maneggiati come tali e quindi la loro organizzazione andrà studiata secondo una logica del segno. Probabilmente si potrebbe vedere come anch'essi siano definibili in termini di opposizioni e differenze (suono acuto-grave; rosso fuoco contro verde smeraldo; eccitazione contro calma; eccetera).

In ogni caso vanno considerati come sistemi di *stimoli presignificanti* e usati proprio perché già codificati come tali.

In altri termini, quando nell'intervallo televisivo vengono trasmesse immagini di acqua scorrente e gorgogliante, indubbiamente queste immagini, oltre che denotare "acqua", valgono come stimoli che dispongono alla calma e alla distensione; ma la semiologia può prenderli in considerazione solo in quanto l'emittente ha usato lo stimolo *come convenzionalmente ritenuto capace di certi effetti.* Mentre non è escluso che, per certi eventuali archetipi ormai assai teorizzati, anche il destinatario li intenda ormai come segni convenzionali, e l'effetto inconscio sia conseguente al loro riconoscimento.

In ogni caso diremo che la comunicazione è vaga (e la differenza tra i significati voluti dall'emittente e quelli introdotti dal destinatario si fa maggiore) nella misura in cui il sistema o lo pseudo-sistema degli stimoli presignificanti non è controllato o controllabile.

Tutto questo a prescindere dall'ipotesi che i segnali senso-motori e la stessa dinamica dell'inconscio siano descrivibili in termini di teoria della comunicazione.

In tal caso la logica di questi stimoli sarebbe la stessa di quella dei segni espliciti e convenzionali, e dovremmo analizzare sia gli uni che gli altri indipendentemente dall'intenzione e dalla consapevolezza dell'emittente e del destinatario.

Cosí certe correnti dello strutturalismo a base psicoanalitica (come quella di Jacques Lacan), possono ricercare nei comportamenti dell'inconscio lo stesso tipo di regole che presiedono ai codici convenzionali (che quindi diverrebbero profondamente *motivati*), nel tentativo, di cui già si è detto, di ricondurre ogni comportamento umano alla stessa struttura fondamentale.

Senza adeguarci a queste interpretazioni (ancora ampiamente da verificare) diremo allora che *ci interessano gli stimoli nella misura in*

cui sono codificati in base a convenzioni storiche e sociali, e li consideriamo — in questa prospettiva semiologica — solo in tale luce.
Riteniamo cioè che non esista persuasione "occulta" per entrambi
i poli del processo comunicativo; uno dei due — emittente o destinatario — sa che il segnale che riceve ha un senso. E — nella misura
in cui vi è commercio culturale e diffusione di cultura — crediamo
che gli stimoli cosiddetti occulti tendano sempre piú ad apparire ai
destinatari come fenomeni segnici.[94]

III.3. Non sarebbe difficile mostrare (a lungo e dettagliata-
mente) come tutti gli artifici retorici non funzionino solo nell'ambito della lingua verbale, ma siano ritrovabili a livello, per esempio,
dei messaggi visivi.

Una ispezione alle tecniche comunicative della pubblicità ci mostra come tutta una serie di figure retoriche classiche vengano ricostituite nell'ambito delle immagini. Ritroviamo metafore, metonimie, litoti, ossimori e cosí via.[95]

Ma è interessante notare come sempre una immagine pubblicitaria si avvalga di segni a valore iconografico acquisito per far
scattare la connotazione di premesse retoriche compartecipate dalla
comunità. Per esempio un segno iconografico che connoti "giovane
coppia con bambino" connota la premessa "nulla è piú bello di una
famigliola felice" e di conseguenza l'argomento "se una famigliola
felice usa questo prodotto, perché non voi?".[96]

Lo stesso ordine di ricerche sarebbe possibile a livello dell'immagine cinematografica, del discorso televisivo, della musica, sino ad
arrivare a quelle unità semiologiche piú vaste note ormai come grandi blocchi sintagmatici, e sulle quali si basa per esempio la costruzione degli intrecci narrativi.

[94] Lo stesso vale per le teorie della simpatia simbolica (*Einfüh'ung*), cfr.
RENATO DE FUSCO, *L'idea di architettura*, Milano, Comunità, 1964 (cap. 2);
DINO FORMAGGIO, *Fenomenologia della tecnica artistica*, Milano, Nuvoletti,
1953 (cap. 2); GUIDO MORPURGO-TAGLIABUE, *L'esthétique contemporaine*, Milano, Marzorati, 1960 (cap. I, con bibl.).

[95] Per una analisi retorica della pubblicità si veda GUY BONSIEPE, *Rettorica Visivo verbale*, in "Marcatre" 19-22. Questa analisi viene ripresa da
noi nella Sezione B.5.: "Alcune verifiche: il messaggio pubblicitario".

[96] Anche un segno visivo come il cartello che avvisa "Attenzione
scuola" si traduce in una premessa retorica del tipo: "Bisogna rispettare i
bambini che vanno a scuola, indifesi di fronte al traffico della grande città.

5. RETORICA E IDEOLOGIA

I. Ideologia e codici

I.1. Si era detto, in uno degli ultimi esempi, che l'uso del termine "Paese" in luogo del termine "Nazione" può cambiare tutto il sistema di reazioni emotive del destinatario. Questo problema ci riporta al punto 3 del par. A.2.VII.2., in cui ci eravamo chiesti *cosa orientasse il destinatario a scegliere certi lessici di decodificazione in luogo di altri.*

Ora, se riconsideriamo il modello comunicativo di partenza, al di sopra della linea che va dall'emittente al messaggio riempito di significati (linea che contempla al di sotto l'universo dei codici e dei lessici, quello che chiameremo *universo retorico,* perché è l'universo delle soluzioni comunicative codificate), dovremmo ipotizzare una entità che sta al di qua dell'universo semiologico. Questa entità sarà nominata "*ideologia*".[97]

Il termine "ideologia" si presta a numerose decodificazioni. C'è una ideologia come *falsa coscienza,* che maschera i rapporti reali tra le cose; e c'è una ideologia come *presa di posizione* filosofica, politica, estetica eccetera nei confronti della realtà. Noi intendiamo conferire al termine ideologia, in coppia con retorica, una accezione molto piú vasta: intendiamo per ideologia *l'universo del sapere del destinatario e del gruppo a cui appartiene,* i suoi sistemi di attese

---

[97] Dato che useremo qui il termine "ideologia" in un senso molto lato che congloba i vari sensi piú ristretti, per una analisi di questi ultimi rimandiamo a KARL MANNHEIM, *Ideologia e utopia,* Bologna, Mulino, 1957; voce "Ideologia" in M. HORKHEIMER e T.W. ADORNO, *Lezioni di sociologia,* Torino, Einaudi, 1966; REMO CANTONI, "Crisi delle ideologie", in *Illusione e pregiudizio,* Milano, Saggiatore, 1967; M. HORKHEIMER, T.W. ADORNO, *Dialettica dell'illuminismo,* Torino, Einaudi, 1966.

psicologiche, i suoi atteggiamenti mentali, la sua esperienza acquisita, i suoi principi morali (diremmo la sua "cultura", nel senso
antropologico del termine, se della cultura cosí intesa non facessero parte anche i sistemi retorici).

I.2. Quello che un individuo pensa e vuole, sfugge all'analisi
semiologica: possiamo identificarlo solo quando l'individuo *lo comunica*. Ma egli può comunicarlo *solo quando lo riduce a sistema
di convenzioni comunicative*, solo quando cioè quello che egli
pensa e vuole viene socializzato, reso partecipabile dagli altri suoi
simili.

Ma per ottenere questo, il *sistema di sapere* deve diventare *sistema di segni*: l'ideologia è riconoscibile quando, socializzatasi, diventa codice. Nasce cosí una stretta relazione tra il mondo dei codici
e il mondo del sapere preesistente. Questo sapere diventa visibile,
controllabile, commerciabile quando si fa codice, convenzione comunicativa.

I.3. La parola "Nazione" connota tutto un universo di atteggiamenti morali e politici perché un certo modo di pensare i rapporti associativi e il peso dello Stato si è tradotto in un certo modo di
nominarlo. Un nazionalista fascista riconosce i propri simili dal
fatto che, per indicare il "Paese" in cui vivono, lo chiamano "Nazione". Naturalmente interviene qui la circostanza di comunicazione, in quanto il termine "Nazione", pronunciato nell'ambito di
un discorso sulle lotte risorgimentali, fa sí che il lessico connotativo chiamato in gioco sia di tipo diverso, e rinvii a un altro universo
ideologico, che non è quello dei nazionalismi del nostro secolo. Ma
parimenti l'ideologia interagisce con la circostanza di comunicazione e può svisarne la portata, dal momento che un nazionalista
fascista può decodificare il termine "Nazione" pronunciato nell'ambito di un discorso sul Risorgimento, riportandolo agli ideali del nazionalismo del ventesimo secolo.

Una frase come quella citata in A.2.VI.3., " gli operai devono
stare al loro posto", può essere decodificata in base a un lessico
conservatore o rivoluzionario in virtú della ideologia del destinatario; o, se il destinatario ha preoccupazioni di fedeltà al messaggio,
in virtú dell'ideologia che, in base alla circostanza di comunicazione, il destinatario *presuppone* nell'emittente.

L'apparato segnico rinvia all'apparato ideologico e viceversa, e
la semiologia, come scienza del rapporto tra codici e messaggi, di

venta al tempo stesso l'attività di identificazione continua delle ideologie che si celano sotto le retoriche.

La semiologia ci mostra nell'universo dei segni, sistemato in codici e lessici, l'universo delle ideologie, che si riflettono nei modi precostituiti del linguaggio.

I.4. Dobbiamo quindi concluderne che spesso una variazione del codice è una variazione della ideologia corrispondente, almeno nei casi in cui una retorica ha fatto formalmente corpo con una ideologia determinata. Nel caso della frase " gli operai debbono stare al loro posto ", è vero che, in teoria, posso leggerla secondo due lessici diversi; ma di fatto è assai difficile che io la trovi usata su un giornale rivoluzionario (nel senso rivoluzionario) ed è piú facile che la trovi usata in un giornale conservatore (in senso conservatore): questo perché *un certo modo di usare il linguaggio si è identificato con un certo modo di pensare la società.* L'ideologia ha generato una premessa retorica che ha assunto una forma stilizzata e riconoscibile. Al punto tale che, oggi, neppure un giornale conservatore, nella misura in cui cerca di mostrare un conservatorismo piú agile e moderno, la userebbe piú: tentando al massimo di dire la stessa cosa ricorrendo ad artifici retorici diversi, meno compromessi.

I.5. Queste nozze tra forme retoriche e motivazioni ideologiche si svolgono anche nel campo dei segni visivi. Indubbiamente il cappello goliardico denota " studente universitario " (vi si aggiunge poi il lessico specifico dei colori che denotano le varie facoltà), ma un tempo connotava anche " spensieratezza ", " età beata ", " giovinezza " e tante altre cose dovutamente codificate nell'immaginario collettivo da messaggi che hanno generato poi un'opera-codice, come " Addio giovinezza " di Camasio e Oxilia. Ma ad un certo punto nella vita universitaria si sono distinti gli studenti politicamente impegnati nei problemi di autogestione (consigli di interfacoltà, prima, e poi assemblee, commissioni), dagli studenti che intendono il periodo universitario come una parentesi beata, una battuta di attesa prima di affrontare le responsabilità della vita adulta. Immediatamente l'uso del segno " cappello goliardico " è venuto cosí a connotare una particolare ideologia della vita universitaria, e sarebbe difficile scrostare il segno dai significati connotativi che un suo uso ideologico gli ha attribuito.

II. Le interazioni tra retorica e ideologia

II.1. I codici sono sistemi di attese nell'universo dei segni. Le ideologie sono sistemi di attese nell'universo del sapere. Ci sono messaggi informativi che sconvolgono i sistemi di attese nell'universo dei segni. E ci sono decisioni comportamentali, approfondimenti di pensiero che sconvolgono i sistemi di attese nell'universo del sapere.

Ma se retorica e ideologia sono cosí intimamente connessi, i due movimenti potranno procedere indipendentemente l'uno dall'altro?

Certo è possibile proporre una revisione delle attese ideologiche ricorrendo a un uso ridondante, a una funzione puramente referenziale dei messaggi. Cosí chi volesse sostenere l'immoralità dell'unione familiare (sconvolgendo indubbiamente sistemi di attese ideologiche) potrebbe comunicare questa sua decisione attraverso messaggi costruiti secondo tutte le regole di prevedibilità retorica (del tipo: " io sostengo che la famiglia non è un nucleo naturale e che svolge funzione corruttrice ").

E parimenti vi sono usi apparentemente informativi del codice che inducono il destinatario a interpretare un messaggio senza che peraltro i significati connotativi che gli attribuisce riescano a sconvolgere il suo sistema di attese ideologiche. Le poesie del Burchiello sconvolgono il lessico e spesso la sintassi, ma non inducono il destinatario a intravvedere, in questa rinnovata duttilità del codice, una rinnovata visione del mondo. Quando Jacovitti disegna, contro tutte le attese iconografiche, un salame con le gambe o un verme con la bombetta, sconvolge certi sistemi di attese visive, ma non fa corrispondere a questa operazione (che ha funzioni ludiche) nessuna rimeditazione circa il nostro modo di vedere il mondo.

II.2. Questo ci aiuta a comprendere un punto importante: la ideologia non è il significato. È vero che nella misura in cui si traduce in sistemi di segni, l'ideologia entra a far parte dei codici come significato di quei significanti. Ma è una forma di significato connotativo ultimo e globale, *totale*. Infatti il significante " verme con bombetta " denota un significato inatteso; e connota alcuni significati ironici, realizza iconograficamente una zoologia fantastica: tuttavia — come si è visto — non muta la visione ideologica globale. *L'ideologia è la connotazione finale della totalità delle connotazioni del segno o del contesto di segni.*[98]

---

[98] In questo senso si veda il tipo di analisi delle strutture del contenuto

II.3. Ma ogni reale sconvolgimento delle attese ideologiche è effettivo nella misura in cui *si realizza in messaggi che sconvolgono anche i sistemi di attese retoriche. E ogni profondo sconvolgimento delle attese retoriche è anche un ridimensionamento delle attese ideologiche.* E su questo principio si basa l'arte d'avanguardia, anche nei suoi momenti definiti "formalistici", quando, usando il codice in modo altamente informativo, non solo lo mette in crisi, ma obbliga a ripensare, nella crisi del codice, la crisi delle ideologie con cui esso si identificava.[99]

II.4. Ma l'indagine semiologica ci mostra non soltanto le modalità di rinnovamento che i messaggi informativi esercitano nei confronti dei codici e delle ideologie. *Ci mostra nello stesso tempo il movimento continuo per cui l'informazione ridimensiona codici e ideologie e si ritraduce in nuovo codice e nuova ideologia.* L'opera d'arte che insegna a pensare la lingua in modo diverso e a vedere il mondo con occhi nuovi, nel momento stesso in cui si pone come innovazione, diventa *modello*. Istituisce nuove abitudini nell'ordine dei codici e delle ideologie: dopo l'apparizione di quell'opera sarà piú normale pensare la lingua cosí come l'opera l'aveva usata e vedere il mondo cosí come l'opera l'aveva mostrata. Si ristrutturano nuovi codici e nuove attese ideologiche. Il movimento riprende. Il lettore sensibile che voglia cogliere l'opera d'arte del passato in tutta la sua freschezza, non deve solo leggerla alla luce dei propri codici (già nutriti e ridimensionati dall'apparizione dell'opera e dalla sua assimilazione da parte della società): deve ritrovare l'universo retorico e ideologico e le circostanze di comunicazione da cui

condotte da LUCIEN GOLDMANN in opere come *Recherches dialectiques*, Paris, Gallimard, 1959; *Le dieu caché*, Paris, Gallimard, 1956 (tr. it. *Pascal e Racine*, Milano, Lerici); *Per una sociologia del romanzo*, Milano, Bompiani, 1967; *Le due avanguardie*, Urbino, Argalia, 1967. Si veda pure il saggio di GEORGE·GERBNER, *On Content Analysis and Critical Research in Mass Communication*, "Audiovisual Comm. Rev.", Spring 1958 (ora in DEXTER & WHITE ed., *People, Society and Mass Communications*, Glencoe, Free Press).
[99] Cfr. EDOARDO SANGUINETI, *Ideologia e linguaggio*, Milano, Feltrinelli, 1965; ANGELO GUGLIELMI, *Avanguardia e sperimentalismo*, Milano, Feltrinelli, 1964; FAUSTO CURI, *Ordine e disordine*, Milano, Feltrinelli, 1965; AAVV, *Il gruppo 63*, Milano, Feltrinelli, 1964; AAVV, *Il romanzo sperimentale*, Milano, Feltrinelli, 1966; ALFREDO GIULIANI, *Immagini e maniere*, Milano, Feltrinelli, 1965; RENATO BARILLI, *La barriera del naturalismo*, Milano, Mursia, 1964; AAVV, *Avanguardia e neo-avanguardia*, Milano, Mursia, 1966; UMBERTO ECO, *Del modo di formare come impegno sulla realtà*, in "Menabò" n. 5 (ora in *Opera aperta*, 2ª ed., cit.).

l'opera era partita. La *filologia* compie quest'opera di informazione che ci porta non a dissecare l'opera in una lettura accademica, ma a ritrovarla nelle condizioni di novità in cui era nata: *a ricostruire in noi la situazione di verginità in cui si trovava chi per primo l'ha avvicinata.* (Anche se l'assimilazione dei suoi modi comunicativi, stratificatasi durante i secoli, ci ha resi indubbiamente piú preparati, piú attestati su sistemi di attese favorevoli, per leggere l'opera senza cedere sotto l'impatto di una informazione troppo forte, come poteva essere avvenuto per quei suoi contemporanei che l'avevano rifiutata.)

II.5. Spesso poi l'opera, come qualsiasi altro messaggio, *contiene i propri codici*: chi legge oggi i poemi omerici, trae dai significati denotati dai versi una tale mole di nozioni sul modo di pensare, di vestire, di mangiare, di amare e di fare la guerra di quelle genti, che è in grado di ricostruire i loro sistemi d'attese ideologiche e retoriche. Cosí si trovano nell'opera le chiavi per vederla immessa nell'ambiente in cui era sorta, le chiavi onde relazionare il messaggio ai suoi codici originari (ricostruiti in un processo di interpretazione contestuale).

II.6. La lettura dell'opera si svolge cosí in una *oscillazione continua*, per cui dall'opera si va alla scoperta dei codici originari che suggerisce, da questa a un tentativo di lettura fedele dell'opera, da qui ancora si torna ai nostri codici e lessici di oggi per sperimentarli sul messaggio; e di qui si procede a un confronto continuo e a una integrazione tra le varie chiavi di lettura, godendo l'opera anche per questa sua ambiguità, che non nasce solo dall'uso informativo dei significanti rispetto al codice di partenza, ma dall'uso informativo dei significanti in quanto rapportati ai nostri codici di arrivo.

E ogni interpretazione dell'opera, riempiendo di nuovi significati la forma vuota e aperta del messaggio originale (forma fisica che si è mantenuta inalterata durante i secoli), dà origine a nuovi messaggi-significato, i quali entrano ad arricchire i nostri codici e i nostri sistemi ideologici, ristrutturandoli, e disponendo i lettori di domani a una nuova situazione interpretativa rispetto all'opera. In un movimento continuo, sempre rinnovantesi, che la semiologia definisce, analizza nelle sue varie fasi, *ma non può prevedere* nelle forme concrete che assumerà.

II.7. La semiologia sa che il messaggio cresce, ma non sa come potrà crescere. Al massimo, comparando il messaggio-significante, che non muta, ai messaggi-significato che ha generato, può estrapolare un certo *campo di libertà* al di là del quale le letture non potranno andare, e riconoscere nell'opera come messaggio-significante, un *campo di determinazione* che costituisce la sua organica necessità, la forza del suo diagramma strutturale, la sua capacità di offrire, insieme con una forma vuota, le indicazioni per riempirla.[100] Ma nulla esclude che in una civiltà futura, in cui i codici dell'epoca omerica siano irrecuperabili, e nuovi impensati codici siano intervenuti a nutrire l'universo della comunicazione, dei poemi omerici siano possibili letture che la semiologia non sa immaginare.

II.8. Al massimo, e al limite (ma sono ricerche di cui solo ora si intravvede la possibilità), la semiologia riconosce, nel modo in cui si articolano i significanti, delle leggi che corrispondono a *meccanismi costanti della mente umana*, riscontrabili come omogenei in tutte le culture e le civiltà, e quindi può stabilire — a titolo di ipotesi — che un messaggio contiene sempre in sé una forza di determinazione a una lettura data, in virtú dell'articolazione di meccanismi immutabili, di *schemi generativi costanti*, a cui nessun lettore, in nessuna epoca o società, potrà mai sottrarsi completamente. Su questa utopia di una *costanza della mente* si basa la speranza semiologica di una *costanza della comunicazione*. Ma questo compito di ricerca generale non deve distogliere la semiologia dall'altro compito complementare, che è di stabilire di continuo i modi in cui la comunicazione muta, i codici si ristrutturano, le ideologie generano e incoraggiano nuovi modi di comunicazione.

Cosí la semiologia trova davanti a sé due strade: una che conduce a *una teoria degli universali della comunicazione*; l'altra che la trasforma in *tecnica di descrizione delle situazioni comunicative*, nel tempo come nello spazio.

---

[100] Si veda la dialettica forma-apertura in *Opera aperta*, cit. Per le cose dette in questi ultimi paragrafi rimandiamo allo schema 3.

Schema 3. MODELLO DEL PROCESS•

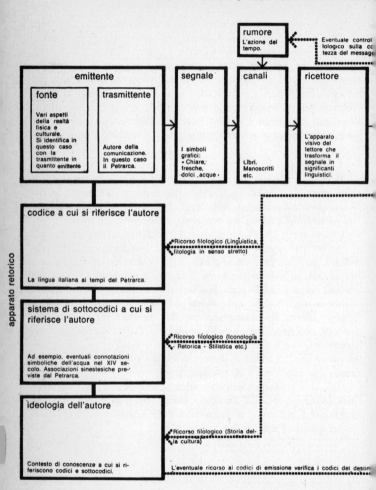

In questo modello è previsto un processo di decodifica che può andare da un massimo di casualità a un massimo di fedeltà. Si dà casualità quando il significante è riferito a codici arbitrari (es. " acqua " come composto chimico; " acqua " come alluvione esperita in altro contesto, eccetera). D'altra parte la fedeltà è possibile solo in una continua dialettica tra codici del destina-

ODIFICA DI UN MESSAGGIO POETICO

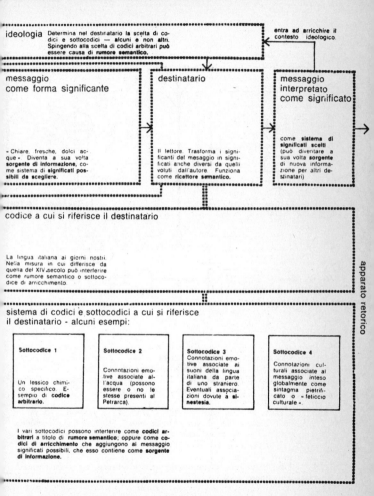

ideologia	Determina nel destinatario la scelta di codici e sottocodici — alcuni e non altri. Spingendo alla scelta di codici arbitrari può essere causa di **rumore semantico**.	entra ad arricchire il contesto ideologico.

messaggio come forma significante

destinatario

messaggio interpretato come significato

- Chiare, fresche, dolci acque -. Diventa a sua volta **sorgente di informazione**, come sistema di significati possibili da scegliere.

Il lettore. Trasforma i significanti del messaggio in significati anche diversi da quelli voluti dall'autore. Funziona come **ricettore semantico**.

come **sistema di significati scelti** (può diventare a sua volta **sorgente** di nuova informazione per altri destinatari)

codice a cui si riferisce il destinatario

La lingua italiana ai giorni nostri. Nella misura in cui differisce da quella del XIV secolo può interferire come rumore semantico o sottocodice di arricchimento.

apparato retorico

sistema di codici e sottocodici a cui si riferisce il destinatario - alcuni esempi:

Sottocodice 1	Sottocodice 2	Sottocodice 3	Sottocodice 4
Un lessico chimico specifico. Esempio di **codice arbitrario**.	Connotazioni emotive associate all'acqua (possono essere o no le stesse presenti al Petrarca).	Connotazioni emotive associate ai suoni della lingua italiana da parte di uno straniero. Eventuali associazioni dovute a **sinestesia**.	Connotazioni culturali associate al messaggio inteso globalmente come sintagma pietrificato o - feticcio culturale -.

I vari sottocodici possono interferire come **codici arbitrari** a titolo di **rumore semantico**; oppure come **codici di arricchimento** che aggiungono al messaggio significati possibili, che esso contiene come **sorgente di informazione**.

tario e codici di emittenza, in una sorta di avvicinamento-allontanamento continuo. Il messaggio in quanto interpretato si offre poi alla comunità dei fruitori come una nuova forma significante da interpretare a propria volta (il Petrarca di De Sanctis, il Petrarca di Flora, eccetera) ed entra a costituire codici di interpretazione critica.

Schema 4. DECODIFICA " ABERRANTE " NELLE COMUNICAZIONI
DI MASSA

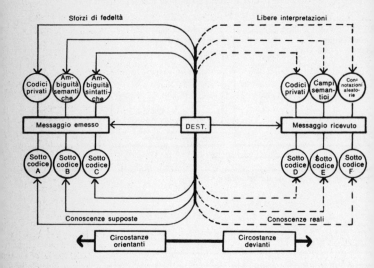

In questo modello, quando il destinatario non risolve le *ambiguità* del messaggio e non sa compiere i necessari atti di fedeltà per ritrovare i *codici del-
l'emittente* (per difetto di conoscenze o presenza di *circostanze devianti*), si
rifà a *codici privati* e introduce *connotazioni aleatorie*. Si veda cosa accade
con l'indovinello qui riportato (autore: Il Trovatore - dalla " Domenica del
Corriere ", 4, 1968):
" *Stecche nei canti, ma studiato ed abile - gioco di movimenti - acché le
forme eburnee - risaltin nei vivaci abbigliamenti* ". Il messaggio comporta
due livelli semantici (o *isotopie*): ricevuto nella circostanza " café chantant "
concerne una graziosa e inabile soubrette; ricevuto nella circostanza " bar "
concerne il gioco del bigliardo.
I singoli significanti possono essere riferiti a lessici diversi (" forme eburnee "
come metafora oppure come denotazione geometrica), connessi a significati
omonimici previsti entrambi dal codice denotativo (" stecche " e " canti " -
la scelta dipende dal contesto), intesi sia come termine comune che come
neologismo (" abbigliamenti "). Ai fini di una comunicazione univoca (non
della comunicazione poetica o enigmistica) la seconda isotopia costituisce
rumore semantico. Se poi il destinatario non individua i codici di emittenza
e non riesce a sostituirli con codici privati, il messaggio rimane allo stadio
di puro e semplice *rumore fisico*.

Schema 5. CLASSIFICAZIONE DEI SEGNI

Nelle pagine che seguono sarà opportuno tenere presenti alcune distinzioni circa la natura e la funzione del segno, cosí come la configura Charles Sanders Peirce: il segno può essere visto in rapporto a se stesso, in rapporto all'oggetto cui si riferisce, e in rapporto all'interpretante.

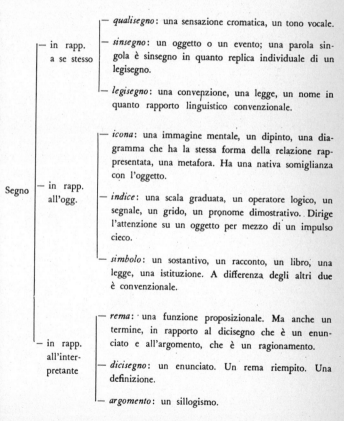

Segno

— in rapp. a se stesso

    — *qualisegno*: una sensazione cromatica, un tono vocale.

    — *sinsegno*: un oggetto o un evento; una parola singola è sinsegno in quanto replica individuale di un legisegno.

    — *legisegno*: una convenzione, una legge, un nome in quanto rapporto linguistico convenzionale.

— in rapp. all'ogg.

    — *icona*: una immagine mentale, un dipinto, una diagramma che ha la stessa forma della relazione rappresentata, una metafora. Ha una nativa somiglianza con l'oggetto.

    — *indice*: una scala graduata, un operatore logico, un segnale, un grido, un pronome dimostrativo. Dirige l'attenzione su un oggetto per mezzo di un impulso cieco.

    — *simbolo*: un sostantivo, un racconto, un libro, una legge, una istituzione. A differenza degli altri due è convenzionale.

— in rapp. all'interpretante

    — *rema*: una funzione proposizionale. Ma anche un termine, in rapporto al disegno che è un enunciato e all'argomento, che è un ragionamento.

    — *disegno*: un enunciato. Un rema riempito. Una definizione.

    — *argomento*: un sillogismo.

LO SGUARDO DISCRETO
(Semiologia dei messaggi visivi)

1. I CODICI VISIVI

I. Legittimità dell'indagine

I.1. Nessuno mette in dubbio che a livello dei fatti visivi avvengano fenomeni di comunicazione; ma è dubbio se questi fenomeni siano di carattere linguistico.

La ragionevole contestazione delle linguisticità dei fenomeni visivi porta però molti, di solito, a negare ai fatti visivi un valore di segno, come se vi fossero segni solo a livello della comunicazione verbale (di cui, e solamente di cui, deve occuparsi la linguistica). Una terza soluzione, intimamente contraddittoria ma di solito praticata, consiste nel negare ai fatti visivi il carattere di segno e di interpretarli comunque in termini linguistici.

Ma se la semiologia è una disciplina autonoma, lo è proprio in quanto riesce a mettere in forma diversi accadimenti comunicativi elaborando categorie proprie quali quelle, ad esempio, di *codice* e di *messaggio*, che comprendono, ma non si riducono ai fenomeni indicati dai linguisti come *lingua* e *parola*. Abbiamo visto che naturalmente la semiologia si avvale dei risultati della linguistica che, tra le sue branche, è quella che si è sviluppata in modo piú rigoroso. Ma la prima avvertenza da tener presente, in una ricerca semiologica, è che *non tutti i fenomeni comunicativi sono spiegabili con le categorie della linguistica*.

Quindi il tentativo di interpretare semiologicamente le comunicazioni visive presenta questo interesse: che permette alla semiologia di provare le sue possibilità di indipendenza dalla linguistica.

Poiché infine esistono fenomeni segnici ben piú imprecisi dei fenomeni di comunicazione visiva, propriamente detti (pittura, scultura, disegno, segnaletica, cinema o fotografia), una semiologia delle comunicazioni visive potrà costituire un ponte verso la definizione semiologica di altri sistemi culturali (quali ad esempio quelli che pongono in gioco oggetti d'uso, come accade per l'architettura o il disegno industriale).

I.2. Se riprendiamo in considerazione le distinzioni triadiche del segno proposte da Peirce (cfr. Schema 5) ci accorgiamo che a ciascuna delle definizioni del segno può corrispondere un fenomeno di comunicazione visiva.

IN SÉ	*qualisegno*:	una macchia di colore in un quadro a-stratto, il colore di un abito, ecc.
	sinsegno:	il ritratto di Monna Lisa, la ripresa diretta di un avvenimento televisivo, un cartello stradale...
	legisegno:	una convenzione iconografica, il model-lo della croce, il tipo "tempio a pian-ta circolare"...
IN RAPPORTO ALL'OGGETTO	*icona*:	il ritratto di Monna Lisa, un diagram-ma, la formula di struttura...
	indice:	una freccia indicatrice, una macchia di bagnato per terra...
	simbolo:	il segnale di senso vietato, la croce, una convenzione iconografica...
IN RAPPORTO ALL'INTER-PRETANTE	*rema*:	un qualsiasi segno visivo in quanto termine di un possibile enunciato
	dicisegno:	due segni visivi collegati in modo da farne scaturire un rapporto
	argomento:	un complesso sintagma visivo che mette in rapporto segni di vario tipo. Ad esempio l'insieme di comunicazioni stra-dali: "(poiché) strada scivolosa (dun-que) velocità limitata a km. 60".

È facile intuire, da questa rapida catalogazione, come si possano dare poi combinazioni varie (previste da Peirce) quali, ad esempio, un sinsegno iconico, un legisegno iconico, eccetera.

Per la nostra indagine risultano particolarmente interessanti le classificazioni riguardanti il segno in rapporto col proprio oggetto, e a questo riguardo nessuno penserà a negare che i *simboli* visivi non facciano parte di un "linguaggio" codificato. Piú discutibile appare il problema per quanto riguarda *indici* e *icone*.

I.3. Peirce osservava che un indice è qualcosa che dirige l'attenzione sull'oggetto indicato per mezzo di un impulso cieco. E indubbiamente quando vedo una macchia di bagnato deduco immediatamente dall'indizio che è caduta dell'acqua; cosí come quando vedo una freccia segnaletica, sono portato a dirigermi nella direzione suggerita (posto naturalmente che sia interessato a quella comunicazione; ma in ogni caso colgo il suggerimento di direzione). Tuttavia ogni indice visivo mi comunica qualcosa, attraverso un impulso piú o meno cieco, in base a un sistema di convenzioni o a un sistema di esperienze apprese. Induco dalle tracce sul terreno la presenza dell'animale solo se sono stato addestrato a porre, un rapporto convenzionalizzato tra quel segno e quell'animale. Se le tracce sono tracce di qualcosa che non ho mai visto (e di cui non mi è stato mai detto che tipo di tracce lasci), non riconosco l'indice come indice, ma lo interpreto come un accidente naturale.

Si può quindi affermare con una certa tranquillità che tutti i fenomeni visivi interpretabili come indici possono essere intesi come *segni* convenzionali. Una luce improvvisa che mi fa sbattere le palpebre mi porta a un certo comportamento per un impulso cieco, ma non avviene nessun processo di semiosi; si tratta semplicemente di uno stimolo fisico (tanto che chiuderebbe gli occhi anche un animale). Mentre quando, dalla luce rosata che si diffonde in cielo, deduco l'imminente sorgere del sole, rispondo già alla presenza di un segno riconoscibile per apprendimento. Diverso, e piú dubbio, è invece il caso dei segni iconici.

II. Il segno iconico

II.1. Peirce definiva le icone come *quei segni che hanno una certa nativa somiglianza con l'oggetto a cui si riferiscono.*[1] In che senso egli intendesse la "nativa somiglianza" tra un ritratto e la persona ritratta, è intuibile; quanto per esempio ai diagrammi, egli asseriva che sono segni iconici perché riproducono la forma delle relazioni reali a cui si riferiscono.

La definizione di segno iconico ha avuto una certa fortuna, ed

[1] *Collected Papers*, II.

è stata ripresa da Morris (a cui si deve la sua diffusione, anche perché costituisce uno dei tentativi piú comodi e apparentemente soddisfacenti per definire semanticamente una *immagine*). Per Morris
è iconico quel segno che *possiede alcune proprietà dell'oggetto rappresentato*, o meglio che " ha le proprietà dei suoi denotata ".[2]

II.2.   A questo punto il buon senso, che sembra d'accordo con
questa definizione, risulta ingannevole, perché ci accorgiamo che,
approfondita alla luce dello stesso buon senso, questa definizione è
pura tautologia. Cosa significa dire che il ritratto della Regina Elisabetta dipinto da Annigoni ha le stesse proprietà della Regina Elisabetta? Il buon senso risponde: perché ha la stessa forma degli
occhi, del naso, della bocca, lo stesso colorito, la stessa tinta dei
capelli, la stessa statura... Ma cosa vuol dire " la stessa forma del
naso "? Il naso ha tre dimensioni, mentre l'immagine del naso ne
ha due. Il naso, osservato da vicino, ha pori e protuberanze minuscole, cosí che la sua superficie non è liscia, ma ineguale, a differenza del naso del ritratto. Il naso infine ha alla base due buchi, le
narici, mentre il naso del ritratto ha alla base due macchie nere
che non perforano la tela.

La ritirata del buon senso si identifica con quella della semiotica
morrisiana: " il ritratto di una persona è iconico sino a un certo
punto, ma non lo è completamente, perché la tela dipinta non ha la
struttura della pelle, né la facoltà di parlare e di muoversi, che ha
la persona ritratta. Una pellicola cinematografica è piú iconica, ma
non lo è ancora completamente ". È naturale che, spinta all'estremo,
una verifica del genere non può che portare Morris (e il buon senso)
alla distruzione della nozione: " Un segno completamente iconico
denota sempre, perché è esso stesso un denotatum ": il che equivale
a dire che il vero e completo segno iconico della Regina Elisabetta
non è il ritratto di Annigoni ma la Regina stessa (o un eventuale
suo " doppio " fantascientifico). Morris stesso, nelle pagine successive, corregge la rigidità della nozione e afferma: " Un segno iconico, sia ricordato, è il segno simile, per alcuni aspetti, a ciò che
denota. Di conseguenza l'iconicità è una questione di grado ".[3] E
siccome procedendo, e riferendosi a segni iconici non visivi, parla
persino di onomatopee, è chiaro che la questione di grado appare

---

[2] CHARLES MORRIS, *Segni, linguaggio e comportamento*, Milano, Longanesi, 1949, pag. 42. Su Morris si veda FERRUCCIO ROSSI-LANDI, *Charles Morris*,
Roma, Bocca, 1953.
    [3] MORRIS, *cit.*, pag. 257.

estremamente elastica, perché la relazione di iconicità tra "chicchi-
richí" e il canto del gallo è molto debole; tanto è vero che per i
francesi è segno onomatopeico "coquérico".

Il problema risiede tutto nel senso da dare all'espressione " per
alcuni aspetti ". Un segno iconico è simile alla cosa denotata *per
alcuni aspetti*. Ecco una definizione che può accontentare il buon
senso, ma non la semiologia.

II.3. Esaminiamo un annuncio pubblicitario. Una mano tesa
mi porge un bicchiere da cui deborda, schiumosa, la birra appena
versata; mentre sul vetro del bicchiere si stende, all'esterno, un velo
sottile di vapore, che dà immediatamente (come un *indice*) la sensazione del gelo.

È difficile non convenire che questo sintagma visivo non sia un
segno iconico. E tuttavia vediamo *quali* proprietà dell'oggetto denotato abbia. Sulla pagina non c'è birra, non c'è vetro, non c'è patina umida e gelata. Ma in realtà, quando io vedo il bicchiere di
birra (vecchia questione psicologica che riempie la storia della filosofia) io *percepisco* birra, vetro e gelo, ma non li " *sento* ": sento
invece alcuni stimoli visivi, colori, rapporti spaziali, incidenze di
luce, eccetera (sia pure già coordinati in un certo campo percettivo),
e li coordino (in una complessa operazione transattiva) sino a che
non si genera una *struttura percepita* che, sulla base di esperienze
acquisite, provoca una serie di sinestesie e mi permette di pensare
" birra gelata in un bicchiere ". Non diversamente mi accade allora
nel disegno: avverto alcuni stimoli visivi e li coordino in struttura
percepita. Lavoro sui dati di esperienza forniti dal disegno cosí come
lavoro sui dati di esperienza forniti dalla sensazione: li seleziono e
li strutturo sulla base di sistemi di attese e assunzioni dovute al-
l'esperienza precedente, e quindi in base a tecniche apprese, e dunque *in base a codici*. Ma qui il rapporto codice-messaggio non riguarda la natura del segno iconico, bensí *la meccanica stessa della
percezione che, al limite, può essere vista come un fatto di comunicazione*, come un processo che si genera solo quando, in base ad
apprendimento, ha conferito significato a determinati stimoli e non
ad altri.[4]

Allora una prima conclusione possibile potrebbe essere che:

---

[4] Sulla natura transazionale della percezione cfr. AAVV, *La psicologia
transazionale*, Milano, Bompiani, 1967; AAVV, *La perception*, P.U.F., 1955;
JEAN PIAGET, *Les mécanismes perceptifs*, P.U.F., 1961; U. Eco, *Modelli e
strutture*, in " Il Verri ", 20.

i segni iconici non " posseggono le proprietà dell'oggetto rappresentato " bensí riproducono alcune condizioni della percezione comune, in base ai codici percettivi normali e selezionando quegli stimoli che — eliminati altri stimoli — mi possono permettere di costruire una struttura percettiva che possieda — in base ai codici dell'esperienza acquisita — lo stesso " significato " dell'esperienza reale denotata dal segno iconico.

Questa definizione, in apparenza, non dovrebbe spostare di molto la nozione di segno iconico o di immagine come di qualcosa che abbia una nativa somiglianza con l'oggetto reale. Se "avere una nativa somiglianza " significa non essere un segno *arbitrario* bensí un segno *motivato*, che trae il suo senso dalla cosa stessa rappresentata e non dalla convenzione rappresentativa — in tal caso parlare di somiglianza nativa o di segno che riproduce alcune condizioni della percezione comune, dovrebbe essere la stessa cosa. L'immagine (disegnata o fotografata) sarebbe ancora qualcosa di "radicato nel reale ", esempio di "espressività naturale ", immanenza del senso alla cosa,[5] presenza della realtà nella sua significatività spontanea.[6]

Ma se si è messa in dubbio la nozione di segno iconico è proprio perché la semiologia ha il compito di non arrestarsi alle apparenze e all'esperienza comune. Alla luce dell'esperienza comune non è necessario chiederci in base a quali meccanismi comunichiamo: comunichiamo e basta. Ma alla luce dell'esperienza comune non è

---

[5] " L'image n'est pas l'indication d'autre chose qu'elle-même, mais la pseudo-présence de ce qu'elle-même contient... Il y a expression lorsque un ' sens ' est en quelque sorte immanente à une chose, se dégage d'elle directement, se confond avec sa *forme* même... L'expression naturelle (le paysage, le visage) et l'expression esthétique (la mélancolie du hautbois wagnérien) obéissent pour l'essentiel au même mécanisme sémiologique: le ' sens ' se dégage naturellement de l'ensemble du signifiant, sans recours à un code " (CHRISTIAN METZ, *Le cinéma: langue ou langage?*, in " Communications ", n. 4). Queste affermazioni circa l'espressività dell'immagine non si distaccherebbero tanto da tutte quelle a cui ci ha abituato una estetica intuitivistica e romantica se non apparissero nel contesto di un discorso semiologico, e quindi non si presentassero come la resa dell'indagine semiologica di fronte a qualcosa che non riesce ad afferrare. Le nostre pagine che seguono vogliono appunto impostare un discorso che vada oltre a questa battuta di arresto. E questa osservazione vale anche per la nota che segue.
[6] La realtà non è che *del cinema in natura*; " il primo e il principale dei linguaggi umani può essere l'azione stessa "; e quindi " le unità minime della lingua cinematografica sono i vari oggetti reali che compongono una inquadratura ". Cosí P.P. PASOLINI in *La lingua scritta dell'azione*, conferenza tenuta a Pesaro nel giugno 1966 e pubblicata in " Nuovi Argomenti ", aprile-giugno 1966. A queste posizioni si risponderà piú compiutamente in B.4.1.

neppure necessario chiederci in base a quali meccanismi percepiamo: percepiamo e basta. Però la psicologia (a proposito della percezione) o la semiologia (a proposito della comunicazione) si instaurano proprio nel momento in cui si vuole ricondurre a intelligibilità un processo apparentemente " spontaneo ".

È un dato di esperienza comune che noi possiamo comunicare, oltre che per segni verbali (arbitrari, convenzionali, articolati in base a unità discrete), anche attraverso segni figurativi (che appaiono naturali e motivati, legati intimamente alle cose e sviluppantisi lungo una sorta di continuum sensibile): il problema della semiologia delle comunicazioni visive è di sapere come avviene che ci possa apparire *uguale alle cose* un segno grafico o fotografico che non ha nessun elemento materiale in comune con le cose. Ora, se non ha elementi materiali comuni, può darsi che il segno figurativo comunichi, mediante supporti estranei, delle *forme relazionali uguali*. Ma il problema è proprio di sapere cosa sono e come sono queste relazioni, e come vengono comunicate. Altrimenti ogni riconoscimento di motivatezza e spontaneità dato ai segni iconici si trasforma in una sorta di consenso irrazionale a un fenomeno magico e misterioso, inspiegabile e accettabile solo per quel che appare, in spirito di devozione e reverenza.

II.4. Perché è iconica la rappresentazione della patina gelata sul vetro? Perché di fronte al fenomeno reale io percepisco, su una superficie data, la presenza di uno strato uniforme di materia trasparente che, battuta dalla luce, dà riflessi argentei. Nel disegno io ho, su una superficie preesistente, una patina di materia trasparente che, nel contrasto tra due toni cromatici diversi (che generano l'impressione di luminosità incidente), dà riflessi argentei. Si è mantenuta una certa relazione tra gli stimoli che è uguale nel caso effettivo e nel disegno, anche se il *supporto materiale*, attraverso il quale è stata realizzata la stimolazione, è diverso. Potremmo dire che, cambiata la materia della stimolazione, non ne è cambiata la relazione formale. Ma, a riflettere meglio, ci rendiamo conto che anche questa presunta relazione formale è alquanto vaga. Perché la patina disegnata, che non è battuta da luce incidente, ma è *raffigurata* come battuta da una luce *raffigurata*, pare dare riflessi argentei?

Se io disegno su un foglio di carta con una penna, risolvendola in una linea continua ed elementare, la silhouette di un cavallo, chiunque sarà disposto a riconoscere nel mio disegno un cavallo;

eppure l'unica proprietà che ha il cavallo del disegno (una linea
nera continua) è l'unica proprietà che il cavallo vero *non ha*. Il mio
disegno consiste di un segno che delimita lo " spazio dentro = cavallo " separandolo dallo " spazio fuori = non cavallo ", mentre
il cavallo non possiede questa proprietà. Quindi io nel mio disegno
non ho riprodotto delle condizioni di percezione, perché io percepisco il cavallo in base a una gran quantità di stimoli, nessuno dei
quali è lontanamente paragonabile a una linea continua.

Diremo allora che: *i segni iconici riproducono alcune condizioni
della percezione dell'oggetto, ma dopo averle selezionate in base a
codici di riconoscimento e averle annotate in base a convenzioni
grafiche* — per cui un dato segno arbitrariamente denota una data
condizione della percezione, oppure globalmente denota un percetto
arbitrariamente ridotto a una configurazione grafica semplificata.[7]

II.5. Noi selezioniamo gli aspetti fondamentali del percetto in
base a *codici di riconoscimento*: quando al giardino zoologico vediamo di lontano una zebra, gli elementi che riconosciamo immediatamente (e che riteniamo nella memoria) sono le strisce, e non
la sagoma che vagamente rassomiglia a quella dell'asino o del mulo.
Cosí quando disegniamo una zebra ci preoccupiamo di rendere riconoscibili le strisce, anche se la forma dell'animale è approssimativa
e — senza le strisce — potrebbe essere scambiata con quella di
un cavallo. Ma supponiamo che esista una comunità africana in cui
i soli quadrupedi conosciuti siano la zebra e la iena, mentre sono
ignoti cavalli, asini, muli: ecco che per riconoscere la zebra non
sarà piú necessario percepire le strisce (la si potrà riconoscere anche di notte, come ombra, senza individuarne il mantello) e per disegnare una zebra sarà piú importante insistere invece sulla forma
del muso e sulla lunghezza delle gambe, per distinguere il quadrupede raffigurato dalla iena (che dal canto proprio ha ugualmente
delle strisce: e dunque le strisce non costituiscono fattore di differenziazione).

Dunque anche i codici di riconoscimento (come i codici della
percezione) contemplano degli aspetti *pertinenti* (ciò che accade
per ogni codice). Dalla selezione di questi aspetti dipende la riconoscibilità del segno iconico.

---

[7] Benché l'impostazione e l'obiettivo siano diversi, si possono trovare infinite osservazioni utili al nostro discorso in HERBERT READ, *Educare con
l'arte*, Milano, Comunità, 1954. Lo stesso discorso vale per RUDOLF ARNHEIM,
Arte e percezione visiva, Milano, Feltrinelli, 1962.

Ma i tratti pertinenti debbono essere comunicati. Esiste dunque un codice iconico che stabilisce l'equivalenza tra un certo segno grafico e un tratto pertinente del codice di riconoscimento.

Osserviamo un bambino di quattro anni: si pone con il ventre in basso, disteso sul piano di un tavolino, e facendo perno sul bacino, incomincia a girare con le braccia e le gambe tese, come la lancetta di una bussola. Dice: "Sono un elicottero". Di tutta la complessa forma dell'elicottero egli, in base a codici di riconoscimento, ha ritenuto: 1) l'aspetto fondamentale, per cui l'elicottero si distingue da altre macchine: le pale rotanti; 2) delle tre pale rotanti ha ritenuto solo l'immagine di due pale contrapposte, come la struttura elementare per trasformazione della quale si hanno le varie pale; 3) delle due pale ha ritenuto la relazione geometrica fondamentale; una linea retta imperniata al centro e ruotante di 360 gradi. Colta questa relazione di base, la ha riprodotta *nel* e *col* proprio corpo.

A questo punto gli chiedo di disegnare un elicottero, pensando che, poiché ne ha colto la struttura elementare, la riprodurrà nel disegno. E invece egli disegna un goffo corpo centrale intorno al quale *infigge* delle forme parallelepipedali, come degli spuntoni, in numero indeterminato (continuando ad aggiungerne) e in ordine sparso, come se l'oggetto fosse un porcospino, e dicendo: "E qui ci sono tante, tante ali".

Mentre, usando il proprio corpo, riduceva l'esperienza a una struttura estremamente semplice, usando il carboncino porta l'oggetto a una struttura assai complessa.

Ora, da un lato — indubbiamente — col corpo egli mimava anche il movimento, che nel disegno non riusciva a mimare, e quindi doveva rendere attraverso l'infittirsi delle ali apparenti; ma il movimento avrebbe potuto renderlo anche come farebbe un adulto, per esempio disegnando numerose linee rette intersecantisi nel centro, disposte a stella. Sta di fatto che egli non è ancora capace di mettere in codice (grafico) il tipo di struttura che col corpo è riuscito così bene a rappresentare (poiché la ha già individuata; "modellizzata"). Egli percepisce l'elicottero, ne elabora modelli di riconoscimento, ma *non sa stabilire l'equivalenza tra un segno grafico convenzionato e il tratto pertinente del codice di riconoscimento.*

Solo quando riesce in questa operazione (ciò che già gli accade, a quell'età, per il corpo umano o per le case o per l'automobile) egli disegna in modo riconoscibile. Le sue figure umane fanno già parte di una "lingua", il suo elicottero è invece una immagine ambigua

che deve essere ancorata a una spiegazione verbale, la quale porge
le equivalenze, funge da codice.[8]

II.6. Quando si acquisiscono gli strumenti, allora un certo segno grafico denoterà "arto inferiore" un altro "occhio" e cosí via.
Sulla convenzionalità di questi segni grafici non vale piú la pena
di insistere, anche se indubbiamente essi paiono strutturati omologamente ad alcune relazioni che costituiscono l'oggetto rappresentato. Ma anche qui occorre non confondere relazioni convenzionalmente rappresentate come tali con relazioni ontologiche. Che la rappresentazione schematica del sole consista in un cerchio da cui si
dipartono alcune rette secondo una simmetria raggiata, potrebbe
farci pensare che il disegno *veramente* riproduce la struttura, il sistema di relazioni che intercorre tra il sole e i raggi di luce che ne
dipartono. Ma subito ci accorgiamo che nessuna dottrina fisica ci
permette di rappresentare l'insieme dei raggi di luce emessi dal sole
come una raggiera discontinua. Domina il nostro disegno l'immagine *convenzionale* (l'astrazione scientifica) del raggio di luce isolato
che si propaga in linea retta. La convenzione grafica si esprime in
un sistema di relazioni che *non riproduce in alcun modo* il sistema
di relazioni tipico di una ipotesi quantistica né di una ipotesi on-
dulatoria della luce. Quindi al massimo *la rappresentazione iconica
schematica riproduce. alcune delle proprietà di un'altra rappresentazione schematica,* di una immagine convenzionale, quella per cui
il sole è una sfera di fuoco da cui si dipartono a raggiera linee di
luce.

La definizione del segno iconico come quello che possiede *talune
proprietà dell'oggetto rappresentato* diventa, a questo punto, ancor
piú problematica. Le proprietà che ha in comune son quelle che del-
l'oggetto si *vedono* o si *sanno*? Un bambino disegna un'automobile
di profilo con tutte e quattro le ruote visibili: identifica e riproduce
le proprietà che *sa*; poi impara a mettere in codice i suoi segni e
rappresenta l'automobile con due ruote (le altre due, spiega, non si
vedono): ora riproduce solo le proprietà che *vede*. L'artista rinascimentale riproduce le proprietà che vede, il pittore cubista quelle che
sa (ma il pubblico normale è abituato a riconoscere solo quelle che
vede e non riconosce nel quadro quelle che *sa*). Il segno iconico

[8] Qui si parla di un uso referenziale del segno iconico. Dal punto di
vista estetico l'elicottero può poi essere apprezzato per la freschezza, l'im-
mediatezza con cui, non possedendo un codice, il bambino ha dovuto inventare i propri segni.

quindi può possedere, tra le proprietà dell'oggetto, quelle ottiche (visibili), quelle ontologiche (presunte) e quelle convenzionate (modellizzate, conosciute come inesistenti ma come efficacemente denotanti: tali i raggi di sole a bacchetta). *Uno schema grafico riproduce le proprietà relazionali di uno schema mentale.*

II.7. *La convenzione regola ogni nostra operazione figurativa.*
Di fronte al disegnatore che rappresenta il cavallo mediante una linea filiforme continua che non esiste in natura, il pittore ad acquerello può presumere di attenersi maggiormente ai dati naturali: egli infatti, se disegna una casa sullo sfondo del cielo, non circoscrive la casa in un contorno, ma riduce la differenza tra figura e sfondo a una differenza di colori, e quindi di intensità luminosa (che è poi il principio stesso a cui si attenevano gli impressionisti, vedendo nella differenza di toni delle variazioni di intensità luminosa). Ma di tutte le proprietà "reali" dell'oggetto "casa" e dell'oggetto "cielo", il nostro pittore sceglie in fondo la meno stabile e la più ambigua, la sua capacità di assorbire e riflettere la luce. E che una differenza di tono riproduca una differenza di assorbimento della luce da parte di una superficie opaca, dipende ancora una volta da una convenzione. Annotazione che vale sia per le iconi grafiche che per quelle fotografiche.

Questa convenzionalità dei codici imitativi è stata sottolineata molto bene da Ernest Gombrich nel suo *Arte e illusione*, dove spiega ad esempio il fenomeno accaduto a Constable quando elaborò una nuova tecnica per rendere la presenza della luce nel paesaggio. Il quadro di Constable *Vivenhoe Park* è stato ispirato da una poetica della resa scientifica della realtà, e a noi appare prettamente "fotografico", con la sua rappresentazione minuziosa degli alberi, degli animali, dell'acqua e della luminosità di una zona di prato battuta dal sole. Ma sappiamo pure che la sua tecnica dei contrasti tonali, quando le sue opere apparvero la prima volta, non era affatto sentita come una forma di imitazione dei "reali" rapporti di luce, ma come un arbitrio bizzarro. Constable aveva dunque inventato un nuovo modo di *mettere in codice la nostra percezione della luce*, e di trascriverla sulla tela.

Gombrich, per mostrare la convenzionalità dei sistemi di notazione, si riferisce anche a due fotografie dello stesso angolo di Wivenhoe Park, le quali, anzitutto, mostrano come il parco di Constable avesse poco in comune con quello della fotografia; senza però, in seconda istanza, dimostrare che la fotografia costituisca il parametro sul quale giudicare la iconicità del dipinto. "Che cosa 'trascrivono' queste illustrazioni? Certamente, non c'è un centimetro quadrato della fotografia che sia identico, tanto per dire, all'immagine che si potrebbe avere in loco usando uno specchio. E lo si capisce. La fotografia in bianco e nero dà solo gradazioni di tono entro a una gamma molto limitata di grigi. Nessuno di questi toni, ovviamente, corrisponde a quella che noi chiamiamo 'la realtà'. Infatti la scala dipende in gran parte dalla scelta del fotografo al momento dello sviluppo e della stampa del negativo ed è in gran parte questione di tecnica. Le due fotografie riprodotte derivano dal medesimo negativo. Una, stampata su una scala assai limitata di grigi, dà un effetto di luce velata; l'altra, piú contrastata, dà un effetto diverso. Nemmeno la stampa, perciò, è una 'mera' trascrizione del negativo... Se questo è vero per l'umile attività di un fotografo, tanto piú lo sarà per l'artista. Neppure l'artista infatti può trascrivere quel che vede: lo può solo tradurre nei termini proprii del mezzo a sua disposizione".[9]

Naturalmente noi riusciamo a intendere una data soluzione tecnica come la rappresentazione di una esperienza naturale perché si è formato in noi *un sistema di attese*, codificato, che ci permette di introdurci nel mondo segnico dell'artista: "La nostra lettura dei crittogrammi dell'artista è influenzata dalla nostra aspettativa. Noi affrontiamo la creazione artistica con apparecchi riceventi già sintonizzati. Ci aspettiamo di trovarci di fronte a un certo sistema di notazioni, a una certa situazione segnica, e ci prepariamo a intonarci ad essa. A questo proposito la scultura offre esempi anche migliori della pittura. Quando arriviamo di fronte a un busto sappiamo cosa ci aspetta e, di regola, non lo vediamo come una testa mozzata... Per la stessa ragione forse non ci sorprende la mancanza di colore come non ci sorprende in una fotografia in bianco e nero."[10]

II.8. Ma non avevamo definito i codici iconici solo come la possibilità di rendere ogni condizione della percezione con un segno grafico convenzionale; avevamo anche detto che *un segno può denotare globalmente un percetto*, ridotto a una convenzione grafica semplificata. Proprio perché tra le condizioni della percezione *scegliamo* i tratti pertinenti, questo fenomeno di *riduzione* si verifica in quasi tutti i segni iconici; ma lo si nota in modo piú massiccio quando ci troviamo di fronte a stereotipi, a emblemi, ad astrazioni

    [9] ERNEST GOMBRICH, *Arte e illusione*, Torino, Einaudi, 1965, pag. 42.
    [10] GOMBRICH, *cit.*, pag. 70.

araldiche. La silhouette del bambino che corre con i libri sotto il braccio, che sino ad alcuni anni fa indicava la presenza di una scuola quando appariva su un cartello stradale, denotava per via iconica "scolaro". Ma noi continuavamo a vedervi la rappresentazione di uno scolaro anche quando da tempo i ragazzi non portavano piú il berretto alla marinara e i calzoncini lunghi come quelli raffigurati nel cartello. Noi scorgevamo nella vita quotidiana centinaia di scolari per le strade, ma in termini iconici continuavamo a pensare allo scolaro come a un ragazzo vestito alla marinara e con i calzoni a mezza gamba. Indubbiamente in quel caso ci trovavamo di fronte a una *convenzione iconografica* tacitamente accettata, ma in altri casi la rappresentazione iconica instaura dei veri e propri *crampi della percezione,* cosí che siamo portati a vedere le cose come i segni iconici stereotipi ce le hanno da tempo presentate.

Nel libro di Gombrich vi sono esempi memorabili di questa attitudine. Da Villard de Honnecourt, l'architetto e disegnatore del XIII secolo, che afferma di copiare un leone dal vero e lo riproduce secondo le piú ovvie convenzioni araldiche dell'epoca (la sua percezione del leone è condizionata dai codici iconici in uso; o i suoi codici di trascrizione iconica non gli permettono di trascrivere altrimenti la percezione; e probabilmente egli è cosí abituato ai proprii codici che crede di trascrivere le proprie percezioni nel modo piú acconcio); a Dürer che raffigura un rinoceronte ricoperto di scaglie e piastre imbricate, e questa immagine del rinoceronte rimane costante per almeno due secoli e riappare nei libri degli esploratori, e degli zoologi (i quali hanno visto dei rinoceronti veri, e sanno che non hanno scaglie imbricate, ma non riescono a rappresentare le rugosità della loro pelle se non sotto forma di scaglie imbricate, perché sanno che solo quei segni grafici convenzionalizzati possono denotare "rinoceronte" al destinatario del segno iconico).[11]

Ma è anche vero che Dürer e i suoi imitatori avevano tentato di riprodurre in un certo modo certe condizioni della percezione che la raffigurazione fotografica del rinoceronte invece lascia cadere; nel libro di Gombrich indubbiamente il disegno di Dürer appare risibile di fronte alla foto del vero rinoceronte, che appare con una pelle quasi liscia e uniforme; ma noi sappiamo che, se esaminassimo da vicino la pelle di un rinoceronte, vi individueremmo un gioco tale di rugosità che, sotto un certo profilo (nel caso — ad esempio — di un parallelo tra pelle umana e la pelle di rinoceronte), sarebbe assai

---

[11] GOMBRICH, *cit.*, cfr. capitolo 2, "Verità e formula stereotipa".

piú realistica l'enfatizzazione grafica di Dürer, che porta le rugosità a evidenza eccessiva e stilizzata, che non l'immagine della foto,
che per convenzione rende solo le grandi masse di colore, e uni-
forma le superfici opache distinguendole al massimo per differenze
di tono.

II.9. In questa continua presenza dei fattori di codificazione,
anche i fenomeni di " espressività " di un disegno devono venire ridimensionati. Un curioso esperimento compiuto sulla resa delle
espressioni del viso nei *comics*[12] ha dato risultati inattesi. Si era infatti soliti ritenere che i disegni dei *comics* (si pensi ai personaggi
di Walt Disney o di Jacovitti) sacrificassero molti elementi realistici
per puntare al massimo dell'espressività; e che questa espressività
fosse immediata, cosí che i ragazzi, meglio ancora degli adulti, co-
gliessero le varie espressioni di gioia, spavento, fame, ira, ilarità,
eccetera, per una sorta di nativa partecipazione. Invece l'esperimento
ha mostrato che la capacità di comprensione delle espressioni cresce
con l'età e con il grado di maturità, mentre è ridotta nei bambini
piccoli. Segno dunque che anche in questo caso la capacità di riconoscere l'espressione di spavento o di cupidigia era connessa a un
sistema di attese, a un codice culturale, che si lega indubbiamente a
codici dell'espressività elaborati in altre stagioni delle arti figurative.
In altri termini, se portassimo avanti l'indagine ci accorgeremmo
probabilmente che un certo lessico del grottesco e del comico si appoggia su esperienze e convenzioni che risalgono all'arte espressio-
nista, a Goya, a Daumier, ai caricaturisti dell'ottocento, a Breugel
e forse ai disegni comici della pittura vascolare greca.

E che il segno iconico non sempre sia cosí chiaramente rappresentativo come si crede, è confermato dal fatto che *per lo piú esso
è accompagnato da iscrizioni verbali*; anche perché, seppure esso è
riconoscibile, appare tuttavia sempre carico di una certa ambiguità,
denota piú facilmente l'universale che non il particolare (il rinoceronte e non quel tale rinoceronte); e perciò chiede, nelle comunicazioni che mirino a precisione referenziale, di essere *ancorato* da un
testo verbale.[13]

In conclusione vale per il segno iconico quanto si è detto circa
il concetto di struttura (cfr. A.2.IV.). La struttura elaborata non ri-

---

[12] Fabio Canziani, *Sulla comprensione di alcuni elementi del linguaggio
fumettistico in soggetti tra i sei e i dieci anni,* in " Ikon ", settembre 1965.
[13] Cfr. Roland Barthes, *Rhétorique de l'image,* in " Communications ",
n. 4.

produce una presunta struttura della realtà; articola secondo certe operazioni una serie di relazioni-differenze, in modo tale che le operazioni, mediante le quali si sono relazionati gli elementi del modello, siano le stesse che compiamo quando relazioniamo percettivamente gli elementi pertinenti dell'oggetto conosciuto.

Il segno iconico, dunque, *costruisce un modello di relazioni (tra fenomeni grafici) omologo al modello di relazioni percettive che costruiamo nel conoscere e nel ricordare l'oggetto*. Se il segno iconico ha proprietà in comune con qualcosa, le ha non con l'oggetto, ma con il modello percettivo dell'oggetto; è costruibile e riconoscibile in base alle stesse operazioni mentali che compiamo per costruire il percetto, indipendentemente dalla materia in cui queste relazioni si realizzano.

Tuttavia, nella vita quotidiana, noi percepiamo senza essere consci della meccanica della percezione, e quindi senza porci il problema dell'esistenza o della convenzionalità di ciò che percepiamo. Egualmente, di fronte ai segni iconici, noi possiamo assumere che *si può indicare come segno iconico quello che ci pare riprodurre alcune delle proprietà dell'oggetto rappresentato*. In questo senso quindi la definizione morrisiana, cosí affine a quella del buon senso, è adoperabile, *purché sia chiaro che la si adopera come artificio di comodo*, e non sul piano della definizione scientifica. E purché questa definizione non venga ipostatizzata impedendo a una analisi ulteriore di riconoscere la convenzionalità dei segni iconici.

III. La possibilità di codificare i segni iconici

III.1. Abbiamo visto che per realizzare equivalenti iconici della percezione vengono trascelti alcuni e non altri aspetti pertinenti. I bambini, al di sotto dei quattro anni, non rendono tratto pertinente il tronco umano, e raffigurano l'uomo con la testa e gli arti soltanto.

Ora la presenza di tratti pertinenti nella lingua verbale permette una loro catalogazione precisa: all'interno di una lingua lavorano un dato numero di fonemi e il gioco di differenze e opposizioni significanti si articola in base a quelli. Tutto il resto costituisce variante facoltativa.

A livello dei codici iconici ci troviamo di fronte, invece, a un panorama piú confuso. L'universo delle comunicazioni visive ci ricorda che noi comunichiamo sulla base di *codici forti* (come la

lingua) e addirittura *fortissimi* (come l'alfabeto Morse) e sulla base
di *codici deboli*, pochissimo definiti, continuamente mutevoli, in cui
le varianti facoltative prevalgono sui tratti pertinenti.

Nella lingua italiana ci sono vari modi di pronunciare la parola
" cavalla ", aspirando la " c " iniziale alla toscana o eliminando la
" l " doppia alla veneta, con intonazioni e accenti diversi; tuttavia
rimangono alcuni fonemi non ridondanti a definire i limiti entro i
quali una data emissione di suono significa il significato " cavalla ",
e oltre i quali l'emissione di suono non significa piú nulla o significa
altra cosa.

III.2. Invece *a livello della rappresentazione grafica io dispongo di infiniti modi di rappresentare il cavallo*, di suggerirlo, di evocarlo tra giochi di chiaroscuri, di simbolizzarlo con una pennellata
calligrafica, di definirlo con minuzioso realismo (nel contempo di
denotare un cavallo fermo, in corsa, di tre quarti, rampante, col
capo chino a mangiare o a bere, eccetera). È vero che anche verbalmente posso dire " cavallo " in cento lingue e dialetti diversi; ma
ciò non toglie che le lingue e i dialetti, per tanti che siano, sono
codificabili ed elencabili, mentre i mille modi di disegnare il cavallo non sono prevedibili; e le lingue e i dialetti sono comprensibili
solo a chi decisamente li apprende, mentre i cento codici per disegnare un cavallo hanno maggiori possibilità di essere utilizzati anche da chi non ne è mai venuto a conoscenza (se pure, oltre una
certa misura di codificazione, il riconoscimento non ha piú luogo
per chi non possiede il codice).

III.3. D'altra parte abbiamo appurato che le codificazioni iconiche esistono. Ci troviamo dunque di fronte al fatto che *esistono
grandi blocchi di codificazione di cui è però difficile discernere gli
elementi di articolazione*. Si può procedere per successive *prove di
commutazione* per vedere ad esempio, dato il profilo di un cavallo,
quali tratti occorra alterare perché la riconoscibilità venga ridotta;
ma l'operazione ci permette di codificare appena un settore infini-
tesimale del processo di codificazione iconica, quello riguardante
la resa schematica di un oggetto mediante il solo contorno lineare.[14]

---

[14] Si vedano gli esercizi di Bruno Munari (*Arte come mestiere*, Bari,
Laterza, 1966) sulla riconoscibilità di una freccia attraverso successive semplificazioni, sulle deformazioni e alterazioni di un marchio, sui centoqua-
ranta modi di disegnare un viso umano visto di fronte (e questo si collega
al problema agitato nel paragrafo precedente) arrivando al limite della riconoscibilità...

*In un sintagma iconico invece intervengono rapporti contestuali
cosí complessi che appare difficile sceverare al loro interno i tratti
pertinenti dalle varianti facoltative.* Anche perché la lingua procede
per tratti discreti, che si ritagliano nel continuum dei suoni possibili,
mentre nei fenomeni di iconismo si procede spesso per utilizzazione
di un continuum cromatico senza soluzione di continuità. Questo
accade nell'universo della comunicazione visiva e non in quello della comunicazione musicale, a esempio, dove il continuum sonoro è
stato suddiviso in tratti pertinenti discreti (le note della gamma);
e se nella musica contemporanea questo fenomeno non si verifica piú
(e si ritorna all'utilizzazione di *continua* sonori dove si mescolano
suoni e rumori, in un magma indifferenziato), questo fenomeno ha
giustamente consentito ai fautori dell'identificazione comunicazione-
linguaggio di porre il problema (risolubile ma esistente) della comunicatività della musica contemporanea.[15]

III.4. Nel continuum iconico non si ritagliano tratti pertinenti discreti e catalogabili una volta per tutte, ma gli aspetti pertinenti
variano: talora sono grandi configurazioni riconoscibili per convenzione, talora anche piccoli segmenti di linea, punti, spazi bianchi, come accade per un disegno di profilo umano, dove un punto
rappresenta l'occhio, un semicerchio la palpebra; e sappiamo che in
un altro contesto lo stesso tipo di punto e lo stesso semicerchio
rappresentano invece, poniamo, una banana e un acino d'uva. Dunque i segni del disegno non sono elementi di articolazione corrispettivi ai fonemi della lingua perché non hanno valore posizionale e
opposizionale, non significano per il fatto di apparire o non apparire; possono assumere significati contestuali (punto = occhio - quando è iscritto in una forma amigdaloide) senza avere significato in
proprio, ma non si costituiscono in un sistema di rigide differenze per cui un punto significhi in quanto si oppone alla linea retta o
al cerchio. Il loro valore posizionale varia a seconda della convenzione che il tipo di disegno istituisce e che può variare sotto la
mano di un altro disegnatore, o nel momento in cui lo stesso disegnatore assume un altro stile. *Ci si trova dunque di fronte a una
ridda di idioletti,* alcuni dei quali riconoscibili da molti, alcuni dei
quali privatissimi, dove le varianti facoltative superano di gran lunga i tratti pertinenti, o meglio dove le varianti facoltative diventano

---

[15] Cfr. Nicolas Ruwet, *Contraddizioni del linguaggio seriale*, in " Incontri Musicali ", 3, agosto 1959.

tratti pertinenti e viceversa a seconda del codice assunto dal disegnatore (il quale mette in crisi con estrema libertà un codice preesistente e ne costruisce un nuovo coi detriti dell'altro o di altri).
Ecco in che senso i codici iconici, se esistono, sono codici deboli.

Questo ci aiuta anche a capire perché, mentre chiunque parla
non ci appare per questo particolarmente dotato, chi sa disegnare
ci appare invece già "diverso" dagli altri, perché riconosciamo in
lui la capacità di articolare elementi di un codice che non appartiene a tutto il gruppo; e gli riconosciamo una autonomia, rispetto ai
sistemi di norme, che non riconosciamo invece a nessun parlante,
salvo al poeta. Chi disegna appare come un tecnico dell'idioletto,
perché anche se sta usando un codice che tutti riconosciamo, vi introduce più originalità, varianti facoltative, elementi di "stile" individuale, di quanto non vi introduca un parlante nella propria
lingua.[16]

III.5. Ma, anche se il segno iconico eccede nell'individualizza-
zione delle caratteristiche di "stile", non per questo il suo problema è diverso da quello che si pone per le varianti facoltative e gli
elementi di intonazione individuale nel linguaggio verbale.

In un saggio dedicato alla "Informazione dello stile verbale"[17]
Ivan Fonagy si intrattiene su quelle variazioni nell'uso del codice
che avvengono a livello fonetico. Mentre il codice fonologico prevede una serie di tratti distintivi catalogati e distinti discretamente
gli uni dagli altri, noi sappiamo che chi parla, se anche usa in
modo riconoscibile i vari fonemi previsti dalla propria lingua, li
colora per così dire con intonazioni individuali, siano essi i cosiddetti *tratti soprasegmentali* o le *varianti facoltative*.[18] Le varianti facoltative sono semplici gesti di libera iniziativa nella esecuzione di
determinati suoni (così certe pronunce individuali o regionali),
mentre i tratti soprasegmentali sono veri e propri artifici significanti: sono tali per esempio le intonazioni che diamo a una frase per
farle esprimere alternativamente timore, minaccia, paura o incorag-
giamento e così via. Una ingiunzione tipo "Provati" può essere
intonata in modo da significare "Guai a te se ti provi" oppure

---

[16] Cfr. C. METZ, saggio citato, pag. 84: "quando un linguaggio non
esiste ancora assolutamente, bisogna già essere un po' artisti per parlarlo,
anche male".

[17] *L'information de style verbal*, in "Linguistics", 4.

[18] Oltre al saggio di Fonagy e ai volumi di linguistica generale già citati, si veda su questo punto l'esposizione in R.H. ROBINS, *General Linguistics*, London, Longmans, 1964 (parte 4).

"Suvvia, tenta e fatti coraggio" o ancora "Ti scongiuro, fai questo tentativo se mi vuoi bene". Ed è chiaro che queste intonazioni non sono catalogabili per tratti discreti ma appartengono a un continuum che può andare dal minimo al massimo della tensione, dell'asprezza o della tenerezza. Fonagy definisce questi modi di dire come un secondo messaggio che si aggiunge a quello normale e che addirittura viene decodificato con altri mezzi, come se ci fossero, nella trasmissione dell'informazione, due tipi di trasmittente a cui corrisponderebbero due tipi di ricettore, l'uno capace di trasformare in messaggio gli elementi riferibili al codice linguistico, l'altro gli elementi di un *codice prelinguistico*.

Fonagy avanza dapprima l'ipotesi che tra questi tratti non discreti e quello che vogliono comunicare esista una sorta 'di "legame naturale"; che essi non siano arbitrari, e che formino un continuum paradigmatico privo di tratti discreti; e che infine nell'esercizio di queste varianti "dette libere" il parlante possa metter in luce qualità di stile e di autonomia esecutiva che non può esercitare usando il codice linguistico. E ci accorgiamo che ci troviamo nella stessa situazione già delineata per quanto concerne i messaggi iconici.

Ma lo stesso Fonagy si rende conto che queste varianti libere sono soggette a processi di codificazione; che la lingua lavora continuamente a convenzionalizzare anche i messaggi prelinguistici; osservazioni tutte che diventano assai piú chiare se si pensa a come una stessa intonazione significhi due cose diverse in due lingue diverse (e la diversità raggiunge i suoi limiti massimi nel confronto tra lingue occidentali e lingue come il cinese, dove l'intonazione diventa addirittura tratto differenziale fondamentale), e termina col citare un passo di Roman Jakobson dove si avoca a una teoria della comunicazione (in cui la linguistica si nutra della teoria dell'informazione) la possibilità di trattare in base a codici rigorosi anche le variazioni "pretese *libere*".[19] Quindi le varianti libere, che pure paiono cosí nativamente *espressive*, si strutturano come sistema di differenze e opposizioni, anche se non cosí chiaramente come i fonemi, all'interno di una lingua di una cultura, di un gruppo che usa la lingua in determinato modo; spesso nell'ambito dell'uso privato di un solo parlante, dove gli scarti dalla norma si organizzano in sistema prevedibile di accadimenti. Da un massimo di convenzionalizzazione totale a un minimo di esercizio dell'idioletto, *le variazioni di intonazione significano per convenzione*.

Quanto accade per la lingua può accadere per i codici iconici.

---

[19] Jakobson, *op. cit.*, cap. V.

E c'è una misura in cui questo fenomeno appare chiaramente e senza equivoco tanto che dà luogo a classificazioni nella storia dell'arte o nella psicologia. Ed è quando un certo modo di atteggiarsi delle linee viene ritenuto " grazioso ", un altro modo " nervoso ", un altro ancora " svelto " un altro " pesante "... Esistono configurazioni geometriche di cui si avvalgono gli psicologi per determinati tests, in cui si comunicano decisamente delle tensioni e dei dinamismi: una linea inclinata su cui posi, sul lato in alto, una sfera, comunica una sensazione di squilibrio e instabilità, una linea che porti la sfera sul versante basso comunica stasi, termine di un processo. Ora, è ovvio che questi diagrammi comunicano situazioni fisio-psicologiche perché raffigurano tensioni reali, ispirandosi alla esperienza della gravità o a fenomeni analoghi; ma è altresí vero che li raffigurano ricostruendone sotto forma di modello astratto delle relazioni fondamentali. E se, al loro primo apparire, rappresentazioni del genere si richiamavano esplicitamente al modello concettuale della relazione comunicata, in seguito hanno assunto valore convenzionale, e nella linea " graziosa " non rileviamo il senso dell'agilità, della leggerezza, del movimento senza sforzo, ma la " grazia " tout court (tanto che occorrono poi sottili fenomenologie di una categoria stilistica del genere per ritrovare, al di sotto dell'abitudine, della convenzionalizzazione, il richiamo a modelli percettivi che il segno ritrascrive).[20]

In altri termini, se in una soluzione iconica particolarmente informativa noi possiamo ricevere l'impressione di " grazia " perché improvvisamente scopriamo, nell'uso improbabile e ambiguo di un segno, la ricostruzione e la riproposta di esperienze percettive (da emozioni una volta immaginate come tensioni tra linee, a linee messe in tensione che ci richiamano le emozioni) in realtà, nella maggior parte delle impressioni di " grazia " che possiamo rilevare in un manifesto pubblicitario, in una icone qualsiasi, noi leggiamo la connotazione " grazia " in un segno che ci connota la categoria estetica direttamente (non l'emozione primaria che ha dato luogo a una rappresentazione informativa, a uno scarto dalle norme iconiche, e di lí a un nuovo processo di assimilazione e convenzionalizzazione). Siamo cioè già a livello retorico.

In conclusione: possiamo dire che nei segni iconici prevalgono quelle che nel linguaggio verbale chiameremmo varianti facoltative e tratti soprasegmentali; e vi prevalgono talora in misura eccessiva.

---

[20] Si veda ad esempio RAYMOND BAYER, *Esthétique de la grâce*, Paris, Alcan, 1934.

Ma riconoscere questo non significa affermare che i segni iconici sfuggano alla codificazione.[21]

III.6. Quando si dice che il segno grafico è omologo relazionalmente al modello concettuale si potrebbe concluderne che il segno iconico è *analogico*. Non nel senso classico del termine " analogia " (come parentela segreta o misteriosa, e comunque inanalizzabile, al massimo definibile come una sorta di proporzione imprecisa) ma nel senso che danno al termine i costruttori e gli operatori di cervelli elettronici. Un calcolatore può essere *digitale* (procede per scelte binarie, scompone il messaggio con elementi discreti) oppure *analogico* (esprime ad esempio un valore numerico attraverso l'intensità di una corrente, istituendo una equivalenza rigorosa tra due grandezze). Gli ingegneri delle comunicazioni preferiscono non parlare di " codice analogico ", come parlano di " codice digitale " ma di " modello analogico ". Col che suggerirebbero che la codifica analogica si reggerebbe in ogni caso su un fatto *iconico* e *motivato*. Questa conclusione deve essere considerata definitiva?

A proposito di questo problema osserva Barthes che " l'incontro dell'analogico e del non analogico pare dunque indiscutibile, anche in seno a uno stesso sistema. Tuttavia la semiologia non potrà contentarsi di una descrizione che riconosce il compromesso, senza cercare di sistemarlo, dato che essa non può ammettere un differenziale continuo, dal momento che il senso, come si vedrà, è articolazione... È dunque probabile che a livello della semiologia piú generale ... si stabilisca una sorta di circolarità tra analogico e immotivato: vi è la doppia tendenza (complementare) a naturalizzare l'immotivato e a intellettualizzare il motivato (vale a dire, culturalizzarlo). Infine, alcuni assicurano che il digitalismo stesso, che è il rivale dell'analogico, sotto la sua forma pura, il binarismo, è esso stesso una ' riproduzione ' di certi processi fisiologici, se è vero che la vista e l'udito funzionano per selezioni alternative ".[22]

Ebbene, quando parliamo di ricondurre il codice iconico a quello percettivo (che la psicologia della percezione — v. Piaget — ha

---

[21] A proposito dell'immagine filmica, a cui riconosce motivatezza e pregnanza, Metz (*op. cit.*, pag. 88) ricorda tuttavia che " i sistemi a paradigmatica incerta possono essere studiati in quanto sistemi a paradigmatica incerta, con mezzi appropriati "; vorremmo aggiungere che bisogna fare il possibile, anzitutto, per rendere meno incerta la paradigmatica.

[22] *Elementi di semiologia*, cit., II.4.3.

già ricondotto a scelte binarie) e cerchiamo di riconoscere anche a livello delle scelte grafiche la presenza di elementi pertinenti (la cui presenza e la cui assenza causino la perdita o l'acquisto del significato, e questo avviene anche se il tratto si manifesta come pertinente solo in base al contesto), stiamo appunto cercando di muoverci in questa direzione, l'unica che possa essere produttiva in senso scientifico. L'unica cioè che ci permetta di spiegare *quello che vediamo* nei termini di *qualcosa che non vediamo* (ma che permette l'esperienza della rassomiglianza iconica).

III.7. In assenza di spiegazioni di questo tipo ci si può indubbiamente accontentare di modelli analogici: i quali, se non si strutturano per opposizioni binarie si organizzano comunque per *gradi* (e cioè non per "*sí o no*" ma per "*piú o meno*"). Questi modelli potrebbero essere detti "codici" in quanto non dissolvono il discreto nel continuo (e quindi non annullano la codificazione) ma frazionano ciò che appare come continuo *in gradi*. Il frazionamento per gradi presuppone, in luogo di una opposizione tra "sí" e "no", un passaggio da "piú" a "meno". Ad esempio, in un codice iconologico, date due convenzionalizzazioni X e Y dell'atteggiamento di "sorriso", si può prevedere la forma Y come piú accentuata di quella X, e procedente in una direzione che, al grado successivo, dia una forma Z assai vicina a una eventuale forma X_1 che rappresenterebbe già il grado inferiore della convenzionalizzazione dell'atteggiamento "risata". Rimane da chiedersi se una codifica del genere sia assolutamente e costituzionalmente non riducibile a quella binaria (e quindi ne rappresenti l'alternativa costante, l'altro polo di una continua oscillazione tra quantitativo e qualitativo) oppure se, nel momento in cui si sono introdotti dei gradi nel continuo, questi gradi non funzionino già — per quanto pertiene al loro potere di significazione — per *esclusione reciproca,* impostando quindi una forma di opposizione.[23]

---

[23] La tendenza corrente riconosce ancora una opposizione insolubile tra arbitrario e motivato. Cfr. E. Stankiewicz, *Problems of Emotive Language,* in *Approaches to Semiotics,* cit.; D. L. Bolinger, *Generality, Gradience and the All-or-None,* Aja, Mouton, 1961; T. A. Sebeok, *Coding in Evolution of Signalling Behavior,* in "Behavioral Sciences", 7, 1962; P. Valesio, *Iconi e schemi nella struttura della lingua,* in "Lingua e Stile", 3, 1967. Sui codici visivi: R. Jakobson, *On Visual and Auditory Signs,* in "Phonetica", II, 1964; *About the Relation between Visual and Auditory Signs,* in AAVV, *Models for the Perception of Speech and Visual Form,* M.I.T., 1967.

Tuttavia questa opposizione tra analogico e digitale potrebbe risolversi in ultima analisi in una vittoria del *motivato*. E precisamente là dove, una volta scomposto qualsiasi *continuum* apparente in tratti discreti e pertinenti, sorgesse la domanda: in che modo riconosciamo i tratti pertinenti? Risposta: *in base a una somiglianza iconica.*

III.8. Ma abbiamo visto che la psicologia, nelle sue forme piú smaliziate di analisi dei meccanismi percettivi, riporta la percezione dei fatti "immediati" a complesse operazioni probabilistiche in cui si rifà strada il problema della possibile digitalizzazione del percetto.

A questo punto un eccellente modello di ricerca ci è offerto dalla scienza musicale. La musica, in quanto grammatica di una tonalità ed elaborazione di un sistema di notazione, scompone il *continuum* dei suoni in tratti pertinenti (toni e semitoni, battiti di metronomo, semiminime, semibrevi, crome ecc.). Articolando questi tratti si può fare *ogni* discorso musicale.

Tuttavia si può obbiettare che, anche se la notazione prescrive, in base a un *codice* digitale, come *parlare* musicalmente, il messaggio singolo (l'esecuzione) si arricchisce di numerose varianti facoltative non codificate. Tanto che un glissando, un trillo, un rubato, la durata di una corona, sono considerati (tanto dal linguaggio comune che da quello critico) dei *fatti espressivi*.

Ma, mentre riconosce questi fatti espressivi, la scienza della notazione musicale fa di tutto per codificare anche le varianti. Codifica il tremolo, il glissato, aggiunge notazioni quali "con sentimento", eccetera. Si osserverà che queste codifiche non sono digitali, ma appunto analogiche, e procedono per gradi (*piú* o *meno*) sommariamente definiti. Ma se non sono digitali *sono digitalizzabili*, salvo che la dimostrazione non avviene a livello della notazione per l'interprete, bensí a livello dei *codici tecnici* di trascrizione e riproduzione del suono.

Ogni minima variazione espressiva, nei solchi che la puntina del grammofono segue sul disco, corrisponde a un segno.

Si dirà che anche questi segni non sono articolabili in tratti discreti, ma procedono come un *continuum* di curve, di oscillazioni piú o meno accentuate. E sia. Ma ora consideriamo il processo fisico per cui, da questo *continuum* di curve graduate, si passa — attraverso una sequenza di segnali elettrici conseguenti e a una sequenza di vibrazioni acustiche — alla ricezione e alla ritrasmissione del suono attraverso l'amplificatore. *Qui siamo tornati nell'ordine delle grandezze digitalizzabili.*

Dal solco alla puntina, sino all'ingresso dei blocchi elettronici dell'amplificatore, il suono è riprodotto attraverso un *modello continuo*; ma dai blocchi elettronici in avanti, sino alla restituzione fisica del suono attraverso l'amplificatore, *il processo diventa discreto.*

L'ingegneria delle comunicazioni tende sempre piú, anche nei calcolatori, a trasferire in codici digitali i modelli analogici. E il trasferimento è sempre possibile.

III.9. Certo, questo riconoscimento di discretizzazione ultima riguarda solo gli ingegneri; anzi, essi stessi sono sovente portati, per varie ragioni, a considerare come continuo un fenomeno che si scompone in tratti discreti solo a livello degli accadimenti elettronici che essi determinano ma non controllano passo per passo. Ma ciò equivale a dire ancora una volta che *il riconoscimento di motivatezza, iconicità, analogicità,* che siamo costretti a operare di fronte a certi fenomeni, *rappresenta una soluzione di comodo* — che va benissimo per descrivere quei fenomeni al livello di generalità a cui li percepiamo e utilizziamo, ma non al livello di analiticità a cui avvengono e a cui *debbono essere postulati.*

Occorre distinguere le soluzioni pratiche dagli assunti teorici. Per elaborare dei codici semiologici può bastare riconoscere e classificare dei procedimenti analogici (poiché la digitalizzazione avviene a un livello che non concerne l'esperienza comune). *Ma questo non significa che nella realtà ci siano parentele native e inanalizzabili.*[24]

---

[24] Ogni esitazione teorica perde infine la propria ragion d'essere quando si seguano gli esperimenti di produzioni di iconi complesse programmando calcolatori *digitali.* Si veda il fondamentale M. KRAMPEN e P. SEITZ, ed., *Design and Planning,* New York, Hasting House Publishers, 1967.

2. IL MITO DELLA DOPPIA ARTICOLAZIONE

1. La pericolosa tendenza a dichiarare "inspiegabile" ciò che non si spiega subito con gli strumenti a disposizione, ha condotto a curiose posizioni: tra queste la decisione di non riconoscere la dignità di lingua a sistemi di comunicazione che non possedessero la **doppia articolazione riconosciuta come costitutiva della lingua verbale (vedi A.2.III.1.).** Di fronte all'evidenza di codici più deboli di quello della lingua, si è deciso che essi non erano codici; e di fronte all'esistenza di blocchi di significati — come quelli costituiti dalle immagini iconiche — si sono prese due decisioni opposte: o negarne la natura di segno, perché apparivano inanalizzabili; o cercarvi a tutti i costi qualche tipo di articolazione che corrispondesse a quelle della lingua. Uno degli esempi più insidiosi (proprio perché elaborati con lucida persuasività) è dato dalle osservazioni di Claude Lévi-Strauss sulla pittura astratta e figurativa.

Sappiamo che nella lingua esistono elementi di prima articolazione, dotati di significato (i *monemi*), che si combinano l'uno con l'altro per formare i sintagmi; e che questi elementi di prima articolazione sono analizzabili ulteriormente in elementi di seconda articolazione che li compongono. Questi sono i *fonemi*, che sono più limitati dei *monemi*. Infatti in una lingua giocano infiniti (o meglio, indefiniti) *monemi*, mentre i *fonemi* che li compongono sono in numero limitato.[25]

Indubbiamente nella lingua la significazione scatta attraverso il gioco di questi due tipi di elementi; ma non è detto che ogni processo di significazione debba avvenire nello stesso modo.

[25] Sulla prima e seconda articolazione cfr. MARTINET, *op. cit.*, I.8.

Invece Lévi-Strauss ritiene che non ci sia linguaggio se non sono soddisfatte queste condizioni.

2. Già nel corso dei suoi *Entretiens*[26] con un intervistatore della radio, egli aveva svolto una teoria dell'opera d'arte visiva che an-
nunciava questa presa di posizione, poi esplicitatasi nella *Ouverture*
a *Le cru et le cuit*: in quella prima sede egli si richiamava a una
nozione dell'arte come segno iconico che aveva elaborato nella
Pensée sauvage, parlando di arte come " modello ridotto " della realtà. L'arte è indubbiamente — rilevava Lévi-Strauss — un fatto segnico, ma che sta a metà strada tra il segno linguistico e l'oggetto
puro e semplice. L'arte è presa di possesso della natura da parte
della cultura; l'arte promuove al rango di significante un oggetto
bruto, promuove un oggetto al rango di segno e mostra in esso
una struttura che prima era latente. Ma l'arte comunica per una
certa relazione tra il suo segno e l'oggetto che lo ha ispirato; se
questa relazione di iconicità non ci fosse, non saremmo piú di fronte a un'opera d'arte ma a un fatto di ordine linguistico, arbitrario e
convenzionale; e se d'altra parte l'arte fosse una imitazione totale
dell'oggetto, non avrebbe piú carattere di segno.
Se nell'arte rimane una relazione sensibile tra segni e oggetti
questo avviene indubbiamente perché la sua iconicità le consente di
acquistare valore semantico; e se essa ha peraltro valore di segno
è perché in un modo o nell'altro presenta gli stessi tipi di articolazione del linguaggio verbale. Questi principi, che negli *Entretiens*
citati sono confusamente esposti, si specificano con maggior decisione e rigore nella Ouverture de *Le cru et le cuit*.

3. Qui il ragionamento è molto semplice: anche la pittura, come la lingua verbale, articola unità di primo livello, che sono fornite di significato, e possono essere accomunate ai monemi (e qui
Lévi-Strauss allude chiaramente alle immagini riconoscibili, e quindi ai segni iconici); e al secondo livello abbiamo equivalenti dei fonemi, forme e colori, che sono unità differenziali sfornite di significato autonomo. Le scuole " non figurative " rinunciano al primo
livello, " e pretendono di accontentarsi del secondo per sussistere ".
Cadono nella stessa trappola in cui piomba la musica atonale, perdono ogni potere di comunicazione e scivolano verso " l'eresia del se-

---

[26] C. CHARBONNIER - C. LÉVI-STRAUSS, *Colloqui*, Milano, Silva, 1966; *Il
crudo e il cotto*, cit., Ouverture. Questi punti sono discussi piú a fondo nella
Sezione D.4.

colo ": la pretesa di " voler costruire un sistema di segni su un unico livello di articolazione ".

Il testo di Lévi-Strauss, che si diffonde in modo assai acuto sui problemi della musica tonale (in cui riconosce ad esempio elementi di prima articolazione, gli intervalli dotati di significato, e i suoni isolati come elementi di seconda articolazione) poggia in definitiva su una serie di assunzioni purtroppo dogmatiche:

1) Non c'è linguaggio se non c'è doppia articolazione;

2) La doppia articolazione non è mobile, i livelli non sono sostituibili e intercambiabili: essa riposa su alcune convenzioni culturali che però si appoggiano ad esigenze naturali piú profonde.

A queste assunzioni dogmatiche si devono opporre (rinviandone la verifica al capitolo seguente) le seguenti affermazioni contrarie:

1) Ci sono codici comunicativi con vari tipi di articolazione o nessuna e la doppia articolazione non è un dogma.

2) Ci sono codici dove i livelli di articolazione sono permutabili[27]; e i sistemi di relazioni che regolano un codice, se sono dovuti a esigenze naturali, lo sono a un livello piú profondo, nel senso che i vari codici possono rimandare a un Ur-codice che tutti li giustifica. Ma identificare questo codice corrispondente alle esigenze naturali col codice della musica tonale (a esempio), quando tutti sanno che esso è nato in un momento storico dato e l'orecchio occidentale vi si è assuefatto, e respingere i sistemi di relazioni atonali come non ispirati a codici comunicativi (e lo stesso vale per le forme di pittura " non figurativa ") significa identificare una lingua col possibile metalinguaggio che può definire questa e altre lingue.

4. Confondere le leggi della musica tonale con le leggi della musica tout court, è un poco come credere, di fronte alla presenza delle cinquantatré carte da gioco francesi (52 + jolly), che le sole combinazioni possibili tra queste siano quelle previste dal bridge; che è un sottocodice, e permette di giocare infinite partite diverse, ma che può essere sostituito, sempre usufruendo delle 53 carte, dal poker, nuovo sottocodice che ristruttura gli elementi di articolazione costituiti dalle singole carte, permettendo loro di assumere valore combinatorio diverso e di costituirsi in valori significanti ai fini della partita (coppia, tris, colore, etc.). È chiaro che un codice di gioco (poker, bridge, ramino) isola solo alcune possibili combinazio-

---

[27] Un valido esempio riguardo alla musica è dato da PIERRE SCHAEFFER, *Traité des objets musicaux*, Paris, Seuil, 1966, capitolo XVI.

ni tra quelle permesse dalle carte, ma sbaglierebbe chi credesse che
si potessero scegliere solo quelle.[28] Ed è vero che le 53 carte costituiscono già una scelta operata nel continuum dei valori posizionali
possibili — cosí come accade per le note della scala temperata — ma
è chiaro che con questo codice si possono costruire sottocodici diversi (cosí come è vero che esistono giochi di carte che scelgono
numeri diversi di carte — le quaranta carte napoletane, le trentadue
carte dello skat tedesco). Il vero *codice* che presiede ai giochi di
carte è una matrice combinatoria che può essere studiata ed è studiata dalla teoria dei giochi; e sarebbe utile che una qualche scienza musicale si occupasse delle matrici combinatorie che permettono
l'esistenza di sistemi di attrazione diversi; *ma Lévi-Strauss identifica le carte col bridge, confonde un evento con la struttura profonda
che permette eventi molteplici.*

5. L'esempio delle carte, oltretutto, ci pone di fronte a un
problema molto importante per la nostra ricerca. Il codice delle carte ha due articolazioni?

Se il lessico del poker è reso possibile dalla attribuzione di significati dati a una particolare articolazione di piú carte (tre assi di
colore diverso, uguale a "tris"; quattro assi uguale a "poker"),
dovremmo considerare le combinazioni di carte come vere e proprie "parole" significanti, mentre le carte che si combinano sono
elementi di seconda articolazione.

Tuttavia le 53 carte non si distinguono solo per la posizione che
assumono nel sistema, ma per una duplice posizione. Si oppongono
come valori diversi all'interno di una scala gerarchica dello stesso
colore (asso, due, tre... dieci, fante, regina, re) e si oppongono come
valori gerarchici appartenenti a quattro scale di *colore* diverso.

Quindi due "dieci" si combinano tra di loro per fare "coppia", un dieci un fante e una regina un re e un asso si combinano
per fare "scala", ma solo tutte le carte di uno stesso *colore* si combinano per fare "colore" o "scala reale".

Quindi alcuni valori sono tratti pertinenti ai fini di certe combinazioni significanti, e altri lo sono ai fini di certe altre.

Ma la carta è il termine ultimo, inanalizzabile, di una articola-
bilità possibile? Se il "sette di cuori" costituisce valore posizionale

---

[28] Va considerato inoltre che a seconda dei giochi si eliminano degli elementi come privi di valore opposizionale (nel poker ad esempio i valori tra
2 e 6). I Tarocchi arricchiscono invece il mazzo di altri valori come i
"trionfi".

rispetto al "sei" (di qualsiasi seme) e rispetto al "sette di fiori", cosa è il cuore singolo, se non l'elemento di una ulteriore e piú analitica articolazione?

La prima risposta possibile è che il giocatore (colui che "parla" la "lingua" delle carte) di fatto non è chiamato ad articolare l'unità di seme, ma se la trova già articolata in valori (asso, due... nove, dieci); ma la riflessione, se appare logica per chi gioca a poker, appare già piú discutibile per chi gioca a scopa, in cui si sommano i punti, e in cui dunque l'unità di misura è l'unità di seme (anche se le addizioni hanno addendi preformati). Cfr. per una prima risposta B.3.I.2.E.

6. Sono queste varie considerazioni che ci fanno riconoscere quanto il problema delle articolazioni di una lingua sia piuttosto complesso. E si rende dunque necessaria una duplice decisione di metodo: 1) riservare il nome di "lingua" ai codici del linguaggio verbale, per i quali pare indiscutibile l'esistenza della doppia articolazione; 2) considerare gli altri sistemi di segni come "codici", e vedere se non esistano codici a piú articolazioni.

3. ARTICOLAZIONI DEI CODICI VISIVI

I. Figure, segni, semi

I.1. *È erroneo credere*: 1) che ogni atto comunicativo si basi su una "lingua" affine ai codici del linguaggio verbale; 2) che ogni lingua debba avere due articolazioni fisse. *Ed è più produttivo assumere*: 1) che ogni atto comunicativo si basi su un codice; 2) che ogni codice *non* abbia necessariamente due articolazioni fisse (che non ne abbia *due*; che non siano *fisse*).

Luis Prieto, nel condurre una indagine di questo genere, ricorda che la "seconda articolazione" è il livello di quegli elementi che non costituiscono fattori del significato denotato dagli elementi di prima articolazione, ma che hanno solo valore differenziale (posizionale e opposizionale); e decide di chiamarli *figure* (dato che, abbandonato il modello della lingua verbale, non si può più chiamarli fonemi); gli elementi di prima articolazione (monemi) saranno invece *segni* (denotanti o connotanti un significato).

Prieto decide di chiamare *sema*, invece, un segno particolare il cui significato corrisponde non a un segno, ma a un enunciato della lingua. Il segnale di senso vietato, per esempio, se pure ci appare come un segno visivo dotato di significato univoco, non può essere rapportato a un segno verbale equivalente, ma a un equivalente *sintagma* ("senso vietato"; oppure "proibito passare per questa strada in questa direzione").

Anche la più rozza silhouette di cavallo non corrisponde al solo segno verbale "cavallo" ma a una serie di possibili sintagmi del tipo: "cavallo in piedi di profilo", "il cavallo ha quattro gambe", "lì c'è un cavallo", "questo è un cavallo" e così via.

Ci troviamo dunque in presenza di *figure*, *segni* e *semi*, e ci accorgeremo in seguito che tutti i presunti segni visivi sono in realtà dei semi.

Sempre secondo Prieto, *è possibile trovare dei semi scomponibili in figure, ma non in segni*: e cioè scomponibili in elementi di valore differenziale e tuttavia, da soli, sforniti di significato.

È chiaro che gli elementi di articolazione sono le figure (articolabili in segni) e i segni (articolabili in sintagmi). Siccome la linguistica si arresta ai limiti della frase, non si è mai posta il problema di una successiva combinazione (che altro non sarebbe che il periodo, e dunque il discorso in tutta la sua complessità). D'altra parte, anche se è indubbiamente possibile reperire dei semi collegabili tra di loro, non si può parlare di una successiva " articolazione ", perché siamo ormai a livello della infinita e libera combinabilità delle catene sintagmatiche. Così è possibile che su un tratto di strada si combinino piú semi (segnali stradali) per comunicarci, a esempio: " senso unico - divieto di usare il clakson - divieto di transito per autocarri ", ma qui non siamo di fronte a una successiva articolazione dei semi per formare unità semantiche codificabili: siamo di fronte a un " discorso ", a una catena sintagmatica complessa.

I.2. Vediamo ora piuttosto, seguendo i suggerimenti di Prieto,[29] di elencare diversi tipi di codici con diversi tipi di articolazioni, traendo la massima parte dei nostri esempi da codici visivi:

A. Codici senza articolazione: prevedono semi non ulteriormente scomponibili.

Esempi:

1) *codici a sema unico* (ad esempio il bastone bianco del cieco: la sua presenza significa " sono cieco ", mentre la sua assenza non ha necessariamente significato alternativo, come può invece accadere per i " codici a significante zero ").

2) *codici a significante zero* (l'insegna ammiraglia su una nave: la sua presenza significa " presenza dell'ammiraglio a bordo " e la sua assenza " assenza dell'ammiraglio a bordo "; le luci di direzione dell'automobile, dove l'assenza di luce significa " vado diritto "...).

3) *il semaforo* (ciascun sema indica una operazione da compiere; i semi non sono articolabili tra loro per formare un segnale piú complesso, né sono scomponibili).

---

[29] Luis Prieto, *Messages et signaux*, P.U.F., 1966. Di Prieto si veda anche *Principes de noologie*, The Hague, Mouton, 1964.

4) *linee d'autobus contrassegnate con numeri a una cifra o con lettere dell'alfabeto*.

B. CODICI CON LA SOLA 2ª ARTICOLAZIONE: i semi non sono scomponibili in segni, bensí figure che non rappresentino frazioni di significato.

Esempi:

1) *linee d'autobus con due numeri*: per esempio la linea " 63 " significa " percorso da località X a località Y "; il sema è scomponibile nelle figure " 6 " e " 3 ", che non significano nulla.

2) *segnali navali " a braccio "*: sono previste diverse figure, rappresentate da diverse inclinazioni del braccio destro e del braccio sinistro: due figure si combinano a formare una lettera dell'alfabeto; questa lettera però non è un segno, perché sfornita di significato e acquista significato solo se considerata elemento di articolazione del linguaggio verbale e articolata secondo le leggi della lingua; siccome però può venir caricata di un valore significativo in codice, diventa un sema che denota una proposizione complessa come " abbiamo bisogno di un medico ").

C. CODICI CON LA SOLA 1ª ARTICOLAZIONE: i semi sono analizzabili in segni ma non ulteriormente in figure.

Esempi:

1) *la numerazione delle stanze d'albergo*: il sema " 20 " significa di solito " prima stanza del piano secondo "; il sema è scomponibile nel segno " 2 " che significa " piano secondo " e nel segno " 0 " che significa " prima stanza "; il sema " 21 " significherà " seconda stanza del piano secondo " e cosí via.

2) *segnali stradali a sema decomponibile in segni comuni ad altri segnali*: un cerchio bianco bordato di rosso che contiene in campo bianco lo schema di una bicicletta significa " vietato ai ciclisti " ed è decomponibile nel segno " bordo rosso " che significa " divieto " e nel segno " bicicletta " che significa " ciclisti ".

3) *numerazione decimale*: come per la numerazione delle stanze d'albergo, il sema di piú cifre è scomponibile in segni di una cifra che indicano, a seconda della posizione, le unità, le decine, le centinaia, eccetera.

D. CODICI A DUE ARTICOLAZIONI: semi analizzabili in segni e figure.

Esempi:

1) *le lingue*: i fonemi si articolano in monemi e questi in sintagmi.

2) *numeri telefonici a sei cifre*: almeno quelli decomponibili in gruppi di due cifre ciascuna delle quali indica, a seconda della posizione, un settore della città, una via, un isolato; mentre ciascun segno di due cifre è scomponibile in due figure prive di significato.

Prieto [30] elenca altri tipi di combinazione, come i codici dai semi

---

[30] *Messages et signaux*, capitolo " L'économie dans le coût ".

decomponibili in figure tra le quali alcune appaiono solo in un significante. Di tutte queste altre specie di codici, utili da distinguere
ai fini di una logica dei significanti o semio-logica, come è quella
di Prieto, a noi basta per ora ritenere una caratteristica importante,
che proponiamo di riunire nella categoria E:

E. Codici con articolazioni mobili: possono esserci segni e figure ma non
   sempre dello stesso tipo; i segni possono diventare figure o viceversa, le
   figure semi, altri fenomeni assumono valore di figura, ecc.
   Esempi:

   1) *la musica tonale*: le note della gamma sono figure che si articolano in
segni dotati di significato (sintattico e non semantico) come gli intervalli e gli
accordi; questi si articolano ulteriormente in sintagmi musicali; ma, data
una successione melodica, riconoscibile quàlsiasi sia lo strumento (e dunque il timbro) con cui è suonata, se io muto per ogni nota della melodia
— in modo vistoso — il timbro, non sento piú la melodia ma sento una
successione di timbri; dunque la nota cessa di essere tratto pertinente e
diventa variante facoltativa, mentre diventa pertinente il timbro. In altre
circostanze il timbro, anziché figura, può diventare segno carico di connotazioni culturali (del tipo: zampogna = pastoralità).

   2) *le carte da gioco*: nelle carte da gioco abbiamo elementi di seconda articolazione (i " semi " nel senso dei " colori ", come cuori o fiori) che
si combinano per formare segni dotati di significato rispetto al codice (il
sette di cuori, l'asso di picche...); questi si combinano in semi di tipo " full,
primiera, scala reale ". In questi limiti il gioco delle carte sarebbe un codice a due articolazioni: ma bisogna osservare che esistono nel sistema dei
segni senza seconda articolazione, dei segni iconologici come " re " o " regina "; dei segni iconologici non combinabili in semi in unione ad altri segni,
come il Jolly o, in certi giochi, il Fante di Picche; che le figure si distinguono
a loro volta e per la forma e per il colore, e da gioco a gioco è possibile
eleggere a tratto pertinente o l'una o l'altra; quindi in un gioco in cui i
cuori abbiano valore preferenziale sulle picche, le figure non sono piú prive
di significato, possono essere intese come *semi* o come *segni*. E così via:
nel sistema delle carte è possibile introdurre le piú svariate convenzioni di
gioco (sino a quelle della divinazione) per cui la gerarchia delle articolazioni
può mutare.

   3) *i gradi militari*: dove la seconda articolazione è mobile. Ad esempio
il sergente si distingue dal sergente maggiore perché il segno-grado si articola in due figure rappresentate da due triangoli senza base; ma il sergente
si distingue dal caporale non per il numero o la forma dei triangoli, ma
per il colore. Volta a volta diventano tratto pertinente la forma o il colore.
Per gli ufficiali, il segno " stelletta " che denota " ufficiale subalterno " si
articola in un sema " tre stellette " che denota " capitano ". Ma, se queste tre

stellette sono circoscritte in una cornice d'oro lungo il bordo della spallina, allora le stellette cambiano di senso: perché è il filetto a denotare " ufficiale superiore " mentre le stellette denotano " grado nella carriera di ufficiale superiore " e tre stellette incorniciate dal filetto denoteranno " colonnello " (lo stesso fenomeno avviene per le spalline dei generali, dove scompare il filetto e appare il fondo bianco). I tratti pertinenti sono a livello del segno, ma sono mobili a seconda del contesto. Naturalmente si potrebbe considerare il sistema sotto un profilo diverso, anzi sotto vari profili diversi. Ecco alcune possibilità:

a) esistono piú codici dei gradi, quello per graduati, quello per ufficiali subalterni, per sottufficiali, per ufficiali superiori, per generali, eccetera; e ciascuno di questi codici conferisce diverso significato ai segni che usa; in questo caso avremmo codici a prima articolazione e basta.

b) filetto e fondo bianco sono semi a significante zero; l'assenza di filetto significa allora ufficiale subalterno, mentre le stellette indicano " grado di carriera " e si combinano a formare semi piú complessi come " ufficiale di terzo grado=capitano ".

c) le stellette sono tratti pertinenti (figure), sforniti di significato, del codice " gradi degli ufficiali ". Combinandosi tra loro forniscono segni del tipo " ufficiale di terzo grado al livello denotato sullo sfondo " (o meglio, tout court, " terzo ") mentre filetto di contorno, sfondo bianco, e la loro assenza, sono semi a significante zero che stabiliscono i tre livelli " ufficiali subalterni, ufficiali superiori, generali "; e solo dal sema in cui è inserito, il segno prodotto dalla combinazione delle stelle acquista il suo significato completo. Ma in tal caso avremmo la combinazione di un codice senza articolazione (che contempla semi a significante zero) con un codice a due articolazioni (stelle); oppure l'inserzione, in un codice a due articolazioni, di un sema a significante zero.

Tutte queste alternative sono proposte semplicemente per indicare quanto sia difficile stabilire in astratto i livelli di articolazione di alcuni codici. L'importante è non sforzarsi di voler identificare un numero fisso di articolazioni in rapporto fisso. A seconda del punto di vista da cui lo si considera, un elemento di prima articolazione può divenire elemento di seconda e viceversa.

II. Analiticità e sinteticità dei codici

II.1. Dopo aver stabilito che i codici hanno diversi tipi di articolazione e che quindi non occorre farsi dominare dal mito della lingua-modello, dobbiamo ricordare anche che *spesso un codice si articola eleggendo a tratti pertinenti quelli che sono i sintagmi di*

un codice piú analitico; o che, al contrario, *un codice considera come sintagmi, termine ultimo delle proprie possibilità combinatorie,
quelli che per un codice piú sintetico sono tratti pertinenti.*

Una simile possibilità la si osservava a proposito dei "segnali a
braccio" dei marinai. La lingua considera suoi elementi ultimi e
inanalizzabili i fonemi; ma il codice delle bandiere navali contempla delle figure piú analitiche rispetto ai fonemi (posizioni del
braccio destro e posizioni del braccio sinistro) che si combinano per
fornire delle configurazioni sintagmatiche (*ultime* rispetto a quel
codice) che corrispondono praticamente (anche se trascrivono lettere dell'alfabeto e non fonemi) alle figure *originarie* del codice-
lingua.

Di converso un codice delle funzioni narrative [31] contempla grandi catene sintagmatiche del tipo "eroe lascia la casa e incontra un
avversario", catene che, ai fini del codice narrativo, sono tratti
pertinenti, mentre ai fini del codice linguistico sono sintagmi.

Questo significa che un codice non deve eleggere come tratti pertinenti solo delle figure, ma può eleggere dei semi; e anche che può
ignorare la possibilità di scomposizione di questi semi in segni e
figure, perché questi segni e figure non appartengono al codice in
questione, ma a un altro piú analitico. Cioè, un codice decide a quale livello di complessità individuerà i propri tratti pertinenti, affidando l'eventuale codificazione interna (analitica) di questi tratti
a un altro codice. Cosí, dato il sintagma "eroe lascia la casa e incontra un avversario", il codice narrativo lo isola come complessa
unità di significato, e si disinteressa: 1) alla lingua in cui può essere comunicato; 2) agli artifici stilistico-retorici con cui può essere
reso.

II.2.   Ad esempio, nei *Promessi sposi*, l'incontro di Don Abbondio coi bravi costituisce indubbiamente una *funzione narrativa codificata* [32]; ma ai fini della struttura dell'intreccio manzoniano era

---

[31] Cfr. la nota 81 della sez. A.

[32] Naturalmente sinora la codificazione delle funzioni narrative è stata
riconosciuta piú facilmente a livello delle narrazioni semplici, come le fiabe
o i racconti diffusi su circuiti di massa e fortemente stereotipati; ma è certo,
come osservava anche PROPP, che la ricerca potrà dirsi fruttuosa quando potrà
essere applicata a tutte le opere narrative, anche alle piú complesse. Il lavoro
della semiologia della grande sintagmatica narrativa sta procedendo in questa
direzione. Si veda ad esempio l'applicazione che ROLAND BARTHES ne fa a
Sade in "Tel Quel" n. 28 (*L'arbre du crime*), il n. 8 di "Communications"
e in particolare gli studi di BRÉMOND, METZ e TODOROV.

irrilevante che fosse raccontata con l'arguzia e abbondanza di particolari che sappiamo, o liquidata in poche battute. In altri termini il racconto manzoniano, per quanto riguarda un codice narrativo, si salva anche raccontato, come è stato fatto, in fumetti. *I promessi sposi* è una grande opera d'arte proprio a causa della sua complessità, del suo essere un sistema di sistemi, dove il sistema dell'intreccio, col codice a cui si riferisce e da cui talora devia, è solo un elemento di una struttura piú ampia che contempla il sistema dei caratteri, il sistema degli artifici stilistici, il sistema delle idee religiose, ecc. Ma l'episodio di Don Abbondio e i bravi richiede, per essere analizzato sul piano stilistico, un altro quadro di riferimento, di carattere linguistico e psicologico (entrano in gioco due altri sistemi di attese e di convenzioni); e può essere giudicato, nei termini dei codici impiegati, indipendentemente della sua funzione narrativa.[33] Naturalmente, ad una considerazione globale dell'opera, la sua unità deve apparire dalla omogeneità di mezzi, di curva strutturale, con cui sono stati risolti i problemi a livello dell'intreccio, dei caratteri, del linguaggio e cosí via. Ma il fatto che la grande opera d'arte ponga in gioco molti codici, non elimina il fatto che il codice del racconto prescinde dagli altri piú analitici.

III. Il sema iconico

III.1. Queste osservazioni ci aiuteranno a comprendere alcuni fenomeni di codificazione *a strati successivi* che si verificano nelle comunicazioni visive.

Un codice iconografico, ad esempio, codifica alcune condizioni di riconoscibilità, e stabilisce che una donna seminuda con una testa umana su un piatto connota Salomè mentre una donna piú vestita, con una testa mozzata nella mano sinistra, e una spada nella destra, connota Giuditta.[34] Queste *connotazioni* scattano senza

---

[33] Questa possibilità giustificherebbe la cosiddetta " critica del frammento " che l'estetica post-idealistica ha giustamente respinto come offensiva dell'integrità organica dell'opera. L'indagine semiologica, permettendo di isolare nell'opera diversi livelli e di considerarli anche separatamente, permetterebbe però di reintrodurre certi tipi di lettura parziale — fermo restando che non si tratta di esercizi di giudizio critico sull'opera, o di riduzione dell'opera a uno dei suoi livelli, ma di identificazione — a un livello dato — di un particolare modo di usare il codice.

[34] Cfr. ERWIN PANOFSKY, " La descrizione e l'interpretazione del contenuto " in *La prospettiva come forma simbolica*, cit.

che il codice iconografico stabilisca le condizioni della *denotazione*. Cosa deve avere il sintagma visivo "donna" per raffigurare veramente una donna? Il codice iconografico riconosce come pertinenti i *significati* "donna", "testa mozzata", "piatto" o "spada" ma non gli elementi di articolazione del significante. Questi sono codificati da un codice piú analitico che è il codice iconico. Per il codice iconografico, che si edifica sulla base di quello iconico, i significati del codice base diventano i propri significanti.[35]

III.2.   Quanto alla definibilità dei codici iconici: *i segni iconici sono dei semi, delle complesse unità di significato spesso ulteriormente analizzabili in segni precisi, ma difficilmente in figure.*

Di fronte al profilo di un cavallo realizzato attraverso un contorno linea continua, posso riconoscere i segni che denotano "testa" o "coda", "occhio" o "criniera", ma non debbo pormi il problema di quali siano i tratti di seconda articolazione, non piú di quanto non debba domandarmelo di fronte al sema "bastone bianco del cieco". Non mi pongo il problema di quali prove di commutazione far subire al bastone per individuare il limite oltre il quale non è piú bastone e non è piú bianco (anche se è scientificamente interessante farlo); e cosí non debbo pormi (come pregiudiziale) il problema delle prove di commutazione da far subire al contorno "testa di cavallo" per stabilire le variazioni al di là delle quali il cavallo non è piú riconoscibile.

Se per il bastone del cieco non mi pongo il problema a causa della sua semplicità, per il disegno del cavallo non me lo pongo a causa della sua complessità.

III.3.   Basta dire che il codice iconico elegge come tratti pertinenti, a livello delle *figure*, delle entità che sono contemplate da un codice piú analitico, che è quello percettivo. *E che i suoi* SEGNI *denotano solo se inseriti nel contesto di un* SEMA. Talora può accadere che questo sema sia di per sé riconoscibile (che abbia dunque le caratteristiche di un sema iconografico o di un emblema convenzionale, considerabile non piú un'*icone* ma un *simbolo* visivo); ma di solito il contesto del sema mi offre i termini di un sistema in cui inserire i segni in questione: riconosco il segno "testa" —

---

[35] Certo anche i codici iconologici sono codici deboli; le convenzioni possono avere anche la vita brevissima che assegna loro METZ (*op. cit.*, pag. 78) quando parla dei tipi caratteristici del film western; ma ciò non toglie che codificazione ci sia.

nel contesto del sema "cavallo in piedi di profilo" — solo se si oppone a segni come "zoccoli", "coda" o "criniera"; altrimenti quei segni apparirebbero come configurazioni molto ambigue, che *non assomigliano a nulla* e che quindi *non posseggono alcune delle proprietà di alcunché*. Il che accade quando si isola un tratto, un settore della superficie di un quadro figurativo, e lo si presenta avulso dal contesto: a quel punto le pennellate ci sembrano configurare una immagine astratta e perdono ogni valore di rappresentatività. Tutto questo equivale a dire ancora una volta (vedi B.1. III.4.) che *il sema iconico è un idioletto,* e costituisce di per sé una sorta di codice che conferisce significati ai suoi elementi analitici.

III.4. Tutto questo non ci induce a rifiutare la possibilità di una successiva catalogazione del sema iconico in termini piú analitici. Ma: 1) poiché il catalogo delle sue *figure* pertinenti è compito di una psicologia della percezione come comunicazione; 2) poiché la riconoscibilità dei segni iconici avviene a livello del sema-contesto-codice (come avviene per l'opera d'arte come idioletto); dunque la catalogazione delle immagini figurative in quanto codificate deve avvenire a livello delle *unità sematiche*. Questo livello *è sufficiente a una semiologia delle comunicazioni visive,* anche per quanto riguarda lo studio dell'immagine figurativa in pittura, o dell'immagine filmica.

Apparterrà poi alla psicologia spiegare: 1) se la percezione dell'oggetto reale è piú ricca di quella permessa dal sema iconico, che ne costituisce un riassunto convenzionato; 2) se il segno iconico riproduce comunque alcune condizioni basilari della percezione e spesso la percezione si esercita su condizioni non piú complesse di quelle di alcuni segni iconici, in una selezione probabilistica degli elementi del campo percettivo; 3) se i processi di convenzionalizzazione grafica hanno talmente influenzato i nostri sistemi di attese che il codice iconico è diventato anche codice percettivo, e se dunque nel campo percettivo si individuano solo condizioni di percezione affini a quelle istituite dal codice iconico.

III.5. Per riassumere, stabiliamo allora questa classificazione:

1) *Codici percettivi*: studiati dalla psicologia della percezione. Stabiliscono le condizioni per una percezione sufficiente.

2) *Codici di riconoscimento*: strutturano blocchi di condizioni della percezione in *semi* — che sono blocchi di significati (ad esempio strisce nere su mantello bianco), in base ai quali riconosciamo oggetti da percepire o

ricordiamo oggetti percepiti. Sulla loro base spesso si classificano gli oggetti. Sono studiati da una psicologia dell'intelligenza, della memoria o
dell'apprendimento, o dalla stessa antropologia culturale (vedi i modi di tas-
sinomia nelle civiltà primitive).

3) *Codici di trasmissione*: strutturano le condizioni per permettere la
sensazione utile ai fini di una determinata percezione di immagini. Ad
esempio il retino di una fotografia a stampa, o lo standard di *linee* che permette l'immagine televisiva. Sono analizzabili in base alla teoria fisica del-
l'informazione, ma stabiscono come trasmettere una sensazione, non una
percezione già prefabbricata. Stabilendo la " grana " di una certa immagine,
influiscono sulla qualificazione estetica del messaggio e alimentano i *codici
tonali* e i *codici del gusto*, i *codici stilistici* e i *codici dell'inconscio*.

4) *Codici tonali*: chiamiamo cosí i sistemi di varianti facoltative già
convenzionate; i tratti " soprasegmentali " che connotano particolari intonazioni del segno (quali " forza ", " tensione ", eccetera); e veri e propri sistemi
di connotazioni già stilizzate (come ad esempio il " grazioso " o " l'espres-
sionistico "). Questi sistemi di convenzioni accompagnano come messaggio
aggiunto e complementare gli elementi dei codici iconici propriamente detti.

5) *Codici iconici*: per lo piú si basano su elementi percepibili realizzati
in base a codici di trasmissione. Si articolano in *figure, segni* e *semi*.

a) *figure*: sono condizioni della percezione (ad es. rapporti figura-sfondo,
contrasti di luce, rapporti geometrici) trascritti in segni grafici, secondo modalità stabilite dal codice. Una prima ipotesi è che queste figure non siano in
numero finito, e non sempre siano discrete. Per questo la seconda articolazione
del codice iconico appare un continuum di possibilità da cui emergono tanti
messaggi individuali, decifrabili in base al contesto, ma non riconducibili a
un codice preciso. Di fatto il codice non è ancora riconoscibile, ma non è da
dedursi come assente. Tanto è vero che, alterando oltre un certo limite i rapporti tra figure, le condizioni della percezione non sono piú denotate. Una
seconda ipotesi potrebbe essere questa: la cultura occidentale ha già elaborato una serie di *tratti pertinenti* di ogni figurazione possibile: sono gli
elementi della geometria. Per combinazione di punti, linee, curve, cerchi, angoli, eccetera, si generano tutte le figure possibili — sia pure attraverso un
numero immenso di varianti facoltative. Gli *stoichéia* euclidei sono dunque
le *figure* del codice iconico. La verifica di entrambe le ipotesi non appartiene
alla semiologia ma alla psicologia — nella forma piú specifica di una
" estetica sperimentale ".

b) *segni*: denotano, con artifici grafici convenzionati, semi di riconoscimento (naso, occhio, cielo, nuvola); oppure " modelli astratti ", simboli,
diagrammi concettuali dell'oggetto (sole come cerchio con raggi filiformi).
Spesso difficilmente analizzabili in seno a un sema, poiché si presentano

come non discreti, in un continuum grafico. Riconoscibili solo in base al sema come contesto.

c) *semi*: sono quelli che piú comunemente conosciamo come " immagini " o addirittura " segni iconici " (un uomo, un. cavallo, ecc.). Costituiscono di fatto un enunciato iconico complesso (del tipo " questo è un cavallo di profilo in piedi " o comunque " qui c'è un cavallo "). Sono i piú facilmente catalogabili, e un codice iconico spesso si arresta al loro livello. Costituiscono il contesto che permette eventualmente di riconoscere segni iconici; ne sono quindi la circostanza di comunicazione, e ne costituiscono nel contempo il sistema che li pone in opposizione significante; sono quindi da considerarsi — rispetto ai segni che permettono di identificare — come un *idio'etto*.

I codici iconici mutano con facilità, all'interno di uno stesso modello culturale; spesso all'interno di una stessa raffigurazione dove la figura in primo piano è resa attraverso segni evidenti, articolando in figure le condizioni della percezione, mentre le immagini di fondo sono riassunte in base a grossi semi di riconoscimento, lasciandone in ombra altri (in questo senso le figure di sfondo di un quadro antico — isolate e ingrandite — appaiono come esempi di pittura moderna, dato che la pittura moderna figurativa rinuncia sempre piú a riprodurre condizioni della percezione per riprodurre solo alcuni semi di riconoscimento).

6) *Codici iconografici*: eleggono come significante i significati dei codici iconici per connotare semi piú complessi e culturalizzati (non " uomo " o " cavallo " ma " uomo-monarca ", " pegaso " o " Bucefalo " o " asina di Balaam "). Sono riconoscibili attraverso le variazioni iconiche perché si basano su vistosi semi di riconoscimento. Danno origine a configurazioni sintagmatiche molto complesse e tuttavia immediatamente riconoscibili e catalogabili, del tipo " natività ", " giudizio universale ", " quattro cavalieri dell'Apocalisse ".

7) *Codici del gusto e della sensibilità*: stabiliscono (con estrema variabilità) le connotazioni provocate da semi dei codici precedenti. Un tempio greco può connotare " bellezza armoniosa " e " ideale di grecità ", " antichità ". Una bandiera al vento può connotare " patriottismo " o " guerra "; tutte connotazioni che dipendono anche dalla situazione di pronuncia. Cosí un certo tipo di attrice, in un periodo dato connota " grazia e bellezza ", mentre in un a!tro periodo appare ridicola. Il fatto che a questo processo comunicativo si sovrappongono reazioni immediate delle sensibilità (come stimoli erotici) non dimostra che la reazione sia naturale e non culturale : è la convenzione che rende desiderabile o meno un tipo fisico. Sono codificazioni del gusto anche quelle per cui una icone di uomo con benda nera sull'occhio, che alla luce di un codice iconologico connota " pirata ", può per sovrapposizione connotare " uomo affascinante ", " avventuriero ", " uomo coraggioso ", ecc.

8) *Codici retorici*: nascono dalla convenzionalizzazione di soluzioni iconiche inedite, poi assimilate dal corpo sociale e diventate modelli o norme di comunicazione. Si distinguono, come per i codici retorici in genere, in *figure retoriche, premesse* e *argomenti*.[36]

9) *Codici stilistici*: determinate soluzioni originali, o codificate dalla retorica, oppure realizzate una volta sola, rimangono (quando citate) a connotare un tipo di riuscita stilistica, il marchio di un autore (tipo " uomo che si allontana per strada che finisce a punta al termine del film = Chaplin ") oppure la realizzazione tipica di una situazione emotiva (" donna che si aggrappa ai tendaggi di una alcova con aria languida = erotismo Belle Epoque ") o ancora la realizzazione tipica di un ideale estetico, tecnico-stilistico, eccetera.

10) *Codici dell'inconscio*: strutturano determinate configurazioni, iconiche o iconologiche, retoriche o stilistiche, che per convenzione sono ritenute capaci di permettere certe identificazioni o proiezioni, di stimolare reazioni date, di esprimere situazioni psicologiche. Particolarmente usati nei rapporti di persuasione.

III.6.   Per comodità, nella rassegna che precede, abbiamo parlato sempre di " codici ". È importante osservare (in riferimento a quanto chiarito in A.2.IV.8.) che molte volte questi " codici " saranno probabilmente dei *lessici connotativi,* o addirittura dei semplici *repertori.* Come si è detto, un repertorio non si struttura in sistema di opposizioni, ma stabilisce solo una lista di segni, che si articolano secondo le leggi di un codice soggiacente. Il piú delle volte basterà l'esistenza del repertorio a permettere la comunicazione, ma altre volte si tratterà di individuare un sistema di opposizioni là dove appariva solo un repertorio, o di trasformare un repertorio in sistema di opposizioni. Come già ricordato, il sistema di opposizioni è comunque essenziale alla sistemazione di un lessico connotativo, anche se questo si appoggia a un codice soggiacente. Cosí il lessico iconologico si appoggia al codice iconico, ma si stabilisce solo se, per esempio, si danno opposizioni del tipo " Giuditta *versus* Salomè " e si stabilisce l'incompatibilità del sema " serpente sotto il piede " con quello " occhi su di un piattino " (che differenzia il significato " Maria " da quello " Santa Lucia ").

[36] La trattazione di questo punto è sviluppata nel capitolo sul messaggio pubblicitario, e precisamente in B.5.III.2.

4. ALCUNE VERIFICHE: IL CINEMA
E IL PROBLEMA DELLA PITTURA CONTEMPORANEA

I. Il codice cinematografico

I.1. La comunicazione filmica è quella che permette di verificare meglio certe ipotesi e certe assunzioni del capitolo precedente. In particolare ci deve permettere di chiarire i seguenti punti:

1) un codice comunicativo extralinguistico non deve necessariamente costruirsi sul modello della lingua (e qui falliscono molte "linguistiche" del cinema);

2) un codice si edifica sistematizzando tratti pertinenti scelti a un determinato livello macro o microscopico delle convenzioni comunicative; momenti piú analitici, articolazioni piú minute dei suoi tratti pertinenti possono non riguardare quel codice, ed essere spiegate da un codice soggiacente.

I.2. Il codice filmico non è il codice cinematografico; il secondo codifica la riproducibilità della realtà per mezzo di apparecchi cinematografici, mentre il primo codifica una comunicazione a livello di determinate regole di racconto. Indubbiamente il primo si appoggia sul secondo, cosí come il codice stilistico retorico si appoggia sul codice linguistico, come lessico dell'altro. Ma occorre distinguere i due momenti, la denotazione cinematografica dalla connotazione filmica. La denotazione cinematografica è comune, oltre che al cinema, alla televisione, e Pasolini ha consigliato di chiamare in blocco queste forme comunicative, anziché cinematografiche, "audiovisive". L'annotazione è accettabile, se non fosse che, nell'analisi della comunicazione audiovisiva noi ci troviamo di fronte a un fenomeno comunicativo complesso che mette in gioco messaggi verbali, messaggi sonori e messaggi iconici. Ora i messaggi

verbali e quelli sonori, se pure si integrano profondamente a determinare il valore denotativo e connotativo dei fatti iconici (e ne
sono influenzati) ciononostante si appoggiano su codici proprii e indipendenti, catalogabili in altra sede (in parole povere quando un
personaggio di film parla inglese, quello che dice, almeno sul piano immediatamente denotativo, è regolato dal codice lingua inglese). Invece il messaggio iconico, che si presenta sotto la forma
caratteristica dell'*icona temporata* (o in movimento), assume caratteristiche particolari che vanno considerate a parte.

Naturalmente ci si deve limitare ad alcune annotazioni sulle
possibili articolazioni di un codice cinematografico, al di qua delle ricerche di stilistica, di retorica filmica, di una codifica della
grande sintagmatica del film. In altri termini si proporranno
alcuni strumenti per analizzare una supposta "lingua" del cinematografo *come se* il cinematografo non ci avesse dato sinora che
L'arrivée du train à la gare e *L'arroseur arrosé* (come se una prima ispezione sulle possibilità di formalizzare il sistema della lingua tenesse come punto di riferimento sufficiente la Carta Ca-
puana).

Nel fare queste osservazioni sarà utile partire da due contributi
di semiologia del cinema e cioè quello di Christian Metz e quello
di P. P. Pasolini.[37]

I.3. Metz, nell'esaminare la possibilità di indagine semiologica del film, riconosce la presenza di un *primum* non altrimenti
analizzabile, non riducibile a unità discrete che lo generino per
articolazione, e questo primum è l'*immagine*, una sorta di *análogon*
della realtà, che non può essere ricondotto alle convenzioni di una
"lingua"; per cui la semiologia del cinema dovrebbe essere semiologia di una parola che non ha lingua alle spalle, e semiologia di
certi *tipi di parole*, e cioè delle grandi unità sintagmatiche la cui
combinatoria dà luogo al discorso filmico. Quanto a Pasolini, egli
ritiene invece che si possa stabilire una lingua del cinema, e giustamente sostiene che non è necessario che questa lingua, per avere dignità di lingua, possegga la doppia articolazione che i linguisti attribuiscono alla lingua verbale. Ma, nel cercare le unità
articolatorie di questa lingua del cinema, Pasolini si arresta al li-

[37] Si tratta dei due saggi già citati alle note 5 e 6. Ma le posizioni qui
esaminate sono state ribadite, specie per quanto riguarda Pasolini, in molti
altri scritti.

mite di una discutibile nozione di "realtà", per cui gli elementi primi di un discorso cinematografico (di una *lingua audiovisiva*) sarebbero gli oggetti stessi che la macchina da presa ci consegna nella loro integra autonomia, come realtà che precede la convenzione. Anzi, Pasolini parla di una possibile "semiologia della realtà", e del cinema come resa speculare del *linguaggio nativo dell'azione umana*.

I.4. Ora, per quanto riguarda la nozione di immagine come *análogon* della realtà, tutta la trattazione contenuta nel primo capitolo di questa sezione (B.I.) ha già ridimensionato questa opinione: che è opinione metodologicamente utile quando si vuole partire dal blocco inanalizzato dell'immagine per procedere a uno studio delle grandi catene sintagmatiche (come fa Metz); ma può divenire opinione dannosa quando distolga dal procedere *all'indietro*, cercando le radici di convenzionalità dell'immagine. Quanto è stato detto per i segni e i semi iconici dovrebbe dunque valere anche per l'immagine cinematografica.

Metz stesso [38], peraltro, ha suggerito una integrazione delle due prospettive: esistono dei codici, che chiameremo *antropologico-culturali*, che si assorbono con l'educazione ricevuta dal momento della nascita, e sono tali il codice percettivo, i codici di riconoscimento e i codici iconici con le loro regole per la trascrizione grafica dei dati di esperienza; ed esistono dei codici tecnicamente piú complessi e specializzati, quali quelli che presiedono alle combinazioni delle immagini (codici iconografici, grammatiche dell'inquadratura, regole di montaggio, codici delle funzioni narrative) che si acquisiscono solo in casi determinati: e su questi si esercita una semiologia del discorso filmico (opposta e complementare a una possibile semiologia della "lingua" cinematografica).

La ripartizione può essere produttiva; salvo che occorre osservare come spesso i due blocchi di codici interagiscano e si condizionino a vicenda, in modo tale che lo studio degli uni non possa prescindere dallo studio degli altri.

---

[38] Si tratta di suggerimenti verbali dataci da Metz alla Tavola Rotonda su "Linguaggio e ideologia nel film" (giugno 1967, Pesaro), dopo una nostra comunicazione che si basava sugli argomenti trattati in questo capitolo. In questa discussione ci è parso che Metz fosse piú disposto, di quanto non appariva nel saggio di "Communications" n. 4, a analizzare ulteriormente l'immagine cinematografica, nel senso che qui si propone.

Per esempio, in *Blow Up* di Antonioni un fotografo, che ha scattato numerose fotografie in un parco, tornato nel proprio studio, attraverso ingrandimenti successivi, arriva ad identificare, stesa dietro un albero, una forma umana supina: un uomo ucciso da una
mano armata di rivoltella che, in altra parte dell'ingrandimento,
appare tra il fogliame di una siepe.

Ma questo elemento narrativo (che nel film — e nella critica
che ne vien fatta — acquista il peso di un richiamo alla realtà e
alla implacabile onniveggenza dell'obbiettivo fotografico) funziona
solo se il codice iconico interagisce con un codice delle funzioni
narrative. Infatti, se l'ingrandimento venisse mostrato a qualcuno
che non ha visto il contesto del film, difficilmente, nelle macchie
confuse che denoterebbero "uomo disteso" e "mano con rivoltella" si riconoscerebbero questi referenti specifici. I significati "cadavere" e "mano armata di rivoltella" vengono attribuiti alla forma significante solo in forza di un concorrere contestuale dello
sviluppo narrativo che, accumulando suspense, dispone lo spettatore (e il protagonista del film) a *vedere quelle cose*. Il contesto funziona come idioletto che assegna determinati valori di codice a segnali che altrimenti potrebbero apparire come puro rumore.

I.5. Queste osservazioni liquiderebbero anche l'idea di Pasolini di un cinema come semiologia della realtà, e la sua persuasione che i segni elementari del linguaggio cinematografico siano
gli oggetti reali riprodotti sullo schermo (persuasione, ora lo sappiamo, di singolare ingenuità semiologica, e che contrasta con le
più elementari finalità della semiologia, che è di ridurre eventualmente i fatti di natura a fenomeni di cultura, e non di ricondurre
i fatti di cultura a fenomeni di natura). Ma nel discorso di Pasolini vi sono alcuni punti degni di discussione, perché dalla loro contestazione possono sorgere osservazioni utili.

Dire che l'azione è un linguaggio, è semiologicamente interessante, ma Pasolini usa il termine "azione" in due significati diversi.
Quando dice che i resti comunicativi dell'uomo preistorico sono
modifiche della realtà, depositate da azioni compiute, intende azione come *processo* fisico che ha dato origine a oggetti-segni, che riconosciamo come tali, ma non perché siano azioni (anche se si può
riconoscere in essi la traccia di una azione, come in ogni atto di
comunicazione). Questi segni sono gli stessi di cui parla Lévi-
Strauss quando interpreta gli utensili di una comunità come elementi di un sistema di comunicazione che è la cultura nel suo
complesso. Questo tipo di comunicazione però non ha nulla a che

vedere con *l'azione quale gesto significante,* che è invece quella che
interessa a Pasolini quando parla di una lingua del cinema. Passiamo dunque a questo secondo significato di azione: io muovo
gli occhi, alzo il braccio, atteggio il mio corpo, rido, ballo, faccio
a pugni, e tutti questi *gesti* sono altrettanti atti di comunicazione
coi quali dico qualcosa agli altri, o dai quali gli altri inferiscono
qualcosa su di me.

Ma questo gestire non è "natura" (e non è quindi "realtà"
nel senso di natura, irrazionalità, pre-cultura): *è invece convenzione e cultura.* Tanto è vero che di questa lingua dell'azione esiste
già una semiologia, e si chiama la *cinesica*.[39] Se pure è una disciplina in formazione, con addentellati nella *prossemica* (che studia
il significato delle distanze tra i parlanti), la cinesica intende esattamente codificare i gesti umani come unità di significato organiz-
zabili in sistema. Come dicono Pittenger e Lee Smith "Gesti e movimenti del corpo non sono natura umana istintiva, ma sistemi di
comportamento apprendibili, che differiscono marcatamente tra cultura e cultura" (cosa che sanno benissimo i lettori dello splendido
saggio di Mauss sulle tecniche del corpo); e Ray Birdwhistell ha
già elaborato un sistema di notazione convenzionale dei movimenti
gestuali, differenziando codici a seconda delle zone in cui ha compiuto le sue indagini; e ha pure stabilito di nominare *cine* la piú
piccola particella di movimento isolabile e fornita di valore differenziale; mentre, attraverso prove di commutazione, ha stabilito
l'esistenza di unità semantiche piú vaste, in cui la combinazione
di due o piú *cini* dà luogo a una unità di significato, nominata
cinemorfo. Chiaramente, il *cine* è una figura, mentre il cinemorfo
può essere un *segno* o un *sema*.

Di qui è facile intravvedere la possibilità di una piú approfondita
sintassi cinesica che metta in luce l'esistenza di grandi unità sintagmatiche codificabili. In questa sede ci interessa però osservare solo
una cosa: anche là dove presumevamo una spontaneità vitale, esi-

---

[39] Oltre al saggio di MARCEL MAUSS, " Le tecniche del corpo ", in *Teoria
generale della magia,* Torino, Einaudi, 1965, citeremo, per gli studi di cinesica: RAY L. BIRDWHISTELL, *Cinesica e comunicazione,* in *Comunicazioni
di massa,* Firenze, La Nuova Italia, 1966; tutto il capitolo V di A.G. SMITH,
ed., *Communication and culture,* N. Y., Holt, Rinehart and Winston, 1966
(con scritti di R.E. PITTENGER e H.L. SMITH Jr., BIRDWHISTELL e altri) e
AAVV, *Approaches to Semiotics,* The Hague, Mouton, 1964; per la prossemica e le ricerche collegate, si vedano LAWRENCE K. FRANK, *Comunicazione
tattile,* in *Comunicazioni di massa,* cit.; EDWARD T. HALL, *The Silent Language,* N. Y., Doubleday, 1958 (capitolo 10: " Space Speaks ").

ste cultura, convenzione, sistema, codice, e quindi (a monte) ideologia. Anche qui la semiologia trionfa nei suoi modi propri, che
consistono nel tradurre la natura in società e cultura. E se la prossemica è capace di studiare i rapporti convenzionali e significativi
che regolano la semplice distanza tra due interlocutori, le modalità
meccaniche di un bacio, o la quota di lontananza che fa di un sa-
luto un addio disperato anziché un arrivederci, ecco che tutto l'universo dell'azione che il cinema trascrive *è già universo di segni.*

Una semiologia del cinema non può pensare di esser solo la
teoria di una trascrizione della spontaneità naturale; si appoggia su
una cinesica, ne studia le possibilità di trascrizione iconica, e stabilisce in che misura una gestualità stilizzata, propria del cinema,
non influisca sui codici cinesici esistenti, modificandoli. Il film
muto evidentemente aveva dovuto enfatizzare i cinemorfi normali,
i film di Antonioni invece sembrano attenuarne l'intensità; in entrambi i casi la cinesica artificiale, dovuta ad esigenze stilistiche,
incide sulle abitudini del gruppo che riceve il messaggio cinematografico, e ne modifica i codici cinesici. Questo è un argomento interessante per una semiologia del cinema, cosí come lo studio delle
trasformazioni, delle commutazioni, delle soglie di riconoscibilità
dei cinemorfi. Ma in ogni caso siamo già nel circolo determinante
dei codici, e il film non ci appare piú come la resa miracolosa della realtà, ma come un linguaggio che parla un altro linguaggio preesistente, entrambi interagendo coi loro sistemi di convenzioni.

È però egualmente chiaro, a questo punto, che la possibilità di
esame semiologico si inserisce profondamente a livello di quelle
unità gestuali che sembravano elementi non ulteriormente analizzabili della comunicazione cinematografica.

I.6. Pasolini afferma che la lingua del cinema ha una sua
doppia articolazione, anche se questa non corrisponde a quella
della lingua. E a questo proposito introduce alcuni concetti che
vanno analizzati:

a) l'unità minimale della lingua cinematografica sono i vari oggetti reali che compongono una inquadratura;

b) queste unità minimali, che sono le forme della realtà, an-
dranno chiamate *cinèmi,* per analogia con *fonèmi;*

c) i cinèmi si compongono in una unità piú vasta, che è l'inquadratura e che risponde al *monema* della lingua verbale.

Si deve correggere queste affermazioni come segue:

a1) i vari oggetti reali che compongono una inquadratura sono
quelli che noi abbiamo già chiamato semi iconici; e abbiamo visto

come non siano fatti reali, dal significato immediatamente motivato, ma effetti di convenzionalizzazione; quando noi riconosciamo un oggetto, a una configurazione significante attribuiamo un significato in base a codici iconici. Dando a un presunto oggetto reale la funzione di significante, Pasolini non distingue chiaramente tra segno, significante, significato e referente; e se c'è una cosa che la semiologia non può accettare è che si sostituisca il referente al significato;

b2) comunque queste unità minimali non sono definibili come equivalenti dei fonemi. I fonemi *non costituiscono porzioni del significato scomposto*. I cinèmi di Pasolini (immagini dei vari oggetti riconoscibili) invece sono ancora unità di significato;

c3) quell'unità piú vasta che è l'inquadratura non corrisponde al monèma, perché corrisponde piuttosto eventualmente all'enunciato, ed è quindi un *sema*.

Chiariti questi punti, l'illusione dell'immagine cinematografica come resa speculare della realtà sarebbe distrutta se, nell'esperienza pratica, non avesse un indubbio fondamento; e se una indagine semiologica piú approfondita non ci spiegasse le ragioni comunicative profonde di questo fatto: il cinema presenta *un codice a tre articolazioni*.

I.7. È possibile che esistano codici con piú di due articolazioni? Vediamo quale è il principio di economia che presiede all'uso delle due articolazioni di una lingua: poter disporre di un altissimo numero di *segni*, combinabili tra loro, usando — per comporli — un numero ridotto di unità, le *figure*, che funzionino combinandosi in unità significanti diverse, ma che da sole non sono caricate di significato, e hanno solo valore differenziale.

Che senso avrebbe allora trovare una terza articolazione? Risulterebbe utile nel caso in cui dalla combinazione dei segni si potesse trarre una sorta di *ipersignificato* (si usa il termine in analogia a iperspazio, per definire qualcosa che non è descrivibile nei termini della geometria euclidèa) che non si ottiene affatto combinando segno con segno — ma tale che, una volta identificatolo, i segni che lo compongono non appaiano come sue frazioni, bensí rivestano nei suoi confronti la stessa funzione che le figure rivestono in confronto dei segni. In un codice a tre articolazioni si avrebbe dunque: *figure* che si combinano in *segni*, ma non sono parte del loro significato; *segni* che si combinano eventualmente in *sintagmi*; elementi "X" che nascono dalla combinazione di segni, i quali non sono parte del loro significato. Presa da sola una figura del segno verba-

le "cane" non denota una parte del cane; cosí, preso da solo, un
segno che entri a comporre l'elemento ipersignificante "X" non
dovrebbe denotare una parte di quello che "X" denota.

Ora il codice cinematografico pare essere *l'unico nel quale appaia una terza articolazione*.

Pensiamo a una inquadratura indicata da Pasolini in uno dei
suoi esempi: un maestro che parla agli scolari in un'aula. Conside-
riamola a livello di uno dei suoi fotogrammi, isolato sincronicamente dal flusso diacronico delle immagini in movimento. Ecco un
sintagma nel quale identifichiamo come parti componenti:

a) dei *semi* che si combinano sincronicamente tra loro; sono
semi come "un uomo alto e biondo è qui vestito di chiaro ecc.
ecc.". Questi *semi* sono analizzabili eventualmente in *segni* iconici
piú minuti quali "naso umano", "occhio", "superficie quadrata"
eccetera, riconoscibili in base al sema come contesto che conferisce
loro significato contestuale e li carica sia di denotazioni che di
connotazioni. Questi *segni*, in base a un codice percettivo, potrebbero essere analizzati *figure* visive: "angoli", "rapporti di chiaro-
scuro", "curve", "rapporti figura-fondo".

Ricordiamo: può non essere necessario analizzare il fotogramma in tal senso, e riconoscerlo come un sema piú o meno convenzionalizzato (alcuni aspetti mi permettono di riconoscere il sema
iconografico "maestro con scolari" e di differenziarlo dall'eventuale
sema "padre con molti figli"): ma ciò non toglie, come si è detto,
che articolazione, piú o meno analizzabile, piú o meno digitaliz-
zabile, ci sia.

Se dovessimo riprodurre questa doppia articolazione secondo le
convenzioni linguistiche correnti, potremmo ricorrere ai due assi
del paradigma e del sintagma:

presunte *figure iconiche* (desunte dai codici percettivi) costituiscono un paradigma dal
quale si selezionano unità da
comporre in

        ↓

segni iconici combinabili in *semi* iconici combinabili in *fotogrammi* —→

Ma passando dal fotogramma alla inquadratura, i personaggi
compiono dei gesti: le *icóni* generano, attraverso un movimento
diacronico, dei *cinemorfi*. Solo che nel cinema accade qualcosa di

piú. Infatti la cinesica si è posta il problema se i *cinemorfi*, unità gestuali significanti (e quindi, se volete, equiparabili ai monemi, e comunque definibili come *segni cinesici*), possano essere scomposti in *figure cinesiche*, e cioè i *cini*, porzioni discrete dei cinemorfi che non siano porzioni del loro significato (nel senso che tante piccole unità di movimento, sprovviste di senso, possono comporre diverse unità di gesto provviste di senso). Ora la cinesica trova difficoltà a identificare momenti discreti nel continuum gestuale: *ma la macchina da presa no*. La macchina da presa *scompone i cinemorfi esattamente in tante unità discrete che da sole non possono significare ancora nulla*, e che hanno valore differenziale rispetto ad altre unità discrete. Se io suddivido in tanti fotogrammi due gesti tipici del capo, come il segno "no" e il segno "sí", io trovo tante posizioni diverse che non posso identificare come posizioni dei ci-

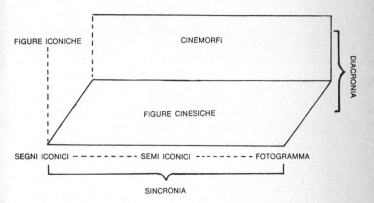

nemorfi "no" o "sí". Infatti la posizione "testa inclinata verso destra" può essere sia la *figura* di un *segno* "sí" combinata col *segno* "indicazione del vicino di destra" (il sintagma sarebbe: "dico sí al vicino di destra"), sia la figura di un *segno* "no" combinato con un *segno* "testa bassa" (che può avere varie connotazioni e che si compone nel sintagma "negazione a testa bassa").

La macchina da presa mi dà dunque delle figure cinesiche prive di significato, isolabili nell'ambito sincronico del fotogramma, combinabili in segni cinesici i quali a loro volta generano sintagmi piú vasti e addizionabili all'infinito.

Accade allora che, se volessi rappresentare in un diagramma questa situazione, non potrei piú ricorrere agli assi bidimensionali, ma a una rappresentazione tridimensionale. Infatti i segni iconici combinandosi in semi e dando origine a fotogrammi (secondo una linea sincronica continua) generano nello stesso tempo una sorta di piano in profondità, a spessore diacronico, che consiste in una porzione del movimento totale all'interno dell'inquadratura; movimenti che, per combinazione diacronica, generano un altro piano, perpendicolare a questo, che consiste nell'unità di gesto significativo.

I.8. Che senso ha attribuire al cinema questa tripla articolazione?

Le articolazioni si introducono in un codice per poter comunicare il massimo di accadimenti possibili col minimo di elementi combinabili. Sono soluzioni di economia. Nel momento in cui si stabiliscono gli elementi combinabili si impoverisce indubbiamente il codice, rispetto alla realtà che mette in forma; nel momento in cui si stabiliscono le possibilità combinatorie si ricupera *un poco* di quella ricchezza di eventi che si dovranno comunicare (la piú duttile tra le lingue è sempre piú povera delle cose che vuol dire, altrimenti non accadrebbero fenomeni di polisemia). Questo fa sí che, non appena noi nominiamo la realtà sia attraverso una lingua verbale che attraverso il povero codice senza articolazioni del bastone bianco del cieco, noi impoveriamo la nostra esperienza; ma questo è il prezzo da pagare per poterla comunicare.

Il linguaggio poetico, rendendo ambigui i segni, cerca proprio di obbligare il destinatario del messaggio a ricuperare la ricchezza perduta, attraverso l'introduzione violenta di piú significati compresenti in un solo contesto.

Abituati come siamo a codici senza articolazioni o, al massimo a due articolazioni, la improvvisa esperienza di un codice a tre articolazioni (che permette dunque di intrappolare molta piú esperienza di qualsiasi altro codice) ci dà quella strana impressione che il protagonista bidimensionale di Flatlandia provava quando era messo in presenza della terza dimensione...

Questa impressione già si avrebbe se nel contesto di una inquadratura si attuasse un solo segno cinesico; in realtà nel flusso diacronico dei fotogrammi si combinano, all'interno di un fotogramma, piú figure cinesiche, e nel corso dell'inquadratura piú segni combinati in sintagmi, in una ricchezza contestuale che indubbiamente fa del cinematografo un tipo di comunicazione piú ricco della parola; perché nel cinematografo, come già nel sema iconico, i diversi significati non si susseguono lungo l'asse sintagmatico, ma appaiono compresenti, e reagiscono a vicenda facendo scaturire varie connotazioni.

Si aggiunga poi che l'impressione di realtà data dalla triplice articolazione visiva si complica con le articolazioni complementari dei suoni e della parola (ma queste considerazioni non riguardano piú il *codice del cinematografo*, ma una semiologia del *messaggio filmico*).

Comunque, basta che ci arrestiamo all'esistenza della triplice articolazione: e lo shock è cosí violento che, di fronte a una convenzionalizzazione piú ricca, e quindi a una formalizzazione piú soffice di tutte le altre, crediamo di trovarci di fronte a un linguaggio che ci restituisce la realtà. E nascono le metafisiche del cinema.

I.9. D'altra parte onestà vuole che ci chiediamo se anche l'idea della triplice articolazione non faccia parte di una metafisica semiologica del cinema. Indubbiamente se si assume il cinema come fatto isolato, che non nasce e non cresce su nessun sistema comunicativo precedente, esso possiede queste tre articolazioni. Ma in una visione semiologica globale, dobbiamo ricordare quanto è stato già detto in B.3.II., che cioè si creano delle gerarchie di codici, di cui ciascuno analizza unità sintagmatiche del codice piú sintetico, e al tempo stesso riconosce come propri tratti pertinenti i sintagmi di un codice piú analitico. In tal senso, dunque, il movimento diacronico del cinema organizza come proprie unità segniche i sintagmi di un codice precedente, *e cioè quello fotografico*, e questo a sua volta si appoggia su unità sintagmatiche del codice percettivo... Allora il fotogramma andrebbe visto come un sintagma fotografico che vale, per l'articolazione diacronica del cinematografo (che combina figure e segni cinesici), quale elemento di seconda articolazione, sprovvisto di significato cinesico. Ciò però imporrebbe di espungere dalla considerazione del cinema tutte le valutazioni di carattere iconico, iconologico, stilistico, insomma tutte le considerazioni sul cinema come "arte figurativa". D'altra parte è solo questione di stabilire dei punti di vista operativi: indubbiamente si può intendere una *lingua* cinematografica come valutabile a partire da quelle unità non ulteriormente analizzabili che sono i fotogrammi, fermo restando che il "film", come *discorso*, è assai piú complesso del cinematografo, e non solo mette in gioco codici verbali e sonori, ma anche *riprende in carica* i codici iconici, iconografici, percettivi, tonali e di trasmissione (tutti quelli cioè esaminati in B.3.III.5.).

Non solo, ma il film come discorso prende poi in carica i vari
codici narrativi, le cosiddette "grammatiche" del montaggio, e
tutto un apparato retorico che viene oggi analizzato dalle semiologie del film.[40]

Detto questo, l'ipotesi di una terza articolazione può essere mantenuta per spiegare il particolare *effetto di realtà* della comunicazione cinematografica.

II. Dall'informale alle nuove figurazioni

II.1. Se il codice cinematografico ha tre articolazioni, un problema opposto si pone per i vari tipi di arte informale, dove addirittura pare che non esista, al di sotto del messaggio, alcun codice.

Se i segni iconici si basano su processi di codificazione molto
sottili, le configurazioni visive *aniconiche* sfuggono a ogni codificazione. Sino a che punto è valida l'obbiezione che Lévi-Strauss
fa alla pittura astratta, e cioè (come abbiamo visto in B.2.2.) di non
proporre dei segni ma dei puri e semplici oggetti di natura? E
cosa si dovrà dire di fronte a fenomeni di pittura informale e
materica (tenendo conto che lo stesso discorso può essere traspor-
tato sul piano della musica post-weberniana)?

Anzitutto ci si dovrà chiedere se e sino a che punto una
pittura astratto-geometrica non si basi su codici rigorosi, che
sono i *codici matematico-geometrici*, contemplati nella tabella rias-
suntiva dei livelli dell'informazione come possibili rapporti sintattici a livello dei significanti (codici gestaltici).

Poi ci si dovrà chiedere se un quadro informale non funzioni come opposizione intenzionale ai codici figurativi e ai codici
matematico geometrici che nega, e quindi non vada visto proprio
come tentativo di portare al massimo l'informazione, sino alle soglie del rumore, le bande di ridondanza consistendo nelle configurazioni iconiche e geometriche *assenti ma evocate per contrapposizione*.

---

[40] Si veda l'articolo di PASOLINI, citato, con la distinzione tra cinema di
poesia e cinema di prosa, e i tentativi, a nostro parere assai utili, di im-
plantare su queste basi una analisi stilistico-retorica dei vari messaggi filmici.
Cfr. anche le ricerche di G. F. BETTETINI; ad es. *L'unità linguistica del
film e la sua dimensione espressiva*, in "Annali della Scuola Sup. di Com.
Sociali", 2, 1966 (primo capitolo di un'opera in preparazione).

II.2. Tuttavia ci pare di riconoscere nei quadri informali (e il ragionamento vale per la musica atonale e per altri fenomeni artistici) come la presenza di una regola, di un sistema di riferimenti, per diverso che sia da quelli a cui siamo abituati. E la chiave ci viene data dagli stessi pittori quando ci dicono che interrogano le nervature stesse della materia, le textures del legno, o della tela di sacco, o del ferro, per ritrovarvi sistemi di relazioni, forme, suggerimenti di direzione operativa. Avviene cosí che in un'opera informale dobbiamo identificare, al di sopra o al di sotto del livello fisico-tecnico, del livello semantico e del livello degli universi ideologici connotati, una sorta di *livello microfisico, il cui codice l'artista individua nelle strutture della materia su cui lavora.* Non si tratta di mettere in rapporto elementi di supporto materiale, ma di esplorare (come al microscopio) questi elementi (il grumo di colore, la disposizione dei grani di sabbia, le sfilacciature della tela di sacco, le graffiature su di un muro di gesso) ed individuarvi un sistema di relazioni, e dunque un codice. Questo codice viene eletto come la guida sul cui modello verranno strutturati il livello fisico tecnico e anche quello semantico: e non nel senso che l'opera proponga delle immagini, e quindi dei significati, ma nel senso che configura comunque delle *forme* (sia pure informi) riconoscibili (altrimenti non distingueremmo una macchia di Wools da una superficie di Fautrier, un "macadam" di Dubuffet da una traccia gestuale di Pollock). Queste forme si costituiscono a un livello segnico, anche se i segni non sono cosí chiaramente codificati e riconoscibili. In ogni caso nell'opera informale l'idioletto che lega tutti i livelli esiste, ed *è il codice microfisico individuato nell'intimo della materia,* codice che presiede alle configurazioni a livelli di maggiore macroscopicità, in modo che tutti i possibili livelli dell'opera (in Dubuffet vi sono pur sempre livelli semantici, in cui appaiono segni blandamente iconici) si appiattiscono sul livello microfisico. Non si ha cioè correlazione di vari sistemi relazionali coordinati da una relazione piú generale e profonda, l'idioletto: ma il sistema di relazioni di un livello (quello microfisico) diventa legge per tutti gli altri livelli. Questo appiattimento del semantico, del sintattico, del pragmatico, dell'ideologico sul microfisico fa sí che taluni possano intendere il messaggio informale come non comunicativo, mentre è semplicemente comunicante in misura diversa. E, al di là della teorizzazione semiologica, i messaggi informali hanno indubbiamente comunicato qualcosa se hanno modificato il nostro modo di vedere la materia, gli accidenti naturali, la fatiscenza dei materiali, e ci hanno disposti diversamente nei loro confronti, aiutandoci a conoscere meglio questi accadimenti che prima si attribuivano al caso e in cui ora si va cercando quasi per istinto una intenzione d'arte, e dunque una struttura comunicativa, un idioletto, un codice.[41]

II.3. Nascono però qui alcuni grossi problemi: se la caratteristica di quasi tutte le opere dell'arte contemporanea è la fondazione di un codice individuale dell'opera (che non precede l'opera e non ne costituisce il riferimento esterno, ma che è contenuto nell'opera), questo codice però il piú delle volte non è individuabile senza un aiuto esterno e quindi senza una enunciazione di poetica. In un quadro astratto o concreto l'instaurazione di un codice originale e inedito passa in seconda linea rispetto all'emergenza ancora evidente del codice gestaltico di base (in altre parole, si tratta pur sempre di angoli, curve, piani, opposizioni di segni geometrici, già caricati di connotazioni culturali). In un quadro informale, in una composizione seriale, in certi tipi di poesia "novissima", l'opera instaura invece — lo abbiamo visto — un codice autonomo (è anzi una discussione su questo codice, è la poetica di se stessa). L'opera è la fondazione delle regole inedite su cui si regge; ma di converso non può comunicare se non a chi conosca già queste regole. Di qui l'abbondanza di esplicazioni preliminari che l'artista è costretto a dare della sua opera (presentazioni di catalogo, spiegazioni della serie musicale impiegata e dei principi matematici su cui si regge, note a pie' di pagina nella poesia). L'opera aspira a tal punto alla propria autonomia dalle convenzioni vigenti, che fonda un proprio sistema di comunicazione: ma non comunica appieno se non appoggiandosi a sistemi complementari di comunicazione linguistica (l'enunciazione della poetica), usati come metalinguaggio rispetto alla lingua-codice instaurata dall'opera.

Senonché nell'evoluzione recente della pittura appaiono alcuni elementi di superamento. Non si dice qui che le tendenze cui accenneremo costituiscano il modo unico di risolvere il problema; si dice che ne costituiscono "un" modo, o comunque il tentativo di un modo possibile. Le varie tendenze post informali, dalla nuova figurazione all'assemblage, la pop art e sue espressioni affini, lavorano *di nuovo* sullo sfondo di codici precisi e convenzionali. La provocazione, la ricostituzione della struttura artistica, si attua sulle basi di strutture comunicative che l'artista trova

---

[41] Si vedano le pagine sull'informale in *Opera aperta*, citato.

già preformate: l'oggetto, il fumetto, il cartellone, la stoffa im-
bottita a fioroni, la Venere di Botticelli, la placca della Coca Cola,
la "Creazione" della Sistina, la moda femminile, il tubetto di
dentifricio. Si tratta di elementi di un linguaggio che, agli utenti
abituali di quei segni, "parla". Gli occhiali di Arman, le botti-
gliette di Rauschenberg, la bandiera di Johns, sono significanti
che nell'ambito di codici specifici acquistano significati precisi.

Anche qui l'artista che li utilizza li fa diventare segni di un
altro linguaggio, e in fin dei conti istituisce, nell'opera, un nuovo codice che l'interprete dovrà scoprire; l'invenzione di un codice inedito opera per opera (al massimo serie di opere per serie
di opere dello stesso autore) rimane una delle costanti dell'arte
contemporanea: ma l'istituzione di questo nuovo codice si attua
dialetticamente nei confronti di un sistema di codici preesistente
e riconoscibile.

Il fumetto di Lichtenstein è segno preciso in riferimento al
sistema di convenzioni linguistiche del fumetto, in rapporto ai
codici emotivi, etici, ideologici del pubblico dei fumetti; *poi*
(ma solo poi) il pittore lo preleva dal contesto originario e lo immette in un nuovo contesto; gli conferisce un'altra rete di significati, lo riferisce ad altre intenzioni (Maurizio Calvesi, a esempio, ha visto nel fumetto ingrandito la proposta di una nuova
spazialità). Il pittore — insomma — opera quella che Lévi-Strauss,
a proposito del "ready made", chiamava una "fissione semantica". Ma l'operazione che l'artista fa, acquista senso solo se com-
misurata ai codici di partenza, offesi e richiamati alla mente,
contestati e riconfermati.

Ed ecco cosí tradotta in termini comunicazionali una situazione che è tipica dell'arte degli anni sessanta e nasce, come si
suol dire con frase ormai convenzionale, dalla "crisi dell'informale". È arduo affermare se si tratti qui di una crisi storica,
nata da condizioni di instabilità tipiche di ogni opera che instauri
un codice autonomo e assolutamente inedito. Si può affermare
comunque che si è trattato di una crisi — di una situazione interrogativa — di molti settori artistici. Per cui si è andata cercando una maggiore aderenza alle condizioni base della comunicazione, che esperienze precedenti avevano giustamente portato
ai limiti estremi della rarefazione e della sfida. Si vedrà in seguito se si tratta del ritorno alle soglie, dimostrate insuperabili,
di una dialettica comunicativa, o solo di un temporaneo ritrarsi
per raccogliere le forze e fare un esame critico.

5. ALCUNE VERIFICHE:
IL MESSAGGIO PUBBLICITARIO

I. Premessa

Le applicazioni al problema del cinema e dell'informale concernevano una semiologia del segno iconico e implicavano una regressione sperimentale verso le componenti di questo (codici percettivi, figure iconiche, possibilità di configurazioni individuate a livello microfisico, eccetera). Se si passa invece all'esame della comunicazione pubblicitaria il fuoco deve essere spostato: da un lato abbiamo, come oggetto di indagine, delle vaste configurazioni sematiche che incominciano ad interessarci a livello degli *iconogrammi*; dall'altro si possono elaborare definizioni di una possibile retorica visiva. In altre parole, e riferendoci allo specchietto presentato in B.3.III.5., dobbiamo occuparci dei codici iconografici, dei codici del gusto e della sensibilità, dei codici retorici (e quindi delle figure, delle premesse e degli argomenti retorico visivi), dei codici stilistici e degli eventuali codici dell'inconscio. In tal senso le verifiche sul cinema, sull'informale e sulla pubblicità avranno avuto la funzione di farci percorrere tutto l'arco dei codici visivi possibili anche se, naturalmente, entro quest'arco si pone l'elaborazione di molte altre serie di messaggi, dal fumetto alla pittura sacra, dalla scultura al cartoon umoristico, eccetera, che attendono ancora una trattazione semiologica esaustiva. Cosí come d'altra parte una trattazione semiologica esaustiva rimane da attuarsi per il messaggio pubblicitario, di cui qui si danno solo alcune analisi a titolo di proposta.

In particolare questa nostra " verifica " preliminare ci permette di riprendere i temi teorici generali trattati in A.4. e in A.5., e precisamente il tema dei *rapporti tra retorica e ideologia*. La lettura di alcuni messaggi pubblicitari avrà dunque una duplice funzione: da un lato indicare come si possa articolare una mappa dei codici pubblicitari, dall'altro mostrare come l'analisi semiologica, nel momento in cui implica la considerazione di quell'Altro dall'universo dei segni che è l'universo delle ideologie, superi i limiti "formalistici" che sembrano esserle proprii per contribuire invece a un discorso piú ampio che coinvolge (in quanto discorso semiologico corretto, e non in quanto oltrepassamento del discorso semiologico) la situazione di una società nel suo complesso.

A proposito dei rapporti tra retorica e ideologia, infatti, se da una problematica generale si passa all'esame del messaggio pubblicitario ci si avvede che alcune delle assunzioni teoriche proposte in precedenza vengono messe in questione, o almeno richiedono di essere rimeditate con attenzione.

La tecnica pubblicitaria, nei suoi esempi migliori, sembra basata sul presupposto informazionale che un annuncio tanto piú attiri l'attenzione dello spettatore quanto piú viola le norme comunicative acquisite (e sconvolge quindi un sistema di attese retoriche).

Certo esiste un tipo di eccellente comunicazione pubblicitaria che si basa sulla proposta di archetipi del gusto, che colma esattamente le attese piú prevedibili, che offre un prodotto femminile attraverso l'immagine di una donna che possiede tutte le attrattive riconosciute alla donna dalla sensibilità corrente.

Ma è altresí pacifico che un pubblicitario responsabile (e dotato di ambizioni estetiche) tenterà sempre di realizzare il proprio appello attraverso soluzioni originali che si impongano per la loro originalità — di modo che la risposta dell'utente non consista solo in una reazione di tipo inconscio alla stimolazione erotica, gustativa o tattile che l'annuncio mette in opera, ma anche in un riconoscimento di genialità, riconoscimento che riverbera sul prodotto, spingendo ad un consenso che si basi non soltanto sulla risposta del tipo "questo prodotto mi piace" ma anche "questo prodotto mi parla in modo singolare" e di conseguenza "questo è un prodotto intelligente e di prestigio".

Ora, sino a che punto la violazione dei sistemi di attese nell'ambito retorico si traduce, in pubblicità, in un accrescimento "nutritivo" a livello delle persuasioni ideologiche? E sino a che punto invece la pubblicità, come novità apparente ed effettiva reiterazione del già detto, non è nutritiva ma "consolatoria"?

Una risposta a questi problemi esige un'analisi di vari messaggi pubblicitari: e questa analisi produce — ma al tempo stesso presuppone come ipotesi di lavoro — una "mappa" delle convenzioni retoriche che presiedono al discorso pubblicitario.

II. I codici retorici

II.1. Nel proporre la delineazione di questa mappa si assume in questa sede come modello la *Retorica* di Aristotele. Si tratta di un procedimento dimostrativo e sperimentale. Una volta che una ricerca del genere fosse impostata piú a fondo il modello di trattato retorico dovrebbe comprendere e mediare gli apporti di tutta la trattatistica retorica dai greci a Perelman attraverso i latini e i retori ellenistici, il medioevo e la trattatistica francese del Grand Siècle e del Settecento.

Qui non si pretende dunque di tracciare la mappa semiologica di cui si parlava; al massimo si possono indicare alcuni movimenti metodologici da compiere per arrivarvi.

Questi movimenti comporterebbero — come si diceva — una rilettura dei trattati di retorica per tracciare un sistema il piú possibile completo di *figure, esempi* e *argomenti* retorici, per poi rapportarvi un vasto elenco di situazioni verbali e visive tratte dagli annunci pubblicitari. Questo permetterebbe per intanto di radunare le soluzioni visive (per quelle verbali il problema del raffronto è indubbiamente piú pacifico)[1] della pubblicità sotto rubriche intitolate alle figure, agli esempi e agli argomenti della retorica classica. Quando poi capitassero soluzioni visive non riconducibili alle soluzioni verbali codificate dalla retorica classica, si tratterebbe di vedere se assistiamo in questo caso alla nascita di artifici visivi di nuovo tipo e se anche questi consentono il catalogo e l'omologazione.

Un lavoro del genere è già stato condotto, in modo puramente esplorativo, da Roland Barthes nel suo "Rhétorique de l'image",[2] e con maggiori intenti catalogici dalla scuola di Ulm.[3] Altrove si è tentato di elaborare una retorica del montaggio visivo di elementi fotografici, ai fini di elaborare le regole di un discorso consequenziale per immagini, dove la soluzione di inaspettatezza (diventata acquisita) funziona come vera e propria relazione lo-

---

[1] Un manuale esaustivo delle soluzioni retoriche in letteratura è H. Lausberg, *Handbuch der Literarischen Rhetorik*, Max Hueber, München, 1960.
[2] Cfr. "Communications", n. 4.
[3] G. Bonsiepe, *Rettorica visivo verbale*, in "Marcatre", 19-22.

gica, istituendo la possibilità di un argomentare iconico.[4] Ma in ogni caso siamo ancora lontani da una " mappa " nel senso pieno del termine, equivalente alle mappe retoriche disegnate lungo i secoli a proposito dell'argomentazione verbale.

In questa sede si vogliono offrire solo le risultanze, ancora informi, di qualche lettura preliminare condotta su pochi annunci pubblicitari. Letture del genere costituiscono il materiale sperimentale, la serie dei protocolli indispensabili a una elaborazione delle mappe (non perché le mappe debbano risultare da una lettura esaustiva di ogni discorso possibile, ma perché una serie abbastanza ampia di letture tentative è indispensabile alla elaborazione·ipotetica di un codice, da sovrapporre poi a tutte le altre letture per saggiarne la validità).

II.2 Una distinzione da tenere presente nelle analisi proposte è quella posta da Jakobson sulle varie funzioni del discorso (cfr. A.3.I.2.).

Nel discorso pubblicitario si esplicitano e si accavallano queste sei funzioni (mai completamente isolate, come d'altronde nel discorso quotidiano). Sullo sfondo di una prevalenza quasi costante della funzione *emotiva* può venire accentuato l'aspetto *referenziale* (" il detersivo X contiene i granelli blu "); l'aspetto *fàtico* (" il suono del carillon vi ricorda... "); l'aspetto *metalinguistico* (" non è ' Vov ' sé non è ' Pezziol ' "), l'aspetto *estetico* (" Omo est là, la saleté s'en va! "), o quello *imperativo* (" Camminate Pirelli ").

Il tener presente la funzione predominante serve sovente a stabilire il reale valore informativo di un asserto verbale o visivo (un asserto debolmente referenziale può essere altamente informativo dal punto di vista fàtico; una immagine che non contenga nessun elemento di novità concettuale può aspirare a una validità estetica di grande prestigio; parimenti, una argomentazione referenzialmente assai debole, apertamente falsa o comunque paradossale — e quindi emotivamente e referenzialmente neutralizzata — può aspirare a essere interpretata come " ingegnosa " menzogna, e dunque come fatto esteticamente valido).

II.3. Insieme alla componente emotiva quella estetica è chiaramente la piú importante. L'uso della figura retorica (che per

⁴ J. L. Swiners, *Problèmes du photojournalisme contemporain*, in " Techniques graphiques ", numeri 57-58-59, 1965.

comodità chiameremo d'ora in poi "tropo", senza approfondire la distinzione tra "tropi" veri e proprii, "figure di discorso" e "figure di pensiero"[5]) ha anzitutto finalità estetiche. Vige nella pubblicità il precetto barocco per cui "è del poeta il fin la maraviglia". Spesso il prodotto vuole imporsi ostentando abilità e arguzia. Il valore estetico dell'immagine retorica rende persuasiva la comunicazione, se non altro perché la rende memorabile. Naturalmente spesso il tropo interviene anche a puri fini di persuasione e di stimolazione emotiva, per sollecitare l'attenzione e rendere piú nuova — piú "informativa" — una argomentazione altrimenti frusta. Ma anche in questi casi, se pure il primo moto sollecitato è la risposta emotiva, si pretende quasi sempre dall'utente anche la successiva valutazione estetica del procedimento.

Perelman nel suo *Trattato* non elenca i tropi separatamente dagli argomenti, perché li intende esclusivamente come strumenti per la dimostrazione (con puri fini persuasivi). Invece ci pare opportuno, come facevano i retori della classicità, separarli proprio a causa della funzione estetica che i primi intendono rivestire. Spesso i tropi sono totalmente disancorati dall'argomentazione e hanno la sola funzione di attirare l'attenzione divertita su una comunicazione che poi procede argomentando con altri mezzi.

III. Registri e livelli dei codici pubblicitari

III.1. I codici pubblicitari funzionano su un doppio *registro*: a) verbale; b) visivo. Come è stato ampiamente dimostrato[6] il registro verbale ha la funzione precipua di *ancorare* il messaggio, perché spesso la comunicazione visiva appare ambigua, concettualizzabile in modi diversi. Tuttavia questo ancoraggio non si realizza sempre in modo puramente parassitario. Nella nota analisi di Barthes della Pasta Panzani, indubbiamente l'immagine, intessuta di soluzioni retoriche (tropi e luoghi o argomenti), si presterebbe a varie decodifiche se il testo non intervenisse con funzioni puramente referenziali a specificare che si tratta di "pasta all'italiana". Spesso però — negli annunci piú elaborati — il testo attua la sua funzione di ancoramento mettendo anch'esso in opera vari artifici retorici. Uno dei fini di una indagine retorica sulla pubblicità è di vedere come si incro-

---

[5] Cfr. LAUSBERG, cit.
[6] R. BARTHES, *art. cit.*

cino le soluzioni retoriche ai due registri. Infatti può verificarsi una omologia di soluzioni o una discordanza totale: con immagine a funzione estetica e testo a funzione emotiva; o con immagine che procede per semplici tropi mentre il testo introduce luoghi; o con immagine a struttura metaforica e testo a struttura metonimica; o con immagine che propone un luogo argomentativo e il testo che lo contraddice; e cosí via, praticamente attraverso una combinatoria difficilmente codificabile in partenza.

III.2. Indubbiamente la ricerca sui codici della persuasione verbale appare meno stimolante nella misura in cui appartiene a una tradizione di ricerca retorica già compiuta. Esistono peraltro eccellenti studi sulla retorica verbale della pubblicità.[7] La nostra indagine quindi dovrà mirare inizialmente a mettere in luce la possibilità di codici visivi. Solo in seguito potrà mettere a frutto le ricerche sulla comunicazione verbale e studiare le combinazioni tra i due registri.

A proposito della comunicazione visiva possiamo identificare tre *livelli* di codificazione visiva:

a) *livello iconico*: una codificazione dei segni iconici non appartiene allo studio retorico della pubblicità, cosí come non vi appartiene, al registro verbale, lo studio sui valori denotativi dei vari termini verbali. Si può accettare per dato che una certa configurazione rappresenti un gatto o una sedia, senza

    [7] Cfr. anzitutto il classico M. Galliot, *Essai sur la langue de la réclame contemporaine*, Privat, Toulouse, 1955. Per una ulteriore bibliografia, specie italiana, si veda G. Folena, *Aspetti della lingua contemporanea*, in " Cultura e scuola ", n. 9, 1964 e la conferenza, ancora inedita, dove è stata condotta una analisi dello slogan " Metti un tigre nel motore " (Milano, Circolo della Stampa, novembre 1967). Un'analisi di numerose figure verbali si veda in Francesco Sabatini, *Il messaggio pubblicitario da slogan a prosa-poesia*, in " Sipra Due ", 9, sett. 1967. Cfr. pure Corrado Grassi, *Linguaggio pubblicitario vecchio e nuovo*, in " Sipra Due ", 2, febbr. 1967. Cfr. ancora Ugo Castagnotto, *Proposta per un'analisi semantica del linguaggio della pubblicità commerciale*, tesi di laurea presso la Facoltà di Lettere dell'Un. di Torino (A. A. 1966-67) di cui sono stati editi due capitoli su " Sipra Due ", 9, 1967 e su " Sigma ", 13, 1967. Ancora, per una indagine preliminare sui termini in gioco (" pubblicità ", " réclame ", ecc.) cfr. Andrea De Benedetti, *Il linguaggio della pubblicità contemporanea*, Facoltà di Magistero, Un. di Torino 1966; *Guida bibliografica agli studi di psicopedagogia dei " mass media "* Ca-Ma Editore, Torino, 1966. Per i rapporti tra lingua pubblicitaria e esperimenti verbali dell'avanguardia cfr. L. Pignotti, *Linguaggio poetico e linguaggi tecnologici*, in " La Battana ", 5, 1965.

chiederci perché e in che modo; al massimo si può prendere in considerazione un determinato tipo di icone dal forte valore emotivo, quella che chiameremo " icone gastronomica ", e che si ha quando una qualità di un oggetto (patina gelata su bicchiere di birra, untuosità di una salsa, freschezza di una pelle femminile) nella sua violenta rappresentatività stimola direttamente il nostro desiderio anziché limitarsi a denotare " salsa ", " gelo " o " morbidezza ".

b) *livello iconografico*: abbiamo due tipi di codificazioni. Una di tipo " storico ", per cui la comunicazione pubblicitaria usa configurazioni che in termini di iconografia classica rimandano a significati convenzionati (dall'aureola che indica santità, a una data configurazione che suggerisce l'idea di maternità, alla benda nera sull'occhio che connota pirata o avventuriero, eccetera). L'altra, di tipo pubblicitario, dove per esempio l'essere indossatrice è connotato da un particolare modo di stare in piedi a gambe incrociate. La consuetudine pubblicitaria ha cioè messo in circuito degli *iconogrammi* convenzionati.

Un iconogramma (come già d'altronde una configurazione iconica) non è mai un segno bensí un *sema* (cfr. B.3.I).

c) *livello tropologico*: comprende gli equivalenti visivi dei tropi verbali. Il tropo può essere inusuale e assumere valore estetico, oppure essere l'esatta traduzione visiva della metafora assopita e passata nell'uso comune, tanto da passare inosservata. D'altra parte il linguaggio pubblicitario ha introdotto tropi tipici della comunicazione visiva che difficilmente possono essere riportati a tropi verbali preesistenti.

Guy Bonsiepe [8] cita numerosi casi di realizzazione visiva di tropi classici: un pneumatico che procede sicuro tra due file di chiodi rappresenta chiaramente una *iperbole*; una réclame di sigaretta che mostra solo una nuvoletta di fumo, ancorata alla scritta " Questo è tutto ciò che abbiamo da vendere ", funge come *litote* (egli parla di " ipoaffermazione " e si potrebbe anche parlare di " understatement "); una pubblicità Esso che annuncia " Fate rifornimento dappertutto " e viene introdotta dall'immagine di un colibrì che sugge il nettare o beve l'acqua nel calice di un fiore, costituisce un caso di *metafora*.[9] Altrove abbiamo casi di *visualizzazione o letteralizzazione della metafora*: là dove ad esempio il richiamo a una maggiore flessibilità (metafora verbale) del marketing moderno viene espresso da una copia di " Time " che si presenta ondulata come una lamina flessibile.

Con la visualizzazione della metafora (che ne costituisce anche una let-

---

[8] Cfr. *art. cit.*

[9] Nell'edizione italiana del saggio, questa soluzione è indicata erroneamente come " metonimia ". Bonsiepe invece, nell'edizione originale (testo tedesco e inglese) aveva parlato di " analogia-visivo-verbale ". Cfr. " Ulm ", 14-15-16.

teralizzazione [10]) siamo passati a un genere di tropi natï dopo l'avvento della comunicazione visiva pubblicitaria. Tra questi individueremo per esempio la *partecipazione magica per accostamento* (un uomo moderno che indossa una camicia pubblicizzata, se appare di fianco a°un quadro che raffigura un gentiluomo settecentesco, viene a partecipare — e con lui il prodotto — dell'aura di nobiltà, virilità e dignità del modello classico).[11] In un caso del genere si ha anche un altro tipo di figura che potremmo indicare come *iconogramma kitsch* usato quale argomento d'autorità: l'evocazione dell'opera d'arte riconosciuta pubblicamente come tale — etichettata in quanto prestigiosa — riverbera prestigio sul prodotto (sono iconogrammi Kitsch il marchio dell'Olio Dante, i vari prodotti intitolati alla Gioconda, ecc.).

Un'altra tipica figura visiva è la *doppia metonimia* con funzioni di identificazione: l'accostamento, ad esempio, di una scatola di carne conservata con l'animale vivente, nominando la scatola attraverso l'animale e l'animale attraverso la scatola (doppio movimento metonimico) stabilisce mediante il semplice accostamento una indiscutibile identità tra i due fatti (" la carne in scatola è *vera* carne di bue "), o un rapporto di implicazione.

Infine giova osservare che quasi ogni immagine visiva pubblicitaria incarna una figura retorica che in tale sede assume una importanza predominante, e cioè l'*antonomasia*. Ogni entità singola che appare nell'immagine è per lo più il rappresentante, per antonomasia sottintesa, del proprio genere o della propria specie. Una ragazza che beve una bibita si pone come " tutte le ragazze ". Si può dire che la citazione del caso singolo assume valore di exemplum, di argomento di autorità. Ogni singolo viene idealmente preceduto da quel segno logico che si chiama *quantificatore universale* e che fa intendere il simbolo x a cui viene preposto come " tutti gli **x** ". Questo meccanismo, che si regge su processi psicologici di identificazione (e dunque su meccanismi extrasemiologici) ma in cui il processo di identificazione è permesso da artifici retorici che rendono convenzionalmente riconoscibile come universale ed esemplare il singolo proposto (e siamo di nuovo a un meccanismo semiologico), è fondamentale nella comunicazione pubblicitaria.

[10] La letteralizzazione della metafora è invece inconsueta nel linguaggio verbale, tanto che su questa prevaricazione retorica ha fondato una sua divertente novella Massimo Bontempelli, in cui improvvisamente i traslati del linguaggio comune si realizzano. La realtà imita il linguaggio e dà un'impressione surreale che non proviamo affatto quando le immagini imitano il linguaggio.

[11] Ugo CASTAGNOTTO, in *Pubblicità e operatività semantica* (" Sipra Due ", 9, 1967) cita G. Bachelard quando parla dell'attività di " transvalorizzazione metaforica che è alla base delle fantasie alchimistiche. Attributi e qualità di un oggetto vengono trasferiti al segno linguistico corrispondente o fatti passare da parola a parola per dedurne un parallelo... " Ci pare che sul piano visivo procedimenti del genere siano all'ordine del giorno.

d) *livello topico*: comprende sia il settore delle cosiddette *premesse* che quello dei *luoghi* argomentativi o *topoi* che erano delle rubriche generali sotto le quali si riunivano gruppi di argomentazioni possibili. La distinzione tra premesse e luoghi è già molto imprecisa in Aristotele e in parte della retorica susseguente viene abolita. Ai fini del nostro discorso è sufficiente riconoscere la possibilità di blocchi di opinioni acquisite che possono costituire sia la premessa per un entimema che lo schema generale sotto cui far rientrare entimemi affini. Perciò parleremo globalmente di livello topico.

Una codificazione dei topoi visuali potrebbe comportare la classificazione delle possibili traduzioni visive dei topoi verbali; ma ciò che emerge piú vistosamente dalla prima ispezione sul linguaggio visivo è l'esistenza di iconogrammi i quali connotano in partenza un *campo topico*, e cioè che evocano per convenzione una premessa o blocchi di premesse in modo ellittico, come se si trattasse di una sigla convenzionata.

Per esempio, un iconogramma del tipo " icone denotante giovane donna che si china sorridendo su una culla verso un lattante che le tende le braccia " connota indubbiamente (a livello iconografico) " mammina ", ma in pari tempo evoca una rosa di persuasioni del tipo " le mamme amano i loro bambini — mamma ce n'è una sola — l'amore della mamma è il piú forte di tutti — le mamme adorano i loro bambini — tutti i bambini amano la mamma — eccetera ". Non solo: oltre a queste connotazioni, che costituiscono delle premesse vere e proprie, vengono connotati gruppi argomentativi possibili (e dunque " luoghi " in senso stretto, del tipo " se tutte le mamme sono cosí, perché anche voi non dovreste esserlo? ". È facile capire come da un campo topico del genere possano scaturire entimemi del genere: " tutte le mamme fanno solo ciò che giova ai loro bambini — tutte le mamme nutrono i loro bambini col prodotto X — chi nutre i propri bambini col prodotto X fa ciò che giova loro ".[12]

Come si vede, perché l'entimema diventi possibile è necessario che si verifichi la decodifica proposta quando parlavamo del livello tropologico, a proposito della antonomasia sottintesa: quella mamma diventa " tutte le mamme ". Si può anche dire che in molti casi l'antonomasia " la mamma per eccellenza " comporta il campo topico " se la mamma per eccellenza si comporta cosí, perché non tu? " da cui l'argomento " questa mamma è mamma per eccellenza — essa nutre il proprio bambino col prodotto X — perché anche tu non dovresti nutrirlo nello stesso modo? " — dove, come si vede, abbiamo eliminato il ricorso all'ipotesi di un quantificatore universale

---

[12] Questo procedimento era già stato intravisto a livello verbale da Migliorini, e viene ricordato da F. Sabatini (art. cit., nota 3). Per le osservazioni di Bruno Migliorini cfr. *Saggi sulla lingua del Novecento*, Firenze, 1963 e *Lingua Contemporanea*, Firenze, 1963.

" tutte ", limitandoci a rilevare il gioco tra una antonomasia e un luogo
evocato.

Si avanza qui l'ipotesi che la maggior parte della comunicazione visiva
pubblicitaria si affidi, piú che alla enunciazione vera e propria di premesse e
luoghi, all'ostensione di un iconogramma in cui la premessa — sottintesa
— è evocata attraverso la connotazione del campo topico.

e) *livello entimematico*: comporterebbe l'articolazione di vere e proprie
argomentazioni visive. Anche qui, in fase preliminare, sia lecito avanzare
l'ipotesi che, a causa della polivalenza tipica dell'immagine e della necessità
di ancorarla al discorso verbale, la vera e propria argomentazione retorica sia
condotta solo dal testo verbale o dall'interazione tra registro verbale e registro visivo. In tal caso gli iconogrammi in gioco, cosí come evocano campi
topici, evocherebbero di solito *campi entimematici*: sottintenderebbero cioè
argomentazioni già convenzionate e richiamate alla mente da una immagine
sufficientemente codificata.

IV. Lettura di cinque messaggi

IV.1. Esaminiamo per esempio l'annuncio di Camay riprodotto fuori testo:

A. *Registro visivo*: discorso a funzione apparentemente *referenziale*.

Denotazioni: un uomo e una donna, entrambi giovani, stanno esaminando dei quadri esposti in un luogo che il catalogo
in mano alla ragazza indica come quel tempio dell'antiquariato
che è Sotheby di Londra; l'uomo guarda la donna e la donna volge
gli occhi in direzione dello sguardo.

Possiamo notare anche il prevalere della funzione *estetica* —
che risalta se si esamina l'annuncio a colori, e che emerge anche
dal gusto della composizione, ispirata a tagli cinematografici ritenuti di gusto — nonché il profilarsi di una funzione metalinguistica (l'immagine cita altre immagini: i quadri).

Troviamo denotazione a un livello iconico (donna, uomo, quadri, ecc.) ma la serie delle connotazioni piú forti è portata a livello di *semi iconografici*.

Connotazioni: il sema donna connota (secondo una complessità connotativa crescente, dove una connotazione si appoggia sul-
l'altra): la donna è bella (secondo codici correnti), è presumibilmente nordica (connotazione di prestigio; la nordicità è sottolineata come britannicità dal catalogo); è ricca (altrimenti non fre-

quenterebbe Sotheby); è colta (idem), è di buon gusto (idem); se non è inglese è allora turista di gran classe. L'uomo è virile, sicuro (i codici iconografici lo confermano come tale, tutta una tradizione cinematografica e pubblicitaria interviene a rassicurare su tale interpretazione), poiché non ha l'aspetto inglese è viaggiatore internazionale, ricco, di gusto, colto. Probabilmente è piú ricco, colto, sicuro della donna, perché la donna compie la visita col catalogo, mentre egli esamina direttamente il quadro; è un esperto o un acquirente (in ogni caso il sema connota prestigio). Il particolare tipo di inquadratura (che si rifà a codici cinematografici acquisiti) non denota solo che l'uomo osserva la donna che sta volgendo lo sguardo: interpretiamo l'immagine come fotogramma isolato di una sequenza nel corso della quale la donna mostrerà di sentirsi guardata e cercherà di vedere chi la guarda senza mostrare di guardarlo. Tutto ciò connota che tra i due si stabilisce una blanda corrente erotica. L'attenzione con cui l'altro personaggio piú anziano guarda il quadro ribadisce il principio che il giovane è distolto proprio dalla presenza della donna e sottolinea il contatto tra i due. Da una parte e dall'altra viene connotato "fascino", ma in ogni caso poiché è l'uomo che guarda per primo, il fascino sta prevalentemente dalla parte della donna. Poiché il messaggio verbale ancorante stabilisce che il motivo del fascino è dovuto al profumo del sapone Camay, il sema iconico in basso interviene a ridondare il messaggio verbale attraverso una *doppia metonimia* con funzione di identificazione: "saponetta + flacone di profumo" significa "saponetta = flacone di profumo".

È sottinteso che i due personaggi rivestono valore antonomastico (essi sono "qualsiasi giovane elegante e raffinato"). Essi diventano modelli da imitare (oggetti di identificazione e proiezione possibile) perché sono stati caricati di connotazioni che l'opinione comune stabilisce come prestigiose ed esemplari: bellezza, gusto, internazionalità, eccetera. In un certo senso le due immagini non sono precedute dal quantificatore universale "tutti" ma ne sottintendono una forma ridotta, del tipo "tutti quelli come voi", dal momento che la proiezione o l'identificazione si siano verificate. Ancora una volta la antonomasia sottintesa stabilisce: "questo singolo è tutti voi o è quello che voi dovreste e potreste essere".

A livello topico ed entimematico — infine — ecco che dalle stesse connotazioni di base scaturiscono campi di luoghi a catena, tra i quali potremmo citare: "le persone di gran clas-

se sono da imitare — se costoro che appartengono all'alta società fanno cosí, perché non dovreste fare altrettanto — è bene
individuare i motivi del successo delle persone che vorremmo imitare — le persone di successo ci indicano come bisogna comportarsi"; o addirittura viene evocato l'entimema: "tutte le persone di successo sono da imitare — queste sono persone di successo — queste persone sono da imitare".

Naturalmente i campi topici ed entimematici si chiariscono
e si determinano una volta che il registro visivo sia stato fatto
interagire con quello verbale. Di fatto un esame agli argomenti
del registro verbale ci conferma che l'immagine dovrebbe evocare
campi topici ed entimematici simili a quelli esemplificati.

B. *Registro verbale*: la funzione è referenziale nelle prime due
righe, emotiva nella scritta grande in terza posizione. Segue un
lungo messaggio referenziale ed emotivo insieme, dove le connotazioni sono affidate a suggestioni abbastanza elementari: "pre-
zioso, seducente, costosissimo, irresistibile, girar la testa":

C. *Rapporti tra i due registri*: sembrerebbe che il registro verbale ancori semplicemente quello visivo, ma di fatto il registro
visivo possiede connotazioni *high brow* (cultura, internazionalità,
amore per l'arte, ricchezza, gusto, ecc.) che il registro verbale non
mette in opera (il testo non parla di gusto o amore per l'arte,
ma di "conquistare un tesoro d'arte": traduce dunque le connotazioni colte in connotazioni *economiche*). In un certo senso il
messaggio visivo si indirizza a una rosa piú ristretta di interpreti,
mentre quello verbale seleziona un pubblico piú vasto e sensibile
a sollecitazioni piú grossolane. C'è da dire che il destinatario
colto, che potrebbe essere attirato dal messaggio visivo, si sente
poi respinto dalla grossolanità del messaggio verbale (poiché di
fatto gli aggettivi usati e i miti connotati per lunga consuetudine connotano globalmente *middle class*). In questo caso si è avuta una curiosa contraddizione nell'emittente, che per la parte visiva si è ispirato a modelli pubblicitari piú sofisticati, mentre per
la parte verbale si è fidato di sistemi di persuasione già sperimen-
tati per via radiofonica o in annunci meno impegnativi dal punto di vista grafico. Si potrebbe pensare che questo annuncio fal-
lisce nell'identificare il proprio pubblico, ma una affermazione
del genere esula dal nostro modello di ricerca e può essere fatta
solo in seguito a una indagine sul campo intorno alla ricezione
del messaggio.

L'esempio esaminato si muoveva a livello di una persuasione
abbastanza elementare. Le funzioni estetiche del messaggio erano

minime, le figure retoriche tra le piú normali, la referenzialità era spinta al massimo e ogni connotazione si appoggiava su una denotazione tra le meno ambigue (perché scatti la figura retorica inattesa occorre che i significanti individuino ambiguamente il significato denotato: usare, in luogo di "luna", la metafora "la vergine pallida della notte" implica già una certa esitazione nella identificazione dei referenti). Indubbiamente l'analisi cambierebbe se si esaminassero annunci piú elaborati. Ma nel caso dell'annuncio analizzato siamo almeno riusciti a stabilire l'esistenza di una persuasione che, sconvolgendo al minimo il campo retorico, non pretende affatto di sconvolgere il campo ideologico. La ideologia globale connotata è quella già accennata esaminando i campi topici suggeriti: il successo nella vita è il successo erotico-mondano-economico (dove anche l'arte costituisce valore commerciale e indice di successo) e chi ottiene successo in questi campi è degno di invidia e costituisce modello da adeguare.

Abbiamo qui un tipico esempio di *messaggio ridondante sul versante retorico e ridondante sul versante ideologico*.

Potremmo però identificare altre combinazioni e ritrovare tipi di argomentazione persuasiva che articolano diversamente i valori dell'informazione e della ridondanza, sia riguardo alla retorica che all'ideologia.

Dopo avere dunque esaminato un messaggio persuasivo dove si aveva:

a) ridondanza retorica e ridondanza ideologica;

passiamo a identificare altri tre tipi di messaggi dove si abbia:

b) informazione retorica e ridondanza ideologica;

c) ridondanza retorica e informazione ideologica;

d) informazione retorica e informazione ideologica.

IV.2. L'esempio di cui al punto b) è dato da un manifesto che, negli ultimi anni, ha invaso le nostre città. Esso era attraversato, nella parte mediana, da una ampia banda nera (che, per inciso, recava una scritta). La banda, per le sue dimensioni e per il rapporto con la figura femminile che ne spuntava, al di sopra e al di sotto, si proponeva all'immaginazione come una balaustra, o un paravento. Balaustra o paravento, essa copriva una graziosa ragazza da metà seno, immediatamente sopra i capezzoli, all'inizio delle gambe, immediatamente al di sotto del pube. In altri termini la fanciulla appariva presumibilmente nuda e protetta dalla provvida striscia.

Al primo moto di sorpresa (lo sguardo del passante si portava

di colpo sull'immagine, e si reagiva alla sorpresa con un interrogativo) ne succedeva un secondo, quando ci si accorgeva che il
manifesto costituiva la pubblicità di un costume da bagno.

Notiamo bene che i momenti comunicativi erano quattro:

1) l'icone denota " donna nuda ";

2) il messaggio verbale denota " costume da bagno ";

3) l'interazione tra i due registri connota il fatto che la donna
pubblicizza il costume da bagno (una donna nuda consiglia qualcosa che copre);

4) si ritorna sul significante visivo riscoprendolo come ambiguo: nulla infatti esclude che la donna indossi un costume da
bagno, coperto dalla balaustra nera.

La banda nera, come copriva la nudità, poteva benissimo coprire un tessuto. L'accortezza grafica consisteva nel fatto che la
copertura visibile occupava la stessa zona destinata al probabile
costume.

Eliminata la prima sorpresa, neutralizzata la prima novità —
di ordine puramente referenziale — ecco che lo spettatore piú
critico poteva abbandonarsi a una valutazione di ordine estetico:
il grafico aveva compiuto il bell'exploit di reclamizzare un costume senza farlo vedere, anzi, celebrando con furbizia l'assenza
del costume. Il gioco riusciva a tal punto che tutti si soffermava-
no a leggere il vero messaggio pubblicitario, che consisteva nella
proposta del costume in questione e cioè della marca committente.

Detto questo, ci si accorge che in verità il messaggio contem-
plava automaticamente una informazione ulteriore, non immediatamente verbalizzabile, da cogliersi a livello quasi inconscio,
ma non per questo meno individuabile; il manifesto diceva implicitamente: " Indossando il costume X voi avrete la stessa carica di seduzione che di solito attribuiamo alla donna nuda che
— come diceva Hugo — è la donna armata ", ed evocava quindi
campi entimematici e topici di vario tipo.

Senonché mentre il gruppo delle prime *tre* informazioni (c'è
una donna nuda; presenta il tal costume; forse indossa il costume)
ci assaliva con qualcosa di veramente *inatteso*, che non sapevamo
ancora, la *quarta* informazione (il nostro costume rende sedu-
centi) in effetti ci diceva ciò che sapevamo benissimo: non che
il costume fosse veramente seducente, ma che chi pubblicizza un
costume da bagno non può che metterne in rilievo le doti di
grazia ed eleganza. Si aggiunga che il quarto messaggio faceva
leva sui desideri che di fatto le utenti nutrivano già, sulle sen-

sazioni che comunque avrebbero tratto dal capo di vestiario una volta indossato.

Sarebbe molto inesatto dire che il manifesto innovava nell'ordine dei significanti mentre comunicava significati acquisiti: perché anche il fatto che la donna fosse nuda e che forse indossasse un costume sono da catalogarsi come significati comunicati insieme (e fatti giocare in opposizione: da cui l'ambiguità del messaggio e il suo potere estetico). Sarà allora piú esatto dire che il manifesto appariva informativo per quanto riguardava l'articolazione degli artifici retorici (in un nesso di soluzioni significanti e di significati messi in contraddizione), ma connotava una ideologia globale che era ancora quella di una società consumistica.

IV.3. Come esempio del punto c) vorremmo invece proporre un annuncio apparso in varie riviste americane, per pubblicizzare la Volkswagen 1200.

Il registro visivo occupa i primi tre quarti della pagina, quello verbale l'ultimo quarto in basso. Il registro visivo si compone di una sola inquadratura dove, su un fondo biancastro uniforme, in cui non si distingue il piano orizzontale dallo sfondo verticale (cielo o parete che sia), appare in prospettiva, verso l'alto — e quindi molto piccola rispetto all'inquadratura — una vettura Volkswagen. Il messaggio è piattamente e volutamente referenziale; al massimo la piccolezza dell'oggetto potrebbe essere interpretata come una litote visiva — come chi dicesse " il mio macinino ": ma la litote "minus dicit quam significat", e quindi diminuisce apparentemente l'oggetto per esaltarlo, mentre nel nostro caso l'immagine dice senza secondi fini "la macchina che vi presento è assolutamente modesta". Se figura retorica c'è, sarà dunque una *epitrope* o *concessione* (o *sincoresi* o *paromologia*): per cui si concede ciò che l'avversario obbietterebbe, sia a titolo di *captatio benevolentiae* che per neutralizzare in partenza l'appunto.

E in realtà vari aspetti del testo verbale confermano questa soluzione (che d'altronde ritorna in tutta la pubblicità che la Volkswagen fa in America, cercando di volgere ad argomento positivo l'obbiezione principale dell'acquirente statunitense).

Il messaggio verbale dice:

" NON LASCIATEVI SPAVENTARE DAL PREZZO BASSO.

1652 dollari. Questo è il prezzo della nuova Volkswagen. Ma molti non vogliono comperarla. Essi credono di meritare qualcosa di piú costoso. Questo è il prezzo che noi paghiamo per il prezzo che chiediamo. E altri temono di comperarla: essi non comprendono come possiamo vendere una macchina a buon prezzo senza fare una macchina di buon prezzo. Ed ecco come: siccome la nostra fabbrica non cambia ogni anno la forma del maggiolino, noi non dobbiamo cambiare ogni anno la fabbrica. Quello che non spendiamo per l'apparenza lo spendiamo per migliorare la possibilità di acquisto. La produzione di massa riduce i costi. E le VW sono state prodotte in un numero (dieci e piú milioni sino a oggi) superiore a quello di ogni altra macchina nella storia. Il nostro sistema di raffreddamento ad aria con motore posteriore riduce i costi, perché elimina radiatore, pompa dell'acqua e albero di trasmissione. Non ci sono gadgets fantasiosi azionati da bottoni. (I soli bottoni sono sulle portiere, e anche quelli dovete manovrarli da voi). Quando voi comperate una VW voi avete quello che pagate. Quello che non vi diamo sono i fronzoli. E voi non dovete pagare per ciò che non ricevete ".

In questo testo — raro esempio di ottima argomentazione persuasiva — le qualità della macchina non sono presentate di colpo, ma vengono fatte emergere attraverso una elaborata litote generata da una serie di epitropi confutate. La confutazione delle obbiezioni appare una confutazione di premesse acquisite: in sostanza l'annuncio dice " voi credevate che fossero da prediligersi i fronzoli, i bottoni automatici, le forme originali e sempre nuove — e tutta la pubblicità automobilistica vi ha sempre fatto apparire queste proprietà come dei valori indiscutibili; ebbene, questi valori non sono indiscutibili, possono essere rifiutati per realizzare un valore piú grande che è l'economia, e il gusto di manovrare da soli i vari meccanismi senza servocomandi inutili ". Naturalmente l'argomentazione fa scaturire altri campi entimematici del tipo: " non è vero che i gadgets e le forme originali connotano prestigio, a tal punto da vergognarsi a non averli; ecco, noi non ci vergogniamo, siamo fieri di rinunciarvi " (e cosí facendo vengono implicitamente confutate varie premesse correnti). In sintesi, l'argomentazione positiva si regge su due premesse sottintese (" il basso prezzo è un valore " e " l'uomo positivo paga per quel che ha ") e l'evocazione di un *luogo della quantità*: " ciò che fanno i piú — produzione di massa — è imitabile ".

Ora uno dei procedimenti che contraddistingue una retorica *nutritiva* da una retorica puramente consolatoria è la decisione iniziale di sottoporre a critica le premesse correnti. Indubbiamente (né l'argomentazione retorica esce mai da questo ciclo) la confutazione di talune premesse implica l'uso di altre premesse non discusse, ma in ogni caso il destinatario del messaggio persuasivo

è sottratto all'assenso puramente passivo, inconscio o coatto (stimolazioni sensuali, provocazioni di identificazioni irrazionali) per
essere invitato a una considerazione critica che, all'occorrenza,
può dare inizio a una catena di riflessioni che vanno al di là dei
desideri del persuasore. Qui non si vuole affermare che la Volkswagen abbia perseguito finalità etiche superiori per esplicita decisione: la casa è stata costretta ad adottare procedimenti opposti
a quelli delle altre case americane proprio per imporre un prodotto che presenta qualità opposte a quelle pubblicizzate e desiderate in America.

Ma è fuor di dubbio che il messaggio, anche se sul versante
retorico pone in opera artifici non sorprendenti (l'immagine non
è ambigua, la ridondanza del testo è fondata su reiterazioni dell'epitrope), smuove il destinatario sul versante ideologico: muta
il suo modo di vedere l'automobile come feticcio e *status symbol*.
Cambia i codici di interpretazione del significante automobilistico. Provoca un riassestamento di vari atteggiamenti ideologici,
che non potranno non assumere nuove forme retoriche (da allora
il gadget non significherà piú "pregio" o "comodità" o "prestigio" ma "spreco", e "fronzolo inutile").

Ecco dunque un messaggio che, attuando ridondanza sul versante retorico, informa sul versante ideologico. Certo espressioni
come "ridondanza" e "informazione" hanno qui valore relativo: indubbiamente forme retoriche cosí dimesse, nel contesto di
una rivista in cui appaiono pubblicità dall'arguzia mirabolante,
colpiscono talmente il lettore da risultare assai informative. Comunque è chiaro che la lettura di questo annuncio arricchisce
piú il nostro patrimonio di idee che non la nostra esperienza
grafica e letteraria. Di converso non è il caso di conferire sempre
e comunque a "ideologia" un significato totalitario; nessuno
pretende che la pubblicità di una macchina, intesa a promuovere
i consumi, sconvolga il modo di vedere di un intero sistema di
vita; basta osservare come lo intacchi su un punto periferico.

IV.4. Resta da vedere se esistano messaggi persuasivi informativi retoricamente e ideologicamente al tempo stesso. L'esempio che vorremmo portare appartiene alla propaganda ideologica e non alla pubblicità, ma è definibile ugualmente come
messaggio persuasivo. Si tratta di un manifesto distribuito in
Italia dalle edizioni ED.912 e inserito nel n. 4 della rivista "Quindici", ma ideato negli Stati Uniti.

Una grande immagine fotografica solarizzata e stampata in

inchiostro rosa (attraverso un segnale tipografico a bassa determinazione, che rende ambigua e imprecisa la forma del significante) mostra un soldato americano accucciato in una buca o dietro a un cespuglio. L'icone di sfondo è però ricoperta da una serie
di messaggi verbali che — a una osservazione piú attenta — si rivelano come la riproduzione gigante (che occupa tutto il foglio)
di un modulo burocratico non compilato. Il modulo è quello che
il Dipartimento di Stato invia agli uffici telegrafici per comunicare la morte di un congiunto alle famiglie dei caduti in Vietnam. Il modulo reca già stampigliata la menzione "Vietnam"
nello spazio riservato alla determinazione del luogo di morte.

Il manifesto risulta "sorprendente" per varie ragioni:
— non ha l'aspetto di un manifesto consueto;
— non è abituale l'ingrandimento di un modulo burocratico
non compilato;
— questo modulo burocratizza fenomeni delicati come la morte di un uomo e la comunicazione del suo decesso a un parente;
— le espressioni a stampa sono di una estrema tecnicità e le
menzioni varie forniscono l'immagine di una assoluta pignoleria
ministeriale;
— questa pignoleria risulta atroce dal momento che è esercitata sulla morte di un uomo e sul dolore dei suoi cari;
— l'ufficialità astratta del modulo contrasta con la concreta
evidenza dell'immagine soggiacente;
— la presenza del modulo suggerisce l'idea che la morte in
Vietnam sia un fatto di massa, trattato come tale, e sia al tempo stesso un accadimento burocratico rubricato come tale;
— menzioni come "We regret to inform you that your son/
husband/father..." danno il senso dell'assoluta intercambiabilità
delle creature umane di fronte al trattamento burocratico della
morte;
— espressioni come "We regret" contrastano ironicamente col
fatto che sono predisposte a stampa per qualsiasi condoglianza
possibile (cosí che le espressioni usate dal burocrate si caricano,
decodificate alla luce dell'ingrandimento e dell'ostentazione che
ne fa il manifesto, di altri valori retorici — come *ironia*, *sarcasmo*, eccetera);
— le connotazioni globali del messaggio implicano un senso
di orrore di fronte alla tragedia della guerra e alla sua omologazione burocratica, mentre implicano la presa di coscienza, da
parte del lettore, del fatto che la guerra c'è ed è oggetto di ordi-
naria amministrazione;

— anche se non si vede come un ministero della guerra potrebbe comportarsi altrimenti che schedando secondo modalità burocratiche i soldati morti, scatta dalla composizione una connotazione globale di cinismo che implica una serie di campi entimematici facilmente arguibili. In tal senso la pura e semplice riproduzione del modulo si trasforma in una complessa argomentazione persuasiva contro la guerra — e quella guerra in particolare;

— nell'insieme quindi il messaggio acquista lo stesso valore dell'orazione di Antonio sul cadavere di Cesare, quando egli espone al pubblico romano ciò che esso sapeva già, e cioè la presenza di ferite sul corpo del dittatore — ma carica, attraverso il contesto, le ferite di nuove connotazioni emotive.

Questa analisi potrebbe continuare, ma appare chiaro sin d'ora che in questo caso abbiamo un messaggio che, attraverso artifici retorici originali, e facendo quindi scattare un'alta informazione a livello retorico, provoca anche uno sconvolgimento del campo ideologico. Probabilmente non è un caso se abbiamo potuto trovare un esempio del punto d) non nel settore della pubblicità commerciale ma in quello della propaganda politica, dove cioè l'informazione ideologica costituisce il fine primario dell'atto persuasivo (si vuole persuadere a cambiare i quadri ideologici); mentre nella pubblicità commerciale il fine primario è la persuasione all'inserimento in un quadro pragmatico (i consumi) che richiede uno sfondo ideologico già precostituito, noto al destinatario, e da riconfermare piuttosto che da sconvolgere (nel caso dell'annuncio Volkswagen, come si è visto, la modificazione ideologica era marginale, mentre l'invito a una economia dei consumi e a una etica del denaro, del risparmio, e del " buon affare " rimaneva immutato anche se veniva riproposto in una diversa prospettiva).

Queste riflessioni però non escludono la possibilità che una ricerca condotta su molti altri esempi possa portare all'individuazione di annunci pubblicitari ascrivibili al gruppo d).

Rimane inoltre aperto il settore degli annunci propagandistici su problemi che concernono il benessere collettivo (aiuto all'infanzia, propaganda contro il fumo, campagne per la sicurezza stradale, eccetera) anch'essi volti primariamente a modificare quadri ideologici radicati. E rimangono da compiere analisi su persuasioni ideologicamente informative e tuttavia appoggiantesi su premesse, argomenti, campi topici ed entimematici chiaramente

eristici — e cioè basati su premesse e argomenti falsi (tipo "post
hoc ergo propter hoc ").

Bisogna inoltre ricordare (se per caso ve ne fosse il bisogno)
che la nozione di informazione ideologica è una nozione neutra
che non presuppone la valutazione delle ideologie. Infatti sarebbe ideologicamente informativo (e contrasterebbe coi sistemi di
attese acquisite dal maggior numero) un annuncio che persua-
desse (oggi, nel contesto sociale in cui viviamo) a sterminare gli
ebrei o a perseguitare i negri, a sterilizzare gli avversari politici
di un dato regime, ad addestrare i bambini nelle scuole a pratiche omosessuali o autoerotiche, eccetera. Una retorica della pubblicità può stabilire i modi in cui un messaggio risulta altamente
informativo, e con quali mezzi. L'atteggiamento da prendere verso i vari messaggi può venire ispirato da una maggiore consapevolezza semiologica, ma dipende da sistemi di valori che l'indagine semiologica non istituisce. E questo va detto non per celebrare la neutralità di una disciplina, ma proprio per ricordare
che questa disciplina offre strumenti settoriali e non sostituisce
altri atteggiamenti né assolve da altre responsabilità.

IV.5. C'è tuttavia un'ultima analisi che va condotta, e la
svolgeremo su un annuncio apparentemente "normale", privo di
interesse estetico particolare. Si tratta di una pubblicità delle
minestre Knorr, dove la comunicazione sembra articolarsi su funzioni referenziali e emotive di basso livello e alta comprensibilità.

L'annuncio, riprodotto fuori testo, si compone, come si vede,
di tre gruppi di immagini e di un testo a forma dialogica che
termina con uno slogan. Vorremmo partire dall'ipotesi che, poiché
il testo è abbastanza lungo, chi sfoglia in fretta la rivista su cui
l'annuncio è apparso, getti solo l'occhio sui gruppi di immagini.
Poiché l'immagine della minestra in busta comporta anche il
nome della marca e l'indicazione del prodotto, chi guardi le immagini riceve già una informazione sufficiente per capire cosa
gli venga proposto. Poiché, ancora, l'immagine in alto a destra
riproduce in piccolo la busta di minestra che campeggia con evidenza nel gruppo in basso, possiamo limitare l'analisi ai due
gruppi principali.

Qualsiasi lettore, gettando uno sguardo rapido sull'inserzione,
potrà protocollare la sua lettura, a un dipresso, nel modo che
segue: "Viene qui pubblicizzata una crema di asparagi in busta,
elaborata però con asparagi genuini, che darà origine a una mi-

nestra appetitosa: una minestra buona quale una giovane moglie affettuosa può proporre a suo marito ".

Come si vede trascuriamo il fatto che il dialogo invece aggiunga informazioni supplementari: che cioè le minestre Knorr nella loro varietà permettono ogni giorno di cambiare menú, eccitando l'interesse del marito. Analizziamo il primo gruppo di immagini.

Denotazione: a livello iconico abbiamo una donna che si rivolge a un uomo in piedi su di una scala. A livello iconografico apprendiamo che si tratta di due giovani sposi. La donna non si rivolge a un imbianchino, che sarebbe connotato da calzoni diversi, e non si rivolgerebbe a un estraneo con un sorriso cosí affettuoso. Si noti che rimane esclusa l'ipotesi che si tratti di amanti: precisi codici iconografici esigono che due amanti siano connotati con altri abiti e in altri atteggiamenti. Intervengono qui campi topici che, piú che essere provocati dall'iconogramma preciso, sono suscitati inizialmente dall'iconogramma ma riverberano su di esso riconfermandolo. Esempio: " i giovani sposi si amano teneramente - i giovani mariti fanno lavori di casa mentre la moglie accudisce ai fornelli - la moglie si preoccupa dei gusti del marito quando la coppia è sola, sposata da poco, legata da tenero affetto ". Si noti ancora che il vestito della donna connota giovanilità, freschezza, e un misto di modernità e pudore. Abbiamo la ragazza comune, non la vamp; la ragazza graziosa, non la grassa massaia; la ragazza pratica, non la cuoca tradizionale; eccetera. Inoltre il lavoro che sta compiendo il marito connota menage giovane e con il gusto del rinnovamento; casa moderna ma economica (altrimenti vi sarebbero torme di arredatori). Scattano altri campi entimematici collegati all'immagine sottostante: una minestra buona per persone che si vogliono bene; una minestra moderna ma economica per persone moderne ma *middle class* — come voi (l'inserzione appare sulla rivista femminile " Grazia ").

Passiamo ora alle iconi sottostanti. Funzione referenziale accentuata che si complica di funzioni emotive: l'icone detta " gastronomica " evidenzia la prelibatezza del cibo e suggerisce l'idea di appetibilità stimolando il desiderio. Emerge anche una funzione metalinguistica, là dove l'immagine sulla busta cita l'immagine reale.

A livello iconografico, un mazzo di verdura avvolto da un nastro connota prodotto pregiato, confezione di lusso e dunque verdura di prima qualità. Anche la scodella in terracotta che so-

stituisce il piatto connota gusto, stile, modernità, suggerisce l'idea
di portata da ristorante caratteristico. È curioso che sulla busta
sia previsto il piatto normale: la busta si rivolge a un pubblico
indifferenziato, che può comprendere anche classi sociali per cui
la scodella di terracotta connoti invece povertà, ancestralità, cucina dei nonni contadini e poveri. L'annuncio, invece, a differenza della busta, si rivolge a lettrici classificabili (le lettrici di
"Grazia") di cui si conoscono i codici connotativi.

Ma il gruppo iconico non dice soltanto che la minestra Knorr
è buona e piace a persone di gusto moderno. Dice anche e soprattutto che è fatta esclusivamente di verdura genuina e di
pregio. Se ognuno di noi comprende facilmente questo messaggio, vediamo tuttavia quali processi retorici esso implica.

La scodella reale accanto agli asparagi reali costituisce un caso
di *doppia metonimia* che suggerisce un rapporto di implicazione
(un procedimento del tipo "post hoc ergo propter hoc" — procedimento eristico, dunque, che solo una radicata convenzione
semiologica fa accettare come attendibile da ogni destinatario).
Diremo dunque che

— "se *m*inestra allora *a*sparagi", e cioè

$$(m \to a)$$

— Sulla busta, asparagi a' accanto a minestra m' stabiliscono che

$$(m' \to a')$$

— Ma gli asparagi a'' accanto alla busta stabiliscono che

$$[(m' \to a') \to a'']$$

— D'altra parte la scodella accanto alla busta stabilisce che

$$[m \to (m' \to a')]$$

— Mentre la serie delle somiglianze iconiche stabilisce che

$$[(a = a') \land (a' = a'') \land (a = a'')]$$

Da cui si possono trarre conclusioni del tipo:

$$(m \to a) \land [m \to (m' \to a')] \to [a = (m' \to a')]$$

e molte altre conclusioni ancora.

Tuttavia, anche senza intraprendere questa analisi, qualsiasi lettrice dell'annuncio ha colto — ne siamo certi — gli stessi significati che noi abbiamo cosí faticosamente individuato.

Dobbiamo dunque pensare che i significati fossero già noti
in partenza. Se un annuncio implica una grande quantità di articolazioni logiche e invece viene compreso di colpo, ciò significa che gli argomenti e le premesse che comunica erano già talmente codificati, nella stessa forma che qui hanno assunto, da
poter essere compresi attraverso un semplice richiamo. L'annuncio funge insomma da sigla di argomenti già noti cosí come,
nella celebre barzelletta, i pazzi si raccontano le storielle indicandole solo con un numero, perché ormai le conoscono tutte a
memoria e basta loro, per ridere, rimemorarle.

Questa esperienza ci dice che in moltissimi casi la comunicazione pubblicitaria parla un linguaggio già *parlato in precedenza*, e proprio per questo risulta comprensibile. In definitiva,
poiché l'annuncio dice in modi consueti ciò che gli utenti già si
attendevano (e si attendevano anche a proposito di altri prodotti),
la funzione fondamentale dell'annuncio è fàtica; cosí come avviene per altre espressioni verbali di contatto dove l'asserto "bella
giornata, oggi" non serve affatto a trasmettere una osservazione
meteorologica (la cui falsità o verità non è affatto rilevante) ma
a stabilire un contatto tra due parlanti e a confermare al destinatario la presenza dell'emittente. Nel caso del nostro annuncio
la casa produttrice dice semplicemente: "ci sono anch'io". Tutti
gli altri tipi di comunicazione tendono soltanto a questo messaggio.

V. Conclusioni

Tranne dunque alcuni casi curiosi e promettenti, probabilmente una indagine retorica pubblicitaria ci porterebbe alle seguenti conclusioni:

1) Topoi e tropi sono strettamente codificati e ogni messaggio non fa che ripetere ciò che l'utente già si attendeva e conosceva.

2) Le premesse sono nella maggioranza dei casi accettate senza discussione anche se false, e comunque (a differenza di quanto avviene nella comunicazione retorica *nutritiva*) non sono né
ridefinite né poste in discussione.

3) L'ideologia evocata da qualsiasi comunicazione è quella
del consumo: "vi invitiamo a consumare il prodotto X perché
è normale che voi consumiate qualcosa e noi vi proponiamo la

nostra produzione in luogo di un'altra, nei modi proprii di una
persuasione di cui conoscete ormai tutti i meccanismi ".

4) Dato che i campi entimematici sono talora cosí complessi
che non è concepibile che siano colti ogni volta dal destinatario,
c'è da pensare che ormai, in base a processi di codificazione assai
stretti, anche i processi argomentativi siano ricevuti come sigle
di se stessi, come segno convenzionale. Si passerebbe in tal caso
dall'argomentazione all'*emblematica*. L'annuncio non esporrebbe
le ragioni per cui comportarsi in un certo modo, ma esporrebbe
una bandiera, uno stemma, a cui per convenzione si risponde in
un certo modo.

Queste conclusioni porrebbero in forse la stessa efficacia del
discorso pubblicitario. Potrebbe essere obiettato che, di fatto,
certe comunicazioni pubblicitarie funzionano piú di altre, ma
sarebbe lecito domandarsi quale è il ruolo giocato dalla persuasività dell'argomentazione, quale quello giocato da altri fattori
extracomunicativi che sfuggono all'analisi di chi si sofferми solo
sull'efficacia del messaggio. In altri termini, si desidera una cosa
perché se ne viene persuasi comunicativamente, o si accettano le
persuasioni comunicative che riguardano quelle cose che si de-
sideravano già? Il fatto che si venga persuasi con argomenti
che conoscevamo già, ci orienta verso la seconda alternativa.

L'ipotesi che ci ha accompagnato in questa proposta di ricerca è che probabilmente la comunicazione pubblicitaria, cosí
legata alle necessità del ricorso al già acquisito, si avvalga per
lo piú di soluzioni già codificate. *In tal caso una mappa retorica
della pubblicità servirebbe a definire senza possibilità di illusioni
l'estensione entro la quale il pubblicitario, che si illude di inventare nuove formule espressive, di fatto sia parlato dal proprio
linguaggio.*

La funzione "morale" della ricerca semiologica consisterebbe
allora nel ridurre le illusioni "rivoluzionarie" del pubblicitario
idealista, che trova continuamente un alibi estetico al proprio
lavoro di "persuasore a comando" nella convinzione di stare
lavorando alla modificazione dei sistemi percettivi, del gusto, delle attese del proprio pubblico, di cui provvederebbe a un continuo
tirocinio dell'intelligenza e dell'immaginazione. Potrebbe essere
allora interessante prendere coscienza del fatto che la pubblicità
non ha alcun valore informativo. Anche se questi suoi limiti non
dipendono dalle possibilità di un discorso persuasivo (i cui meccanismi permettono avventure ben piú nutritive) ma dalle condizioni economiche che regolano l'esistenza del messaggio pubblicitario.

C.

LA FUNZIONE E IL SEGNO
(Semiologia dell'architettura)

1. ARCHITETTURA E COMUNICAZIONE

I. Semiologia e architettura

I.1. Se la semiologia non è solo la scienza dei sistemi di segni riconosciuti come tali, ma la scienza che studia *tutti* i fenomeni di cultura *come se* fossero sistemi di segni — basandosi sull'ipotesi che in realtà tutti i fenomeni di cultura *siano* sistemi di segni, e cioè che la cultura sia essenzialmente *comunicazione* — uno dei settori in cui la semiologia si trova maggiormente sfidata dalla realtà su cui cerca di far presa è quello dell'architettura.

Sia chiaro che d'ora in avanti useremo l'espressione " architettura " per indicare i fenomeni di architettura propriamente detta, quelli di design, quelli di progettazione urbanistica. Lasceremo per ora in sospeso la questione se le definizioni che daremo possano in seguito applicarsi a *ogni progettazione di modificazione della realtà a livello tridimensionale al fine di permettere l'espletarsi di una qualche funzione connessa alla vita associata* (definizione che congloba la progettazione *vestimentaria* in quanto elemento di riconoscimento sociale e tramite di convivenza; la stessa progettazione *culinaria* non in quanto approntamento di oggetti validi alla sussistenza individuale, ma in quanto costruzione di contesti a funzione sociale e a connotazione simbolica, come il menu, l'imbandigione, eccetera; definizione che lascia fuori invece l'approntamento di oggetti tridimensionali il cui fine *primario* non sia l'utilizzazione ma la *contemplazione*, quali ad esempio le opere d'arte o le realizzazioni spettacolari, mentre congloba ancora i fenomeni di *costruzione scenografica* come strumentali rispetto ad altre fasi dell'approntamento spettacolare; eccetera).

I.2. Perché l'architettura pone delle sfide alla semiologia? Perché gli oggetti dell'architettura apparentemente *non comunicano* (o almeno non sono concepiti per comunicare) ma *funzionano*. Nessuno può dubitare che un tetto serva fondamentalmente a coprire e un bicchiere a raccogliere del liquido in modo che sia agevole poi ingurgitarlo. Questa constatazione è cosí immediata e indiscutibile che potrebbe sembrare peregrino voler vedere a tutti i costi come atto di comunicazione qualcosa che invece si caratterizza cosí bene, e senza problemi, come *possibilità di funzione*. Un primo problema che si pone dunque alla semiologia, quando vuole poter fornire chiavi esplicative di tutti i fenomeni culturali, è anzitutto se si possano interpretare le funzioni *anche* sotto l'aspetto comunicativo; in secondo luogo se il vedere le funzioni sotto l'aspetto comunicativo non permetta di comprenderle e di definirle meglio proprio in quanto funzioni, e di scoprirne altri tipi di funzionalità, altrettanto essenziali, che la pura considerazione funzionalistica impediva di scorgere.[1]

II. L'architettura come comunicazione

II.1. Una considerazione fenomenologica del nostro rapporto con l'oggetto architettonico ci dice anzitutto che comunemente noi fruiamo l'architettura *come fatto di comunicazione*, anche senza escluderne la funzionalità.

Cerchiamo di porci dal punto di vista dell'uomo dell'età della pietra che, in questo nostro modello ipotetico, dà inizio alla storia dell'architettura.

Ancora " tutto stupore e ferocia " (secondo l'espressione vichiana) ecco che il nostro uomo, spinto dal freddo e dalla pioggia, sull'esempio di qualche animale o ubbidendo a un impulso in cui si mescolano confusamente istinto e ragionamento, si ripara in un anfratto, in un buco sul dosso di una montagna, in una caverna.

[1] CHRISTIAN NORBERG-SCHULZ, *Intenzioni in architettura*, Milano, Lerici, 1967, cap. 5. Cfr. GILLO DORFLES, *Il divenire delle arti*, Torino, Einaudi, 1959 (parte II), e *Simbolo, comunicazione, consumo*, Torino, Einaudi, 1962 (in particolare il cap. V); SUSAN LANGER, *Sentimento e forma*, Milano, Feltrinelli, 1965 (i capitoli sullo spazio virtuale); CESARE BRANDI, *Eliante o dell'Architettura*, Torino, Einaudi, 1956; *Segno e Immagine*, Milano, Saggiatore, 1960; *Struttura e architettura*, Torino, Einaudi, 1968; SERGIO BETTINI, *Critica semantica e continuità storica dell'architettura*, in " Zodiac ", 2, 1958; e, *passim*, FRANÇOISE CHOAY, *L'urbanisme*, Paris, Seuil, 1965.

Riparato dal vento e dall'acqua, alla luce del giorno o al chiarore del fuoco (posto che lo abbia già scoperto) il nostro uomo osserva la caverna che lo ripara. Nota l'ampiezza della volta, e la intende come limite di uno spazio esterno, *tagliato fuori* (con l'acqua e il vento che contiene) e come *principio di uno spazio interno*, che potrà evocargli confusamente nostalgie uterine, infondergli sensi di protezione, apparirgli ancora impreciso e ambiguo, delineato com'è dalle ombre e dalle luci. Cessata la tempesta, potrà uscire dalla caverna e riconsiderarla dall'esterno: ne noterà la cavità d'ingresso come "buco che permette il passaggio al di dentro", e l'ingresso gli richiamerà alla mente l'immagine dell'interno: buco di ingresso, volta di copertura, pareti che racchiudono uno spazio (o parete continua di roccia). Ecco che si configura una "idea della caverna", utile se non altro come richiamo mnemonico, per poter pensare in seguito alla caverna come meta possibile in caso di pioggia; ma anche per poter riconoscere in un'altra caverna la stessa *possibilità di riparo* trovata nella prima caverna. Alla seconda caverna esperita, all'idea di *quella* caverna si sostituisce ormai compiutamente l'idea di caverna tout court. Un *modello*, una *struttura*, qualcosa che non esiste concretamente ma in base al quale egli può riconoscere un certo contesto di fenomeni come "caverna".

Il modello (o concetto) funziona a tal punto, che da lontano egli può riconoscere la caverna altrui, o una caverna che non intende utilizzare, indipendentemente dal fatto che desideri o meno ripararcisi. L'uomo ha imparato che la caverna può assumere varie apparenze, ma si tratterà sempre della realizzazione singola di un modello astratto riconosciuto come tale, *già codificato*, sia pure non a livello sociale ma a livello del singolo che se lo propone e lo comunica a se stesso tra se stesso. Non sarà però difficile a tal punto poter comunicare con segni grafici il modello di caverna ai propri simili. Il *codice architettonico* genera un *codice iconico*, e il "principio caverna" diventa oggetto di commercio comunicativo.

A questo punto il disegno, o l'immagine lontana di una caverna, diventano già la comunicazione di una funzione possibile, e lo rimangono anche se la funzione non viene espletata né si desidera espletarla.

II.2.   È già accaduto quello di cui parla Roland Barthes[2] quando dice che "dal momento in cui vi è società, ogni uso si converte in segno di quell'uso".

---

[2] *Elementi di semiologia*, cit., iI.1.4.

Usare un cucchiaio per portarsi il cibo alla bocca è ancora l'espletamento di una funzione attraverso l'impiego di un manufatto che la consente e la promuove: ma già dire che il manufatto " promuove " la funzione, indica che esso assolve anche a una funzione comunicativa, esso *comunica la funzione da espletare*; mentre il fatto che qualcuno usi il cucchiaio, agli occhi della società che lo osserva, diventa già la comunicazione di una sua adeguazione a certi usi (e non ad altri, quali il portare il cibo alla bocca con le mani, o sorbendolo direttamente dal recipiente).

Il cucchiaio *promuove un certo modo di mangiare* e *significa quel modo di mangiare,* mentre la caverna promuove l'atto del cercar riparo e comunica l'esistenza di una funzione possibile; entrambi gli oggetti *comunicano anche se non sono usati.*

III. Stimolo e comunicazione

III.1. C'è tuttavia da chiedersi se quello che noi intendiamo come comunicazione non sia semplicemente *stimolazione.*

Uno stimolo è un complesso di accadimenti sensori che provocano una certa risposta. La risposta può essere immediata (una luce mi abbaglia, chiudo gli occhi; lo stimolo sensorio non si è ancora risolto in percezione, non riguarda quindi neppure la mia intelligenza, ma ha generato una risposta motoria) o può essere mediata: vedo una macchina che arriva a grande velocità e mi faccio da parte. Ma in realtà, nel momento in cui ho avuto una percezione (ho percepito la macchina, e i rapporti tra la sua velocità apparente, la distanza che la separa da me, il punto in cui mi troverò se continuerò a camminare nel momento in cui essa arriverà), sono già passato da un semplice rapporto tra stimolo e risposta a un procedimento intellettivo in cui sono intervenuti processi segnici: infatti la macchina è stata compresa come un pericolo solo perché è stata intesa come segno comunicante la " situazione automobile che procede a gran velocità ", segno che ho potuto comprendere solo sulla base di passate esperienze, di un codice dell'esperienza che mi dice che quando una macchina arriva a una certa velocità costituisce un pericolo. E d'altra parte, se avessi inferito l'arrivo della macchina dal rumore proveniente dal fondo della strada, il rumore avrebbe funzionato come *indizio*; e già Peirce classificava gli indizi come segni che dirigono l'attenzione sull'oggetto per mezzo di un impulso cieco, ma sempre sulla base di codici e convenzioni comunicative.

Peraltro esistono stimoli che sarebbe difficile interpretare come segni: un mattone che mi cade in testa, posto che non mi faccia perdere i sensi, dà inizio a una catena di risposte comportamentali (mani alla testa, grida, imprecazioni, rapidi spostamenti per evitare altri corpi contundenti) anche se non so cosa mi abbia colpito: ecco dunque uno stimolo che non è un segno.

Ora, l'architettura mi propone stimoli di questo genere?

III.2. Indubbiamente una scala agisce su di me come uno stimolo necessitante: se voglio passare dove c'è una scala devo alzare i piedi successivamente e progressivamente, e devo farlo anche se per caso desiderassi continuare a marciare come facevo su un percorso piano. *La scala mi stimola a salire,* anche se inciampo al buio nel primo gradino e non la vedo. D'altra parte devo considerare qui due fenomeni: il primo è che per salire devo avere appreso cosa sia una scala. Si *impara* a salire, e quindi si impara a rispondere allo stimolo, altrimenti lo stimolo da solo potrebbe anche non funzionare; in secondo luogo, una volta appreso che la scala mi stimola a salire (e mi permette di passare da un livello orizzontale a un altro), da quel momento *riconosco* nella scala lo stimolo proposto e la possibilità offerta di una funzione espletabile.

Dal momento in cui la riconosco come tale e la sussumo sotto il concetto generale di "scala", la scala singola mi comunica la funzione che permette; e tanto me la comunica che dal tipo di scala (scalone di marmo, scala a chiocciola, scaletta ripida, scala a pioli, scala antincendio) io capisco se mi sarà agevole salire o se mi costerà fatica.

III.3. In questo senso *ciò che permette l'uso dell'architettura* (passare, entrare, sostare, salire, sdraiarsi, affacciarsi, appoggiarsi, impugnare, eccetera) *non sono solo le funzioni possibili,* ma anzitutto *i significati collegati che mi dispongono all'uso funzionale.* Tanto è vero che, di fronte a fenomeni di *trompe-l'oeil,* io mi dispongo all'uso anche se non esiste la funzione possibile.

E di alcune funzioni architettoniche, che non avverto come stimolo (in quanto funzionano come artificio che elimina altri stimoli: ad esempio la volta come riparo dalle intemperie), posso non avvertire la funzionalità (fruita come in sottofondo, per abitudine) mentre avverto l'efficacia comunicativa, come può essere il senso del riparo, della spaziosità e cosí via.

2. IL SEGNO ARCHITETTONICO

I. Caratterizzazione del segno architettonico

I.1. Stabilito che l'architettura può essere considerata come sistema di segni, occorrerà anzitutto caratterizzare questi segni.

Quanto è stato detto nei capitoli precedenti ci dispone ad applicare gli schemi semiologici a cui ci siamo sinora attenuti, ma non sarà inopportuno verificare sino a che punto il fenomeno architettonico sopporti l'applicazione di altri tipi di schemi semiologici. Ad esempio, se si applicassero all'architettura le categorie della semantica richardsiana, si andrebbe incontro ad alcuni ostacoli difficilmente sormontabili. Posto ad esempio che una porta vada vista come simbolo a cui corrisponde, al vertice del noto triangolo, la *referenza* "possibilità di accesso", ci troveremmo imbarazzati a definire il *referente*, la pretesa realtà fisica a cui il simbolo si riferirebbe; salvo affermare che la porta si riferisce a se stessa, denota la realtà porta, oppure si riferisce alla funzione che permette; nel qual caso si avrebbe un appiattimento del triangolo con una coincidenza tra referenza e referente. In questi termini riuscirebbe poi difficile definire a cosa rimandi il simbolo "arco trionfale": che denoterebbe indubbiamente una possibilità di passaggio, ma al tempo stesso chiaramente connota "trionfo" e "celebrazione": avremmo qui un infittirsi di referenze, appiattite sul referente che coinciderebbe ancora o col segno o con la referenza.

I.2. Un altro tentativo, che ha dato risultati assai interessanti è quello compiuto da Giovanni Klaus Koenig quando ha cercato di definire il "linguaggio architettonico" sulla base della semiotica

morrisiana[3]: Koenig si è rifatto alla definizione di " segno " per
la quale " se qualcosa ' A ' è uno stimolo preparatorio, il quale (in
assenza di oggetti stimolatori che inizino per proprio conto la sequenza delle risposte), concorrendo certe condizioni, causa in qualche organismo una disposizione a rispondere con sequenze di risposte di questa famiglia di comportamenti, allora ' A ' è un ' segno ' ".

Altrove Morris ripete che " Se qualcosa A guida il comportamento verso un fine in modo simile, ma non necessariamente identico, a quello in cui qualche altra cosa B guiderebbe il comportamento verso quel fine, nel caso fosse osservata, allora A è un segno ".[4]

Partendo da queste definizioni morrisiane, Koenig, osservan-
do che " se faccio vivere diecimila persone in un quartiere da me
progettato, non v'è dubbio che influisco sul comportamento di diecimila persone " piú a fondo e piú a lungo di quando pronuncio
una ingiunzione verbale come " siediti! ", conclude che " l'architettura è composta di veicoli segnici che promuovono dei comportamenti ". Ma è proprio la chiave morrisiana che rende difficile questa conclusione. Perché, mentre l'ingiunzione " siediti! " è esattamente uno stimolo preparatorio che, in assenza dei reali oggetti stimolatori, può dare inizio alla stessa sequenza di risposte, mentre
cioè questa ingiunzione è quel qualcosa A che guida il comportamento verso un fine in modo simile a cui lo guiderebbe un'altra
cosa B nel caso in cui fosse osservata, *l'oggetto architettonico non
è affatto uno stimolo preparatorio che sostituisce un oggetto stimolatore, in sua assenza, ma è solo e senz'altro l'oggetto stimolatore.*
Il nostro esempio della scala chiarisce quanto si sta dicendo, ed è
proprio la scala come segno che non si lascia inquadrare dai principi
della semiotica morrisiana. La quale, ricordiamolo, prevede una sua
sorta di triangolo semantico affine a quello richardsiano, per cui il
simbolo, o *veicolo segnico* rimanda indirettamente a un *denotatum*
e direttamente a un *significatum* (che altrove Morris chiamava piú
confusamente *designatum*). Ora il denotatum è un oggetto " che
esiste realmente nel modo in cui si fa riferimento ad esso ", mentre
il significatum è " ciò a cui il segno si riferisce " (ma nel senso

[3] Giovanni Klaus Koenig, *Analisi del linguaggio architettonico* (I°), Firenze, Libreria Ed. Florentina, 1964.
[4] Per un commento a queste definizioni da *Segni, linguaggio e comportamento*, cfr. il libro già citato di F. Rossi-Landi, *Charles Morris*, capitolo IV
" Il problema della segnità ".

che è la condizione che fa, di qualsiasi cosa la soddisfi, il denotatum). Come spiega Max Bense [5] che riprende i termini morrisiani,
sulla scorta maestra della semiotica di Peirce, in un oscillatore elet-
tronico, la linea spettrale designa (o significa) la frequenza, mentre
non denota necessariamente (ma potrebbe) la presenza dell'atomo.
In altri termini, un segno può avere un significatum ma può non
avere un denotatum (" che esiste realmente nel modo in cui si fa
riferimento ad esso "). Koenig fa l'esempio di qualcuno che fermi
un automobilista e lo avverta che dopo due chilometri la strada è
sbarrata da una frana: le parole rivolte all'automobilista sono i segni di un denotatum che è la frana, il cui significatum è la condizione di costituire un ostacolo in quel luogo. È chiaro che chi parla
può mentire, e i suoi segni avrebbero allora un significatum e nessun denotatum. Ora cosa accade per i segni architettonici? Essi,
se il segno deve avere un denotatum reale, non denoterebbero altro
che se stessi, cosí come non sostituirebbero uno stimolo ma lo sarebbero essi stessi. Koenig, dubbioso verso la maneggiabilità della nozione di significatum, preferisce affermare che i segni architettonici
denotano qualcosa (e sia chiaro che, usando la nozione di " denotazione " nel senso morrisiano, non la usa nel senso in cui l'abbiamo usata sinora nel nostro discorso precedente, e come la useremo
nei paragrafi che seguono): ma, accettando che il rapporto di denotazione implichi l'esistenza fisica di un denotatum (cosí come av-
verrebbe per il segno richardsiano che si caratterizza in rapporto a
un referente reale), rende inutile l'applicazione di un impianto semiotico ai fatti architettonici, perché è costretto a implicare che
essi denotino solo la loro *presenza* fisica.[6]

I.3. La difficoltà di questa posizione deriva (e lo si è visto nei
capitoli introduttivi) dall'accettare i presupposti di una semiotica
comportamentistica, in cui il significato di un segno debba essere
verificato sulla base di sequenze di risposte o di oggetti esperibili.

---

[5] *Aesthetica*, cit.
[6] Cfr. pag. 63 dove KOENIG definisce il segno architettonico come iconico; ma a pag. 64 dopo aver integrato la definizione, identificando il segno
architettonico con un segno prescrittore, ritorna all'iconicità, definendola come
espressione della funzione attraverso lo spazio. Si introduce cosí una categoria semiologicamente pericolosa come " espressione " per caratterizzare una
iconicità che è anche presenza-identità. In tal caso meglio varrebbe accettare
la netta divisione posta da CESARE BRANDI tra *semiosi* e *astanza*, per cui vi
sono realtà estetiche che non possono essere ridotte alla significazione ma
vanno considerate nella loro *presenza* (*Le due vie*, Bari, Laterza, 1966).

L'impostazione semiologica che noi abbiamo invece accettato nelle pagine che precedono, non ci impone di caratterizzare un segno di base ai comportamenti che stimola né in base agli oggetti reali che lo verificherebbero: ma solo *sulla base di un significato codificato che un dato contesto culturale attribuisce a un significante.*

È indubbio che anche i processi di codificazione sono dei comportamenti sociali, ma non vengono mai verificati empiricamente in casi singoli; perché i codici si costruiscono come *modelli strutturali*, postulati come *ipotesi teorica*, sia pure sulla base di costanze inferite attraverso l'osservazione degli *usi comunicativi.*

Che una scala mi stimoli a salire non riguarda una teoria della comunicazione: ma che essa, presentandosi con determinate caratteristiche formali che ne delimitano la natura di *significante* (cosí come nella lingua italiana il significante "cane" deve apparire come articolazione di certi, e non altri, tratti pertinenti), mi comunichi la sua funzione possibile, questo è un dato di cultura che io posso stabilire *indipendentemente dal mio comportamento apparente e persino da una presunta mia reazione mentale.* In altri termini, nella situazione culturale in cui viviamo (ma è un modello di cultura che può anche abbracciare diversi millenni di storia per certi tipi di codici piú stabili) esiste una struttura architettonica definibile come "parallelepipedi sovrapposti in modo che le loro basi non coincidano, ma attraverso il cui slittamento progressivo in direzione costante si configurino superfici praticabili a livelli successivamente e progressivamente sempre piú elevati rispetto al piano di partenza". Questa struttura *denota* il *significato* "scala come possibilità di salire" sulla base di un codice che posso elaborare e riconoscere operante anche se di fatto nessuno attualmente sale quella scala e anche se in teoria nessuno la salisse piú (anche se nessuno, per l'eternità, salisse mai piú le scale, cosí come nessuno si serve piú di una piramide tronca per compiere delle osservazioni astronomiche).

La nostra impostazione semiologica riconosce cosí nel segno architettonico *la presenza di un significante il cui significato è la funzione che esso rende possibile.*

I.4. Quando Koenig osserva che i denotata del segno architettonico sono *esistenziali* ("quanti" di esistenza umana) e dice: "Costruendo una scuola, i denotata di questo complesso segnico ... sono i ragazzi che vanno a studiare in quella scuola; e il significatum è il fatto che quei ragazzi vadano a scuola. I denotata di una casa di abitazione sono i componenti della famiglia che vi abita; mentre il significatum di una abitazione è il fatto che gli uomini si raggrup-

pino normalmente in famiglie per vivere sotto lo stesso tetto", noi
ci troviamo di fronte alla impossibilità di applicare questa chiave
linguistica ad opere del passato che hanno perduto la loro funzione
(templi o arene i cui denotata non sono più la gente che ci andava,
perché non esiste più, mentre un denotátum deve esistere in modo
reale; tanto è vero che templi o arene appaiono giustamente defun-
zionalizzati); ma non possiamo neppure applicarle a opere del passato di cui non comprendiamo più la funzione originaria (templi
megalitici il cui significatum è oscuro perché non può essere "il
fatto che qualcuno vi faceva qualcosa che non sappiamo cosa sia ").

È chiaro che una impostazione comportamentistica esige, per caratterizzare un segno, un corrispondente comportamento osservabile;
ma si veda cosa si perde accettando questa prospettiva: non si riesce a definire come segno qualcosa a cui non corrisponda più un
comportamento osservabile e di cui non si sappia più a quale comportamento si riferiva. In questo caso non potremmo più riconoscere qualità di segno agli elementi della lingua etrusca o alle statue
dell'isola di Pasqua, o ai graffiti di qualche civiltà misteriosa, e questo mentre: 1) questi elementi segnici esistono almeno sotto forma
di accadimenti fisici osservabili; 2) la storia non fa altro che riempire di sensi e di interpretazioni successive questi fatti fisici osservabili, continuando a considerarli come segni, per quanto appaiano
ambigui e misteriosi.

I.5. La prospettiva semiologica che abbiamo accettata, invece
(con la sua distinzione tra significanti e significati, i primi osservabili e descrivibili prescindendo, almeno in linea di principio, dai
significati che attribuiamo loro, i secondi variabili a seconda dei codici alla luce dei quali leggiamo i significanti) ci permette di riconoscere nei segni architettonici dei *significanti descrivibili e catalogabili,* i quali possono denotare delle funzioni precise purché
li si interpreti alla luce di determinati codici; e questi *possono
riempirsi di significati successivi,* attribuibili, come vedremo, non
solo per via di denotazione ma anche per via di connotazione, sulla
base di altri codici.

I.6. Forme significanti; codici elaborati sulla scorta di infe-
renze dagli usi e proposti come modelli strutturali di dati rapporti
comunicativi; significati denotativi e connotativi che si applicano
ai significanti sulla base dei codici: ecco l'universo semiologico in
cui può muoversi con rigore una lettura comunicativa dell'archi-

tettura, da cui siano esclusi i riferimenti a oggetti reali (denotata o referenti che siano, e comportamenti fisici osservabili) e in cui *i soli oggetti concreti con cui si ha a che fare sono gli oggetti architettonici in quanto forme significanti*. In questo ambito può muoversi la ricognizione delle possibilità comunicative dell'architettura.

II. La denotazione architettonica

II.1. L'oggetto d'uso è, sotto specie comunicativa, *il significante di quel significato esattamente e convenzionalmente denotato che è la sua funzione*. In senso più ampio è stato detto che il primo significato dell'edificio sono le operazioni da fare per abitarlo (l'oggetto architettonico *denota una forma dell'abitare*). Ma è chiaro che la denotazione avviene anche se non fruisco di quell'abitabilità (e più in generale di quell'utilità dell'oggetto). Quando guardo una finestra sulla facciata di una casa, per lo più io non penso alla sua funzione; penso a un significato-finestra che si basa sulla funzione ma in cui la funzione si è assorbita al punto che posso anche dimenticarla, e vedere la finestra in rapporto ad altre finestre come elementi di un ritmo architettonico; così come chi legge una poesia, senza trascurare i significati delle singole parole, può lasciarli nell'ombra facendo balzare in primo piano un certo gioco formale di accostamento contestuale dei significanti. A tal punto, che un architetto può anche farmi delle finte finestre, la cui funzione non esiste, e tuttavia queste finestre (denotando una funzione che non funziona, ma si comunica) funzionano come finestre nel contesto architettonico e sono godute comunicativamente (nella misura in cui il messaggio evidenzia la sua funzione estetica) come finestre.[7]

Ma la forma di queste finestre, il loro numero, la loro disposizione sulla facciata (oblò, feritoie, curtain walls, eccetera) non de-

---

[7] In questo caso il messaggio architettonico evidenzia la funzione *estetica*. Ma anche le altre funzioni sono presenti: l'architettura svolge una comunicazione *imperativa* (fa abitare in un certo modo), *emotiva* (si pensi alla calma del tempio greco, alla concitazione della chiesa barocca), *fàtica* (specie nel tessuto urbano, garantendo un collegamento e una presenza; la funzione fàtica si evidenzia poi in messaggi quali l'obelisco, l'arco, il timpano, ecc.), *metalinguistica* (si pensi a un museo, o alla funzione che ha una piazza di mettere in evidenza le facciate degli edifici che la circondano); sembrerebbe esclusa, per le cose dette sopra, la funzione referenziale, l'oggetto architettonico essendo il referente di se stesso, se in queste pagine non si stesse appunto spostando il problema della referenzialità su quello del suo significato.

nota soltanto una funzione; rimanda a una certa concezione dell'abitare e dell'usare; *connota una ideologia globale* che ha presieduto all'operazione dell'architetto. Arco a tutto sesto, ogiva, arco *en accolade*, funzionano in senso portante e denotano questa funzione, ma connotano diversi modi di concepire la funzione. Incominciano ad assumere funzione simbolica.

II.2. Ma ritorniamo alla denotazione della funzione utilitaria primaria. Si è detto che l'oggetto d'uso denota la funzione *convenzionalmente*, secondo codici.

Anche rimandando la definizione di questi codici (si veda C.4.) cerchiamo anzitutto di definire in che senso un oggetto può denotare convenzionalmente la propria funzione.

Secondo una codificazione architettonica millenaria, la scala o il piano inclinato mi denotano la possibilità di salire; scala a pioli o scalone del Vanvitelli, scale a chiocciola della Tour Eiffel o piano inclinato spiraliforme del Guggenheim Museum di F. L. Wright, mi trovo pur sempre davanti a forme che si basano su soluzioni codificate di una funzione espletabile. Ma io posso salire anche mediante un ascensore: e le caratteristiche funzionali dell'ascensore non devono consistere nella stimolazione di atti motori degli arti inferiori (obbligazione a muovere i piedi in un dato modo) ma in una certa accessibilità, abitabilità e manovrabilità di comandi meccanici resi "leggibili" da una segnaletica chiara e da un design di facile interpretazione. Tuttavia è chiaro che un primitivo abituato a scale o a piani inclinati, si troverebbe completamente sprovveduto di fronte a un ascensore; le migliori intenzioni del progettista non lo rendono manovrabile dall'ingenuo. Il progettista può avere concepito i pulsanti, le frecce indicatrici di salita o discesa prenotata, le indicazioni dei vari piani estremamente perspicue, ma l'ingenuo *non sa che determinate forme significano determinate funzioni*. Egli non possiede il codice dell'ascensore. Nello stesso modo può non possedere il codice della porta girevole, e ostinarsi a penetrare la porta girevole come se si trattasse di una porta comune. Ci accorgiamo dunque che anche tutte le mistiche della "forma che segue la funzione", rimangono appunto delle mistiche se non riposano su una considerazione dei processi di codificazione.

In termini comunicativi il principio che *la forma segue la funzione* significa che *la forma dell'oggetto non solo deve rendere possibile la funzione, ma deve denotarla in modo così chiaro da ren-*

derla desiderabile oltre che agevole, e da indirizzare ai movimenti
piú adatti onde espletarla.

II.3. Ma tutta la genialità di un architetto o di un designer
non può rendere funzionale una forma nuova (e non può dar forma a una funzione nuova) *se non si appoggia su processi di codificazione esistenti.*

C'è un esempio divertente ma decisivo che viene portato da
Koenig a proposito di certe case approntate per popolazioni rurali
dalla Cassa del Mezzogiorno. Messe in grado di disporre di case
moderne dotate di bagno con water-closet, le popolazioni locali,
aduse ad assolvere alle funzioni corporali nei campi e impreparate
di fronte all'arrivo misterioso delle tazze igieniche, usavano queste
tazze come casse di spurgo per le olive: sospendendovi una reticella
su cui venivano poste le olive, tirando quindi lo sciacquone e procedendo al lavaggio dei vegetali. Ora non è chi non veda come
la forma della tazza normale si adegui perfettamente alla funzione
che suggerisce e permette, cosí che si sarebbe tentati di riconoscere
un legame estetico e operativo assai profondo tra quella forma e
quella funzione. Invece, *la forma denota la funzione solo sulla base
di un sistema di attese e di abitudini acquisite,* e dunque sulla base
di un codice. Sovrapponendo all'oggetto un altro codice (avventizio
ma non aberrante) ecco che la tazza denota un'altra funzione.

Può darsi che un architetto possa costruire una casa che si pone
al di fuori di ogni codice architettonico esistente; e può darsi che
questa casa mi consenta di abitare in modo gradevole e "funzionale": ma sta di fatto che io non imparerò ad abitarla se non rico-
noscerò le direzioni di abitabilità che mi suggerisce, a cui mi dirige come complesso di stimoli; se non avrò riconosciuto la casa
come contesto di segni riferibili a un codice noto. Nessuno deve
darmi le istruzioni per usare una forchetta, ma se mi viene presentato un nuovo tipo di frullino, capace di frullare in modo piú
efficiente ma al di fuori delle abitudini acquisite, avrò bisogno delle
"istruzioni per l'uso", altrimenti la forma ignota non mi denoterà
la funzione ignota.

Questo non vuol dire che per istituire nuove funzioni ci si debba
appoggiare solo su forme vecchie e già note. Ritorna qui un principio semiologico fondamentale che abbiamo già teorizzato a proposito delle funzioni estetiche del messaggio artistico, e che si trova
egregiamente spiegato (come si è detto) nella *Poetica* di Aristotele:
non posso istituire momenti di alta informazione se non appog-

giandoli a bande di ridondanza; ogni scatto di inverosimile si appoggia su articolazioni del verosimile.

II.4. Cosí come ogni opera d'arte si presenta come nuova e informativa perché presenta articolazioni di elementi che corrispondono a un suo idioletto e non corrispondono a codici precedenti, ma comunica questo nuovo codice, implicito in se stessa, proprio configurandolo sulla base dei codici precedenti, evocati e negati, cosí un oggetto che intenda promuovere una nuova funzione potrà contenere in se stesso, nella sua forma, le indicazioni per decodificare la funzione inedita, solo a patto che si appoggi a elementi di codici precedenti, solo cioè se deforma progressivamente funzioni già note e forme riferibili convenzionalmente a funzioni già note. In caso contrario l'oggetto di architettura non rimane piú oggetto funzionale ma diventa opera d'arte: forma ambigua che può essere interpretata alla luce di codici diversi. Tale è la condizione degli oggetti "cinetici" che fingono l'aspetto esteriore degli oggetti d'uso, ma che in effetto oggetti d'uso non sono, per l'ambiguità di fondo che li dispone a tutti gli usi e a nessuno. (Gioverà notare qui che diversa è la situazione di un oggetto passibile di tutti gli usi — e quindi di nessuno — e un oggetto passibile di *molti* usi determinati; ma su questo argomento fondamentale torneremo piú avanti).

Questo basti per quanto riguarda i codici di denotazione (qui definiti appena in generale, e non ancora dettagliati per quanto riguarda una loro casistica possibile).

Ma, riguardo a un messaggio architettonico, abbiamo parlato anche di possibilità di connotazione, che vanno meglio definite.

III. La connotazione architettonica

III.1. Abbiamo detto che l'oggetto architettonico può denotare la funzione o connotare una certa ideologia della funzione. Ma indubbiamente esso può connotare altre cose. La grotta di cui si parlava nel nostro modello ipotetico arrivava a denotare una funzione riparo, ma è indubbio che con l'andare del tempo avrà connotato anche "famiglia, nucleo comunitario, sicurezza", eccetera. E sarebbe difficile dire se questa sua natura connotativa, questa sua "funzione" simbolica, fosse meno "funzionale" della prima. In altri termini se la grotta denota (per usare un termine efficace usato da Koenig) una *utilitas*, c'è da chiedersi, ai fini della vita associata, se non sia meno *utile* la connotazione di intimità e familiarità connessa ai suoi valori simbolici. La connotazione "sicurezza" e "riparo" si fonda sulla denotazione dell'*utilitas* primaria ma non ne appare meno importante.

Una sedia mi dice anzitutto che posso sedermici sopra. Ma se la sedia è un trono, non deve solo servire a sedermici: serve a far sedere con una certa dignità. Serve a corroborare l'atto del "sedere con dignità" attraverso una serie di segni accessori che connotino la regalità (aquile sui braccioli, spalliera alta sormontata da corona, eccetera). Queste connotazioni di "regalità" sono a tal punto funzionali, che — purché ci siano — si può anche umiliare la funzione primaria del "sedere comodamente". Anzi, spesso il trono, per connotare regalità, esige che chi siede segga rigidamente e scomodamente (con uno scettro nella destra e un globo nella sinistra, rigido con una corona sul capo), e quindi "male" dal punto di vista dell'*utilitas* primaria. "Far sedere" è solo una delle funzioni del trono, ed è solo uno dei suoi significati, il più immediato ma non il più importante.

III.2. Si allarga così, in questa prospettiva, la qualifica di "funzione" a tutte le destinazioni comunicative di un oggetto, dato che nella vita associata le connotazioni "simboliche" dell'oggetto utile non sono meno "utili" delle sue denotazioni "funzionali". E sia chiaro che si intendono le connotazioni simboliche come funzionali non solo in senso metaforico, ma in quanto esse comunicano una utilizzabilità sociale dell'oggetto che non si identifica immediatamente con la "funzione" in senso stretto. È chiaro che la funzione del trono è quella "simbolica"; è chiaro che rispetto al vestito quotidiano (che serve a coprire), l'abito da sera (che nelle donne "scopre" e negli uomini copre "male", poiché si allunga a coda di rondine sul dietro, mentre lascia scoperto il ventre) è "funzionale" perché, grazie al complesso di convenzioni che connota, permette certi rapporti sociali, li conferma, ne mostra l'accettazione da parte di chi con esso comunica il proprio rango, la propria decisione di sottostare a certe regole, eccetera.[8]

---

[8] D'altra parte il valore simbolico delle forme non era estraneo neppure ai teorici del funzionalismo: cfr. L. Sullivan, *Considerazioni sull'arte degli edifici alti per uffici*, in "Casabella", n. 204; e in R. De Fusco, *L'idea di architettura*, Milano, Comunità, 1964, si possono trovare richiami del genere non solo per Sullivan, ma anche per Le Corbusier (pag. 170 e pag. 245). Sul valore connotativo delle immagini urbanistiche (e qui il problema si sposta alle forme relazionali dei tessuti delle grandi città) si veda Kevin Lynch, *The Image of the City*, Harvard Un. Press, 1960, in particolare pag. 91: le forme architettoniche devono diventare simboli della vita urbana.

3. LA COMUNICAZIONE ARCHITETTONICA
E LA STORIA

I. Funzioni prime e funzioni seconde

Di conseguenza apparirà d'ora in avanti sempre piú scomodo parlare di "funzioni" riferendoci alle denotazioni di utilitas, e di connotazioni "simboliche" per tutti gli altri tipi di comunicazione, come se questi ultimi non rappresentassero altrettante funzioni espletate: e parleremo dunque di *"funzione prima"* (che viene denotata) e di complesso delle *"funzioni seconde"* (che vengono connotate). Rimarrà sottinteso (ed emerge da ciò che abbiamo detto) che le espressioni "prima" e "seconde" non hanno valore di discriminazione assiologica (come se l'una fosse piú importante delle altre) ma di meccanica semiologica, nel senso che le funzioni seconde si appoggiano alla denotazione delle prime (cosí come la connotazione "cattivo tenore" scatta dalla parola "cane" appoggiandosi sul processo di denotazione primario).

I.1. Un esempio storico servirà a farci comprendere meglio l'intrico delle funzioni prime e seconde sulla base di protocolli di interpretazione che la storia ci ha lasciato. Gli storici dell'architettura hanno lungamente discusso sul codice del gotico, e in particolare sul valore strutturale della volta ogivale e dell'arco a sesto acuto. Le ipotesi maggiori possono essere ridotte a tre: 1) la volta ogivale ha funzione di sostegno e tutta l'alta ed elegante costruzione di una cattedrale si regge su di essa e in virtú del miracolo di equilibrio che essa consente; 2) la volta ogivale non ha valore di sostegno, anche se ne dà l'impressione; il valore di sostegno appartiene piuttosto alle pareti; 3) la volta ogivale aveva valore di sostegno nel corso della costruzione, funzionando come una sorta di impalcatura provvisoria; in seguito il gioco di spinte e controspin-

te veniva raccolto dalle pareti e da altri elementi della costruzione
e in teoria la crociera di ogive avrebbe potuto essere eliminata.[9]

Qualunque sia l'interpretazione valida, nessuno ha mai messo in
dubbio che la crociera di ogive *denotasse* una funzione di sostegno
ridotto al solo gioco delle spinte e controspinte tra elementi nervosi
e sottili. La polemica verte piuttosto sul referente di quella denotazione: esiste la funzione denotata? Se non esiste, rimane tuttavia
indubitabile il valore comunicativo della crociera di ogive, tanto
piú intenzionale, voluto, valido quanto piú essa si fosse articolata soltanto per *comunicare* una funzione, non per *permetterla*,
cosí come non è possibile negare che la parola " unicorno " sia un
segno, anche se l'unicorno non esiste e forse la sua non-esistenza
era nota a chi usava questo termine.

I.2.   Ma, mentre discutevano il valore funzionale della crociera
d'ogive, storici e interpreti di tutte le epoche erano consci che il
codice del gotico aveva anche un valore " simbolico " (che cioè i
segni del messaggio " cattedrale " connotavano anche dei complessi
di funzioni seconde). In altri termini, si sapeva che la volta ogivale,
o le pareti traforate di vetrate volevano comunicare qualcosa. Cosa
fosse quel qualcosa, è stato volta a volta definito in base a veri
e propri lessici connotativi che si fondavano sulle convenzioni culturali e sul patrimonio di sapere di un dato gruppo o di una data
epoca, determinati da un campo ideologico particolare e congruenti
con esso.

C'è ad esempio la tipica interpretazione romantica e protoroman-
tica, per cui la struttura della cattedrale gotica intendeva riprodurre
la volta delle foreste celtiche e quindi il mondo preromano, barba-
rico e primitivo, della religiosità druidica.

Ma in periodo medievale, legioni di commentatori e di allego-
risti, si sono adoperati a definire secondo codici di impressionante
precisione e sottigliezza, i singoli significati di ogni singolo elemento architettonico; e basterà rimandare il lettore al catalogo che
ne ha steso, secoli dopo, Joris Karl Huysmans nel suo *La Cathé-
drale*.

I.3.   Ma abbiamo infine un documento, una costituzione di codice, tra i piú attendibili, ed è la giustificazione che dà della catte-

---

[9] Cfr. per una bibliografia sull'argomento, PAUL FRANKL, *The Gothic -
Literary Sources and Interpretations through Eight Centuries*, Princeton Un
Press, 1960.

drale il Vescovo Suger nel *Liber de administratione sua gestis*,[10] nel XII secolo, là dove in prosa e in versi lascia capire che la luce che penetra a fiotti dalle finestre nelle navate buie (la struttura delle mura che permette di offrire alla luce una via d'accesso così ampla) deve rappresentare l'effusività stessa della energia creativa divina, sulla scorta dei testi neoplatonici e sulla base di una codificata uguaglianza tra luce e partecipatività dell'essenza divina.[11]

Potremmo allora riconoscere con un vasto margine di sicurezza che, per l'uomo del XII secolo le vetrate e le finestre gotiche (e in genere lo spazio delle navate attraversato da fiotti di luce) connotavano "partecipazione" (nel senso tecnico che questo termine assume nel neoplatonismo medievale); ma la storia dell'interpretazione del gotico ci insegna che, durante i secoli, lo stesso significante, alla luce di lessici diversi, ha potuto connotare cose·difformi.

I.4. Anzi, nel secolo scorso si è assistito a un fenomeno tipico della storia dell'arte, quello per cui in un'epoca data tutto un codice (uno stile artistico, una maniera, un "modo di formare", indipendentemente dalla connotazione delle sue singole manifestazioni in messaggio) connota una ideologia (con cui faceva corpo o al momento della sua nascita o nel momento della sua affermazione più caratteristica). Si è avuta allora l'identificazione "stile gotico = religiosità", identificazione che si appoggiava indubbiamente su altri sistemi di connotazione precedenti, quali "slancio verticale = elevazione dell'anima verso Dio" e "contrasto luce che attraversa vetrate e navate in penombra = misticismo". Sono connotazioni così radicate che anche oggi ci occorre uno sforzo per ricordare che anche il tempio greco, regolato e armonico nelle sue proporzioni, poteva connotare, secondo un altro lessico, l'elevazione dell'animo agli Dei, e che anche l'ara di Abramo sulla cima di un monte poteva evocare sentimenti mistici. Ciò non toglie che un certo lessico connotativo si sia imposto su altri nel corso dei secoli, e che il contrasto luce-penombra si sia più profondamente identificato con gli stati d'animo misticheggianti.

Fatto sta che una metropoli come New York è costellata di

[10] Cfr. RICHARD ALBERT LECOY DE LA MARCHE, *Oeuvres Complètes de Suger*, Paris, 1976; ERWIN PANOFSKY, *Abbot Suger on the Abbey Church of St. Denis*, Princeton, 1946 (parti sono riportate in *Il significato delle arti visive*, citato).

[11] Cfr. UMBERTO ECO, *Il problema estetico in San Tommaso*, Torino, Edizioni di "Filosofia", 1956 e *Sviluppo dell'estetica medievale*, in AAVV, *Momenti e problemi di storia dell'estetica*, Milano, Marzorati, 1959.

chiese neogotiche, il cui stile, la cui "lingua" è stata scelta per esprimere la presenza del divino. Ed è curioso che, per convenzione, le stesse chiese esprimano ancor oggi (per i fedeli) lo stesso valore, quando ormai la presenza dei grattacieli, che le stringono in una morsa facendole apparire piccolissime, miniaturizzate, hanno tolto ogni riconoscibilità alla verticalità dello slancio architettonico. Un esempio come questo basterebbe a ricordare che non esistono misteriosi valori "espressivi" connessi alla natura stessa delle forme, ma che l'espressività nasce da una dialettica tra forme significanti e codici di interpretazione; altrimenti le chiese gotiche di New York, che *non sono più* slanciate e verticali, non esprimerebbero più nulla; mentre di fatto esprimono ancora una concezione della religiosità perché sono "lette" in base a codici che permettono di vedere come verticali delle forme che lo sono solo se si prescinde dal nuovo codice di lettura istituito dalla presenza dei grattacieli.

II. I significati architettonici e la storia

II.1. Si sbaglierebbe pensando che il significante architettonico, per la sua stessa natura, sia portato a denotare una funzione prima stabile mentre le funzioni seconde variano lungo il decorso della storia. Già l'esempio della crociera ogivale ci ha mostrato come anche la funzione prima possa essere sottomessa a curiosi scarti tra funzione denotata e funzione effettiva, e ci lascia pensare che, nel corso del tempo, certe funzioni prime, perdendo ogni efficacia, non vengano neppur più denotate agli occhi di destinatari sforniti dei codici adeguati.

Per questo, nel corso della storia, funzioni prime e seconde sono soggette a perdite, ricuperi, sostituzioni di vario genere; perdite, ricuperi e sostituzioni che sono comuni alla vita delle forme in generale, e che costituiscono la norma nel corso della lettura delle opere d'arte propriamente dette, ma che diventano più evidenti (e paradossali) nel campo delle forme architettoniche, là dove l'opinione comune ritiene che si abbia a che fare con oggetti funzionali portatori di indicazioni inequivocabili, e quindi *univocamente* comunicativi. Mentre — per smentire — basterebbe il *topos* umoristico (tanto diffuso da non sembrar neppure veritiero; ma se non è vero è comunque verosimile) che vuole il selvaggio adornato con una sveglia al collo, sveglia interpretata come pendaglio (oggi noi diremmo: gioiello cinetico) anziché come misuratore del tempo (la qual misura del tempo, e la nozione stessa di tempo "degli orologi" — cfr. Bergson — è frutto di una codificazione e comprensibile solo sulla base di essa).

Una delle tipiche oscillazioni, nel tempo e nello spazio, degli oggetti d'uso, consiste proprio in una serie di sfasamenti continui tra funzione prima e funzione seconda. Basti tentare qui una casistica esemplificativa, senza pretese di completezza.

II.2. Nel corso della storia, o passando da un gruppo umano a un altro, un oggetto d'uso può essere sottoposto alle seguenti letture:

1. A) *Si perde il senso della funzione prima.*
   B) *Rimangono le funzioni seconde in misura ragionevole.*

(È il caso del Partenone, che non viene piú capito come luogo di culto, ma di cui si coglie buona parte delle connotazioni simboliche in base a una sufficiente conoscenza filologica della sensibilità greca.)

2. A) *Rimane le funzione prima.*
   B) *Si perdono le funzioni seconde.*

(Lo scranno o la lampada antica, assunti senza rispetto per i loro codici di partenza, inseriti in altro contesto stilistico — lampada rustica come oggetto per un arredamento sofisticato — conservandone la funzionalità immediata, usandoli perciò ancora per sedere o illuminare.)

3. A) *Si perde la funzione prima.*
   B) *Si perdono quasi tutte le funzioni seconde.*
   C) *Si rimpiazzano le funzioni seconde con sottocodici di arricchimento.*

(Esempio tipico le Piramidi. Non sono piú sentite come tomba per monarca; ma si è perso per lo piú anche il codice simbolico — astrologico geometrico — che presiedeva alla loro efficacia connotativa per gli antichi egizi. Le Piramidi però ci connotano molte altre cose, dai fatidici "quaranta secoli" di Napoleone a una somma di connotazioni letterarie piú o meno autorizzate.)

4. A) *La funzione prima diventa funzione seconda.*

(È il caso del ready made: un oggetto d'uso viene eletto a oggetto di contemplazione per connotare ironicamente anche il suo uso di un tempo. È il caso del fumetto ingrandito da Lichtenstein: l'immagine di donna che piange non denota piú donna che piange — denota piuttosto "brano di fumetto" , ma connota comunque, tra gli altri significati, l'immagine di "una donna che piange cosí come la vede la civiltà del fumetto ".)

5. A) *Si perde la funzione prima.*

   B) *Si sostituisce un'altra funzione prima.*

   C) *Si deformano le funzioni seconde con codici di arricchimento.*

(Ad esempio, la culla altoatesina trasformata in portagiorna-
li — adattata a una nuova forma di utilità — mentre le connotazioni connesse alle decorazioni dell'oggetto, valide per gli utenti
originari, si deformano, e connotano qualcos'altro, come analogie
con modi dell'arte contemporanea o barbarica, ingenuità popolare,
" montanarità ", e cosí via.)

6. A) *Le funzioni prime sono vaghe sin dall'inizio.*

   B) *Le funzioni seconde sono imprecise e deformabili.*

(È il caso della Piazza dei Tre Poteri di Brasilia. Le forme
concave e convesse degli anfiteatri delle due Camere, la forma verticale dell'edificio centrale non denotano immediatamente la funzione delle costruzioni — gli anfiteatri sembrano sculture — e non
connotano con esattezza qualcosa di facilmente riconoscibile. Sin
dall'inizio i cittadini hanno interpretato maliziosamente i simboli,
e hanno inteso la forma concava della Camera dei Deputati come
una grande scodella in cui gli eletti dal popolo divorerebbero le
pubbliche finanze.)

III. Consumo e ricupero delle forme

III.1. Questo gioco di oscillazioni tra le forme e la storia è
un gioco di oscillazioni tra strutture ed eventi, tra configurazioni
fisicamente stabili (e descrivibili oggettivamente in quanto forme
significanti) e il gioco mutevole degli accadimenti che conferiscono
loro nuovi significati.

È chiaro che su questa meccanica si basa quel fenomeno indicato
come *consumo* delle forme, *obsolescenza* dei valori estetici.[12] Ed è
chiaro che in un'epoca dove gli eventi si succedono piú vertiginosa-
mente — dove il progresso tecnologico, la mobilità sociale, il dif-
fondersi delle comunicazioni concorrono a mutare i codici con maggiore frequenza e profondità — questo fenomeno si avverta in
misura pervasiva. Ecco perché, pur essendo un fenomeno di carat-

---

[12] Cfr. in proposito le opere di GILLO DORFLES già citate, nonché *Le
oscillazioni del gusto*, Milano, Lerici, 1958.

tere permanente, derivante dalla natura stessa dei processi di comunicazione, è stato teorizzato solo nel nostro secolo.

Ma la meccanica che abbiamo messo in luce mostra che le condizioni del consumo sono anche le condizioni del ricupero o della sostituzione dei sensi.

III.2. Un aspetto paradossale del gusto contemporaneo è che il nostro, se pare un tempo di rapido consumo delle forme (perché di rapido avvicendamento dei codici e degli sfondi ideologici), è in verità *uno dei periodi storici in cui le forme si ricuperano con maggior rapidità, e si conservano al di là della apparente obsolescenza.* Il nostro è un tempo di consapevolezza e agilità filologica, che col proprio senso della storia e della relatività delle culture sta apprendendo a "far filologia" quasi d'istinto. La voga, ad esempio, del liberty altro non significa che questo: gli utenti dei messaggi apprendono a scadenza di decenni a ritrovare i codici di lettura di forme divenute desuete; a ritrovare sfondi ideologici tramontati e a farli rivivere nel momento in cui cercano di capire gli oggetti che si erano formati sul loro sfondo. L'utente moderno delle forme passate impara, sí, a deformarle, a leggere i messaggi che non gli appartengono piú in chiavi libere o aberranti, ma impara anche a ritrovare le chiavi esatte. La sua consapevolezza culturale agisce come movente di ricupero dei codici filologici, mentre la sua agilità di ricupero interviene spesso come *rumore semantico.*

Se la normale crescita e obsolescenza dei sistemi comunicativi (degli apparati retorici) nel passato procedeva secondo una curva tipo sinusoidale (per cui Dante appariva perduto definitivamente per il lettore razionalista settecentesco), il nostro tempo procede secondo una spirale continua, che si svolge nel senso in cui ogni riscoperta è anche un accrescimento, e la mia rilettura dell'Art Nouveau non si basa soltanto sui codici e le ideologie ritrovate della borghesia inizio secolo, ma anche su codici e prospettive ideologiche specifiche dei nostri giorni (codici di arricchimento), che ci permettono di inserire l'oggetto di antiquariato in altri contesti, di goderlo per quel che significava allora, ma di usarlo anche per le connotazioni che vi attribuiamo in base ai nostri lessici di oggi. È un movimento ansimante e avventuroso di riscoperta, di fronte a una forma, dei contesti originari e di creazione di altri contesti. Come una grande operazione pop, quella che — individuandola già nella tecnica del ready made surrealista — Lévi-Strauss definiva come una *fissione semantica,* una decontestualizzazione del segno e un reinserimento di questo in un contesto nuovo che lo carica di significati diversi. Ma questa operazione si accompagna alla conservazione, alla riscoperta dei contesti antichi. Cosí come Lichtenstein carica l'immagine del fumetto di nuovi significati ma ci induce anche a ricuperare i significati, le denotazioni e le connotazioni che funzionano per il lettore naïf dell'albo a fumetti.

III.3. Con tutto ciò, nulla ci assicura che questa dinamica, fatta di filologia e ricreazione a un tempo, sia perciostesso positiva. Anche in passato avvenivano fenomeni di riscoperta filologica delle retoriche e delle ideologie passate, rivissute in una mistura di *filologia* e *fissione semantica*. Che altro fu l'Umanesimo, che altro furono quegli umanesimi anticipati rappresentati dalle disordinate e vitali riscoperte della classicità operate dal medioevo carolingio o dalla scolastica del XIII secolo?

Salvo che allora la riscoperta dei codici e delle ideologie comportava, giocata come era sui tempi lunghi, una ristrutturazione globale delle retoriche e delle ideologie contemporanee. Mentre oggi la dinamica serrata della riscoperta e della revitalizzazione si svolge in superficie, e non intacca il sistema culturale di base; anzi, la stessa corsa alla riscoperta si configura come una tecnica retorica ormai convenzionalizzata che di fatto rimanda a una stabile ideologia del libero mercato dei valori passati e presenti.

Il nostro tempo non è solo il tempo della dimenticanza, è il tempo del ricupero; *ma il ricupero*, in una sistole-diastole di accettazione e ripulsa, *non rivoluziona le basi della nostra cultura*. Il gioco della riscoperta filologica delle retoriche e delle ideologie si configura come una immensa macchina retorica che connota globalmente (e che si regge su) una ideologia stabile, quella della " modernità " come *tolleranza* di tutto il passato.

Una ideologia abbastanza elastica permette di leggere tutte le forme senza che nessuna incida piú sull'ideologia; permette di assumere tutte le ideologie del passato come chiave di una lettura che non ci informa piú, perché tutti i significati sono acquisiti, previsti, permessi.

III.4. Lo abbiamo visto: la storia, con la sua vorace vitalità, svuota e riempie le forme, le priva e le arricchisce di significati; e di fronte al suo processo inevitabile non rimarrebbe che affidarsi alla saggezza istintiva dei gruppi e delle culture, capaci di far rivivere volta per volta le forme e i sistemi significanti. Ma rimane una certa perplessità e tristezza di fronte a forme immense che hanno

Anche chi riesce a conquistare un tesoro d'arte
può essere conquistato dal fascino Camay

Quel fascino Camay che fa girar la testa

Anche voi potete far girar la testa
ad un uomo così... con Camay.
Perché Camay è la saponetta cosmetica
preziosa per la carnagione...
ricca di seducente profumo francese.
Un profumo costosissimo, irresistibile.
Affidatevi a Camay...
per quel fascino che fa girar la testa.

Ricco di seducente profumo francese

Don't let the low price scare you off.

$1652.*

That's the price of a new Volkswagen.

But some people won't buy one. They feel they deserve something costlier. That's the price we pay for the price we charge.

And some people are afraid to buy one. They don't see how we can turn out a cheap car without having it turn out cheap.

This is how:

Since the factory doesn't change the bug's shape every year, we don't have to change the factory every year.

What we don't spend on looks, we spend on improvements to make more people buy the car.

Mass production cuts costs. And VWs have been produced in a greater mass (over 10 million to date) than any car model in history.

Our air-cooled rear engine cuts costs, too, by eliminating the need for a radiator, water pump, and drive shaft.

There are no fancy gadgets, run by push buttons.

(The only push buttons are on the doors. And those gadgets are run by you.)

When you buy a VW, you get what you pay for. What you don't get is frills. And you don't pay for what you don't get.

URGENT

Quintuied ? 4

Special Purpose Telegram Blank No. 74/AG - US Army Form No. AF/7659/82/74/AG
(high)

TO: *Civilian Telegraph Section*
Communication Division
Pentagon, Washington

FROM: *Deceased Personnel Division*
Civilian Liaison Bureau
Pentagon, Washington

DESPATCH FOLLOWING IMMEDIATELY by civil telegraph system:
Message begins:

Express delivery _____

_____

We regret to inform you that your son/husband/father _____

was killed in action in_____ **VIETNAM** _____

on_____ at_____ hours. stop. we will contact you with

further informations as soon as possible. stop. **United States Army.**

Message ends.

Form completed by _____ *From DY/746 Report No.* _____
Date & time completed _____ *Checked by* _____
Telegraphed by _____ *Date & time telegraphed* _____
Following despatch of telegram the completed blank is to be passed to Section RG/4965/CV Record Office for filing.

(cut here) ✄

US Army Form No. AF/7659/82/74AG
(low)

This telegram blank is to be completed in
BLOCK CAPITALS and despatched as soon as
possible following receipt of a report
No.DY1746 (List of personnel killed in action).

Instructions for completion:

* Full name of next of kin
* House No., road, City, State & zip code.
* Delete non-applicable
* Rank, Christian name (s), Surname, Army No.
* Field of action
* Date & time in full (24 hour clock)

After completion and checking cut telegram blank along
central horizontal line, despatch high portion, cut along
vertical line, file right-hand portion.

Army No. of deceased _____
Blank completed by _____
From DY/746 No. _____
Cherked by _____
Date & time despatched _____

"Sai che minestra c'è stasera?"

Lui (senza interesse) - Ma, non so: sarà la minestra che fai di solito.
Lei (cattiva) - No, sbagliato.
Lui (interessato) - Con molte verdure?
Lei (cercando d'aiutare) - Potrebbe essere Minestrone, sì, ma non è!
Lui - C'è anche della pasta?
Lei - Potrebbe essere Minestra di verdure con pasta, sì, ma non è!
Lui (vinto) - Cos'è che hai preparato stasera?
Lei (sillabando) - Crema... di... asparagi.
Lui (goloso) - Asparagi, asparagi! Crema di asparagi! È così che voglio mangiare, cambiare ogni sera menù.

Minestre *Knorr*
il piacere di cambiare menù

Knorr
Crema con asparagi

perduto per noi la potenza significante originaria, e ci appaiono (riferite ai significati piú esili che vi introduciamo) come messaggi enormi e troppo complessi rispetto alla informazione che ci trasmettono. La vita delle forme pullula perciò di questi giganti vuoti di senso, o dal senso troppo piccolo per un corpo cosí grosso, giganti che possiamo giustificare solo riempiendoli di sensi smisurati, fabbricandoci alla meglio dei codici di arricchimento che nulla giustifica (e siamo allora a quelle formulazioni di Retorica, nel senso ristretto e negativo del termine, come i "quaranta secoli" riferiti alle Piramidi).

Altre volte (e il fenomeno è tipico dei giorni nostri) le funzioni seconde si consumano piú facilmente della funzione prima, certi sottocodici periscono piú in fretta, rispetto a certe posizioni ideologiche, dei codici di base. È il caso di una automobile che cammina ancora, ma la cui forma non connota piú il prestigio o l'agio, o la velocità di un tempo. Interviene allora l'operazione di styling che è un ridisegnare la veste simbolica per funzioni immutate, un arricchire di nuove connotazioni (secondo superficiali mutamenti di prospettiva ideologica) una denotazione funzionale di base che non è cambiata, come non è cambiato lo sfondo di una cultura fondata sui meccanismi e sulla loro efficienza.

La vorticosa spirale secondo la quale il nostro tempo riempie e svuota le forme di significati, riscopre codici e li dimentica, altro non è in fondo che una continua operazione di styling. Si restituiscono (e in modo filologicamente esatto) quasi tutti i sottocodici connotativi originari al messaggio tavolo-fratina, ma li si complicano con codici di arricchimento, si operano fissioni semantiche, si inserisce la fratina in un arredamento sofisticato, si dimentica la connotazione centrale della fratina, che era un simboleggiare il pasto frugale; e se ne perde la funzione prima, che era lo stimolare a mangiare scomodamente e austeramente. Si è riscoperto l'oggetto, ma non si è ridimensionata una ideologia del pasto.

Torniamo cosí a quanto si era detto (in C.3.III.1.): la vocazione "filologica" del nostro tempo aiuta i ricuperi delle forme, ma li svuota d'importanza. Forse il fenomeno potrebbe essere riportato a quello che Nietzsche indicava come la malattia storica del mondo moderno. Un eccesso di consapevolezza che non si trasforma in rinnovamento, e quindi agisce a titolo narcotico.

Per cui la soluzione, il modo in cui un avvicendarsi delle retoriche possa veramente significare un rinnovarsi degli sfondi ideologici (sia che ne consegua, sia che li promuova) non dovrà essere trovato nei cicli di riscoperta e obliterazione che il nostro mondo

attua sulle forme *già prodotte* — e che appartengono proprio al
regno della moda, della proposta commerciale, della diversione ludica (non necessariamente " cattiva ", spesso positiva come è positivo succhiare una caramella, o leggere un libro ameno per prender
sonno). Esso sta altrove. Oggi ci si è resi conto della rapida perdita di senso dei messaggi e della loro capacità di acquistarne di
nuovi (appropriati o aberranti, non conta, l'*uso* legittimerà i vari
aspetti di questi cicli, se i cosacchi abbevereranno i loro cavalli
nelle acquasantiere di San Pietro, indubbiamente si sarà verificata
la dissociazione di cui al punto 5 della nostra tabella — sostituzione della funzione prima, arricchimento e sostituzione delle funzioni seconde — ma per il generale dei cosacchi l'operazione rap-
presenterà un ottimo processo di risemantizzazione, mentre il sa-
crestano di San Pietro se ne dorrà, e vedremo a chi dovrà dar ragione la storia); ora, nel momento in cui i costruttori di oggetti
d'uso *sanno* che il loro articolare significanti non potrà determinare
il flusso dei significati, perché la storia potrà tradirli; nel momento
in cui i disegnatori di forme conoscono i cicli di dissociazione tra
significante e significato, e i meccanismi della sostituzione dei significati, il loro problema diventa quello di progettare *funzioni
prime variabili e funzioni seconde " aperte "*.

Questo significa che l'oggetto non sarà *vittima* dell'obsolescenza
e del consumo, e non sarà *protagonista passivo* di un ricupero: ma
sarà lo stimolo, la comunicazione di operazioni possibili, atte ad
adeguarlo continuamente alle situazioni mutevoli del decorso storico: operazioni che saranno atti di decisione responsabile, commisurazioni delle forme, nei loro elementi constitutivi, alle configurazioni possibili che esse possono assumere, e di queste agli sfondi
ideologici che le giustificheranno.

Oggetti mobili e aperti che postulano, col mutare dell'apparato
retorico, il ristrutturamento dell'apparato ideologico, col mutare delle forme d'uso, un mutamento del modo di pensare, di vedere le
forme nel contesto piú vasto dell'operare umano.

In tal senso l'attività ludica del riscoprir significati alle cose,
anziché esercitarsi in una facile filologia nei confronti del passato,
implica una invenzione (non una riscoperta) di codici nuovi. Il
balzo indietro si trasforma in balzo in avanti. La storia, come inganno ciclico, lascia posto alla *progettazione del futuro*.[13]

---

[13] Cfr. Giulio Carlo Argan, *Progetto e destino*, Milano, Saggiatore, 1965
(in particolare il saggio omonimo, dove si riprende una tematica dell'opera
aperta applicata alla progettazione architettonica). Un particolare modo di

Il problema è questo: se "ricupero" una città morta riscoprirò forse codici retorici desueti e sfondi ideologici dimenticati, ma il gioco del ricupero, lo si è detto, mi autorizza a tutto, senza che per questo debba mutare gli schemi ideologici secondo i quali effettivamente mi muovo.

Ma se dispongo di una nuova macrostruttura urbanistica che sfida la mia concezione consueta della città e devo inventare un modo di disporla per stabilire come abitare, due cose sono in questione: i miei codici di base, che devo ristrutturare per capire cosa *farò*; e la mia prospettiva ideologica, perché ovviamente dovrò decidere di comportarmi globalmente in modo diverso.

La progettazione di forme nuove, di nuove retoriche che comportino le possibilità del mutamento e la ristrutturazione delle prospettive ideologiche, è cosa diversa dalla coscienza filologica con la quale mi dilettavo a riscoprire le forme del passato per inserirle (fissione semantica) nei miei contesti abituali. Là riscoprivo forme consumate: qui do nuovi significati a forme nate per trasformarsi, ma che possono trasformarsi solo se io lo decido e se decido le direzioni di trasformazione.

intendere questa "apertura" dell'oggetto architettonico e urbanistico è suggerita da ROLAND BARTHES, *Semiologia e urbanistica*, in "Op.· Cit. ", 10, 1967. Barthes, rifacendosi alle posizioni lacaniane che discutiamo in D.5., ritiene che di fronte alla città il problema del significato passi in secondo luogo rispetto alla "distribuzione dei significanti". Perciò "in questo sforzo per avvicinare semanticamente la città dobbiamo capire il gioco dei segni, capire che qualsiasi città è una struttura, ma non cercare mai di non volere riempire questa struttura". E questo perché "la semiologia non pone mai l'esistenza di un significato ultimo" e "in qualsiasi complesso culturale, o anche psicologico, siamo di fronte a catene metaforiche infinite il cui significato viene sempre differito o diventa esso stesso significante". Ora è vero che di fronte alla città avvengono fenomeni di arricchimento e spostamento del significato, ma il valore semantico della città non emerge solo quando la si veda come struttura generatrice di · significato, bensí anche quando la si vive riempiendola di significazioni concrete. Opporre al movimento di significazione — rispetto al quale si progetta la città — la considerazione del libero gioco dei significanti potrebbe forse svuotare l'attività architettonica di ogni spinta creativa. Poiché se la città obbedisse alle leggi dei significanti, dalle quali l'uomo *è parlato* senza che possa determinarle, allora non avrebbe piú senso progettare una nuova città; in qualsiasi città del passato esistendo già gli elementi di una combinatoria infinita possibile che potranno permettere ogni tipo di vita all'interno di quella forma. Mentre il problema dell'architettura è quello di definire il limite oltre il quale una forma del passato non consente piú *ogni* tipo di vita, e la sfilata dei significanti architettonici non si presenta piú come ·matrice di libertà, ma come immagine stessa di un dominio, di una ideologia che impone, attraverso le forme retoriche che ha generato, i modi della schiavitú.

Cosí sullo sfondo di una dinamica storica della morte e della rinascita delle forme (talora traumatica e vitale — l'Umanesimo — talora pacifica e ludica — la riscoperta attuale del Liberty) si stabilisce la possibilità positiva di una invenzione di nuove retoriche che obblighino a diverse prospettive ideologiche, a una invenzione continua dei segni, e dei contesti nei quali i segni acquisteranno significato.

4. I CODICI ARCHITETTONICI

I. Cosa è un codice in architettura?

I.1. Il segno architettonico come denotante e connotante; i codici architettonici come possibilità di letture diverse nel corso della storia; l'operazione dell'architetto come un " far fronte " alla mutevolezza delle letture, alle vicende della comunicazione, per predisporre funzioni prime variabili e funzioni seconde aperte, aperte naturalmente a codici imprevedibili...

Tutte le cose dette sin qui implicano che si sappia cosa significa " codice " in architettura. Sino a che parliamo della comunicazione verbale abbiamo le idee chiare: c'è un codice-lingua e ci sono determinati lessici connotativi. Quando siamo passati a parlare di codici visivi abbiamo dovuto elencare diversi livelli di codificazione, dal codice iconico a quello iconologico; e per arrivare a questo siamo stati costretti a fare numerose precisazioni sul concetto di codice e sui vari tipi di articolazione che un codice prevede. Abbiamo anche elaborato un principio fondamentale, per cui in un codice dato gli elementi di articolazione possono essere i sintagmi di un codice più analitico, oppure i sintagmi del codice dato altro non sono che elementi di prima o di seconda articolazione di un codice più sintetico.

Questi principi dovranno essere tenuti presenti nel parlare di codici architettonici perché si potrebbe essere tentati di attribuire al codice architettonico articolazioni che appartengono invece ad altri codici più analitici.

I.2. Anzitutto, una ispezione dei codici architettonici sinora individuati da chi si è occupato dell'architettura sotto l'aspetto comunicativo, ci permette di riconoscere che spesso non ci si è chie-

sto se si intendevano indicare *codici sintattici* o *codici semantici*,
e cioè leggi di articolazione dei significanti indipendent dai significati che possono essere loro attribuiti, o leggi di articolazione di
certe strutture significanti a cui viene convenzionalmente già attribuito uno e non un altro significato. In secondo luogo locuzioni
come "semantica dell'architettura" hanno spesso spinto alcuni a
cercare nei segni architettonici l'equivalente della "parola" della
lingua verbale, dotata di un significato preciso, riferentesi cioè addirittura a un referente; mentre sappiamo che un codice può anche
prescrivere soltanto le leggi di articolazione sintattica dei segni.

Cosí sarà opportuno vedere se l'architettura sopporti anche una
codificazione puramente sintattica (anche per giustificare e poter
descrivere oggetti di cui non è predicabile la funzione che denotano, come il menhir, il dolmen, il recinto di Stonehenge, ecc.).

I.3. Infine, a proposito dell'architettura, vanno distinti *i codici
di lettura* (e di costruzione) *dell'oggetto*, dai *codici di lettura e di
elaborazione del progetto dell'oggetto*; in questa sede ci occuperemo
di come si legge un oggetto architettonico e non di come si legge
un progetto. Infatti, poste le regole di interpretazione dell'oggetto,
le regole di annotazione del progetto ne derivano, nel senso che sono regole di notazione di un linguaggio, non scritto, secondo modi
convenzionati a livello della scrittura (cosí come la trascrizione della lingua verbale si elabora sulla base di regole di notazione scritta di elementi verbali come i fonemi e i monemi). Ciò non toglie
che una semiologia del progetto debba porre dei problemi di un
certo interesse, poiché in un progetto si hanno anzitutto diversi
sistemi di notazione (una pianta non si codifica come uno spaccato)[14] e perché in questi diversi sistemi di notazione abbiamo al
tempo stesso segni iconici, diagrammi, indici, simboli, qualisegni,
sinsegni, eccetera, in modo da soddisfare tutta la gamma dei segni proposta da Peirce.

I.4. Chi parla di codici architettonici si limita per lo piú a
ricorrere a codici *tipologici* (chiaramente semantici), ricordando che
in architettura esistono configurazioni che indicano chiaramente "la

---

[14] Ma l'uso di un codice improprio può far leggere una pianta come uno
spaccato o viceversa; si veda il divertente episodio citato da G.K. KOENIG,
Invecchiamento dell'architettura moderna, Firenze, Libreria Ed. Fiorentina,
2ª ed., 1967, pag. 107, nota 17. Ma cfr. anche *Analisi del linguaggio architettonico*, cit., capitolo 8.

chiesa", "la stazione", oppure "la forchetta" e cosí via. Dei codici tipologici parleremo in seguito ma è chiaro che essi costituiscono solo uno, e il piú appariscente, dei sistemi di codificazione in uso.

I.5. Nel tentativo di recedere progressivamente da un codice cosí chiaramente storicizzabile (è chiaro che l'immagine della "chiesa" si articola in un dato modo solo in un momento dato della storia), si sarebbe tentati di cercare le articolazioni basilari dell'architettura, il sistema delle figure costituenti la *seconda articolazione*, negli elementi della geometria di Euclide.

Se l'architettura è l'arte dell'articolazione degli spazi,[15] allora la codificazione dell'articolazione degli spazi potrebbe essere quella data da Euclide nella sua geometria. Elementi di prima articolazione saranno allora delle unità spaziali, o *choremi*[16] i cui elementi di seconda articolazione sono gli *stoichéia* euclidei (gli "elementi" della geometria classica) e che si comporranno in sintagmi piú o meno complessi. Per esempio, saranno elementi di seconda articolazione, ancora sforniti di qualsiasi significato, ma forniti di valore differenziale, l'angolo, la linea retta, le varie curve, il punto; e saranno elementi di prima articolazione il quadrato, il triangolo, il parallelepipedo, l'ellisse, sino ai limiti delle figure irregolari piú ambigue, tuttavia sempre esprimibili attraverso equazioni di un qualche genere; mentre il gioco di due rettangoli uno compreso nell'altro potrà costituire già una caratteristica conformazione sintagmatica (in cui riconoscere ad esempio il rapporto parete-finestra) mentre conformazioni sintagmatiche piú complesse potranno essere il cubo (tridimensionale) o le articolazioni varie di una pianta a croce greca. Naturalmente il rapporto tra geometria piana e geometria tridimensionale potrebbe porre il problema di una terza articolazione degli elementi. E problemi successivi di codificazione nascerebbero dal riconoscimento di geometrie non euclidee.

Sta di fatto, tuttavia, che questo codice geometrico *non appartiene solo all'architettura*: è chiaro che deve essere chiamato in causa anche per descrivere i fenomeni pittorici, non solo i casi di pittura

---

[15] Per un coerente e documentato approfondimento di questa prospettiva, cfr. BRUNO ZEVI, *Architettura in Nuce*, Venezia-Roma, Ist. per la Coll. Culturale, 1960; e il precedente *Saper vedere l'architettura*, Torino, Einaudi, 1948.

[16] Da *chora* (spazio, luogo). Per una teorizzazione degli *stoichéia* come elementi primari delle arti spaziali, architettura compresa, vedi le osservazioni di Mondrian discusse da R. DE FUSCO, *op. cit.*, pag. 143-145.

geometrica (Mondrian) ma anche i casi di pittura figurativa in cui,
al limite, ogni configurazione potrebbe essere ridotta a una articolazione (sia pure assai complessa) di elementi geometrici originari.
Ma lo stesso codice serve anche per la notazione scritta e la descrizione verbale (per la messa in forma) dei fenomeni di geometria
nel senso professionale del termine (misurazione del terreno) e per
altri tipi di rilevamento (topografico, geodetico e cosí via). E infine, al limite, si identificherebbe con un *codice gestaltico* che presiederebbe alla percezione delle forme elementari. Abbiamo allora
qui il caso tipico di un codice che si configura quando vogliamo
analizzare gli elementi fondamentali (di prima e di seconda articolazione) di una "lingua" diversa, capace di servire come metalinguaggio a codici piú sintetici.

I.6. Converrà dunque prescindere da un codice del genere, cosí
come nel linguaggio verbale si prescinde dalla possibilità di annotare i singoli fonemi nei termini di *posizioni* tipiche di un codice
piú analitico, come quello delle bandierine navali. Senza peraltro
trascurare questa possibilità di analiticità, quando si tratti di dover
commisurare il fenomeno architettonico a un fenomeno altrimenti
codificabile, nel tentativo di trovare un metalinguaggio atto a descrivere entrambi. Ed è il caso che si prospetta quando si tenti di mettere in codice un determinato paesaggio per potervi poi commisurare determinate soluzioni architettoniche. Che per definire la struttura del paesaggio si ricorra a elementi del codice della geometria
solida (piramide, cono, eccetera) dimostra che in quel caso, dovendo discutere di manufatti architettonici da inserire nel suo contesto, sarà utile descrivere anche questi alla luce dello stesso codice
geometrico assunto come metalinguaggio.[17] *Ma il fatto che l'architettura sia descrivibile sulla base di un codice geometrico non porta
a riconoscere che l'architettura in quanto tale si fondi sul codice
geometrico.*

Cosí come il riconoscere che sia un ideogramma cinese sia una
parola articolata in fonemi della lingua italiana possano essere analizzati, ai fini di trasmissione radiofonica, in termini di *decibel*
e di frequenze, o di curve riportate sulla superficie di un disco, non

---

[17] CHRISTIAN NORBERG SCHULZ, *Il paesaggio e l'opera dell'uomo*, in "Edilizia moderna", n. 87-88 (numero dedicato a "La forma del territorio").
Ma tutta l'opera di SCHULZ, *Intenzioni in Architettura*, già citata, è importante ai fini del discorso che precede e che segue. Cfr. in particolare i capitoli sulla *percezione*, sulla *simbolizzazione* e sulla *tecnica*.

porta a riconoscere che il cinese e l'italiano appoggino su di un solo codice; ma semplicemente che, quando devono essere entrambi ricodificati in termini di trasmissibilità e registrazione dei fonemi e dei fenomeni fonologici che li compongono, possono essere analizzati entrambi sulla base di un solo sistema di trascrizione. Al limite, ogni fenomeno fisico può essere ricondotto al codice chimico molecolare (e questo a un codice atomico) ma ciò non toglie che la Gioconda sia analizzabile con strumenti diversi da quelli usati per analizzare un minerale.

Vediamo dunque quali siano i codici piú propriamente architettonici emersi attraverso le varie letture "semantiche" o "semiologiche" dell'architettura.

II. Classificazione dei codici architettonici

II.1. Dalle discussioni in merito possiamo dedurre allora una tabella del genere:

1. *Codici sintattici* - tipica in tal senso una articolazione che si rifaccia a quella della scienza delle costruzioni. La forma architettonica si scinde in travi, solai, volte, mensole, archi, pilastri, piastre, gabbie di cemento (telai multipiani portanti collegati con solai portati, pareti portate come tamponature). Non vi è riferimento alla funzione né allo spazio denotato, c'è solo una logica strutturale: vi sono le condizioni strutturali per la denotazione di spazi. Cosí a livello di una seconda articolazione in altri codici, vi sono le condizioni strutturali per la significazione, anche se siamo ancora al di qua del significato. Cosí in musica rapporti frequenziali producono suoni che potranno poi denotare intervalli forniti di significato musicale.[18]

2. *Codici semantici* a) articolazione di *elementi* architettonici

   1) elementi denotanti *funzioni prime*: tetto, terrazzo, abbaino, cupola, scala, finestra...

   2) elementi connotanti *funzioni seconde* "simboliche": metopa, frontone, colonna, timpano...

   3) elementi denotanti "caratteri distributivi" e connotanti "*ideologie dell'abitare*": aula comune, zona giorno e zona notte, sala da pranzo, soggiorno...

---

[18] Per questi, e per i codici che seguono, vedi KOENIG, *op. cit.*, cap. 4, "L'articolazione del linguaggio architettonico"; G. DORFLES, *Simbolo, comunicazione, consumo*, cit., cap. V.

b) articolazione *in generi tipologici*

1) *tipi sociali*: ospedale, villa, scuola, castello, palazzo, stazione...

2) *tipi spaziali*: tempio a pianta rotonda, a croce greca, pianta "aperta", labirinto...[19]

L'elenco naturalmente potrebbe infittirsi; potremmo elaborare dei tipi come: città giardino, città a pianta romana, eccetera, o trovare codificazioni recenti a livello di certi modi di operare derivati dalle poetiche d'avanguardia che hanno già creato la propria *tradizione* e la propria *maniera*.

II.2. Ma l'aspetto che colpisce in tutte queste codificazioni, è che esse mettono in forma soluzioni *già elaborate*. Sono cioè codificazioni di *tipi di messaggio*. Il codice-lingua è diverso: mette in forma un sistema di relazioni possibili dalle quali si possono generare infiniti messaggi. A tal punto che è apparso persino impossibile individuare delle connotazioni ideologiche globali riferibili a una lingua. Una lingua serve a formulare ogni tipo di messaggi, connotanti le ideologie piú diverse; la lingua — in definitiva — non ha classe, non è uno strumento di classe, non è la sovrastruttura di una base economica determinata.[20] Teoria quasi vera, se non esistessero studi che mostrano come lo stesso articolarsi di una lingua obbliga già il parlante a vedere il mondo in un determinato modo (e quindi la lingua possiederebbe già delle connotazioni ideologiche globali[21]). In ogni caso, prescindendo da queste connotazioni ultime e profonde, sarebbe possibile assumere una lingua come un *campo di libertà* quasi assoluta, nel quale il parlante improvvisa poi i messaggi piú acconci per rendere ragione di situa-

---

[19] Per il concetto di "tipo", oltre a Dorfles e Koenig, cfr. "Sul concetto di tipologia architettonica" in G.C. ARGAN, *Progetto e destino*, cit., dove viene condotto il giusto parallelo tra tipologia architettonica e iconografia, e si ha una definizione di tipo come "progetto di forma" che si avvicina alla nostra definizione di figura retorica come "relazione generale di inaspettatezza" (v. A.4.II.2). Vedi ancora SERGIO BETTINI, in "Zodiac" n. 5, e VITTORIO GREGOTTI, *Il territorio dell'architettura*, Milano, Feltrinelli, 1966.

[20] È la nota tesi di Stalin sulla linguistica (G. STALIN, *Il marxismo e la linguistica*, Roma, Rinascita, 1950).

[21] La tesi della lingua come determinante il modo di vedere la realtà è di BENJAMIN LEE WHORF, *Language, Thought and Reality*, Cambridge e New York, 1956. Su Whorf si veda (per una esposizione divulgativa) STUART CHASE, *Il potere delle parole*, Milano, Bompiani, 1966 (il capitolo "Le parole e la visione del mondo") e la discussione in HERBERT LANDAR, *Language and Culture*, Oxford Un. Press, N. Y., 1966, parte V, "Culture".

zioni inattese. Al contrario, in architettura, se i codici sono quelli indicati, la situazione è diversa.

Se i codici dell'architettura mi dicono come deve essere fatta una chiesa *per essere una "chiesa"* (codice tipologico), potrò certo, giocando sulla dialettica (già teorizzata) tra informazione e ridondanza, cercare di fare una chiesa che, pur essendo una chiesa, sia diversa da quelle sinora apparse, e quindi mi obblighi a pregare e a intravvedere il rapporto con Dio in modo inusitato: ma ciò non toglie che io non sia andato al di là della determinazione architettonico-sociologica che mi prescrive di fare e di usare chiese. Se i codici architettonici non possono permettermi di oltrepassare questo limite, in tal caso l'architettura non è un modo di cambiare la storia e la società, ma un sistema di regole per dare alla società quello che essa *prescrive* all'architettura.

L'architettura allora è un *servizio*, ma non nel senso in cui è servizio la missione dell'uomo di cultura, che lavora per proporre continuamente nuove istanze al corpo sociale, bensí nel senso in cui è servizio la nettezza urbana, l'approvvigionamento di acqua, il trasporto ferro-tranviario; servizi cioè che provvedono con elaborazioni tecniche sempre piú raffinate a soddisfare una richiesta precostituita.

In tal caso l'architettura non sarebbe neppure arte, se proprio dell'arte (si veda quanto si è detto sul messaggio estetico) è proporre alla comunità dei fruitori quello che essi non si attendevano ancora.

II.3.   Allora i codici di cui si è parlato altro non sarebbero che lessici di tipo iconologico, stilistico o retorico. Non stabiliscono possibilità generative, ma *schemi fatti*, non forme aperte onde parlare, ma forme sclerotizzate; al massimo, non regole per generare comunicazioni vuoi ridondanti vuoi informative, a seconda della decisione del parlante, ma sempre e comunque relazioni generali di inaspettatezza dovutamente dialettizzate con sistemi di attese acquisite, stabiliti, identificati e mai, assolutamente, messi in crisi. L'architettura è allora una retorica, nel senso già definito in A.4.II.2.

E sotto la rubrica di questa codificazione retorica rientrerebbero anche le codificazioni di tipo sintattico elencate piú sopra: perché non è vero che alcune forme vuote e puramente differenziali del significare architettonico (pilastro o trave) permettano *ogni* comunicazione architettonica possibile: permettono il tipo di comunicazione architettonica a cui ci ha abituato la civiltà occidentale, ispirato a certi criteri statici e dinamici, a certe regole geometriche euclidee che, anche se hanno tutta l'aria di essere più stabili e resistenti all'usura di altri sistemi di regole, ci obbligano a muoverci all'interno di *una certa grammatica del costruire,* tanto è vero che la si trova codificata sotto il nome di *scienza delle costruzioni.*

5. L'ARCHITETTURA
COME COMUNICAZIONE DI MASSA?

I. La persuasione architettonica

I.1. Sistema di regole retoriche volte a dare all'utente quello che già si attende (anche se pimentato di inaspettatezza giudiziosa) cosa distingue allora l'architettura dagli altri tipi di comunicazione di massa? Che l'architettura sia una forma di comunicazione di massa, è idea abbastanza diffusa.[22] Una operazione che si rivolge a gruppi umani, per soddisfare alcune loro esigenze e persuaderli a vivere in determinato modo, può essere definita *comunicazione di massa* anche in termini puramente quotidiani, in accezione corrente del termine, senza riferimenti a una problematica sociologica definita.

I.2. Ma anche in riferimento a questa problematica [23] l'architettura pare avere le stesse caratteristiche dei messaggi massa. Proviamo a individuarne alcune:

1) Il discorso architettonico è *persuasivo*: parte da premesse acquisite, le collega in argomenti noti e accettati, e induce a un determinato tipo di consenso (io abiterò cosí, perché me lo proponi in base a forme spaziali che si ricollegano ad altre già note e mi dimostri che, relazionandole cosí come tu fai, io potrò vivere in modo ancora piú comodo e confortevole).

[22] Cfr. G.C. ARGAN, R. ASSUNTO, B. MUNARI, F. MENNA, *Design e mass media*, in "Op. Cit.", n. 2; *Architettura e cultura di massa*, in "Op. Cit.", n. 3; FILIBERTO MENNA, *Design, comunicazione estetica e mass media*, in "Edilizia Moderna", n. 85 (ma cfr. in genere tutto il numero e la stessa impostazione polemica delle soluzioni grafiche).

[23] Lo studio piú recente e completo sull'argomento è: RENATO DE FUSCO, *L'architettura come mass-medium*, Bari, Dedalo, 1967.

2) Il discorso architettonico è *psicagogico*: con dolce violenza (anche se non mi rendo conto della violenza), sono portato a seguire le istruzioni dell'architetto, il quale non solo significa delle funzioni, ma le promuove e le induce (nello stesso senso in cui parliamo di persuasione occulta, di induzione psicologica, di stimolazione erotica).

3) il discorso architettonico viene *fruito nella disattenzione*, cosí come si fruiscono il discorso filmico e televisivo, i fumetti, i romanzi polizieschi (cosí come non si fruisce l'arte propriamente detta, che richiede assorbimento, attenzione, devozione all'opera da interpretare, rispetto alle presunte intenzioni dell'emittente).[24]

4) Il messaggio architettonico può riempirsi di *significati aberranti* senza che il destinatario avverta con questi di stare perpetrando un tradimento. Chi usa la Venere di Milo per ottenere una eccitazione erotica, sa che sta tradendo l'originale funzione comunicativa (estetica) dell'oggetto; ma chi usa Palazzo Ducale a Venezia per ripararsi dalla pioggia, o chi ospita truppe in una chiesa abbandonata, non avverte di star perpetrando un particolare tradimento.

5) In questo senso il messaggio architettonico si muove tra un *massimo di coercizione* (tu dovrai abitare cosí) e un *massimo di irresponsabilità* (tu potrai usare questa forma come vorrai).

6) L'architettura è soggetta a rapida *obsolescenza* e successione di significati, senza postulare un ricorso filologico; diversamente avviene per il quadro o la poesia, lo stesso avviene per le canzonette, gli abiti alla moda.

7) L'architettura si muove in una *società di merci*;[25] è soggetta a determinazioni di mercato, piú delle altre attività artistiche, tanto quanto i prodotti della cultura di massa. Il fatto che un pittore sia soggetto al gioco delle gallerie, che un poeta debba fare i conti con l'editore può influenzare praticamente la sua opera, ma non ha nulla a che vedere con la definizione del proprio lavoro. In-

---

[24] " La distrazione e il raccoglimento vengono contrapposti in un modo tale che consente questa formulazione: colui che si raccoglie davanti all'opera d'arte vi si sprofonda... inversamente la massa distratta fa penetrare nel proprio grembo l'opera d'arte. Ciò avviene nel modo piú evidente per gli edifici. L'architettura ha sempre fornito il prototipo di un'opera d'arte la cui ricezione avviene nella distrazione da parte della collettività." (WALTHER BENJAMIN, *L'opera d'arte nell'epoca della sua riproducibilità tecnica*, Torino, Einaudi, 1966).

[25] Vedi l'impostazione del numero di " Edilizia Moderna " 85, dedicato al *Design*, e in particolare l'introduzione.

fatti il disegnatore può disegnare per sé e per i propri amici, il poeta può scrivere la sua opera in copia unica per la propria amata; l'architetto invece (a meno che non formuli sulla carta un modello utopico) non può essere tale se non inserendosi in un circuito tecnologico ed economico e cercando di farne sue le ragioni, anche quando vuole contestarle.

II.   L'informazione architettonica

II.1.   Eppure chi guarda con occhio interrogativo l'architettura, è colto dalla sensazione che *essa sia qualcosa di più* di un fatto di comunicazione di massa (così come lo sono certi tipi di operazioni che nascono nell'ambito delle comunicazioni di massa ma ne escono per la carica ideologica contestataria che contengono).

L'architettura pare presentarsi come un messaggio persuasivo e indubbiamente consolatorio ma che possiede nel contempo degli aspetti *euristici* e inventivi. Parte dalle premesse della società in cui vive, ma per sottoporle a critica, e ogni vera opera d'architettura apporta *qualcosa di nuovo* non solo quando è una buona macchina per abitare o connota una ideologia dell'abitare, ma quando critica, col suo solo sussistere, i modi di abitare e le ideologie dell'abitare che l'avevano preceduta.

Nell'architettura la tecnica, volta a fini persuasivi, nella misura in cui denota alcune funzioni, e nella misura in cui le forme del messaggio fan corpo coi materiali che le servono di supporto, *si autosignifica*, secondo le leggi del messaggio estetico. *Autosignificandosi informa al tempo stesso non solo sulle funzioni che promuove e denota, ma anche sul* MODO *in cui ha deciso di promuoverle e denotarle.*

Attraverso la catena semiologica che dello stimolo fa una denotazione e della denotazione una connotazione (e del sistema di denotazioni e connotazioni un messaggio autosignificantesi che connota le intenzioni architettoniche dell'emittente), ecco che *in architettura gli stimoli sono al tempo stesso ideologie.* L'architettura *connota una ideologia dell'abitare* e quindi si offre, nel momento stesso in cui persuade, a una lettura interpretativa capace di portare a un accrescimento informativo.

Informa su qualcosa di nuovo quanto più vuol fare abitare in modo nuovo, e quanto più vuol fare abitare in modo nuovo tanto più persuade, mediante l'articolazione di varie funzioni seconde connotate, a farlo.

II.2. In questa prospettiva entra il discorso sullo *styling*. Lo styling, lo si è già visto, potrebbe essere (e nella maggior parte dei casi è) la sovrapposizione di nuove funzioni seconde a funzioni prime invariate; apparentemente informerebbe, ma in fatto confermerebbe, attraverso nuove strategie persuasive, quello che l'utente voleva e faceva e sapeva fare già. Puro atto di persuasione, esso non sarebbe altro che una accorta strategia di opinioni acquisite.

Ma in alcuni casi la risemantizzazione dell'oggetto, che lo styling opera, può apparire come il tentativo di connotarne, attraverso la strategia di nuove funzioni seconde, una diversa visione ideologica. La funzione, lo sappiamo, rimane immutata, ma il modo di considerare l'oggetto nel sistema degli altri oggetti, nella relazione di valore reciproco gli uni rispetto agli altri, tutti rispetto agli atti della vita quotidiana, muta.

Una macchina che viene ridisegnata per apparire *per tutti* — mentre, con lo stesso tipo di motore, con tutte le funzioni prime immutate, appariva solo come un simbolo di classe — diventa realmente qualcosa di diverso. Lo styling in tal caso ha ricodificato la funzione prima, ha cambiato funzione all'oggetto.

Se invece agisce soltanto come pura ripetizione, in altra forma connotativa, dello stesso messaggio denotativo di un tempo, è puro procedimento di ridondanza persuasiva. *Informa di piú rispetto a un nostro sistema di attese retoriche, ma non altera il nostro sistema di attese ideologiche.*

6. I CODICI ESTERNI

I. L'architettura deve prescindere dai propri codici

I.1. A questo punto sorge una serie di problemi:

a) ci pareva che l'architettura dovesse, per poter comunicare le funzioni che vuol promuovere, basarsi su codici;

b) abbiamo visto che i codici architettonici propriamente detti stabiliscono possibilità di movimento alquanto limitate e che assomigliano non tanto a una lingua ma a lessici retorici che classificano soluzioni-messaggio già attuatesi;

c) dunque, appoggiandosi a questi codici, il messaggio architettonico diventa persuasivo e consolatorio, non innova, dà quello che già si attende;

d) tuttavia l'architettura pare muoversi anche nella direzione dell'informazione e dello sconvolgimento dei sistemi di attese retoriche e ideologiche;

e) si deve peraltro escludere che, per ottenere ciò, essa prescinda assolutamente dai codici dati, poiché senza codice su cui basarsi non c'è comunicazione efficace e non c'è informazione che non si appoggi su bande di ridondanza.

I.2. Appare allora piú aperta e disponibile la codificazione, proposta da Italo Gamberini, dei "segni costitutivi" dell'architettura, matrici di uno spazio interno, elencabili in riferimento all'architettura propriamente detta.

Sono, secondo la classificazione di Gamberini:[26] 1) *segni di de-*

---

[26] ITALO GAMBERINI, " Gli elementi dell'architettura come parole del linguaggio architettonico ", *Introduzione a' primo corso di elementi di architettura*, Coppini, 1959; *Per una analisi degli elementi di architettura*, Editrice

terminazione planimetrica (che danno un limite orizzontale infe riore al volume architettonico); 2) *segni di collegamento* (tra ele menti di determinazione planimetrica posti a quote diverse; e pos sono essere elementi di collegamento continui — rampe — o a gra dini — scale); 3) *segni di contenimento laterale*, autoportanti — fissi e mobili — o portanti qualcosa; 4) *segni di comunicazione* fra gli elementi di contenimento laterale; 5) *segni di copertura*, auto portanti o portati; 5) *segni autonomi di sostegno*, verticali, orizzon tali o comunque inclinati; 6) *segni di accentuazione qualificativa*; eccetera.

Indubbiamente una codificazione del genere, nella sua disponi bilità alle piú diverse realizzazioni concrete, sfugge alla sclerotizza zione tipologico-retorica dei codici precedenti. Si potrebbero indi viduare questi segni come elementi di seconda articolazione, defi niti dai loro valori posizionali e differenziali, e privi di signi ficato, ma concorrenti a determinare dei significati. Ma alcuni di essi denotano tuttavia delle funzioni, e quindi possono essere intesi come elementi di prima articolazione.

Piú aperti ancora sarebbero allora gli elementi combinabili se condo regole puramente matematiche che studia il metadesign [27] non preoccupandosi di cosa si debba progettare, ma delle matrici generative che stanno alla base di ogni progettazione, e per per mettere una progettazione il piú possibile aperta alla variabilità delle funzioni prime e seconde. Ma anche qui saremmo ad un co dice che non appartiene solo all'architettura, anche se può essere di fondamentale utilità che l'architettura vi si rifaccia.

Ritornando ai segni costitutivi dell'architettura, e riconosciuta la loro libertà di articolazione al di là delle prescrizioni retoriche e delle soluzioni preordinate, rimane aperto un problema (che non riguarda tanto l'architetto come costruttore di significanti — che può attenersi a un codice come quello proposto — quanto l'archi tetto come programmatore di significati che le sue forme signifi

Universitaria, 1953; *Analisi degli elementi costitutivi dell'architettura*, Coppini, 1961. Si veda l'esposizione che ne dà Koenig nell'*op. cit.*, cap. 5. Sulla scuola di Firenze, e la sua attenzione ai problemi semantici, cfr. Dorfles, *Simbolo*, cit., pag. 175-176. Su altre ricerche analoghe del gruppo fiorentino, cfr. in Koenig sulle esperienze di Pierluigi Spadolini (*op. cit.*, pag. 111) e, di Spa dolini, *Dispense del corso di progettazione artistica per industrie*, Firenze, Editrice Universitaria, 1960. A cura di Italo Gamberini si veda il n. 8-9 dei " Quaderni dell'istituto di elementi di architettura e rilievo dei monumenti della Facoltà di Architettura di Firenze ", con gli scritti di Gamberini, C. Lucci e G.L. Giannelli, su problemi di semantica architettonica.

[27] Andries van Onck, *Metadesign*, in " Edilizia Moderna ", n. 85.

canti dovranno denotare o connotare): *quali regole di combinazione tra i segni costitutivi dovrà seguire l'architetto?* Se rifiuterà
le regole propostegli dai lessici retorici tradizionali, a quali regole
nuove si rifarà? Paradossalmente, se i segni costitutivi sono *parole*,
l'architetto parrebbe possedere un paradigma che non sa ancora
come disporre sull'asse del sintagma. Ha un vocabolario, forse una
logica, ma gli rimangono una grammatica e una sintassi da inventare. E tutto pare dimostrare che non sarà mai l'architettura da
sola a fornirgli quelle regole che cerca.

Non rimane dunque che una risposta: *l'architettura parte forse
da codici architettonici esistenti, ma in realtà si appoggia su altri
codici che non sono quelli dell'architettura*, e in riferimento ai quali
gli utenti dell'architettura individuano le direzioni comunicative del
messaggio architettonico.

I.3. Per capirci meglio: è ovvio che un urbanista possa pia-
nificare una strada urbana appoggiandosi al lessico che prevede e
classifica il modello strada-urbana; e può farla più o meno diversa
rispetto alle precedenti secondo la dialettica ridondanza-informa-
zione; ma è altrettanto ovvio che, così facendo, non uscirà dall'ambito urbanistico che prevede la strada urbana a livello terra. Quando
invece Le Corbusier propone strade sopraelevate [28] — che assomigliano più al tipo " ponte " che non al tipo " strada " — esce radicalmente dalla tipologia acquisita; e tuttavia, nel contesto della
sua città ideale, l'utente è in grado di riconoscere la funzione che
il segno-strada sopraelevata denota. Questo accade perché Le
Corbusier ha fatto precedere l'operazione architettonica da una ispezione delle nuove esigenze, dei *desiderata esistenziali*, delle tendenze implicite nello sviluppo della vita associata della città industriale, e ha, per così dire, tracciato un codice delle esigenze future
(che emergono dalla situazione presente) in base al quale stabilire
le nuove funzioni e le nuove forme architettoniche.

In altri termini, *prima ha codificato delle funzioni possibili* e
non ancora chiaramente individuate dall'architettura tradizionale,
poi ha elaborato un codice delle forme che le debbono denotare.
Egli ha cercato il sistema di relazioni, in base a cui elaborare i
codici dei significanti architettonici, fuori dall'architettura. Si è
fatto, per poter elaborare un linguaggio architettonico, sociologo
e politico, igienista e moralista.

---

[28] LE CORBUSIER, *Urbanistica*, Milano, Saggiatore, 1967.

I.4. Questo perché nell'ambito del linguaggio verbale i significanti appartengono all'area del linguaggio e i referenti possono appartenere all'area della natura fisica, che sta *al di fuori* del linguaggio. Ma la lingua non si occupa, lo abbiamo visto, del rapporto tra significanti e referenti, bensí del rapporto tra significanti e significati; e anche i significati appartengono all'area della lingua; sono un fatto di cultura che viene istituito dalla lingua stessa col sistema di codici e lessici. È la lingua che mette in forma la realtà.

Invece l'architetto deve articolare significanti architettonici per denotare funzioni; le funzioni sono i significati di quei significanti, *ma il sistema delle funzioni non appartiene al linguaggio architettonico, bensí ne sta fuori.* Appartiene ad altri settori della cultura, è anch'esso fatto di cultura, ma è istituito da altri sistemi di comunicazione, che mettono in forma la realtà con altri strumenti (gesti, rapporti spaziali, comportamenti sociali) studiati dall'antropologia culturale, dalla sociologia, dalla cinesica o dalla prossemica.

La realtà investita dal linguaggio verbale è la realtà nella sua totalità. È pensabile che esista al di fuori dal linguaggio verbale, ma noi la conosciamo e la mettiamo in forma solo attraverso di esso. Quindi tutto quello che definiamo come realtà, attraverso al linguaggio, deve essere studiato come prodotto del linguaggio, attraverso il noto processo di semiosi illimitata (A.2.I.7).

Invece *quello che l'architettura mette in forma* (un sistema di relazioni sociali, un modo di abitare e di stare insieme) *non appartiene all'architettura*, perché potrebbe essere definito e nominato (e potrebbe sussistere) anche se, per ipotesi, non esistesse l'architettura. Un sistema di relazioni spaziali quale studia la prossemica, un sistema di relazioni parentali quale studia l'antropologia culturale, sta fuori dall'architettura. Può darsi che non stia fuori dal linguaggio verbale, perché non posso definirlo e nominarlo e pensarlo se non in termini di linguaggio verbale (ciò che permette a Roland Barthes di affermare che non la linguistica è un capitolo della semiologia generale, ma che ogni branca semiologica è un sottocapitolo della linguistica) ma sta fuori dall'architettura. *E dunque l'architettura deve andare a cercare quel sistema di relazioni* (e dunque il codice delle funzioni che poi dovrà promuovere e significare con mezzi proprii) *là dove è messo in forma.*

II. I codici antropologici

II.1. Sappiamo che l'antropologia studia il codice di un linguaggio determinato in una società primitiva (e lo riduce a un codice piú generale che regola tutte le strutture linguistiche in varie
lingue); poi studia le relazioni di parentela in quella stessa società (e le riduce a un codice piú generale della parentela in tutte
le società); infine si rivolge alla struttura "urbanistica" del villaggio della comunità studiata (e individua un codice della disposizione urbanistica in varie società)... Ma poi cerca di porre in rapporto, nell'ambito della stessa società studiata, le forme del linguaggio, le forme del rapporto parentale, le forme della disposizione
delle abitazioni, e riconduce tutti questi fatti di comunicazione
culturale a un diagramma unitario, a una struttura soggiacente che
le lega, le determina e le unifica in modo omologo.[29]
Ora l'architetto che dovesse costruire per una comunità di questo tipo avrebbe a propria disposizione tre soluzioni:
1) Atteggiamento di *assoluta integrazione al sistema sociale vigente*. Accetta le norme di convivenza che regolano quella società,
obbedisce alle richieste del corpo sociale cosí com'è. Costruisce case
per permettere un sistema di vita tradizionale e senza pretendere di
sconvolgerlo. In tal caso è possibile che l'architetto si rifaccia a un
codice tipologico dell'architettura vigente, a un lessico degli elementi convenzionati, ma in realtà, anche senza saperlo, egli obbedisce alle leggi di quel codice piú generale che *sta fuori* dell'architettura.
2) In un impeto di eversività "avanguardistica" l'architetto decide di obbligare la gente a vivere in modo totalmente diverso. Inventa piante che non permettano rapporti simili a quelli tradizionali, obbliga a vivere in modo da sconvolgere i rapporti di parentela cosí come erano. Ma è indubbio che la comunità non ricono-
scerebbe le funzioni nuove denotate da forme nuove perché queste funzioni non si articolano secondo il codice di base che reggeva
i rapporti urbanistici, parentali, linguistici, artistici eccetera della
comunità di un tempo.
3) L'architetto tiene presente il codice di base e ne studia delle
esecuzioni inusitate che tuttavia *siano permesse dal suo sistema*

---

[29] Cfr. CLAUDE LÉVI-STRAUSS, *Les structures élémentaires de la parenté*,
P.U.F., 1949; e la sezione "Linguaggio e parentela" in *Antropologia strut·
turale*, Milano, Saggiatore, 1966.

di articolazione. Studia come l'ingresso di nuovi portati tecnologici, comprese tra questi le sue costruzioni, porterà la comunità primitiva a ridimensionare le funzioni espletate originalmente. Elabora, sulla scorta dei vari dati, un diverso sistema di relazioni che egli dovrà promuovere. E, stabilito il nuovo codice possibile, comprensibile agli utenti per la sua parentela col precedente (e tuttavia diverso nella misura in cui deve permettere di formulare altri messaggi, che rispondano alle nuove necessità sociali tecnologiche e storiche), solo a questo punto elabora un codice dei significanti architettonici che gli permetta di denotare il nuovo sistema di funzioni. In questo senso l'architettura è un *servizio*; ma non nel senso che dà quello che ci si attende da essa, bensí nel senso che, per dare ciò che *non* ci si attende da essa, studia il sistema delle nostre attese possibili, della loro realizzabilità, della loro comprensibilità e accettabilità, della possibilità che hanno di relazionarsi con altri sistemi all'interno della società.[30]

II.2.   Se si parla tanto di *lavoro interdisciplinare* come base dell'operazione architettonica, questo accade esattamente perché *l'architetto deve elaborare i propri significanti sulla base di sistemi di significati che non è lui a mettere in forma, anche se potrà essere lui a denotarli per la prima volta rendendoli espliciti*. Ma in tal

---

[30] In una recensione alla prima stesura di questo testo, BRUNO ZEVI (*Alla ricerca di un " codice " per l'architettura*, in " L'architettura ", 145, 1967) osservava che delle tre ipotesi qui avanzate, solo la seconda, che gli sembrava presentata come assurda e impossibile, rappresenterebbe il momento dello scatto creativo e dell'utopia che produce storia; la terza sarebbe attribuibile " alla letteratura architettonica nella sua accezione piú prudente ". Ci pare che occorra intendersi sul senso che si deve attribuire alla dialettica tra fedeltà al codice e contestazione del codice (che è ancora la dialettica tra *forma* e *apertura* che teorizzavamo in *Opera aperta*). Occorre tenere presente quanto si era detto in A.3.I.3., rifacendoci alla *Poetica* aristotelica: nel messaggio estetico deve *scattare* qualcosa che non corrisponda alle attese del pubblico, e tuttavia questo scatto, per imporsi, deve far leva su bande di ridondanza — *rimandi ai codici preesistenti* —. Nel caso dell'ipotesi 2, ci si riferisce a operazioni di eversione dove l'invenzione formale libera, per non tener conto del concreto commercio comunicativo quale si svolge in seno a una società, trasforma l'architettura in pura invenzione di forme contemplabili, e dunque in scultura o in pittura. Nel caso dell'ipotesi 3 si allude invece a una trasformazione dei dati, tale che i dati di partenza siano *trasformati* nel momento stesso in cui vengono *riconosciuti e riassorbiti* dalla nuova proposta. La difficile dialettica tra quanto viene riconosciuto e *rifiutato*, e quanto viene riconosciuto e " *ripreso* ", costituisce appunto il problema di quel " codice dell'utopia " che Zevi giustamente riconosce come l'oggetto proprio di un discorso da proseguire.

senso *il lavoro dell'architetto consiste nel rifiuto preliminare di tutti i codici architettonici precedenti,* da ritenersi non-validi nella misura in cui classificano soluzioni-messaggio già realizzate e non formule generatrici di nuovi messaggi.[31]

II.3. Tuttavia il richiamo al codice antropologico rischia, almeno in apparenza, di distruggere l'impianto semiologico che regge tutto il nostro discorso.

Cosa significa dire che l'architettura deve elaborare i propri codici in riferimento a qualcosa che *sta fuori* di essa? Significa forse che i segni che essa deve organizzare in sistema ricevono le loro regole di sistemazione da qualcosa a cui si riferiscono, e dunque dal *referente*?

Ora abbiamo sostenuto (A.2.I.4.) che il discorso semiologico deve svolgersi *sul solo lato sinistro* del triangolo Ogden-Richards, perché la semiologia studia i codici come fenomeni di cultura, e — indifferente alle realtà verificabili a cui i segni si riferiscono — deve esaminare solo come, all'interno di un corpo sociale, si siano stabilite regole di equivalenza tra un significante e un significato (questo non potendo essere definito altrimenti che attraverso un *interpretante* che lo significhi per mezzo di altri significanti) e regole di articolazione tra gli elementi del repertorio paradigmatico. Questo non vuol dire che il referente "non esista", ma che esso costituisce l'oggetto di altre scienze (la fisica, la biologia, eccetera), mentre lo studio dei sistemi di segni può e deve svolgersi nell'universo delle convenzioni culturali che regolano lo scambio comunicativo. Le regole che governano il mondo dei segni riguardano il mondo dei segni: dipendono da convenzioni comunicative postulate come tali — se si accetta una impostazione operativistica della ricerca — o, in una prospettiva ontologica, dipendono da una eventuale struttura universale della mente umana per la quale siamo parlati dalle leggi stesse di ogni linguaggio possibile (cfr. tutto D.3 e 5).

Se per l'architettura, e per qualsiasi altro sistema di segni, affermiamo che le regole dei codici dipendono da qualcosa che non appartiene all'universo dei codici, reintroduciamo il referente con le sue leggi autonome come solo e unico elemento di verifica delle leggi comunicative.[32] Niente esclude che questa af-

---

[31] Cfr. le questioni agitate da B. ZEVI (" L'Architettura ", 146-147).

[32] Ci ritroveremmo così a fare del referente il parametro di ogni significazione, come avviene nella polemica sartriana contro lo strutturalismo; co-

fermazione possa essere fatta, ma in tal caso l'architettura costituirebbe il fenomeno che mette in crisi ogni impostazione semiologica, lo scoglio su cui si dovranno infrangere tutte le ricerche elaborate in questo libro.[33]

Tuttavia non a caso si è parlato di "codice" antropologico: e cioè di fatti riguardanti l'universo dei rapporti sociali e delle determinazioni ambientali, ma visti *solo in quanto già a loro volta codificati*, e ridotti dunque a sistema culturalizzato.

II.4. Un chiaro esempio di cosa possa essere considerato un codice antropologico lo si può avere prendendo in considerazione gli studi di *prossemica*.[34]

Per la prossemica lo spazio "parla". La distanza a cui io mi pongo dall'altro, che intrattiene con me un qualsiasi rapporto, si carica di significati che mutano da civiltà a civiltà. Nell'elaborare le possibilità di rapporto spaziale tra individui in relazione non posso non tenere conto dei valori semantici che questi rapporti spaziali acquistano in determinate situazioni etnologiche e sociologiche.

Uomini di diverse civiltà abitano in *universi sensoriali* diversi e le distanze tra i parlanti, gli odori, la tattilità, la percezione del calore del corpo altrui, assumono significati culturali.

Che la spazialità possegga un valore significante, appare già dallo studio del comportamento animale; per ogni specie animale esiste una *distanza di fuga* (oltre la quale si evita l'altro animale: per l'antilope è di cinquecento yarde; per certe lucertole è sei

---

me avviene in certe difese d'ufficio di una "realtà" minacciata, e pensiamo al Reznikov di *Semiotica e marxismo*, già cit.; o nella prospettiva semantica di Laszlo Antal (cfr. *Problemi di significato*, Milano, Silva, 1967) dove si spostano sul *denotatum* le soluzioni di tutti i problemi e di tutte le ambiguità che dipendono invece dalla complessità dei codici e dei lessici.

[33] Recensendo con molta acutezza la prima stesura di questo scritto, Maria Corti ("Strumenti critici", 4, 1967) notava che l'introduzione del codice antropologico a questo punto del discorso costituisce "un trabocchetto", costruito coscientemente, che riapre il problema dell'autonomia della semiologia come scienza. Mentre riconosciamo di buon grado l'intento doloso della nostra operazione avvertiamo che: 1) in queste pagine si tenta appunto di risolvere il problema, che in ogni caso andava posto; 2) le osservazioni di Maria Corti, insieme a una serie di dubbi avanzati verbalmente da Vittorio Gregotti, ci hanno spinto a chiarire meglio, anche a noi stessi, questo punto.

[34] Quanto segue commenta Edward Hall, *The Hidden Dimension*, New York, Doubleday, 1966; dello stesso autore si veda pure *The Silent Language*, N.Y., Doubleday, 1959. Cfr. pure Warren Brodey, *Human Enhancement*, comunicazione al congresso "Vision 67", New York University, 1967.

piedi), una *distanza critica* (che stabilisce una stretta zona tra distanza di fuga e distanza di attacco) e una *distanza di attacco*, al di qua della quale i due animali entrano in conflitto diretto. Se si considerano poi le specie animali che accettano il contatto reciproco tra membri della stessa specie, e quelli che lo rifiutano, si stabiliscono *distanze personali* (l'animale mantiene una certa distanza dai propri simili con cui evita il contatto), e *distanze sociali* (l'animale oltre una certa distanza perde il contatto col gruppo; le variazioni di questa distanza sono diversissime da specie a specie e possono andare da distanze brevissime a lunghi tratti). In sintesi, ogni animale appare avvolto come da *sfere di intimità e di socialità*; sfere misurabili in modo abbastanza preciso e che codificano i rapporti possibili.

Lo stesso avviene anche per l'uomo, che ha delle sfere *visuali*, delle sfere *olfattive*, delle sfere *tattili*, di cui abitualmente non si rende conto. Indubbiamente la semplice riflessione ci convince del fatto che certe distanze confidenziali accettate nei paesi latini, anche tra persone non legate da stretta intimità, sono considerate negli Stati Uniti vere e proprie violazioni della *privacy*; ma il problema è di stabilire se tali distanze siano codificabili.

La prossemica pertanto distingue tra:

1) Manifestazioni *infraculturali*, radicate nel passato biologico dell'individuo;

2) Manifestazioni *preculturali*, di tipo fisiologico;

3) Manifestazioni *microculturali*, oggetto dello studio prossemico vero e proprio, e distinguibili in: *a*) configurazioni fisse; *b*) configurazioni semi-fisse; *c*) configurazioni informali.

II.5. *Configurazioni fisse*: sono tra quelle che riconosciamo come abitualmente codificate; ad esempio i piani urbanistici, con la definizione dei blocchi edilizi e delle loro dimensioni (si pensi al piano di New York). Anche in questo caso esistono delle notevoli variazioni culturali: Hall cita l'esempio delle città giapponesi dove si definiscono non le strade ma le intersezioni, e le case vengono numerate non secondo la loro successione spaziale, ma secondo la successione temporale (data di costruzione); ma si potrebbero citare altri studi antropologici sulla struttura dei villaggi, e nell'opera di Lévi-Strauss si trovano numerosi esempi.[35]

---

[35] Cfr. *Antropologia strutturale*, cit., cap. VII-VIII; nonché PAOLO CARUSO, *Analisi antropologica del paesaggio*, in "Edilizia Moderna", 87-88 (*La forma del territorio*; in particolare il testo conduttore di V. GREGOTTI).

Configurazioni semi-fisse: riguardano la concezione degli spazi interni o esterni, divisibili in *centripeti* o *centrifughi*. È centrifuga la sala d'aspetto di una stazione, centripeta la disposizione delle sedie e dei tavoli in un bar italiano o francese; allo stesso tipo di configurazioni appartengono le scelte in favore della *main street*, lungo la quale si distendono le case, e la *piazza*, attorno a cui le case si raggruppano creando un diverso spazio sociale (Hall cita il caso di riforme edilizie attuate per fornire abitazioni piú confortevoli a gruppi etnici assimilati dalla civiltà nordamericana — negri o portoricani — ma dove l'impresa falliva perché si approntava per costoro uno spazio rettilineo mentre la loro vita sociale era impostata su spazi centripeti e sul "calore" che ne derivava).

Configurazioni informali: sono dette tali perché di solito vengono codificate incoscientemente: ma non per questo sono meno definibili. Il lavoro di Hall ha valore proprio nella misura in cui egli è riuscito ad attribuire valori misurabili a queste distanze.

Possiamo distinguere distanze pubbliche, distanze sociali, distanze personali e distanze intime. Per esempio, la presenza o l'assenza della sensazione di calore proveniente dal corpo di un'altra persona segna il confine tra uno spazio intimo e uno spazio non-intimo.

Distanze intime:

    a) *fase ravvicinata*
è quella del contatto erotico, che contempla un coinvolgimento totale. La percezione dei tratti fisici dell'altro è distorta, prevalgono le sensazioni tattili e olfattive.

    b) *fase distanziata* (da sei a otto pollici)
anche qui la visione è deformata, di solito un americano adulto non la considera né educata né desiderabile; è piú accettata dai giovani, è quella del gruppo di ragazzi sulla spiaggia, è quella — coatta — dei passeggeri di un autobus nelle ore di punta. In certe civiltà (mondo arabo) è invece ricercata come distanza confidenziale. Tanto per comprenderci è la distanza che viene ritenuta accettabile in una festa in una osteria mediterranea ma che apparirebbe eccessivamente confidenziale in un cocktail party americano.

Distanze personali:

    a) *fase ravvicinata* (da un piede e mezzo a due piedi e mezzo)
è quella che risulta accettabile nel rapporto quotidiano tra due coniugi,

non tra due uomini di affari che parlano tra loro.

    b) *fase distanziata* (da due e mezzo a quattro piedi)
è quella alla quale due persone possono toccarsi la punta delle dita
stendendo le braccia. Costituisce il limite del dominio fisico nel senso
proprio del termine. Oltre a questa ci si sottrae al controllo fisico del-
l'altro. Stabilisce una sfera entro la quale per certe popolazioni è percepibile ancora, se non l'odore personale, quello del cosmetico, del profumo, della lozione. In certe società l'odore è già espunto da questa
sfera (americani). A questa distanza può essere ancora percepito l'odore
dell'alito; in certe civiltà questo odore costituisce messaggio, in altre si
è educati a dirigerlo altrove.

DISTANZE SOCIALI:
    a) *fase ravvicinata* (da quattro a sette piedi)
è la distanza del rapporto impersonale (affari, staff burocratico).
    b) *fase distanziata* (da sette a dodici piedi)
è quella a cui il burocrate mantiene il visitatore, grazie alla larghezza
della scrivania (che in certi casi è calcolata piú o meno consciamente su
questa misura). Hall cita esperimenti secondo i quali la variazione di
tale distanza rendeva piú facile o piú difficile il rapporto di un impiegato allo sportello o di una *receptionist* che non doveva intrattenere rapporti di confidenza col visitatore.

DISTANZA PUBBLICA:
    a) *fase ravvicinata* (da dodici a venticinque piedi)
usata per il rapporto ufficiale (l'oratore a un banchetto).
    b) *fase distanziata* (oltre i venticinque piedi)
stabilisce già una inaccessibilità dell'uomo pubblico. Hall ne studia le
modalità attraverso testimonianze sulle distanze studiate da Kennedy durante la campagna elettorale. Potremmo anche pensare alla distanza in-
commensurabile che stabilisce il dittatore (Hitler nello stadio di Norim-
berga, Mussolini al balcone di Palazzo Venezia), o alle distanze del
despota antico issato su un trono altissimo.

Per ciascuna di queste distanze Hall stabilisce, attraverso una tabella
minuziosa, le conseguenti variazioni che riguardano il volume della voce,
la significatività dei gesti di commento, la ricezione delle sensazioni ter-
miche o olfattive, la visione con le conseguenti variazioni prospettiche delle
varie parti del corpo, eccetera.

II.6. È facile comprendere come, se si stabiliscono con esattezza queste " sfere di intimità " privata e pubblica, lo studio
degli spazi architettonici ne sia determinato. Alcune penetranti
osservazioni di Hall concludono a stabilire che " come per la

gravità, l'influenza di due corpi l'uno sull'altro è inversamente proporzionale non solo al quadrato, ma probabilmente anche al cubo delle distanze". D'altra parte le variazioni da cultura a cultura sono più macroscopiche di quanto comunemente si pensi. Molte definizioni spaziali valide per gli americani non funzionano per i tedeschi. La concezione dello spazio personale per il tedesco (che si riflette sulla sua angoscia nazionale per lo "spazio vitale") interviene a definire diversamente il limite entro il quale egli giudica la propria *privacy* minacciata dalla presenza dell'altro: il significato di una porta aperta o chiusa cambia enormemente se si passa da New York a Berlino; in America affacciarsi con la testa a una porta è considerato ancora "star fuori", mentre in Germania è ritenuto "essere già entrati"; spostare la propria sedia per avvicinarsi all'ospite, quando si è in casa altrui, è ritenuto ragionevole in America (e in Italia), mentre è già scortese in Germania (le sedie di Mies van der Rohe sono più pesanti di quelle concepite da architetti e designer non tedeschi, così da rendere difficile il loro spostamento; d'altra parte in una civiltà come la nostra è ritenuto non spostabile il divano, mentre in una casa giapponese la disponibilità del mobilio è diversa). Gli occidentali sentono lo spazio come un vuoto tra gli oggetti, mentre i giapponesi (si pensi all'arte dei giardini) lo avvertono come una forma tra le forme, passibile di configurazione architettonica autonoma; d'altra parte il concetto di *privacy* non esiste nel vocabolario giapponese, e il modo che un arabo concepisce per "stare solo" non consiste nel separarsi fisicamente dagli altri, ma nell'interrompere il contatto verbale; e così via. Le ricerche urbanistiche sul numero di metri quadrati necessari per individuo hanno senso solo all'interno di un modello culturale dato; trasponendo questi dati di codice nella progettazione di spazi per altre civiltà, si ottengono risultati disastrosi. Hall distingue anche tra *culture "monocroniche"* (gli individui sono portati a fare una cosa alla volta e non sopportano la compresenza di più progetti - si pensi ai tedeschi) e *culture "policroniche"* (come quella latina - dove la versatilità degli individui viene interpretata dal nordico come disordine e incapacità di terminare l'operazione iniziata); ma è singolare rilevare come alla cultura monocronica corrisponda un basso livello di coinvolgimento fisico reciproco, e a quella policronica il contrario — l'affollamento assumendo per individui appartenenti alle due culture significati del tutto diversi, e stabilendo reazioni difformi. Di qui una serie di questioni che l'indagine prossemica pone alla pianificazione urbanistica e alle operazioni architettoniche in genere: quale è il massimo, il minimo o la quota ideale di densità per un gruppo rurale, urbano, o in transizione in una data cultura? quali differenti "biotopi" esistono in una cultura multirazziale? quale può essere la funzione terapeutica dello spazio per sanare tensioni sociali e mancate integrazioni tra gruppi?

La prossemica aggiunge cosí alle tre dimensioni dello spazio una quarta dimensione "culturale" che, per il fatto di non essere stata sufficientemente misurata, non è per questo meno misurabile — se pure al suo interno dovranno essere distinti ancora i codici *forti* dai codici *deboli*.

II.7. Quali sono le conseguenze di queste ricerche per il nostro discorso? La distanza di x metri che separa due individui in relazione costituisce un fatto fisico, computabile quantitativamente. Ma il fatto che questa distanza acquisti significati diversi in diverse situazioni sociali, fa' sí che la misurazione non intervenga piú a stabilire le modalità di un evento fisico (la distanza) bensí *le modalità di una attribuzione di significato a questo evento*. La distanza computata diventa *tratto pertinente* di un codice prossemico, e l'architettura che si pone a considerarla come parametro per la propria costituzione di codice, la considera come fatto culturale, come sistema di significazioni. *Cosí facendo non siamo ancora usciti dal lato sinistro del triangolo di Ogden-Richards*. Il referente fisico, per l'architettura che lo considera, appare già mediato da un sistema di convenzioni che lo hanno tradotto in codice comunicativo. Il segno architettonico si articola dunque per significare non un referente fisico, ma un significato culturale. O meglio, il segno architettonico·si fa il significante che *denota* un significato spaziale — che è una funzione (la possibilità di stabilire una certa distanza) la quale a propria volta diventa il significante che *connota un significato prossemico* (il valore sociale di tale distanza).

L'ultimo dubbio potrebbe essere costituito dal fatto che, in tal senso, l'architettura si definisce come un linguaggio parassitario che può parlare solo appoggiandosi ad altri linguaggi. Una affermazione del genere non toglierebbe nulla alla dignità di codice che pertiene alle regole architettoniche, dal momento che, come si è visto (cfr. B.3.II.1.) esistono numerosi codici elaborati per esprimere nei propri termini i significanti di un altro linguaggio (cosí come il codice delle bandierine navali può significare i significanti dell'alfabeto Morse, dell'alfabeto della lingua

verbale, o di altro codice convenzionale). Ma in realtà la stessa
lingua verbale interviene spesso nei processi di comunicazione
con questa funzione *vicaria*.

Quando si scrive un romanzo o un poema epico, sappiamo
che la lingua come codice interviene per significare talune funzioni narrative che sono i tratti pertinenti di un codice narrativo
esistente al di fuori della lingua (tanto è vero che posso raccontare la stessa fiaba in lingue diverse, o addirittura tradurre un
romanzo in film senza che — per quanto riguarda il codice del-
l'intreccio — il discorso narrativo sia mutato). A tal punto che
la costituzione di un codice narrativo dato può intervenire a determinare il modo in cui articolerò il codice vicario — piú analitico — che è destinato a veicolarlo. Il fatto che la presenza di
codici narrativi sembri influire pochissimo sulla ricostituzione di
codici come quello linguistico (ma è vero che in certe operazioni
del romanzo sperimentale l'influenza si avverte come assai forte)
dipende dal fatto che, da un lato, il codice linguistico è cosí duttile da poter consentire la scomposizione analitica dei codici piú
diversi; e che, dall'altro, i codici narrativi, secondo ogni probabilità, appaiono talmente stabili e unitari attraverso i secoli, che
non si è ancora data la necessità di una articolazione di funzioni
narrative inedite tali che il codice linguistico non ne avesse già
previsto da tempo immemorabile le regole di trasformazione.
Ma ammettiamo la possibilità di un codice per molti aspetti piú
debole e piú soggetto a ristrutturazioni continue, come il codice
architettonico, e di fronte ad esso l'esistenza di una serie non
ancora catalogata di codici antropologici in continuo divenire storico e in continua opposizione da società a società diversa: ed
ecco che avremo il panorama di un codice costretto continuamente a rivedere le proprie regole per potersi adeguare alla funzione
di significazione di significanti di altri codici. Un codice di questo tipo, al limite, dovrà porsi il problema non piú di adattare
continuamente le proprie regole alle esigenze dei codici antropologici che dovrà parlare, ma di elaborare schemi generativi che
gli permettano di prevedere l'avvento di codici da parlare di cui
al momento non si avverte la presenza (come si chiarirà in C.6.III.
e come si era postulato in C.3.III.4.).

II.8. Ricordiamo peraltro quanto si è già detto in A.2.IV.1.
Un codice è una struttura e *una struttura è un sistema di relazioni
individuato per semplificazioni successive rispetto a una intenzione
operativa, da un certo punto di vista*. Quindi un codice generale

della situazione a cui l'architetto si rifà rimane valido dal punto
di vista delle operazioni che ha deciso di intraprendere *e non di
altre*.

Così si può voler ristrutturare il tessuto urbano di una città, o
la forma di un territorio dal punto di vista della immediata per-
cepibilità di alcune configurazioni[36] e l'operazione dell'architetto
può seguire le regole fissate da un codice della riconoscibilità e
dell'orientabilità (che si basa su ricerche percettive, risposte statistiche, esigenze di commercio o di circolazione, curve di tensione e
di rilassamento stabilite dai medici): ma l'operazione rimane valida
e comunicabile solo da quel punto di vista. Il giorno che occorresse
integrarla a un altro sistema di funzioni sociali occorrerebbe ricondurre il codice della riconoscibilità ad altri codici messi in gioco,
riportandoli tutti a un *Ur-codice* di base, comune a tutti, e su cui
elaborare le nuove soluzioni architettoniche.[37]

II.9. Così l'architetto, per costruire, è continuamente obbligato
ad essere qualcos'altro da se stesso. È costretto a diventare sociologo,
politico, psicologo, antropologo, semiologo... E che lo diventi lavorando in *équipe*, e cioè facendo lavorare intorno a sé semiologi o
antropologi, sociologi o politici, non cambia molto la situazione (anche se la può rendere più corretta). Costretto a trovare forme che
mettano in forma sistemi di esigenze *su cui non ha potere,* costretto a articolare un linguaggio, come l'architettura, che deve sempre dire qualcosa di diverso da se stesso (il che non accade alla
lingua verbale, che a livello estetico può parlare sulle proprie forme; né alla pittura, che come pittura astratta può dipingere le
proprie leggi; e tanto meno alla musica, che organizza sempre
soltanto dei rapporti sintattici interni al proprio sistema), l'architetto si trova condannato, per la natura del proprio lavoro, ad essere forse l'unica e ultima figura di umanista della società contemporanea: *obbligato a pensare la totalità* proprio nella misura in cui
si fa tecnico settoriale, specializzato, inteso a operazioni specifiche
e non a dichiarazioni metafisiche.

---

[36] Cfr. KEVIN LYNCH, *op. cit.* Cfr. pure *La poetica urbanistica di Lynch*,
in " Op. Cit. ", n. 2. Cfr. pure *A view from the road*, M.I.T., 1966.
[37] Per le ricerche su procedimenti di codificazione a livello di strutture
" ultime ", si vedano per esempio le pagine di CHRISTOPHER ALEXANDER, *Note
sulla sintesi della forma*, Milano, Saggiatore, 1967. Per un parallelo tra
Alexander e i procedimenti strutturalistici cfr. MARIA BOTTERO, *Lo stru:-
turalismo funzionale di C. Alexander*, in " Comunità ", 148-149, 1967.

III. Conclusione

III.1. Tutto quanto si è detto lascerebbe pensare che l'architettura si piega a inventare "parole" per significare "funzioni" che non è essa a stabilire.

Oppure indurrebbe a pensare l'opposto: che l'architettura, una volta che ha individuato, al di fuori di essa, il codice delle funzioni da promuovere e denotare, mettendo in opera il suo sistema di stimoli-significanti, obbligherà gli uomini a vivere definitivamente in modo diverso e detterà legge agli eventi.

Sono due equivoci opposti che portano a due falsificazioni della nozione di architetto. Nel primo caso, l'architetto non avrebbe che da ubbidire alle decisioni sociologiche e "politiche" di chi decide al suo posto, e non avrebbe che a fornire le "parole" adatte per dire "cose" che non gli appartengono e su cui non può decidere.

Nel secondo caso l'architetto (e sappiamo quanto questa illusione abbia dominato la storia dell'architettura contemporanea) si ritiene demiurgo, artefice della storia.[38]

La risposta a questi due equivoci era già contenuta in una conclusione a cui eravamo arrivati in C.3.III.4.: *l'architetto deve progettare funzioni prime variabili e funzioni seconde aperte.*

III.2. Il problema diventa più chiaro se ci rifacciamo a un esempio illustre: Brasilia.

Nata in circostanze eccezionalmente favorevoli per la progettazione architettonica, e cioè per decisione politica, dal nulla, senza essere sottomessa a determinazioni di alcun genere, Brasilia ha potuto essere concepita come la città che doveva istituire un nuovo sistema di vita e costituire nel contempo un messaggio connotativo complesso, capace di comunicare ideali di vita democratica, di pionierismo verso l'interno di un paese inesplorato, di autoidentificazione trionfale di un paese giovane, ancora in cerca di una propria fisionomia.

Brasilia doveva diventare una città di uguali, la città dell'avvenire.

Disegnata in forma di aereo (o di uccello) che dispiega le proprie ali sull'altopiano che la ospita, essa assegnava al proprio corpo centrale funzioni prime ridotte rispetto alle funzioni seconde: ospi-

---

[38] Decisamente contro questa illusione le pagine di Vittorio Grecotti, *Il territorio dell'architettura*, citato.

tando edifici pubblici, il corpo centrale doveva anzitutto connotare valori simbolici ispirati alla volontà di identità del giovane Brasile. Invece le due ali laterali, dedicate agli edifici di abitazione, dovevano permettere un prevalere delle funzioni prime sulle seconde. Grandi blocchi di unità di abitazione, le " superquadre " di ispirazione lecorbusieriana, dovevano permettere al ministro come all'usciere (Brasilia è una città burocratica) di vivere fianco a fianco avvalendosi degli stessi servizi che ogni unità o ogni blocco di quattro unità fornisce agli abitanti, dal supermercato alla chiesa, alla scuola, al club per il tempo libero, all'ospedale e al posto di polizia.

Intorno a questi blocchi, le strade di Brasilia da cui, come voleva Le Corbusier, sono stati eliminati tutti gli incroci, mediante ampi raccordi a quadrifoglio.

Gli architetti avevano dunque, correttamente, studiato i sistemi di funzioni espletabili in una città modello del futuro (avevano correlato dati biologici, dati sociologici, dati politici, dati estetici, condizioni di riconoscibilità ed orientamento, leggi della circolazione, eccetera) e li avevano tradotti in codici architettonici, inventando dei sistemi di significanti opportunamente rapportati alle forme tradizionali (ridondate quanto bastasse), per poterne articolare possibilità inedite, informative ma con giudizio. Simboli " archetipi " (l'uccello, l'obelisco) si inserivano in tessuti di immagini nuove (i pilotis, i quadrifogli); la cattedrale, costruita al di fuori degli schemi tipologici consueti, tuttavia si riportava a una codificazione iconografica arcaica (il fiore, l'aprirsi dei petali, il congiungersi delle dita di una mano in preghiera, addirittura — e questa era l'intenzione — il fascio come simbolo dell'unione tra vari stati).

III.3. Gli architetti avevano peraltro commesso entrambi gli errori elencati all'inizio di questo paragrafo: avevano accettato supinamente le funzioni identificate dall'ispezione sociologico politica, e le avevano denotate e connotate nel modo piú acconcio; e avevano pensato che, per il solo fatto di essere stata costruita in tal modo, Brasilia avrebbe piegato la storia ai propri fini.

E invece, di fronte alla *struttura* Brasilia, gli *eventi* si sono mossi in modo autonomo; e muovendosi hanno creato altri contesti storico-sociologici, hanno lasciato sfiorire alcune delle funzioni previste, rendendone urgenti altre.

A) I costruttori di Brasilia, che avrebbero dovuto abitarla, erano evidentemente in soprannumero rispetto ai posti assegnabili. E cosí ai margini della città è fiorito il Nucleo Bandeirante, una squallida favela, uno immenso *slum* fatto di baracche, di infimi bar, locali caratteristici, luoghi di prostituzione.

B) Le superquadre sud sono state costruite prima e meglio delle superquadre nord; queste sono state tirate su piú in fretta, e, benché giovani, mostrano già i segni dell'invecchiamento. Di conseguenza gli alti funzionari abitano piú facilmente l'ala sud che non la nord.

C) Il tasso di immigrazione ha superato le previsioni, e Brasilia città non ha potuto contenere le persone che vi lavorano. Sono cosí sorte le città satellite, che hanno decuplicato la popolazione in pochissimi anni.

D) I grossi rappresentanti delle industrie e delle imprese private, non allogabili nelle superquadre, ma nemmeno nelle città satellite, abitano ora delle *avenues* sorte parallelamente alle due ali di superquadre, fatte di villette minuscole, dove rimane evidenziata la privacy dell'abitante rispetto alla socialità, alla comunitarietà della superquadra.

E) Per allogare altri abitanti sono state costruite immense distese di minuscole casette ai margini della città, che sovente gli abitanti degli *slums* preferiscono non abitare per timore di irreggimentazione.

F) L'eliminazione degli incroci ha ulteriormente allungato i percorsi stradali, che cosí sono riservati solo a chi si muova in automobile. La distanza tra le varie superquadre e tra superquadre e corpo centrale rende la vita di relazione assai difficile, e accentua le differenze di localizzazione.

Cosí, come ci insegnano gli studi di prossemica, la disposizione spaziale è diventata fatto comunicativo e — piú che in ogni altra città — lo *status* di un individuo è comunicato dal posto in cui sta, e da cui difficilmente si può muovere.

III.4. In conclusione Brasilia è divenuta, da città socialista che doveva essere, l'immagine stessa della differenza sociale. Funzioni prime si sono mutate in funzioni seconde, e queste ultime hanno mutato di significato; l'ideologia comunitaria, che doveva essere resa visibile dal tessuto urbanistico e dall'aspetto degli edifici, ha lasciato il posto ad altre visioni della vita associata. E questo *senza che l'architetto abbia fatto nulla di sbagliato rispetto al progetto iniziale.* Salvo che il progetto iniziale si appoggiava a un sistema di relazioni sociali assunto come definitivo una volta per tutte, mentre gli eventi — mutando — avevano mutato le *circostanze* nelle quali l'interpretazione dei segni architettonici avrebbe avuto luogo, e quindi *il significato globale della città come fatto di·comunicazio-ne*. Tra il momento in cui le forme significanti erano state conce-pite e quello in cui venivano ricevute, era passato un lasso di tem-po sufficiente a mutare il contesto storico sociale. *E nessuna forma creata dall'architetto avrebbe potuto impedire agli eventi di svi-lupparsi in modo diverso*; cosí come l'aver inventato forme che potessero rispondere alle esigenze fatte valere dal sociologo e dal politico *aveva posto l'architetto in una situazione di servizio pas-sivo*.

Ma, a differenza del sociologo e del politico — che lavorano per modificare il mondo, ma nell'ambito di un arco di tempo con-trollabile — l'architetto non deve necessariamente modificare da solo il mondo, e però deve poter prevedere, per un arco di tempo non controllabile, il variare degli eventi intorno alla propria opera.

In teoria, e formulando l'esigenza in modo paradossale, Brasilia sarebbe stata una città del futuro se fosse stata costruita sulle ruote, o con elementi prefabbricati e smontabili, o ancora secondo forme e orientamenti cosí duttili da poter assumere significati diversi a seconda della situazione: invece è stata costruita come un monu-mento piú perenne del bronzo e sta lentamente subendo la sorte dei grandi monumenti del passato, che la storia riempirà di altri sensi, che saranno modificati dagli eventi mentre volevano modifi-care gli eventi.

III.5. *Nel momento stesso in cui ricerca, al di fuori dell'archi-tettura, il codice dell'architettura, l'architetto deve anche saper con-figurare le sue forme significanti in modo che possano far fronte ad altri codici di lettura*. Perché la situazione storica su cui egli si appoggia per individuare il codice è piú transeunte delle forme si-gnificanti che egli ispira a questo codice. Dunque l'architetto deve ricevere orientamenti dal sociologo, dal fisiologo, dal politico, dal-l'antropologo, ma deve prevedere, nel disporre forme che rispon-dano alle loro esigenze, anche il fallimento delle loro ipotesi e la quota di errore nella loro indagine. E deve sapere comunque che il suo compito è di anticipare e accogliere, non di promuovere, i movimenti della storia.

L'atto del comunicare con l'architettura concorre certo a mutare le circostanze, *ma non costituisce l'unica forma della prassi*.

D.

LA STRUTTURA ASSENTE
(Epistemologia dei modelli strutturali)

1. STRUTTURE, STRUTTURA E STRUTTURALISMO

Una ricerca sui modelli della comunicazione ci porta a usare *griglie strutturali* per definire sia la forma dei messaggi che la natura sistematica dei codici (senza che l'assunzione sincronica, utile per "mettere in forma" il codice considerato e rapportarlo ad altri codici opposti o complementari, escluda una successiva indagine diacronica, capace di render conto della evoluzione dei codici sotto l'influenza dei messaggi e dei processi di decodifica che se ne danno nel corso della storia).

Elaborare griglie strutturali si rende necessario nel momento in cui si vuole descrivere fenomeni diversi con strumenti omogenei (reperire cioè *omologie formali* tra messaggi, codici, contesti culturali in cui i primi funzionano — in una parola tra *apparati retorici* e *ideologie*). La funzione di un metodo strutturale è proprio quella di permettere la risoluzione di diversi livelli culturali in serie parallele omologhe. Una funzione puramente *operativa*, dunque, a fini di generalizzazione del discorso. Ma i termini di questo problema vanno ripresi da principio perché di solito l'uso del termine "struttura" si presta a numerosi equivoci e copre le scelte metodologiche e filosofiche più disparate.

L'uso immoderato della terminologia strutturalistica, invalso in questi ultimi anni, ha già indotto molti a denunciare il valore puramente "feticistico" del termine "struttura", e a cercare di depurarlo da molte connotazioni avventizie.[1] Ma spesso anche le

---

[1] È d'obbligo a questo punto la citazione da Kroeber, e una preterizione sarebbe puro snobismo. Perciò: "La nozione di 'struttura' non è probabilmente nient'altro che una concessione alla moda: un termine dal senso ben definito esercita improvvisamente una singolare attrazione per una decina d'anni — come per l'aggettivo 'aerodinamico' — suona piacevolmente all'orecchio e quindi ci si mette a usarlo a torto e a ragione... Qualunque

piú corrette censure metodologiche si limitano a salvare una sorta di " terra di nessuno ", di campo massimo di applicabilità del termine, all'interno del quale l'impiego della categoria in questione appare legittimo.

I. Presenza del concetto di "struttura" nella storia del pensiero

I.1. Si parla allora di un termine che definisce nel contempo un insieme, le parti di questo insieme, i rapporti di queste parti tra loro;[2] di " entità autonoma di dipendenze interne ",[3] di un tutto formato di elementi solidali, tale che ciascuno dipenda dagli altri e non possa essere quello che è se non in virtú della sua relazione con gli altri...[4]

Ci accorgiamo allora che, se la " struttura " si limita ad essere un certo sistema di relazioni organiche *où tout se tient*, allora l'istanza strutturalistica pervade tutta la storia della filosofia, almeno dalla nozione aristotelica di sostanza (e, nella *Poetica*, dall'idea di organismo drammatico come " grande animale "), via via attraverso le varie forme di organicismo biologistico, passando naturalmente attraverso le varie teorie medievali della forma, sino alle filosofie ottocentesche dell'organismo (si pensi a Coleridge, maestro di molte posizioni dell'estetica contemporanea anglosassone, si pensi alla Gestaltung goethiana...). È stato notato come la filosofia contemporanea sia popolata da " forme " di vario tipo, dalle Lebensformen di Spranger alle Urformen di Kriek, dalle Grundformen di Dilthey alle Wesenformen di Husserl o alle Gefühlsformen di Scheler, ciascuna delle quali si presenta come una sorta di arrangiamento strutturale della realtà storica, ontologica o psicologica.[5] E, procedendo su questo filone, l'estetica

cosa, purché non sia completamente amorfa, possiede una struttura. Il termine struttura perciò non pare aggiungere assolutamente niente a quello che abbiamo in mente quando l'usiamo, salvo uno stimolo piacevole " (*Anthropology*, pag. 325). Cfr. AAVV, *Usi e significati del termine struttura*, Milano, Bompiani, 1965.

[2] *Usi e significati*, cit., pag. 6.

[3] Luis Hjelmslev, *Essais linguistiques*, Copenhagen, Nordisk Sprog-og Kulturforlag, 1959, pag. 100.

[4] André Lalande, *Vocabulaire de philosophie*, III, « structure ".

[5] Cfr. Luigi Stefanini, *Metafisica della forma*, Padova, Liviana, 1949.

odierna è densa di assestamenti strutturali, dalle forme simboliche del filone Cassirer-Langer, alle strategie formali del new criticism, dalle forme di Focillon alle forme come prodotti della formatività di Pareyson; sono assestamenti strutturali quelli predicati dal relazionismo di Paci sotto l'influenza di Whitehead; sono sistemi di sistemi nel senso formalistico del termine (con curiose analogie col filone formalisti russi-Praga-Wellek) quelli definiti da Charles Lalo, che poneva come base di una indagine socio-estetica, una estetica "strutturale"...[6]

E infine di struttura ha parlato, sin dai primordi, la psicologia della forma — influenzando in modo non occulto molte correnti dello "strutturalismo" attuale — e sulla linea della psicologia della forma ha dato definizioni strutturali assai comprensive e soddisfacenti Merleau-Ponty.[7]

Ma, a questo punto, la caccia allo strutturalista "che si ignora", allo strutturalista "precursore", o al "vero e unico strutturalista possibile", potrebbe continuare ad infinitum e diventare un gioco di società. Come negare la qualifica di strutturalistico al pensiero di Marx di molti marxisti?[8] E non è "strutturalismo" l'atteggiamento della corrente psicopatologica che fa capo a Minkowsky, Straus e Gebsattel, la ricerca di Goldstein, la Daseinsanalyse di Binswanger,[9] lo stesso freudismo (giustamente ripreso in questa chiave da Lacan[10])?

I.2. In conclusione si potrebbe dire che l'idea di un insieme strutturato ha pervaso la riflessione filosofica di tutti i secoli, salvo l'applicare l'idea di totalità relazionata al Tutto, al Cosmo, al Mondo come Forma delle Forme, oppure spostare la predica-

---

[6] CHARLES LALO, *Méthodes et objets de l'esthétique sociologique*, in "Revue internationale de philosophie", 7, 1949.

[7] *La struttura del comportamento*, Milano, Bompiani, 1963.

[8] Cfr. HENRI LEFEBVRE, *Il concetto di struttura in Marx*, in *Usi e significati*, cit.; LUCIEN SÉBAG, *Marxisme et structuralisme*, Paris, Payot, 1965; e naturalmente l'interpretazione strutturalistica di Marx in LOUIS ALTHUSSER e altri, *Lire le Capital*, Paris, Maspero, 1964.

[9] Cfr. J. H. VAN DEN BERG, *Fenomenologia e psichiatria*, Milano, Bompiani, 1961; DANILO CARGNELLO, *Alterità e alienità*, Milano, Feltrinelli, 1966 (con esauriente bibliografia su tutta la Daseinsanalyse); di LUDWIG BINSWANGER, in italiano, *Tre forme di esistenza mancata*, Milano, Il Saggiatore, 1964; *Il caso Ellen West e altri saggi* (di prossima pubblicazione); cfr. pure MINKOWSKY, GEBSATTEL, STRAUS, *Antropologia e psicopatologia*, Milano, Bompiani, 1967 (con esauriente bibliografia; a proposito di questa corrente si parla di "antropologi strutturalisti").

[10] Su LACAN e il lacanismo, rimandiamo al capitolo 5 di questa sezione.

zione di "insiemi" a settori specifici, proprio per poter disporre
di parametri d'ordine all'interno di una situazione generale, di
cui la crisi del pensiero metafisico impediva di predicare l'*Ordine*.
E che nel pensiero contemporaneo questo · atteggiamento abbia
preso il sopravvento, spostandosi l'attenzione sugli arrangiamenti
settoriali visti in taglio sincronico, anziché sui processi causali,
sulle successioni storiche, sulle catene genetiche, tutto questo ci
può portare a parlare di preoccupazione formale, strutturale, or-
ganicistica assai diffusa, ma non di "strutturalismo" come corrente omogenea.

Quindi non basta parlare di strutture, riconoscere strutture,
operare strutturalmente, per essere "strutturalisti". Si potrebbe
allora circoscrivere la dizione "strutturalismo" a un modello ipotetico di "strutturalismo ortodosso" (che *a tratti* può coincidere
col filone De Saussure - Mosca - Praga - Copenhagen - Lévi-Strauss
- Lacan - semiologi sovietici e francesi) e vedere cosa caratterizza
questo impiego preciso della categoria "struttura" per giudicare
archiviato il caso. Ma proprio se opereremo questa riduzione
terminologica, isolando un filone centrale, e considerando tutte
le possibili derivazioni in relazione a questo, ci accorgeremo che
— una volta stabilite le condizioni corrette di impiego della categoria "struttura" — ci troveremo di fronte a una varietà di
atteggiamenti filosofici soggiacenti tale da portarci ad affermare
che, all'interno di un filone strutturalista *ortodosso* (scelto e posto
come tale per semplificare il discorso), agiscono forze divergenti,
il filone diventa un *carrefour*, lo "strutturalismo" un punto di
partenza che porta a diverse stazioni di arrivo.[11] Ci troveremo
dunque a dover riconoscere l'esistenza: *a*) di uno strutturalismo
"generico" che si dice tale solo per errore proprio o altrui; *b*) di
uno strutturalismo "metodologico", di cui preciseremo le caratteristiche; *c*) di uno strutturalismo "ontologico", di cui discuteremo le contraddizioni speculative.

II. La lezione di Aristotele: una teoria della struttura come forma concreta e come modello formale

II.1. Ammettiamo pure, per una sorta di *consensus gentium*,
che la "struttura" sia un insieme, le parti di questo insieme e i

---

[11] " La struttura non è la sintesi raggiunta dalla riflessione, quanto, piuttosto, il punto di partenza " (Enzo Paci, " Struttura ", in " Aut Aut ",
73, 1963: si vedano le varie questioni poste da questa breve " voce ").

rapporti di queste parti tra loro; che sia un sistema in cui tutto
è connesso, il tutto connesso e il sistema delle connessioni; ecco
che emergono già due aspetti della nozione di "struttura": la
struttura è un oggetto in quanto strutturato o è l'insieme di relazioni, che strutturano l'oggetto ma che sono astraibili dall'oggetto? [12]

Abbiamo parlato prima di Aristotele come del padre della riflessione strutturale. Ed ecco che in Aristotele troviamo tre termini atti a definire una forma, un arrangiamento organico: la
morfé, l'*eidos* e la *ousia*. La *morfé* (μορφή) è definita nella *Fisica*:
è lo *schema*, la forma fisica esterna dell'oggetto, quella che gli sco-
lastici chiameranno la *terminatio*: è τὸ σχῆμα τῆς ἰδέας.

L'*eidos* (εἶδος) è l'*idea*. Non sta "fuori" dell'oggetto, come
in Platone, dove è più reale della cosa concreta; è λόγος ἄνευ ὕλης,
si compone quindi con la *materia* e darà luogo al *sinolo*, alla
sostanza e quindi alla *ousia* (οὐσία). Il τί ἦν εἶναι si compone in
σύνολον con la ὕλη e dà l'οὐσία, il τόδε τι, l'individuo.

Ma l'eidos non sta fuori dall'ousia. Ne è l'atto. A tal punto
è connesso all'oggetto cui dà vita, che l'eidos non diviene, non si
genera. C'è solo *con* e *nella* sostanza: è la struttura intelligibile
di una sostanza. Se dovessimo chiarire il concetto con un ricorso
all'epistemologia contemporanea, diremmo che il modello atomico di Bohr (che non esisteva prima della formazione del primo
atomo apparso nell'universo — salva l'esistenza di una divinità
nella mente della quale questo modello fosse preesistito come *ratio
seminalis* — ma che risulta da un processo di astrazione operato
secondo modalità che non dobbiamo analizzare in questa sede)
è l'eidos di ogni atomo possibile. Salvo, e ce ne avvediamo subito, che: 1) l'eidos-modello atomico di Bohr non esisteva prima
di Bohr, senza che per questo gli atomi non potessero sussistere;
e 2) non è detto che gli atomi si strutturino proprio secondo
l'ipotesi di Bohr; mentre per Aristotele l'eidos concorre a dar
vita all'ousia e, rilevandolo, astraendolo, noi poniamo in luce un
sistema di intelligibilità che pre-esiste al nostro riconoscimento.
Questa opposizione va messa in luce perché costituirà il nucleo
della discussione seguente sul concetto di "struttura".

Prescindendo comunque (per ora) da questa opposizione tra
eidos "dato" ed *eidos* "posto", continuiamo a considerare il
particolare statuto della struttura nella filosofia aristotelica.

---

[12] Cfr. *Usi e significati*, cit., specialmente la discussione finale tra Lévi-
Strauss, Merleau Ponty ed altri.

II.2. Se l'eidos è la struttura razionale e razionalizzabile
di una sostanza particolare, dovrebbe essere il sistema di relazioni
che regge la cosa e non la cosa. Ma per Aristotele l'eidos può
essere difficilmente definito prescindendo dalla materia di cui è
l'atto, e quindi dall'ousia in cui si sostanzia. A tal punto che quando Aristotele pensa all'idea di una cosa *da fare* (ad es. l'architetto
che pensa alla struttura di una casa), questa idea operativa non
è detta *eidos* ma " *próte ousía* ": già in embrione, la forma non può
apparire separata dalla cosa di cui è forma.[13] C'è dunque in Aristotele una chiara oscillazione tra *modello strutturale* (ossatura intelligibile) e *oggetto strutturato*: la stessa oscillazione che ritro-
veremo presente in ogni discorso sulle strutture e la cui soluzione
deve essere determinante per la definizione corretta di una metodologia " strutturalistica ". Anzi, come si è visto, le oscillazioni
sono due: una tra *aspetto ontologico* e *aspetto epistemologico* del-
l'eidos (l'eidos è un "dato" o un "posto", lo trovo nella cosa,
o lo applico alla cosa per renderla intelligibile?); l'altra tra
aspetto concreto e *aspetto astratto*, tra oggetto e modello dell'oggetto, tra individuo e universale. Se esaminiamo la seconda opposizione (tra una "struttura" intesa come sostanza — la cosa
costruita secondo rapporti sistematici di totalità — e una "struttura" come rete di rapporti, complesso di relazioni, ordine che
può mantenersi costante anche nel variare dei termini tra i quali
intercorre) vediamo che l'oscillazione riappare in ogni nostra
attività di percezione e giudizio nei confronti degli oggetti.

Proprio perché elaboro modelli per definire oggetti e parlo di oggetti definendoli per mezzo di modelli. Rimane ora
da chiedersi se, tra i tanti discorsi sulle "strutture", non ne
esista uno che fa giustizia di questa dicotomia, optando chiaramente per l'uno dei corni dell'oscillazione. Vedremo (nel capitolo
che segue) che lo "strutturalismo non generico" compie questa
scelta e risolve questa oscillazione, ma rimane ancora aperto al-
l'altra, quella — già indicata — tra aspetto ontologico e aspetto
epistemologico della struttura (di cui ci si occuperà nel capitolo 3 e in quelli seguenti), biforcandosi tra strutturalismo metodologico e strutturalismo ontologico.

---

[13] Cfr. ARISTOTELE, in *Fisica* e *Metafisica*; per una discussione sull'aristotelismo e la fortuna di queste distinzioni si veda il nostro *Il problema
estetico in San Tommaso*, Torino, Edizioni di " Filosofia ", 1956, cap. IV,
2. Per un approfondimento del problema della forma artificiale in Aristotele
e il concetto di *prote ousia* cfr. GIANNI VATTIMO, *Il concetto di fare*
in Aristotele, Università di Torino, 1961, capitolo V.

2. PRIMA OSCILLAZIONE: OGGETTO O MODELLO?

I. Il modello strutturale come sistema di differenze trasponibile da fenomeno a fenomeno

I.1. Esamineremo dunque una serie di testi legati da una coerenza di impostazione e da influenze documentate, attraverso i quali emergeranno tre punti fondamentali:

a) una struttura è un modello come *sistema di differenze*;

b) caratteristica di questo modello è la sua *trasponibilità* da fenomeno a fenomeno e da ordini di fenomeni a ordini di fenomeni diversi;

c) una metodologia "strutturale" ha senso solo se vengono rispettati i due postulati precedenti, e solo a questo titolo permette una analisi interdisciplinare aprendo la strada a una unificazione del sapere e a fecondi rapporti tra le varie scienze umane.

I.2. Saussure (nel quale, anche se non interviene ancora praticamente il termine di "struttura" e si parla di lingua come "sistema", tuttavia il "sistema" ha le stesse proprietà della "struttura" quale la concepiscono gli autori che esamineremo in seguito) afferma recisamente la natura sistematica della lingua ("la lingua è un sistema di cui tutte le parti possono e debbono essere considerate nella loro solidarietà sincronica")[14]; di conseguenza rappresenta un grosso abbaglio considerare, ad esempio, un termine come l'unione di un certo suono con un certo significato, perché vorrebbe dire isolarlo dal contesto di cui fa parte e credere che si possa cominciare dai termini a costruire il sistema, facendone la somma, anziché partire dal tutto solidale per

---

[14] *Cours*, cit., pag. 124 (tr. it., cit., pag. 106).

arrivare, mediante l'analisi, agli elementi che esso racchiude. Ma
partire dal tutto, per mettere in luce le relazioni tra i termini,
per definire ad esempio un certo significato in opposizione a un
altro termine compresente, significa individuare nel sistema delle
differenze:

> "*Nella lingua non vi sono se non differenze*. Di piú: una differenza
> suppone in generale dei termini positivi tra i quali essa si stabilisce; ma
> nella lingua non vi sono che differenze *senza termini positivi*. Si prenda il
> significato o il significante, la lingua non comporta né delle idee né dei
> suoni che preesistano al sistema linguistico, ma soltanto delle differenze con-
> cettuali e delle differenze foniche uscite da questo sistema. Ciò che vi è di
> idea o di materia fonica in un segno importa meno di ciò che vi è intorno
> ad esso negli altri segni. La prova è che il valore di un termine può essere
> modificato senza che si tocchi né il suo senso né i suoi suoni, ma soltanto
> dal fatto che questo o quel termine vicino abbia subito una modifica ".[15]

I.3. Quale partito lo strutturalismo post-saussuriano abbia
tratto da questa idea è noto: tutta la semantica di Hjelmslev è
fondata sull'idea di *valore* che si stabilisce strutturalmente in base alla *commutabilità* dei significanti (commutando i quali muta
il significato equivalente); il valore di un segno ha un carattere
puramente differenziale: ciò che distingue " bois " da " forêt ",
in francese, è proprio quella linea di displuvio che si disegna con
maggior chiarezza quando la paragoniamo alla divisione di " legno ", " bosco " e " foresta " in italiano... L'idea extralinguistica
di un agglomerato ristretto di piccoli alberi, opposto all'idea di
un ammasso di legname e a quella di un agglomerato vasto di
grandi alberi non precede il sistema, nasce dalla struttura della
lingua che conferisce un valore di posizione nel sistema ai termini,
qualificandoli semanticamente per la differenza che mostrano rispetto ad altri termini una volta comparati al sistema di un'altra
lingua: " Non solo ciò che è relazionale, ma tutto ciò che è cor-
relazionale e differenziale concerne la forma e resta indipendente
dai fatti materiali della manifestazione ".[16]

I.4. Adombrato nella nozione saussuriana di " sistema ", il
concetto di " struttura " appare — come è noto — nelle *Tesi di
Praga* del 1929, dove la concezione della lingua come sistema im-

[15] *Cours*, pag. 166 (tr. it., pag. 145).
[16] L. HJELMSLEV, *Essais linguistiques*, cit., pag. 104.

pone una "comparazione strutturale", indispensabile anche ad una indagine diacronica; comparazione strutturale che porta ad ammettere come anche il contenuto fonologico sia meno essenziale delle *relazioni reciproche* all'interno del sistema.[17]

Si ribadisce dunque anche qui l'idea di un modello strutturale come sistema di differenze che non ha nulla a che vedere con la consistenza fisica dell'oggetto studiato (o per dirla con Hjelmslev, un sistema di differenze in cui la *forma dell'espressione* non ha nulla a che vedere con la *sostanza dell'espressione*, cosí come la *forma del contenuto* — il valore posizionale — non ha ancora nulla a che vedere con la *sostanza del contenuto* — il significato vero e proprio).

Un sistema di differenze è un sistema di correlazioni astraibili: e tale appare il sistema di leggi fonologiche che Trubeckoj vuole individuare nelle varie lingue: applicando i sistemi della fonologia a molte lingue tutte differenti per mettere in evidenza i loro sistemi fonologici, e studiando la struttura di questi sistemi, non si tarderà a osservare che certe combinazioni di correlazioni si trovano nelle lingue piú diverse, mentre altre non esistono da nessuna parte. Queste sono le leggi della struttura dei sistemi fonologici.[18]

I.5. Ma è chiaro che, a questo punto, la riduzione della struttura a schema o modello, composto unicamente di correlazioni differenziali, dimostra la sua operatività nel fatto che si presta ad essere applicato, come griglia interpretativa e descrittiva, a fenomeni diversi. La struttura vale se funziona come *codice* che

---

[17] *Il circolo linguistico di Praga - Le tesi del '29*, Milano, Silva, 1966, pagg. 43-46. Per una critica della linguistica praghese alla luce di una nozione non induttivo-funzionalistica del sistema, ma teorico-deduttiva (v. Hjelmslev) e di qui per una apertura a una concezione generativa di un insieme assiomatizzato di regole *sottostanti* a ogni sistema strutturale, cfr. Giorgio Sandri, *Note sui concetti di "struttura" e "funzione" in linguistica*, in "Rendiconti", 15-16, 1967.

[18] Cfr. in generale N. S. Trubeckoj, *Grundzüge der Phonologie*, "TCLP", VII, 1939 (tr. fr., *Principes de phonologie*, Paris, Klincksieck, 1949). In altri termini: "Tous les systèmes se reduisent à un petit nombre de types et peuvent toujours être représentés par des schémas symétriques... Plusieurs lois de la formation des systèmes se laissent dégager sans peine... Elles devront être applicables à toutes les langues, aussi bien que les langues mères (Ursprachen) reconstruites théoriquement qu'aux divers stades de développement des langues historiquement attestées" (testo del 19-IX-1928 citato da Jakobson nelle note autobiografiche di Trubeckoj comunicate nella parte introduttiva all'edizione francese citata, pag. XXVII).

può generare *messaggi* diversi. Diventa allora comprensibile la
conclusione pronunciata da Lévi-Strauss nella sua lezione inaugu-
rale del 1960 al Collège de France: "Nessuna scienza può oggi
considerare le strutture del proprio campo come riducentesi a una
qualsiasi disposizione di parti qualsiasi. Solo è strutturata la disposizione che obbedisce a due condizioni: deve essere un sistema retto da coesione interna; e tale coesione, inaccessibile all'osservazione di un sistema isolato, si rivela nello studio delle trasformazioni, grazie alle quali ritroviamo proprietà similari in sistemi diversi in apparenza ".[19]

Con questa affermazione di Lévi-Strauss siamo passati ormai
all'idea di un sistema di differenze che si rivela valido nell'applicazione su scale diverse e abbiamo verificato i postulati posti al-
l'inizio di questo paragrafo.

La nozione di struttura come *sistema* di differenze si rivela
feconda solo se si unisce alla nozione di struttura come possibilità di *trasposizione*, strumento principale di un sistema di trasformazioni.[20]

I.6. Si vede allora che, a questo punto, questa "struttura" non ha piú nulla a che vedere con gli "organismi" o le
"forme" proposteci da altre filosofie o metodologie critiche:
quelle tendono all'individuazione di organizzazioni concrete, in
cui il disegno costruttivo fa corpo con gli elementi correlati, mentre lo strutturalismo non generico tende a scoprire forme inva-

---

[19] Già pubblicata in "Aut Aut", 88; ora in C. LÉVI-STRAUSS, *Razza e
storia*, Torino, Einaudi, 1967 (cfr. ivi l'*Introduzione* di Paolo Caruso).

[20] "L'oggetto dell'analisi strutturale comparata non è la lingua francese
o la lingua inglese, ma un certo numero di strutture che il linguista può
cogliere in base a quegli oggetti empirici che sono, per esempio, la struttura
fonologica del francese, o la sua struttura grammaticale, o la sua struttura
lessicale... A tali strutture io non paragono la società francese... bensí un
certo numero di scritture, che cerco solo dove è possibile trovarle e non
altrove: nel sistema di parentela, nell'ideologia politica, nella mitologia, nel
rituale, nell'arte, nel 'codice' della cortesia, e — perché no? — nella cucina. Solo tra queste strutture, che sono tutte quante espressioni parziali —
ma privilegiate per lo studio scientifico — di quella totalità che si chiama
società francese, inglese e cosí via, mi è lecito ricercare se esistono proprietà comuni. Anche qui, infatti, il problema non è di sostituire un contenuto originale a un altro, di ridurre questo a quello, ma di sapere se le
proprietà formali offrano tra loro omologie, contraddizioni e quali contraddizioni, oppure rapporti dialettici esprimibili in forma di trasformazioni"
(*Antropologia strutturale*, Milano, Saggiatore, 1966, pagg. 102-103, tr.
Caruso).

rianti all'interno di contenuti differenti. Questo non significa
che non si possa parlare di "struttura" anche in altri casi: ma
ben sapendo che si intende riferirsi a *oggetti strutturati* e dunque
a *forme* e non a modelli strutturali trasponibili. Il che equivale
a dire che, in termini di strutturalismo non generico, si può legittimamente parlare di struttura solo quando sono in gioco piú
elementi da cui astrarre un modello costante. A rigore, l'incontro con la forma singola, tipico di molta metodologia estetica
(tanto per riferirci a un esempio), può certo ricavare strumenti
critici da indagini strutturalistiche, ma non appartiene alla indagine strutturalistica se non nel momento in cui pone in rapporto
diverse forme per inferirne un sistema di leggi su cui tutte si
basano (o a cui tutte si oppongono, come avviene nel caso di
messaggi ad alta improbabilità).

II. Strutturalismo e strutturalismo genetico

II.1. Per esempio, si debbono distinguere altri tipi di ricerca, che si definiscono "strutturalistici", dal modello di ricerca
strutturale di cui ci stiamo occupando.

Un esempio tipico è dato dal pensiero di Lucien Goldmann.
In realtà Goldmann non ha mai detto di essere uno strutturalista.
Ha sempre detto che il suo metodo si chiama "strutturalismo genetico"[21] e non è chi non veda come l'aggettivo metta immediatamente le cose in chiaro. "Il progresso di un'analisi strutturalista
genetica sta nella delimitazione di gruppi di dati empirici che
rappresentano strutture, totalità definitive, e nel fatto di inserirli
poi come elementi in altre strutture piú vaste ma della stessa
natura, e cosí via. Questo metodo offre, tra gli altri, il duplice
vantaggio di concepire in partenza l'insieme dei fatti umani in
modo unitario e, poi, di essere insieme *comprensivo* ed *esplicativo*,
perché la messa in luce di una struttura significativa rappresenta
un processo di *comprensione* mentre il suo inserimento in una
struttura piú vasta è, rispetto a essa, un processo di *spiegazione*.
Ad esempio: mettere in luce la struttura tragica dei *Pensieri* di
Pascal e del teatro raciniano è un procedimento di comprensione;
inserirli nel giansenismo estremista liberando la struttura del medesimo è un procedimento di comprensione rispetto al giansenismo, ma un procedimento di spiegazione rispetto agli scritti di
Pascal e di Racine; inserire il giansenismo estremista nella storia

[21] Cfr. L. GOLDMANN, *Recherches dialectiques*, Paris, NRF, 1959.

globale del giansenismo, è spiegare il primo e comprendere il
secondo. Inserire il giansenismo in quanto movimento di espressione ideologica nella storia della nobiltà di toga del secolo XVII,
è spiegare il giansenismo e comprendere queste nobiltà. Inserire
la storia della nobiltà di toga nella storia globale della società
francese è spiegarla comprendendo quest'ultima e cosí via." [22]

II.2. In questo metodo, una struttura *non* è un sistema *inva-
riante* di opposizioni significanti: è un significato globale spie-
gabile e definibile elencandone una serie *variabile* di proprietà;
una struttura non è un modello valido intemporalmente, ma rappresenta la forma tipica che assume *in un' dato periodo storico*
un sistema di determinazioni culturali; il sistema di relazioni non
è separabile dalle sostanze che vi prendono forma, tanto è vero
che la struttura dei romanzi di Robbe-Grillet apparirà comparabile
alla forma dei rapporti di produzione in una economia neocapi-
talistica, ma non alla forma dei sistemi di produzione in una
economia paleocapitalistica, omologa invece ai romanzi ottocen-
teschi... In questo senso chi annovera Goldmann tra gli "strutturalisti" rende un servizio equivoco agli strutturalisti [23] ma rende
senz'altro un pessimo servizio a Goldmann, il cui metodo, criti-
cabile o meno che sia, ha caratteristiche diverse. Tutt'al piú l'obbiezione da muovere a Goldmann è: cosa rende possibile la messa
in forma secondo strumenti semanticamente omologhi (se no il
suo discorso sarebbe incomprensibile) di forme storiche diverse?

II.3. Il problema di un codice generale (il che non significa
universale, come vedremo, ma comunque "ipoteticamente assunto come onnicomprensivo") si ripropone a un altro livello. Cosa
renda possibile il rapporto tra Pascal e il giansenismo estremista
è chiaro: ma cosa rende possibile il fatto che Goldmann *possa
parlare* da un lato del rapporto tra Pascal e il giansenismo estremista e dall'altro di quello tra Robbe-Grillet e il capitalismo d'organizzazione? Il tema è affascinante ma, ancora una volta, qui

---

[22] LUCIEN GOLDMANN, *Per una sociologia del romanzo*, Milano, Bompiani, 1967, pagg. 220-221.
[23] Almeno se l'opposizione tra storicismo e strutturalismo è quella sottolineata da LUIGI ROSIELLO a pag. XLIX del suo contributo alla inchiesta
Strutturalismo e critica, pubblicata a cura di CESARE SEGRE nel *Catalogo Generale de Il Saggiatore*, 1965. Citeremo, nelle note che seguono, questa inchiesta con la sigla *SeC*.

si trattava solo di capire il senso in cui vengono assunte certe
terminologie. E qui ci si deve fermare.

III. L'attività strutturalista

III.1. Piú equivoca dell'ascrizione dello strutturalismo genetico allo strutturalismo "sincronico" (che per ora chiameremo ancora "strutturalismo non-generico"), è l'affermazione concernente
una presunta "attività strutturalista" che si troverebbe presente
a vari livelli nell'universo culturale odierno. È singolare il fatto
che responsabile di questa generalizzazione sia un critico come
Roland Barthes — che ha fatto tanto per definire una metodologia
strutturalistica corretta.[24] Certo, lo scritto in discussione è del '63,
quando gli entusiasmi strutturalistici non avevano come corrispettivo l'esperienza e le lezioni di rigore ricevute dopo da tante
parti: ma le conseguenze di questo entusiasmo si sentono ancora
oggi e vale la pena di farne giustizia.

Chiunque di noi si stupirebbe, dopo aver sentito una lezione
di Piaget sul come si percepiscono gli oggetti, incontrare un pittore che si proponesse di dipingere "alla Piaget". Gli risponde-
remmo che, se le teorie di Piaget sono vere, esse definiscono ogni
esperienza percettiva possibile e che dunque anche Raffaello dipin-
geva "alla Piaget". Cioè, non bisogna mai fare, di una spiegazione teorica, un modello di operazioni pratiche. Non si deve fare
di una estetica una poetica, non si deve fare di una metafisica
dell'Essere un sistema di guida per autoveicoli (anche se gli autoveicoli e il nostro guidarli altro non sono che epifanie dell'Essere).

Eppure non sono inconsuete le affermazioni di artisti che si
dichiarano ispirati dallo strutturalismo. Barthes d'altra parte lo
aveva detto: esistono artisti per cui "un certo *esercizio* della
struttura (e non piú soltanto il suo pensiero)" rappresenta "una
esperienza distintiva". Scopo dell'attività strutturalista (a livello
scientifico) è costruire un oggetto, che altro non è poi che un
simulacro teorico di un oggetto (o di piú oggetti) reali. Lo strutturalista fabbrica un mondo simile a quello da cui è partito "per
renderlo intelligibile". L'attività strutturalista comporta due ope-

---

[24] *L'attività strutturalista,* apparsa in "Lettres Nouvelles" nel 1963; ora in
Saggi critici, Torino, Einaudi, 1966 (pagg. 245-250). Il tema è ripreso e in
parte chiarito nella risposta VIII all'intervista *Letteratura e significazione,*
nello stesso volume, e apparsa originariamente in "Tel Quel" nel 1963.

razioni tipiche; ritaglio e coordinamento. Quindi — afferma Barthes — l'operazione di Lévi-Strauss o quella di Propp, di Trubeckoj o di Dumézil sono assolutamente affini a quelle di Mondrian, Boulez o Butor. Che per i primi l'oggetto costruito si rifaccia a una esperienza precostituita da capire, e per i secondi si abbia creazione per cosí dire ex nihilo, non ha alcun rilievo. Quello che rende analoghe le tecniche è l'operazione tecnica che vi presiede.

III.2. Ora sarebbe veramente miope negare che molte operazioni dell'arte abbiano tratto eccitazioni intellettuali e immaginative da esperienze teoretiche coeve; e come si sono poste omologie di forma tra la struttura delle Summae medievali e la pianta delle cattedrali gotiche, tra l'universo kepleriano e il barocco, tra le fisiche e le metafisiche dell'indeterminazione e le opere apèrte contemporanee, cosí sarà assolutamente lecito dire che molta arte contemporanea ha ritrovato un gusto dell'essenziale, dello scomponibile, della combinatoria per opposizioni, dell'equilibrio per differenze proprio attraverso l'esperienza del discorso strutturalistico. Ma riconoscere parentele del genere *compete alla storia della cultura, alla fenomenologia delle forme,* non alla definizione epistemologica della metodologia strutturale. In altre parole, la parentela tra le orbite ellittiche kepleriane e il barocco può essere rilevata o meno senza che cambi il significato metodologico dell'operazione kepleriana; e l'operazione kepleriana entra a definire il barocco da un certo punto di vista, ma allo stesso titolo a cui entrano, da altri punti di vista, la visione trionfalistica della Chiesa o la rinascita degli studi di retorica come strumento persuasivo. Mentre porre in rapporto il metodo di Saussure e quello di Hjelmslev significa definire. un campo comune — lo strutturalismo — senza la configurazione del quale i due metodi acquisterebbero un senso diverso (per lo meno piú limitato): e quindi è il campo comune che determina la definizione dei due accadimenti culturali, mentre definire invece un campo comune tra Saussure e Butor non incide tanto sulla fisionomia di entrambe le esperienze quanto su quella del campo comune che la fenomenologia della cultura elabora per conferire fisionomia unitaria a un'epoca. Cioè, dire che ci sono omologie di procedimento tra Saussure e Butor, significa compiere una operazione strutturalistica; ma non significa dire che Butor compie operazioni strutturalistiche.

"Saussure + Lévi-Strauss + Hjelmslev + Propp", danno

quel metodo — che si cerca di presumere unitario — che è lo
strutturalismo; invece "Saussure + Boulez + Butor" definiscono un gioco di influenze tra campi diversi, difficilmente erigi-
bile in sistema di determinazioni. Se si può dire: "quando Poulet
fa la tale affermazione, allora non è strutturalista", non possiamo
dire invece che "quando Boulez compone in un certo modo non
è strutturalista"; oppure possiamo dirlo, ma il giudizio acquista
un valore diverso. Nel primo caso possiamo affermare: "chi vuole considerarsi uno strutturalista non deve discostarsi da questo
modus operandi"; nel secondo caso, è solo dopo che il modus
operandi si è liberamente articolato che possiamo riconoscere omologie, parentele e rapporti causali. Nel primo caso era in gioco una
scelta epistemologica, nel secondo una messa in forma in termini
di storia delle idee (che giustamente Michel Foucault distingue dalla sua "archeologia", perché nella sua ricerca sulle "episteme"
di un periodo storico le omologie vengono individuate a livello
di procedimenti speculativi, e non tra procedimenti speculativi
e attività creative).

III.3. Se il metodo strutturalista ci aiuta a capire come funn-
zionano certi meccanismi comunicativi · (lo si pensi. applicato alla
semiologia) allora, come nel caso dell'esempio di Piaget, anche
Raffaello è strutturalista, perché studiabile in quanto realizza nelle sue opere modelli strutturali omologhi.

A parte un altro fatto, che verrà affrontato diffusamente piú
avanti [25]: l'assunzione rigida di un metodo strutturalista che si ipo-
statizza in filosofia teoretica e infine in metafisica, porta all'*incompatibilità tra strutturalismo e procedimenti dell'arte contemporanea*. In conclusione sarà dunque lecito parlare di "attività strutturalista" purché rimanga ben chiaro che questa attività non ha
nulla in comune con la metodologia strutturalistica, ma si definisce attraverso la comparazione tra questa metodologia di ricerca sugli oggetti e altre metodologie di produzione di oggetti
che hanno caratteristiche proprie (anche se possono essere studiate, in quanto accadimenti di cultura, con un metodo strutturale — cosí come posso studiare dal punto di vista dell'evoluzione
la filogenesi e l'ontogenesi del piú accanito sostenitore di tesi
antievoluzionistiche).

[25] Cfr. D.4.

IV. Strutturalismo e fenomenologia

IV.1. Un'altra comparazione riguarda i rapporti tra strutturalismo e fenomenologia. Qui i chiarimenti sono meno urgenti perché l'equivoco piú rozzo è di solito sostenuto solo da pensatori avventizi e sprovveduti. Ma anche i pensatori "provveduti" si sono trovati nella necessità di produrre in laboratorio l'equivoco, proprio per definire i campi di entrambe le visioni metodologiche attraverso l'esame delle loro identità apparenti, arrivando in seguito all'esaltazione delle loro differenze.

L'osservatore superficiale potrebbe sostenere che, se lo strutturalista cerca nell'oggetto un sistema di relazioni, una struttura, una forma, il fenomenologo vi cerca un'eidos (e proprio all'inizio di questo saggio facevamo risalire la problematica strutturale alla distinzione aristotelica tra eidos e ousía).

Ma l'eidos dello strutturalista, prodotto per astrazioni successive, rappresenta un voluto impoverimento dell'individuale e del concreto per puntare alla elaborazione di modelli universali; l'eidos del fenomenologo al contrario punta a una presa sul vissuto, su un precategoriale che si mostra proprio quando si sia fatta piazza pulita delle categorie astratte che impoverivano la nostra esperienza del concreto. L'opposizione tra strutturalismo e fenomenologia è quella tra un universo di fantasmi astratti e una esplorazione nel concreto.

IV.2. Si vedano i problemi agitati da Enzo Paci nel suo saggio "Antropologia strutturale e fenomenologia".[26] "L'esperienza vissuta per lui (Lévi-Strauss), non è il punto di partenza, ma l'opposto dell'oggettività... La fenomenologia, si sa, parte dall'esperienza vissuta e dall'evidenza... In questo senso parte dal concreto ed è sul concreto che deve fondare l'astratto". Lo strutturalismo levistraussiano invece cerca di evitare questa fondazione, perché "se la dialettica è storico-temporale non è scientifica, e se è scientifica non è storico-temporale". Naturalmente anche per Lévi-Strauss si pone il problema di una riconquista del concreto, e Paci vede essenziale, a questo punto, la questione della fondazione soggettiva e intersoggettiva a partire dal presente: "Lévi-Strauss non riesce ad accettare il punto di vista fenomenologico in quanto questo implicherebbe 'una continuità tra l'esperienza vissuta e la realtà oggettiva'. Non si accorge di partire

---

[26] In "Aut Aut", 88, 1965. Tutto il numero è dedicato a Lévi-Strauss.

egli stesso dalla propria soggettività che è già da sempre nel
mondo, dalla soggettività che costituisce intersoggettivamente le
scienze, e che è già da sempre nella concatenazione genetico-sto-
rica e nell'orizzonte della storia ". Questo problema verrà alla luce
ben presto nelle pagine che seguono e nel capitolo terzo di questo nostro saggio, anche se la confutazione che tenteremo dello
strutturalismo levistraussiano parte da premesse operazionistiche
diverse da quelle fenomenologiche; in ogni caso emergeranno
egualmente i temi della fondazione soggettiva e intersoggettiva
dell'oggettività scientifica, se non altro nella forma del riconoscimento dell'inevitabile prospetticità della scelta delle pertinenze.
Il saggio di Paci continua invece cercando altri punti di identità
o di differenza con la posizione strutturalista; Paci afferma che il
mondo precategoriale ha una struttura sua e ogni soggetto è inserito in tale struttura; ma sappiamo che questa struttura fonda
le possibilità di conoscere oggetti che non le sono necessariamente omologhi, mentre per lo strutturalista — lo si vedrà — l'ipotesi
di un parallelismo psicofisico prevale su ogni tentativo di soluzione trascendentale. Quando Paci parla delle strutture del precategoriale vede l'attività del soggetto impegnata a *dare* un significato agli eventi, mentre Lévi-Strauss risponderebbe che il soggetto *trova* strutture significanti che lo precedono e che al massimo lo garantiscono strutturalmente uguale alle strutture che scopre. Lévi-Strauss, ricorda Paci, risolve il problema col ricorso al-
l'inconscio e così "elude il problema della costituzione ".[27] Certo
anche Lévi-Strauss cerca le leggi di un pensiero concreto; ma le
cerca coi modi di una logica formale. L'obbiezione di Paci è
valida proprio perché Lévi-Strauss cerca un pensiero concreto e
quindi "naturale". Nella misura in cui le ipotesi strutturali si
piegano a descrivere invece concezioni culturali, il problema
perde molta della sua drammaticità (ed è questo il senso del nostro studio); ma nella misura in cui Lévi-Strauss mira a costituire una ontologia della cultura (una ritrasformazione della cultura in natura, che costituisce l'argomento dei capitoli che seguiranno) la critica di Paci coglie un punto centrale. Il richiamo
che Paci fa alla problematica dello schematismo trascendentale
in Kant, sino alle sue ritraduzioni in termini neopositivistici e
operativistici, accanto al richiamo a una fondazione trascendentale di ogni modello definitorio, ci richiama alle due linee di

[27] Cfr. sullo stesso numero di " Aut Aut " il saggio di EMILIO RENZI,
Sulla nozione di inconscio in L.-S.

problemi alle quali occorre assolutamente ricondurre l'epistemologia strutturalista; e ignorando le quali lo strutturalismo, come
vedremo, diventa una ontologia — o una mistica — dell'Essere.

V. Strutturalismo e critica

V.1. C'è un atteggiamento critico, spontaneo per chiunque
senta modernamente i problemi dell'estetica, e che si può riassumere con questa frase di Jean Starobinski: "Un sistema non è
costituito dalla somma delle parti, il senso del tutto è immanente a ognuno dei suoi elementi costitutivi: questa è l'intuizione prima dello strutturalismo".[28] Ora l'affermazione è vera, ma
lo è nel senso in cui abbiamo parlato di "struttura" nell'*Introduzione* di questo studio. In tal caso però questa "intuizione prima dello strutturalismo" è assai antica e precede le vicende dello
strutturalismo linguistico. Ciò che lo strutturalismo linguistico
ha reso evidente, lo si è visto, non è che una struttura sia un sistema di parti solidali e interdipendenti, ma il fatto che questa
struttura possa essere espressa in termini di opposizioni e differenze, indipendentemente dagli elementi che entrano a colmare
le valenze costituite dai poli oppositivi e differenziali. Le conseguenze sono che la metodologia strutturalistica appare adatta a
collegare oggetti diversi riconducibili a modelli costanti, piú che
ad analizzare unità relazionate e organizzate. Allora, quando
Cesare Segre afferma che "l'esigenza principale che lo strutturalismo pare possa soddisfare (e in questo viene ad affiancarsi —
alleato o concorrente — alla stilistica) è quella di 'impegnare la
critica sul testo al di là delle sue qualificazioni contingenti', ob-
bligandola 'a rispondere ad alcune domande molto semplici, ad
esempio come è fatta, in che modo funziona e soprattutto dov'è
la poesia' (Avalle)",[29] ci troviamo ancora una volta di fronte a
una esigenza di lettura organica delle "strutture" individuali
di un'opera, ma siamo apparentemente ancora lontani da un metodo che (disinteressandosi, nel caso, al problema della poesia) individui nell'opera aspetti che essa ha in comune con le altre
opere. In tal senso non corrisponderebbe maggiormente alle esigenze della metodologia strutturalistica la ricerca di Propp, il

---

[28] Contributo all'inchiesta *SeC*, pag. XIX.
[29] Consuntivo a *SeC*, pag. LXXIV.

quale non ci dice nulla sul valore singolo delle fiabe esaminate, ma ci dice moltissimo sul movimento fabulatore che le produce e sul gioco di opposizioni tra funzioni su cui si basa?[30]

Ancora, quando Giulio Carlo Argan,[31] per descrivere il modo con cui il critico si può avvicinare " strutturalisticamente " a un dipinto di Paolo Uccello, spiega: " osservo che i segni sono disposti secondo uno schema di organizzazione che dà a ciascuno di essi e all'insieme dei loro rapporti un valore significativo per una determinata rappresentazione dello spazio. Sono dunque in presenza di una struttura prospettica ", egli sta individuando nell'opera che esamina una " forma " singolare, tanto che si preoccupa di approfondire quanto essa si discosti da forme apparentemente analoghe realizzate da altri pittori, andando anzi alla ricerca di un " angolo di divergenza ". Questa netta differenza tra un procedimento alla Propp e un procedimento come quello indicato da Argan, che rilievo ha nel permetterci di definire la portata dello strutturalismo nella critica artistica?

V.2. D'altra parte le note analisi di Jakobson, dei formalisti russi, dei neoformalisti sovietici e di tutte le scuole che si collegano molto esplicitamente alla metodologia strutturale[32] ci appaiono come esempi abbastanza probanti di una dialettica critica tra un momento dell'individuazione di modelli ricorrenti e il momento dell'individuazione di quello scarto particolare, di quel comportamento singolare, di quella operazione di riempimento delle valenze differenziali che fanno di un'opera singola l'oggetto ultimo della descrizione e del giudizio.

Si potrebbe allora dire che ricerca delle forme invarianti al-

---

[30] MARIA CORTI in *SeC*, pag. XXXI osserva che con Propp " siamo lontani dal concetto linguistico di struttura... viene a mancare infatti in questa tipologia strutturale quel carattere basilare che il concetto di opposizione ha nella struttura linguistica "; ora, anche se si potrebbe interpretare la compatibilità e incompatibilità delle funzioni in Propp come una forma di opposizione, è indubbio che con Propp siamo ancora al di qua dello strutturalismo vero e proprio; ma il metodo di Propp ha trovato una riformulazione correttamente strutturalistica nel commento che ne fa Lévi-Strauss, quando ritraduce in una matrice combinatoria a più dimensioni la semplice sequela delle funzioni (cfr. C. Lévi-Strauss, *La struttura e la forma*, ora in VLADIMIR JA. PROPP, *Morfologia della fiaba*, Torino, Einaudi, 1966, a cura di Gian Luigi Bravo); nella conseguente utilizzazione che ne dà CLAUDE BRÉMOND in *Le message narratif*, in " Communications ", n. 4; e negli sviluppi di A. J. GREIMAS, *Semantique structurale*, Paris, Larousse, 1966.

[31] *SeC*, pag. LVII.

[32] Cfr. sezione E (*La frontiera semiologica*).

l'interno di contenuti differenti e la individuazione di forme differenti assunte da contenuti spesso invarianti sono due momenti collegati, ma questa affermazione non ci chiarisce ancora in che senso sia possibile parlare di " strutture " nell'un caso e nell'altro. Se c'è una equivocità nell'uso del termine, va portata alla luce; se c'è una polisemia ragionevole, va tenuta presente; se un tipo di struttura deve essere visto come la negazione dialettica dell'altra, in vista di una mediazione finale, questa possibilità deve diventare esplicita.[33]

V.3. Tutte le contraddizioni che abbiamo elencato come tipiche di una critica strutturalistica, sono state lucidamente individuate da Maria Corti,[34] quando ha messo in evidenza lo stesso punto che costituisce l'argomento centrale di questo nostro discorso: esistono due modi di concepire la struttura, come oggetto organizzato e come modello generalizzante. Nel secondo senso l'idea di struttura genera le analisi sulla lingua come sistema e, quando passa a giustificare le analisi dell'opera singola, fissa l'attenzione del critico sugli scarti che si disegnano in opposizione alla norma; e rimane il problema se fare ciò non porti a fare sempre della linguistica e non della critica. Nel primo senso gli strumenti dello strutturalismo convergono a definire quella che Gianfranco Contini chiamava " l'integrità " dell'autore che " investito da un riflettore unico, piazzato in un sol punto, con le sue enfatiche sproporzioni di luci e di ombre " viene " colpito " nella sua totalità. Avviene allora, continua la Corti, che " nel settore dei valori strettamente formali, riferibili al linguaggio individuale_artistico o alla lingua letteraria di un determinato mo-

---

[33] Altrimenti avrebbe ragione Lévi-Strauss quando (in *SeC*) afferma che " il vizio fondamentale della critica letteraria con pretese strutturalistiche dipende dal fatto che troppo spesso finisce per ridursi a gioco di specchi, in cui diventa impossibile distinguere l'oggetto dalla sua eco simbolica nella coscienza del soggetto. L'opera studiata e il pensiero dell'analista si riflettono reciprocamente, e ci viene a mancare ogni maniera di discernere quello che è semplicemente ricevuto da quello che l'altro vi mette ". Affermazione esemplare se non fosse viziata dai seguenti fatti: 1) come vedremo nel corso di tutto questo studio, il pericolo che Lévi-Strauss vede nell'operazione del critico è lo stesso che minaccia ogni predicazione di strutture, salvo che non è un pericolo, ma è una caratteristica fondamentale della predicazione strutturale, che va scoperta e accettata invece di offuscarne la presenza; 2) non si vede allora che senso avrebbe l'operazione di critica strutturale compiuta da Lévi-Strauss in collaborazione con Jakobson quando analizzò *Les Chats* di Baudelaire.

[34] *SeC*, pagg. XXVII-XXXI.

mento o al confronto tra diversi fenomeni di una lingua letteraria, la ricerca, pur non identificandosi con quella puramente
linguistica, parte da un analogo concetto di struttura, fondato sul
riconoscimento di una unità sistematica inerente all'oggetto".

Ora, in questo brano manca ancora l'esplicitazione di quello
che andiamo cercando, ma sono contenuti tutti gli elementi per
una classificazione chiarificatrice.

V.4. C'è una applicazione dei metodi strutturali alle opere
d'arte che non mira a definire la singolarità dell'opera ma il ricorso di modelli costanti. È la ricerca di Propp, quella iconologica di Panofsky, l'indagine su modelli combinatori nella letteratura di massa. Questa ricerca è di carattere semiologico o sociologico e non ha nulla a che vedere con la critica letteraria anche se può offrirle validi elementi di riflessione.

V.5. C'è una critica linguistica dell'opera d'arte. A questa
si riferisce Luigi Rosiello [35] quando propone la sua definizione
operativa e *funzionale* del messaggio poetico; operativa in quanto essa viene formulata secondo i principi dell'epistemologia moderna (e sono i principi a cui si ispira anche il nostro discorso) e
funzionale in quanto "il messaggio poetico viene identificato
con una precisa funzione del sistema linguistico, individuata oppositivamente". La coppia oppositiva a cui Rosiello si riferisce
è quella tra funzione *comunicativa* (o referenziale) e funzione
poetica (o estetica) del messaggio. Lo studio della lingua è studio
di un sistema di norme improntate all'uso, secondo le quali il
linguaggio comunicativo tende ad automatizzarsi. Lo studio del
linguaggio poetico, che è studio delle "proposte alternative del
linguaggio poetico, in cui vengono rese esplicite le potenzialità
virtuali insite nella struttura linguistica", in definitiva non serve tanto a delineare la fisionomia dell'opera singola, quanto le
possibilità, insite nella lingua, di una comunicatività più ricca,
più inattesa e quindi maggiormente informativa. In questo assorbimento della stilistica nella linguistica, il metodo strutturale
mantiene il proprio senso. Ma, in quanto si attiene alle possibilità più tipiche del metodo, Rosiello non pretende di andare
alla scoperta di organismi irripetibili. Lo studio del linguaggio

---

[35] *SeC*, pagg. XLVII e L. Ma si veda anche *Struttura uso e funzioni della lingua*, Firenze, Vallecchi, 1965 (in part. i primi tre capitoli).

poetico diventa una branca della linguistica e — mediatamente — della sociologia o dell'antropologia culturale.

V.6. Esiste una terza possibilità: anche in questo caso si studia il rapporto tra un sistema di norme e le deviazioni introdotte dall'autore; ma il sistema di norme è già un sistema letterario; può essere la lingua letteraria di un periodo (Corti); può essere il contesto generale del linguaggio di un autore (si veda la nozione di "contesto" non come limitata all'opera singola ma al complesso di una produzione di autore, proposta da D'Arco Silvio Avalle) [36]; in ogni caso è un sistema, un modello astraibile, su cui misurare, se non altro per differenza o per adeguazione, il prodotto singolo.

V.7. Infine sembrerebbe esserci l'ultima alternativa possibile: il critico si butta nel profondo dell'opera, ne pone in rapporto gli elementi, la interroga, e la interroga in quanto gioco organico e non in quanto puro stimolo di sollecitazioni emotive; individua un'unità, una cadenza generatrice. Stiamo parlando ancora di una struttura come modello? Un critico che molti sarebbero disposti a definire "strutturalista", Georges Poulet, ci avverte che "il fine della critica è di arrivare a una conoscenza intima della realtà criticata. Ora sembra che una intimità del genere non sia possibile che nella misura in cui il pensiero critico *diviene* il pensiero criticato, dove esso riesce a ri-sentire, ri-pensare, ri-immaginare questo dall'interno. Niente di meno obbiettivo di questo movimento dello spirito. Al contrario di ciò che si pensa, la critica deve guardarsi dal mirare un *oggetto* qualsiasi (la persona dell'autore, considerata come altro, o la sua opera, considerata come cosa); ciò che deve essere colto è un *soggetto*, e cioè una attività spirituale che non si può comprendere se non mettendosi al suo posto e facendole di nuovo giocare in noi il suo ruolo di soggetto".[37] Ma, commentando questo brano, Gérard Genette [38] si affretta a ricordarci come questo sia esattamente l'opposto della critica strutturale e si avvicini moltissimo a quella che Ricoeur ha diffuso in Francia come "ermeneutica". È ovvio che a una ispezione strutturale le strutture non sono vissute;

[36] Cfr. l'intervento in *SeC* e, come applicazione del metodo, "*Gli orecchini*" *di Montale*, Milano, Il Saggiatore, 1965.

[37] In "Les lettres Nouvelles", 24 giugno 1959.

[38] *Figures*, Paris, Seuil, 1966, pag. 158 (e tutto il capitolo "Structuralisme et critique littéraire").

anzi, come abbiamo già rilevato confrontando metodo strutturalistico e metodo fenomenologico, una struttura tanto piú funziona quanto piú pietrifica e irrigidisce l'oggetto. D'altra parte
come non riconoscere che un'opera d'arte ci domanda una interrogazione ermeneutica piú che una definizione strutturale? Genette, affascinato da entrambe le possibilità, avanza l'ipotesi, peraltro già agitata da Ricoeur,[39] di una loro complementarità:
l'ermeneutica apparendo piú acconcia per le grandi opere, vicine al
nostro modo di sentire, ricche di piani e di ambiguità; il metodo
strutturale risultando piú operativo per le opere standardizzate
(cultura di massa) o per i prodotti di contesti culturali troppo
lontani, inattingibili dal di dentro, immobilizzabili nei loro comportamenti apparenti attraverso la descrizione delle costanti che li
caratterizzano.

V.8. Ma in verità possiamo individuare un quinto modo di
lettura, che sia Genette che gli altri autori citati in questo
paragrafo lasciano intravvedere. È corretta operazione strutturalistica definire un modello generale che vale come codice capace
di promuovere diversi messaggi? E sia. Ma si era definita in
precedenza, a proposito del capitolo sul messaggio estetico[40] la
nozione di *idioletto estetico*. Un'unica curva strutturale, un modello omologo presiede ai vari livelli del messaggio. Se c'è un
codice proprio dell'opera, questo deve presentarsi, eseguito, a livello fonematico come a livello ideologico, a livello del gioco dei
caratteri e a livello delle strutture sintattiche, eccetera. "Si era
troppo a lungo considerata la letteratura come un messaggio senza codice perché non diventasse necessario vederla un istante
come un codice senza messaggio": questo per Genette il difetto
della critica linguistica (quella che noi abbiamo rubricato al punto 2). Ora si tratta di ritrovare il messaggio nel codice, dice Genette. Ora, diciamo noi, si tratta di definire quella operazione
critica che ritrova nel messaggio, visto sullo sfondo di tutti i
codici pubblici a cui si appoggia, il proprio codice privato. Quan-
d'anche l'opera fosse costituita da una semplice successione di suoni, o di significanti privi di significato (come in una poesia concreta) l'individuare un codice tipico di quell'opera, valido solo
per quell'opera, non costituirebbe — in termini strutturalistici —
un controsenso strutturalistico: si avrebbe a che fare con un co-

---

[39] *Structure et herméneutique*, in " Esprit ", novembre 1963.
[40] A 3.II.

dice "poesia X" (un modello strutturale "poesia X") che permetterebbe di parlare in modo omologo di tutti gli oggetti sussumibili sotto la classe "poesia X": e che questa classe abbia un solo membro è *logicamente* irrilevante. Ma questa anomalia è invece importante per la critica e per l'estetica: le quali appunto si occupano di quelle *classi a un solo membro*, che sono le opere d'arte.

V.9. Ma in effetti l'opera è un sistema di sistemi [41] e il modello individuato funziona proprio per mettere in contatto i vari piani dell'opera, per unificare dei sistemi di forme con dei sistemi di significati. Là dove anche i materiali di cui si sostanziano le valenze differenziali del modello entrano a costituire un sistema di differenze riconducibili al modello stesso. Dove si instaura un codice unitario che regola la forma e la sostanza dell'espressione cosí come la forma e la sostanza del contenuto. E chiameremo questo modello "idea ossessiva" (ma non nel senso di una critica tematica, che studia il modello strutturale solo a livello dei temi e delle loro opposizioni) [42] o lo chiameremo spitzerianamente "etymon": avremo comunque ritrovato il procedere di un metodo strutturale, perché (e che il procedimento sia finalizzato alla comprensione di un fatto singolo e concreto non inciderà piú, allora, sulla purezza del metodo) lavoreremo su costanti, sul loro ritorno a piú livelli, sul modo in cui si corrispondono o si tradiscono per *décalages* infinitesimali. Perché si vedrà allora che, quanto piú l'opera è standardizzata e di maniera, tanto piú il modello torna senza variazioni, apertamente riconoscibile a tutti

[41] Cfr. le tesi dei formalisti e poi di WELLEK, già citate; cfr. anche CESARE SEGRE in *SeC*, pagg. LXXVII-LXXVIII.

[42] Sulla differenza tra critica tematica e critica strutturalistica si veda la risposta V di ROLAND BARTHES all'intervista "Letteratura e significazione", cit. Come i due atteggiamenti si incrocino nella "nouvelle critique" si veda dalle discussioni raccolte nel volume (a cura di GEORGES POULET) *Les chemins actuels de la critique*, Paris, Plon, 1967. Tra gli esempi di varia critica tematica potremmo ricordare CHARLES MAURON, *Dalle metafore ossessive al mito personale*, Milano, Il Saggiatore, 1966 e JEAN-PIERRE RICHARD, *L'univers imaginaire de Mallarmé*, Paris, Seuil, 1961; nonché l'opera di GEORGES POULET, *Études sur le temps humain*, Paris, Plon, 1950, o *Les métamorphoses du cercle*, Paris, Plon, 1961 e JEAN STAROBINSKI, *J.-J. Rousseau - La transparence et l'obstacle*, Paris, Plon, 1957; ma non ci pare che Starobinski sia da ascrivere totalmente alla critica tematica, come si dice nella nota seguente. D'altra parte le distinzioni tra critica tematica, stilistica, psicoanalitica o formale sono sovente assai ingannevoli. E appare piú utile classificare dei procedimenti distinti che non l'opera di un intero autore.

i livelli[43]; e quanto piú l'opera subisce le determinazioni del mercato, o della psicologia personale dell'autore, tanto piú il modello appare preso a prestito da esperienze comunicative già note[44]; mentre quanto piú l'opera innova, tanto piú il modello, riconoscibile alla fine dell'indagine, si cela in una sequenza di variazioni lungo la quale ritorna sempre con lievi flessioni, variazioni infinitesimali, delle quali infine sarà ancor possibile trovare la regola, il sottocodice.

V.10. In tal senso dunque una critica potrà essere detta "strutturalistica", e tuttavia non limitarsi a uno studio puramente sincronico dell'opera: perché l'individuazione dell'idioletto (ed è ora quella maniera singolare di trattare la prospettiva di cui diceva Argan), genera una ricerca sulle *mutazioni* dell'idioletto (ed ecco che nasce una storia delle forme e degli stili), o una indagine sul *come l'idioletto si è formato* (ed ecco tornare attraverso la mediazione strutturale lo studio genetico dell'opera) o infine una casistica dei vari modi di *permanenza* dell'idioletto (che può sussistere nel contesto generale delle opere di un autore — Avalle — nel contesto di un linguaggio letterario specifico — Corti — nel contesto della scuola a cui l'opera dà origine — ed è lo studio delle "maniere" —, nel contesto di una fenomenologia dei "generi"[45]).

V.11. L'unica riserva è che, come anche Genette ipotizzava a proposito della complementarità tra strutturalismo ed ermeneutica, il metodo si riveli inadatto alle opere troppo complesse.[46] Esistono sicuramente molti esempi a provare se non il contrario, almeno le possibilità del contrario. In ogni caso in questa sede non si trattava di definire le possibilità di fatto di una critica

[43] Si veda l'esemplare saggio di JEAN STAROBINSKI, *La c'oppie:ta di Voltaire*, in "Strumenti critici", 1, 1966.

[44] Di qui l'utilità di indagini del genere sulla narrativa di massa, e su quella categoria di opere che stanno tra la narrativa di massa e la finta innovazione estetica (cfr. il nostro "La struttura del cattivo gus:o", in *Apocalittici e integrati*, cit.).

[45] Si veda per questo richiamo, nella cultura italiana, LUCIANO ANCESCHI, "Dei generi letterari" in *Progetto di una sistematica dell'arte*, Milano, Mursia, 1962; e "Dei generi, delle categorie, della storiografia" in *Fenomenologia della critica*, Bologna, Patron, 1966.

[46] Cfr. CESARE SEGRE in *SeC*, pag. LXXXIV. Sulle possibili "dimensioni" di un'analisi strutturalistica v. per es. PAOLO VALESIO, *Struttura'ismo c critica letteraria*, in "Il Verri", giugno 1960; EZIO RAIMONDI, *Tecniche della critica letteraria*, Torino, Einaudi, 1967; GUIDO GUGLIELMI, *La letteratura come sistema e come funzione*, Torino, Einaudi, 1967; MARCELLO PAGNINI, *Struttura letteraria e metodo critico*, Messina, D'Anna, 1967; D'ARCO SILVIO

strutturale, ma la sua possibilità di diritto. E, come minimo, di
capire cosa si intenda, cosa si possa intendere e cosa probabilmente si *debba* intendere per " critica strutturale ".

VI. L'opera come struttura e come possibilità

VI.1. Ma definire cosa si intenda per critica strutturale non
significa necessariamente ridurre ogni critica possibile a critica
strutturale. Jacques Derrida, in una sua requisitoria serrata contro lo strutturalismo critico di Jean Rousset,[47] vede nell'eccesso
di analisi strutturalistica la manifestazione di una crisi, di un
momento crepuscolare della cultura. L'opera in quanto *forma*
è l'immobilizzazione, lo stadio finale, ma anche il meccanismo
generatore di una *forza* che l'atto critico dovrebbe portare continuamente alla luce e sviluppare. Quando il critico diventa incapace di cogliere questa forza, si rifugia nel disegno di forme che
immobilizzano l'opera in uno schema, o in uno schema di
schemi, tutti (e qui l'analisi di Derrida è rivelativa, anche se
può essere intesa *à rebours* — e cioè come giustificazione di un
metodo e non come la sua confutazione) disposti secondo coordi-
nate *spaziali*: piramidi, cerchi, spirali, triangoli e reticoli di relazioni diventano il modo di descrivere la struttura di un'opera
riducendola alla propria metafora spaziale: " Quando il modello
spaziale è scoperto, e quando funziona, la riflessione critica si
riposa in esso ".[48] Cosí facendo il critico non arriverà piú a scoprire la forza come movimento che sposta e confonde le linee, né
ad amarla come movimento, come " desiderio, in se stesso ", e
riduce la forza all'epifania delle linee.

A queste osservazioni si potrebbe opporre che la critica strutturale riduce quello che *fu* un movimento (la genesi) e quello che
sarà un movimento (l'infinità delle letture possibili) a modello
spazializzato perché solo in tal senso può fermare quell'*ineffabile*
che era l'opera (come messaggio) nel suo farsi (alla fonte) e nel
suo rifarsi (presso i destinatari). La decisione strutturalista inter-

---

AVALLE, *L'ultimo viaggio di Ulisse*, in " Studi Danteschi ", XLIII; *La critica
delle strutture formali in Italia*, in " Strumenti Critici ", 4, 1967 (dove si rie-
samina alla luce dei nuovi problemi il contributo di De Robertis e Contini).
Infine, per una polemica con alcuni metodi strutturali, G. DELLA VOLPE, *Critica dell'ideologia*, Milano, Feltrinelli, 1967.

[47] JACQUES DERRIDA, " Force et signification " in *L'écriture et la différence*, Paris, Seuil, 1967. L'opera di JEAN ROUSSET a cui si riferisce è
Forme et signification, Paris, Corti, 1962.

[48] DERRIDA, cit., pag. 30.

viene proprio per eliminare l'impasse dell'ineffabilità che gravava sul giudizio critico e sulla descrizione dei meccanismi poetici.

Il critico strutturalista sa benissimo che l'opera non si riduce allo schema o alla serie di schemi che esso ne trae: ma la irrigidisce in schemi per poter stabilire cosa sia il meccanismo che permette la ricchezza delle letture, e quindi la continua attribuzione di senso di cui l'opera-messaggio sarà caricata.

VI.2. In fondo quando Derrida si appella a una visione dell'opera come *energia* inesausta (e quindi messaggio continuamente "aperto") contro una visione dell'opera come pura e assoluta presenza di rapporti spaziali messi in forma, compie paradossalmente la stessa operazione di Cesare Brandi [49] quando questi — con una polemica che pare all'opposto di quella di Derrida — rifiuta lo studio dell'opera come "messaggio" e quindi come sistema di significati, per ricuperarne quella caratteristica di "presenza" (o "astanza") che la rende inattingibile a una semplice indagine semiotica. Ma se Derrida chiede al critico di vedere nell'opera piú un *discorso* che una *forma*, mentre Brandi pare chiedergli di vedervi piú una *forma* che un *discorso*, in realtà l'esigenza è la stessa; è l'invito a non ridurre l'opera a gioco di segni strutturati per lasciarla levitare in tutte le sue determinazioni possibili.

Se una continua polarità ha attraversato in modi diversi la discussione estetica di tutti i tempi (mimesi e catarsi, forma e contenuto, punto di vista dell'autore e punto di vista dello spettatore), Brandi riconduce questa tensione a una opposizione fondamentale che dominerebbe la realtà stessa dell'opera d'arte: possiamo considerare l'opera nella sua essenza (in sé e per sé) oppure nel momento in cui essa viene recepita in una coscienza. Brandi è troppo nutrito di criticismo kantiano, prima, e di cultura fenomenologica, poi, per non sapere che la polarità non è cosí limpida, che noi non possiamo conoscere l'essenza di un oggetto se non in quanto è ricevuto in una coscienza, e che quindi ogni discorso sull'oggetto indipendente da noi è pur sempre un discorso sull'oggetto visto *in una prospettiva*, che è situazione soggettiva, storia, radicamento culturale. Ma nelle sue pagine si attua un itinerario speculativo teso a stabilire la legittimità di un residuo, di un quid che trascenda le recezioni, le prospettive personali, una "essenza" individuando la quale l'opera d'arte ci appaia definita come pura presenza, "realtà pura", prima, dopo, al di là delle

[49] *Le due vie*, Laterza, Bari, 1967.

prese di coscienza che ne abbiamo. Quella essenza per cui l'opera
" sta " ed " è ", senza che debba " dire " necessariamente qualcosa
a qualcuno.

Ma cos'è una presenza che si rifiuti di comunicare, per essere
solo se stessa? Se oggi le tecniche e le filosofie della comunicazione
tendono a ridurre ogni fenomeno a trasmissione di segni, questo
accade perché pare impossibile pensare " presenze " che l'uomo
non converta in " segno ". La cultura (che incomincia dai piú elementari processi di percezione) consiste appunto nel dare significati a un mondo naturale fatto di " presenze "; a convertire
cioè le presenze in significati. Tanto che, quando si vuole salvare
un " residuo " che costituisca un'opera al di qua delle comunicazioni di cui si fa tramite, si è portati ad intendere ogni " presenza " come " assenza ", una sorta di vortice enigmatico che noi
interroghiamo di continuo per farne uscire nuovi significati, e
che sarebbe " presente " proprio in questa sua possibilità indefinita
di generare processi di semiosi. È la posizione della " nouvelle critique ", su cui torneremo piú avanti.

In verità sia le estetiche della *presenza* che quelle della *assenza* si riducono al tentativo di salvare, nel concreto processo
storico attraverso cui gli uomini parlano tra loro, una " realtà
pura " dell'arte, appunto, che poi dovrebbe dar ragione della ineffabilità, della ricchezza di determinazioni che l'opera conserva malgrado ogni anatomia strutturale o ogni violenza positivistica. Ma
i tentativi di interpretare l'opera d'arte come " messaggio ", come
fatto di comunicazione, servono proprio per risolvere il " residuo "
ineffabile. L'opera d'arte come messaggio non è per questo meno " presente ", astante ", se possiamo vederla come un sistema
di segni che comunica anzitutto la propria struttura. Ma il vederla contemporaneamente come messaggio, come sistema di significanti che connotano significati possibili, permette di interpretare ogni residuo proprio come il continuo apporto di soggettività diverse, radicate nella storia e nella società, che fanno lievi-
tare la presenza (in sé muta) e la popolano di significati, anzi la
fanno diventare un sistema di significati, stabile e mutevole insieme, le cui strutture non sono il tramite della comunicazione,
ma il principale dei contenuti.

VI.3. Jakobson analizza il discorso di Antonio sul cadavere
di Cesare: scopre le leggi che regolano ogni livello della comunicazione, dal gioco sintattico a quello fonematico, dall'uso dei
traslati alla cadenza degli accostamenti metonimici: a questo
punto non si è negato che una genesi inventiva abbia portato a

questa cristallizzazione di strutture che è gioco di significanti e di significati collegato da un unico idioletto estetico; né si è dimenticato che di fronte a questa "macchina" estetica i lettori potranno liberamente intraprendere (nella misura in cui si piegheranno al gioco di determinazioni della macchina, che è macchina generativa, produttrice di senso, e non senso sclerotizzato) le più varie avventure ermeneutiche. La critica strutturale si propone come un modo di affrontare l'opera. Il fatto che noi crediamo che sia quello che più acconciamente ci introduce anche agli altri modi, non esclude che gli altri modi possano avere diritto di cittadinanza indipendentemente da questo. Rimane aperta la strada per le esplorazioni genetiche a ritroso, e quella, assai feconda, per l'interrogazione continua della macchina. Nella misura in cui il critico saprà raccontare bene anche la più azzardata delle avventure ermeneutiche, non saremò forse disposti a perdonargli la colpa di non essere uno strutturalista?

VI.4. Ma c'è un punto su cui la critica di Derrida coglie nel vivo il difetto possibile di una critica strutturale che si presenti esplicitamente come tale: ed è quando accusa Rousset di aver individuato alcuni schemi (spaziali) fondamentali in Proust e Claudel e di avere poi espunto come accidentali e aberranti quegli episodi e quei personaggi che non si collegavano al tema centrale, alla "organizzazione generale dell'opera" (almeno, quella che il critico predicava come tale). A questo modo di procedere Derrida oppone che, se lo strutturalismo ci ha dato una lezione, è stato nel ricordarci che "essere strutturalista è opporsi anzitutto all'organizzazione del senso, all'autonomia e all'equilibrio proprio, alla costituzione riuscita in ogni momento, di ogni forma; è rifiutare di riportare al rango di accidente aberrante tutto ciò che il tipo ideale non permette di comprendere. Anche il patologico non è semplice assenza di struttura. È organizzato".[50] Giusto. A tal punto che noi abbiamo parlato, a proposito della individuazione dell'idioletto estetico, non solo di una regola generale che si pronuncia ai diversi livelli dell'opera, ma anche di un insieme di sottoregole, che con quella generale dovranno pur presentare qualche omologia, e che presiederanno a quelle variazioni dalla norma, a quelle aberrazioni volute, che l'artista introdurrà proprio nel seno stesso di quelle leggi che si era creato esclusivamente per quell'opera (e a loro volta già devianti rispetto a strutture gene-

[50] DERRIDA, cit., pag. 40.

rali preesistenti, emerse da una indagine sulla storia degli stili,
sulla lingua letteraria o sui linguaggi figurativi di un periodo o
di un gruppo). Analizzare strutturalmente un'opera non significherà allora individuarvi un codice centrale ed espungere tutto
ciò che non vi si riferisce (questo, lo si è visto, può bastare per
analizzare prodotti standardizzati come i romanzi di Ian Fle-
ming [51]), bensí andare alla ricerca di un inscatolamento progressivo di idioletti, di quel sistema di sistemi la cui messa a fuoco
è il termine ultimo, forse utopistico, di ogni critica strutturale.

VI.5. Ma le obbiezioni che Derrida pone alla critica strutturalistica esprimono il timore che l'irrigidire l'opera in una struttura significhi impedire la scoperta della 'sua inesausta possibilità di prospettive. È il problema della "apertura" delle strutture che egli ritrova in termini fenomenologici nel saggio " _Genèse
et structure_ " _et la phénoménologie_. È il problema della strutturalità di una apertura, come egli dice, che è poi l'apertura infinita alla verità di ogni esperienza (e infine la filosofia), la
"strutturale impossibilità di chiudere una fenomenologia strutturale ",[52] quella possibilità di una apertura infinita sul mondo
come orizzonte di possibilità che conosciamo nella fenomenologia
della percezione di Merleau-Ponty, quel gioco di profili in cui
la cosa si offre alla nostra esperienza e al nostro giudizio come
continuamente nuova, che già si è conosciuta in Husserl e nel
Sartre de _L'Être et le Néant_.[53]

---

[51] Cfr. il nostro _Le s:ru::ure narrative in Fleming_, in _Il caso Bond_,
Milano, Bompiani, 1965 (anche in " Communications ", 8, numero unico su
L'analyse structura!e du récit).

[52] Derrida, cit., pag. 241.

[53] " Questo senso, il cogitatum _qua cogitatum_, non si rappresenta mai
come un dato definitivo; esso si _chiarisce_ dapprima solo per l'esplicazione di
quest'orizzonte e degli orizzonti che emergono costantemente come nuovi...
Questo ' lasciar-aperto ' è già, prima ancora delle effettive determinazioni
ulteriori che forse non avranno mai luogo, un momento contenuto nel relativo
momento di coscienza stessa, ed è appunto ciò che costituisce _l'orizzonte_...
L'oggetto è per cosí dire un polo d'identità, consaputo sempre con un
senso già intenzionato da realizzare e da esplicare, che in ogni momento
della coscienza è indice di una intenzionalità noetica, che esso ha in qualità di senso... Questo _intendere_-oltre-di-sé che è in ogni coscienza, deve
esserne considerato come momento essenziale... Non solo quindi i momenti
di vita attuali, ma anche quelli potenziali, come impliciti nella potenzialità
significante degli attuali, vengono ad essere _pre-delineati_, e in quanto distinti contengono l'evidente caratteristica di esplicare il senso implicito "
(E. Husserl, _Meditazioni cartesiane_, Milano, Bompiani, 1950, Meditazione
2, 19-20.) E in Sartre: " Ma se la trascendenza dell'oggetto si fonda sulla

Ebbene, di questa apertura dell'indagine strutturale (che presuppone una reintroduzione dei movimenti stessi della storicità nella predicazione di strutture) si sono resi conto molti tra i critici strutturalisti. Si senta per esempio Jean Starobinski: "Le strutture non sono cose inerti né oggetti stabili. Esse emergono da una relazione instauratasi tra l'osservatore e l'oggetto; si destano in risposta a una domanda preliminare, ed è in funzione di questa domanda posta alle opere che si stabilirà l'ordine di preferenza dei loro elementi. È al contatto con la mia interrogazione che le strutture si manifestano e si rendono sensibili, in un testo da molto tempo fissato sulla pagina del libro. I diversi tipi di lettura scelgono e prelevano strutture 'preferenziali'... Ci si accorgerà abbastanza presto che una stessa opera, a seconda della domanda posta, permetterà di prelevare piú strutture ugualmente accoglibili o ancora che quest'opera si definirà come una *parte* entro sistemi piú vasti che, superandola, l'inglobano. Qui non è lo strutturalismo che decide: al contrario, l'analisi strutturale non potrà che essere la conseguenza di una decisione preliminare, che fissi la scala e l'interesse della ricerca. Senza dubbio l'aspirazione alla totalità ci spingerà a coordinare i risultati di queste diverse letture, a trattarli come gli elementi di una *grande struttura* che sarebbe il significato globale, il senso esaustivo. Tutto induce a credere che questa *grande struttura* costituisca un termine che non si lascia cogliere se non asintoticamente ":[54]

Partiti come siamo da una interrogazione sul senso delle griglie strutturali ai fini di una analisi semiologica, questa conclusione potrebbe essere per noi, in questa sede, tra le piú soddisfacenti; e, come si vedrà, se pure in altri termini essa è la conclusione a cui arriviamo alla fine di questo libro. Ma purtroppo, a questo punto dell'indagine, è ancora troppo presto per anticiparla. Se mai fosse possibile, avremmo appurato che la predicazione strutturale rappresenta la scelta (dovuta a determinazioni di vario genere) di un angolo da cui individuare criteri di pertinenza. Per

necessità per l'apparizione di farsi sempre trascendere, ne risulta che un oggetto pone, per principio, la serie delle sue apparizioni come infinite. Cosí l'apparizione che è *finita* indica se stessa nella sua finitezza, ma esige, nel medesimo tempo, per essere colta come apparizione-di-ciò-che-appare, d'essere superata verso l'infinito... Una certa 'potenza' torna ad abitare il fenomeno ed a conferirgli appunto la sua trascendenza: la potenza di essere svolto in una serie di apparizioni reali o possibili" (J. P. Sartre, *L'essere e il nulla*, Milano, Mondadori, 1958, pagg. 11 12).

[54] SeC, pag. XX.

la semiologia il problema sarebbe risolto. Rimarrebbe al fenomenologo l'analisi della *costituzione* di quegli oggetti che sono le
strutture individuate.[55]

VI.6. Ma è proprio una affermazione come quella di Starobinski che viene messa in forse da una lettura piú approfondita dei testi di molti strutturalisti "ortodossi" (massime Lévi-
Strauss o Lacan). Sino a questo punto noi abbiamo esaminato una
prima oscillazione individuata all'inizio, quella tra modello e
oggetto concreto. Abbiamo appurato che si ha indagine strutturale, a ogni livello, quando si arriva a risolvere l'oggetto concreto in modello. Ma avevamo lasciata aperta un'altra interrogazione: quella sulla oscillazione tra struttura come *strumento operativo* e struttura come *realtà ontologica*. Se la struttura è uno
strumento che *fabbrico* per determinare, da un punto di vista,
modi di avvicinamento ad alcuni aspetti dell'oggetto, il brano
di Starobinski conclude la nostra inchiesta. Ma se è una realtà
ontologica che *scopro* come definitiva e immutabile? Ecco il
problema che dobbiamo ancora affrontare.

---

[55] L'*afferramen'o*, cioè, di " un atto originario che costituisce l'oggetto in
modo originario " (E. HUSSERL, *Idee per una fenomeno!ogia pura*, Torino,
Einaudi, 1965, 2ª edizione completa a cura di Enrico Filippini, pag. 422).

3. SECONDA OSCILLAZIONE:
REALTÀ ONTOLOGICA O MODELLO OPERATIVO?

I. Il modello strutturale come procedimento operativo

I.1. Dai primi tentativi delle scienze linguistiche alle investigazioni di Lévi-Strauss sui sistemi di parentela, il modello strutturale interviene per ridurre a discorso omogeneo esperienze difformi. In tal senso il modello si propone come *procedimento operativo*, il solo modo possibile per ridurre a discorso omogeneo l'esperienza viva di oggetti difformi, e quindi una sorta di verità logica, di ragione e non di fatto; un elaborato metalinguistico che consente di parlare di altri ordini di fenomeni come sistemi di segni.

In questo caso la nozione di modello strutturale va vista in clima di metodologia operazionistica e non implica nessuna affermazione di tipo ontologico; la seconda oscillazione rilevata nella discussione aristotelica sulla sostanza strutturata (quella tra polo ontologico e polo epistemologico) si risolve in favore del secondo. L'assunzione dello studioso che impiega modelli per la sua indagine dovrebbe essere allora quella di Bridgman: "Ritengo che il modello sia uno strumento di pensiero utile e inevitabile in quanto ci permette di pensare a cose non familiari in termini di cose familiari ".[56]

Ora, secondo la corrente "metodologica" dello strutturalismo questo punto pare fuori discussione:

---

[56] PERCY BRIDGMAN, *La logica della fisica moderna*, Torino, Boringhieri, 1965, pag. 75 (si veda sul concetto di modello tutto il capitolo " Modelli e costrutti ").

" Occorre intendere per *linguistica strutturale* un insieme di ricerche
che poggiano su una *ipotesi* secondo cui è *scientificamente legittimo* descrivere
il linguaggio come se fosse una struttura, nel senso adottato sopra per questo
termine... Insistiamo ancora... sul carattere ipotetico della linguistica strutturale... Ogni descrizione scientifica presuppone che l'oggetto della descrizione sia concepito come una struttura (e dunque *analizzato* secondo un metodo strutturale che permetta di riconoscere dei rapporti tra le parti che lo
costituiscono) o come facente parte di una struttura (e dunque *sintetizzato*
con altri oggetti coi quali intrattiene dei rapporti che rendono possibile stabilire e riconoscere un oggetto piú esteso di cui questi oggetti, con l'oggetto
considerato, sono delle parti)... Si obbietterà forse che, se è cosí, l'adozione
di un metodo strutturale non è imposta dall'oggetto dell'indagine, ma che
essa è scelta arbitrariamente dall'indagatore. Si è cosí di nuovo all'antico
problema, dibattuto nel Medio Evo, di sapere se le nozioni (concetti o classi)
fatte emergere dall'analisi risultano della stessa natura dell'oggetto (*realismo*)
o se risultano dal metodo (*nominalismo*). Questo problema è evidentemente
di ordine epistemologico e supera i limiti del presente rapporto nonché la
competenza del linguista in quanto tale ".[57]

Hjelmslev insiste su questo punto: l'epistemologia potrà approfondire questo problema e non è escluso che la linguistica, al
pari delle scienze fisiche, possa fornire elementi atti a risolverlo;
ma la sua soluzione non è di pertinenza del linguista. In altri
termini, per un uso corretto dei modelli strutturali, non è necessario credere che la loro scelta sia determinata dall'oggetto,
basta sapere che è eletta dal metodo.[58] Il metodo *scientificamente
legittimo* si riassume nel metodo *empiricamente adeguato*. Se al
ricercatore farà comodo pensare che sta scoprendo delle costanti
strutturali comuni a tutte le lingue (o, aggiungeremo noi, a tutti
i fenomeni) tanto meglio per lui se questa assunzione lo aiuta
nella ricerca; in fondo, come afferma Bridgman "le probabilità
sono dunque in favore di coloro che, cercando le relazioni fra i
fenomeni, sono convinti in precedenza che esse esistano".[59]

I.2. D'altra parte la tentazione di individuare strutture omologhe in fatti diversi (e tanto piú se si passa dal campo di tutte
le lingue a quello di tutti i sistemi di comunicazione, e da
questo a quello di tutti i sistemi possibili visti come sistemi di

[57] L. Hjelmslev, *Essais linguistiques*, cit., pagg. 100-101.
[58] " L'ipotesi iniziale non si pronuncia, lo si sarà notato, sulla ' natura '
dell'oggetto studiato. Essa si guarda bene dal perdersi in una metafisica o in
una filosofia del *Ding an sich* " (*op. cit.*, pag. 22).
[59] Bridgman, *op. cit.*, pag. 197 (capitolo " La semplicità della natura ").

comunicazione) e di riconoscerle come stabili, "oggettive", è piú di una tentazione; è quasi l'incontrollabile scivolare del discorso dal "come se" al "se" e dal "se" al "dunque". In un certo senso appare quasi impossibile chiedere al ricercatore di mettersi in caccia di strutture ricorrenti obbligandolo a non credere mai, neppure per un momento, alla finzione operativa che ha scelto. Nel migliore dei casi costui, anche se parte con tutto l'empirismo possibile, arriva convinto di aver messo in luce una qualche struttura ricorrente della mente umana.

I.3. Un pericolo di questo genere, sufficientemente dominato dal controllo critico, lo si può reperire in Chomsky: per esplicita ammissione il punto di partenza di Chomsky è razionalistico cartesiano [60]; egli tende a un ideale humboldtiano di lingua come «underlying competence as a system of generatives processes", di grammatica generativa come "system of rules that can iterate to generate an indefinitely large number of structures".[61] Ma — mentre le costanti di cui va alla ricerca sono costanti *formali* generalissime, che non intervengono a determinare i tipi di modelli strutturali predicabili poi delle varie lingue,[62] egli insiste sul fatto che anche la scelta di un modello di grammatica generativa piuttosto che un'altra (se non l'idea regolatrice della ricerca, che *debba* esservi una grammatica generativa) rimane ipotetica, operativa, verificabile attraverso la funzionalità del modello scelto.[63] Cosí, anche quando opta per una filosofia

---

[60] NOAM CHOMSKY, *De quelques constantes de la théorie linguistique*, in *Problèmes du langage*, Paris, Gallimard, 1966. Sul problema dei possibili universali del linguaggio cfr. (J. H. GREENBERG, ed.) *Universa's of language*, M.I.T., 1963.

[61] Cfr. *Aspects of theory of syntax*, M.I.T., 1965, cap. I (" Methodological Preliminaries ").

[62] " For the present we cannot come at all close to making a hypothesis about innate schemata that is rich, detailed, and specific enough to account for the fact of language acquisition. Consequently, the main task of linguistic theory must be to develop an account of linguistic universals that, on the one hand, will not be falsified by the actual diversity of languages, and, on the other, will be sufficiently rich and explicit to account for the rapidity and uniformity of language learning " (*op. cit.*, pag. 27-28). " The existence of deep-seated formal universals, in the sense suggested... implies that all languages are cut to the same pattern, but does not imply that there is any point by point corrispondence between particular languages " (*op. cit.*, pag. 30).

[63] L'insistenza sul carattere ipotetico del metodo generativo, anche se si tratta di una " ipotesi razionalistica " (cfr. *op. cit.*, pag. 53), torna a piú riprese nell'opera di Chomsky. Si veda anche nella introduzione a *Syntactic Structures* (Aja, Mouton, 1964) e a pag. 51, l'accentuazione del carattere me-

razionalistica (nel senso classico del termine, fondata sull'assunzione di "universali" del linguaggio, sul riconoscimento di predisposizioni innate della mente di ogni parlante) egli ricorda che " A general linguistic theory of the sort roughly described earlier... must therefore be regarded as a *specific hypothesis* (sottolineatura nostra), of an essential rationalist cast, as to the nature of mental structures and processes ".[64]

In un certo senso Chomsky, educato all'empirismo proprio dell'indagine scientifica moderna, pare scegliere il proprio sfondo filosofico come stimolo immaginativo, come sostegno psicologico; e la sua ricerca (come avveniva per Hjelmslev) può essere sfruttata anche da chi non condivida le assunzioni filosofiche di fondo. Così come si può non condividere l'ipotesi — *già filosofica* — di Jakobson, per la quale tutto l'universo della comunicazione sarebbe retto da un principio dicotomico (che ritorna nel binarismo dei tratti distintivi del linguista e nel binarismo della teoria dell'informazione), e tuttavia riconoscere che la " griglia " binaristica si rivela efficacissima per parlare di tutti i sistemi comunicativi e per ridurli a strutture omologhe.

In un certo senso ci sarebbe persino da chiedersi se possa esistere atteggiamento scientifico che non sia criticamente edotto di questi rischi epistemologici e che non induca a caute assunzioni ipotetiche sconsigliando la risposta filosofica tout court, tanto più grave e paralizzante quando data in partenza. Eppure una lettura di alcuni testi di Lévi-Strauss ci convincerà che quanto abbiamo cercato di chiarire sin'ora è tutt'altro che pacifico.

II. La metodologia di Lévi-Strauss: dal modello operativo alla struttura oggettiva

II.1. In quel testo esemplare che è il discorso al Collège de France, Lévi-Strauss ci permette di seguire una sorta di deduzione dello strutturalismo ontologico dai principi dello strutturalismo metodologico. In una società primitiva le varie tecniche, che prese isolatamente possono apparire come un dato bruto, si-

---

todologico della opzione generativistica. In *Aspects*, cit., pag. 163, si insiste sul fatto che la struttura sintattica e semantica di un linguaggio naturale presenta ancora " molti misteri ", e che perciò ogni tentativo di definirla va considerato in ogni caso *provvisorio*.

[64] *Aspects*, cit., pag. 53.

tuate nell'inventario generale delle società, appaiono come l'equivalente di una serie di scelte significative: in tal senso un'ascia di pietra diventa segno: perché prende il posto, nel contesto in cui si inserisce, dell'utensile diverso che un'altra società impiegherebbe allo stesso scopo (come si vede, anche qui il significato è *posizionale* e *differenziale*). Posta la natura simbolica del suo oggetto, l'antropologia sa di dover descrivere sistemi di segni e di doverli descrivere secondo modelli strutturali. Essa trova le proprie esperienze già *preparate* (già *date*) ma perciostesso ingovernabili; deve dunque sostituirle con dei modelli, " c'est à dire des systèmes de symboles qui sauvegardent les propriétés caractéristiques de l'expérience, mais qu'à différence de l'expérience, nous avons le pouvoir de manipuler ". La mente del ricercatore, che si è lasciata modellare dall'esperienza, diventa il teatro di *operazioni mentali* che trasformano l'esperienza in modello, rendendo possibili altre operazioni mentali.

La struttura non appartiene dunque all'ordine dell'osservazione empirica: " elle se situe au dela ". Ed è — come è già stato citato — un sistema retto da una coesione interna, coesione inaccessibile all'osservazione di un sistema isolato e che si rivela nello studio delle trasformazioni, grazie alle quali si trovano proprietà similari in sistemi apparentemente diversi.

Ma, per consentire queste trasformazioni, la trasposizione di modelli da sistema a sistema, occorre una garanzia dell'operazione, data dalla elaborazione di un *sistema dei sistemi*. In altri termini, se esiste un sistema di regole che permettono l'articolarsi di una lingua (codice linguistico) e un sistema di regole che permettono l'articolarsi degli scambi di parentela come modi della comunicazione (codice della parentela), deve esistere un sistema di regole che prescrive l'equivalenza tra il segno linguistico e il segno parentale, stabilendone l'equivalenza formale, il medesimo valore posizionale dei segni, termine a termine; e questo sistema sarà quello che, usando un termine non impiegato dal nostro autore, chiameremo *metacodice*, nel senso che è un codice che permette di definire e nominare altri codici sottoposti.[65]

[65] A proposito de *Le cru et le cuit* dice Lévi-Strauss: " Siccome i miti stessi riposano su codici di secondo grado (i codici del primo sono quelli di cui si compone il linguaggio), questo libro delineerebbe allora un codice di terzo grado, destinato ad assicurare la traducibilità reciproca dei vari miti " (tr. it. di Andrea Bonomi, *Il crudo e il cotto*, Milano, Saggiatore, 1966,

II.2. Il problema che si pone immediatamente a Lévi-Strauss
è il seguente: queste regole (quelle dei codici e quelle dei metacodici) sono "universali"? E se lo sono, come andrà intesa questa loro "universalità"? Nel senso che si tratta di regole che,
una volta proposte, appaiono utili per spiegare diversi fenomeni,
o nel senso che sono realtà nascoste in ciascuno dei fenomeni
studiati? Nell'ambito del testo in esame, la risposta di Lévi-Strauss
è improntata al massimo rigore operativo: queste strutture sono
universali nel senso che il compito dell'antropologo è esattamente
quello di elaborare trasformazioni sempre più complesse onde
spiegare con gli stessi modelli i fenomeni più difformi (riducendo, poniamo, a un solo modello la società primitiva e la società
contemporanea); ma questa operazione è una operazione di laboratorio, una costruzione dell'intelligenza investigativa: in mancanza di una *verità di fatto* avremo una *verità di ragione*.[66]

La conclusione è impeccabile, e rappresenta il minimo di acri-
bia che si può domandare a uno scienziato. Ma ecco che immediatamente fa capolino, dietro lo scienziato, il filosofo: aver mostrato — *operativamente* — come funzioni l'applicazione di codici invarianti a fenomeni vari, non dimostrerà forse, per deduzione immediata, l'esistenza di meccanismi universali del pensiero e dunque l'universalità della natura umana?

È vero che il sospetto è corretto da un gesto di coscienza
metodologica: "Non volgiamo forse, le spalle a questa natura
umana quando, per individuare le nostre invarianti, sostituiamo
i dati dell'esperienza con modelli, sui quali ci abbandoniamo a
operazioni astratte, come l'algebrista con le sue equazioni?". Ma,
rifacendosi a Durkheim e a Mauss, Lévi-Strauss ricorda subito

---

pag. 28). In altri termini " con il progredire dell'analisi strutturale il pensiero
studiato tende sempre più a manifestare la sua unità interna, la sua coesione
e la sua esaustività rispetto ai fenomeni presi in esame. Le strutture emerse
escono progressivamente dalla loro particolarità iniziale e tendono a gene-
ralizzarsi, dietro la molteplicità dei dati empirici traspaiono relazioni via via
più semplici che, per la loro ricorrenza, coprono un arco molto più ampio
di fenomeni e ne garantiscono l'intelleggibilità: si profila dunque, come termine ideale, l'esistenza di una *metastruttura* " (ANDREA BONOMI, *Implicazioni
filosofiche nell'antropologia di Claude Lévi-Strauss*, in " Aut Aut ", 96-97,
1967).

    [66] " In sostanza, non faremmo nient'altro che elaborare un linguaggio, i
cui soli meriti consisterebbero nella coerenza, come per ogni linguaggio, e
nel rendere conto, con un piccolo numero di regole, di fenomeni sino allora
considerati diversissimi. In mancanza di una inaccessibile verità di fatto,
avremmo raggiunto una verità di ragione " (*Elogio dell'antropologia*, in *Razza
e storia*, cit., pag. 69).

che solo il ritrarsi verso l'astratto può permettere l'elaborazione
di una logica comune a tutte le esperienze, la scoperta di una
"oscura psicologia" che soggiace alla realtà sociale, di qualcosa
"comune a tutti gli uomini".[67]

Non è chi non veda qui il rapido passaggio da una concezione operativistica a una concezione sostanzialista: i modelli, elaborati *come* universali, funzionano universalmente, dunque riflettono una *sostanza universale* che li garantisce. Si potrebbe rispondere che i modelli funzionano universalmente perché sono
stati costruiti per funzionare universalmente: questo è il massimo di "verità" a cui può arrivare il metodologo. È indubbio
che determinate costanti soggiacenti permettano il funzionamento (e il sospetto su queste costanti deve rimanere una feconda
molla di curiosità per il ricercatore), ma che cos'è che ci consente
di affermare che *ciò che permette il funzionamento del modello
ha la stessa forma del modello?*

II.3. È chiaro a cosa miri quest'ultima nostra domanda: il
fatto che un qualcosa permetta a *questo* modello di funzionare
rendendone ragione, non esclude che lo stesso qualcosa permetta
il funzionamento anche di altri (e diversissimi) modelli; se invece il qualcosa ha la stessa forma del modello, allora il modello
proposto esaurisce la realtà descritta e non è piú necessario ten-
tarne altri approcci.

Sarebbe ingiusto dire che Lévi-Strauss scivola con facilità da
una affermazione all'altra, ma è esatto dire che *alla fine* vi scivola.

Oppure vi scivola sin dall'inizio? Vale a dire: l'affermazione
di meccanismi universali del pensiero è una trappola che attende
fatalmente Lévi-Strauss alla fine di ogni discorso o è il progetto
che orienta dall'inizio ogni suo discorso? In effetti questa assunzione filosofica si presenta ogni qual volta il ricercatore deve
dominare l'inscatolamento progressivo delle strutture che si è
trovato ad articolare.

Una famiglia è l'esecuzione individuale, un messaggio, di
quel codice che è il sistema di parentela in quella data tribú;
ma questo codice diventa a sua volta il messaggio di quel codice

---

[67] *Ibidem*, pag. 73-74. E, citando Mauss: "Gli uomini comunicano mediante simboli... ma possono avere questi simboli e comunicare per loro tra
mite, solo perché hanno gli stessi istinti".

piú generale che è il sistema di parentela di tutte le tribú; e
questo codice altro non sarà che una esecuzione particolare di
quel codice sottostante in base al quale possono essere considerati
omologhi (ispirati alla stessa legge strutturale) il codice della parentela, quelli delle lingue, quelli della cucina, del mito e cosí via.

Giunti a questo punto, come deve essere inteso il codice elaborato per dar ragione di tutti gli altri codici? Posto che non
se ne individui uno piú profondo ancora (e come vedremo poi,
il movimento regressivo si impone: ma accettiamo l'ipotesi che
il ricercatore si trovi soddisfatto della spiegazione che ha trovato
e che gli permette di mettere in forma tutti i fenomeni considerati sino a quel punto), esso è il termine a cui la costruzione di
un modello operativo si arresta, oppure è la scoperta di un principio combinatorio fondamentale che regge tutti i codici, di un
meccanismo elementare radicato nel funzionamento della mente
umana, dove quindi le stesse leggi naturali appaiono come costitutive delle leggi culturali? [68]

II.4. A piú riprese Lévi-Strauss definisce in modo ambiguo
la nozione di " codice ". Ne *Il pensiero selvaggio* si assiste all'oscillazione tra l'idea di molti codici e il postulato di un codice che
presieda alle regole di conversione universale: si dice che le nozioni di tipo totemico costituiscono dei codici *per le società che
le hanno elaborate e accettate* [69]; si dice che i codici sono *mezzi*
per fissare certe significazioni e trasportarle in termini di altre
significazioni (e dunque si pensa a dei mezzi che agendo su
sistemi di significazione agiscono già su codici, trasformabili in
termini di altri codici, mediante qualcosa chiamato " codice " ma
che deve avere un rapporto metalinguistico coi precedenti) [70]; si

---

[68] Andrea Bonomi, nell'articolo citato, facendosi portatore di una problematica fenomenologica, cerca di accentuare nel pensiero di Lévi-Strauss i
momenti, che indubbiamente esistono, in cui egli vede nell'inconscio strutturale
— di cui diremo — piú che un serbatoio di contenuti " un principio attivo
di *articolazione* ", ben sapendo che a questo momento corrisponde però quello
in cui viene ipostatizzato il concetto di inconscio. In realtà questi due momenti in Lévi-Strauss si oppongono e si fondono di continuo; e mentre il
secondo emerge vistosamente nei testi che discuteremo in D.4, appaiono altri
passi in cui l'insieme a cui applica l'analisi strutturale (a esempio i miti)
viene sottolineato come un " insieme mai chiuso " (*Il crudo e il cotto*, cit.,
pagg. 19 21). In D.5.VIII.1 vedremo come Derrida mette in luce questa
contraddizione (cfr. anche piú avanti, D.3.III.2).

[69] *La pensée sauvage*, Paris, Plon, 1962, pag. 120.

[70] *Ibidem*, pag. 183; cfr. anche pag. 197 e particolarmente pag. 228.

dice semplicemente che i sistemi di significazione sono dei codici piú o meno ben fatti[71]; o addirittura, come nelle pagine finali sulla storiografia, si avanza l'ipotesi che, sullo sfondo di un codice cronologico generico, le varie epoche storiche vadano studiate con codici cronologici parziali (avvenimenti significativi per il codice "ripartizione in millenni" non lo sono per il codice "ripartizione in mesi" e viceversa)...[72] Pare dunque che si possano elaborare trasformazioni da codice a codice, ma che nel contempo non vi sia limite all'individuazione di codici storici e sociali diversi, ogni qualvolta la modellizzazione chiarisca il meccanismo di un certo sistema segnico.

II.5. Se il problema venisse lasciato in questi termini, non sorgerebbero questioni. La struttura-codice verrebbe inferita dal ricercatore in base a una media degli usi (non esisterebbe il codice "lingua X" se non come media delle condizioni di impiego di quella data lingua da parte di una comunità, in quanto considerata sincronicamente) e ipotizzata come struttura soggiacente che, nella misura in cui viene portata alla luce, si dimostra come normativa (salvo venire poi modificata dall'intensificarsi di usi che prima erano considerati aberranti e solo in seguito sono stati assorbiti dalla comunità).

D'altra parte, se la struttura venisse elaborata per spiegare diversi messaggi, i messaggi a loro volta interverrebbero a orientare la struttura da individuare. Il riferire un messaggio a un codice nasce da una decisione operativa: all'inizio di ogni *decodificazione* vi è una *decifrazione* — per capire una forma segnica la rapporto a un sistema di segni, e cioè a un codice, *posto come quello valido*. La decisione è facile nei confronti di messaggi riferibili a codici riconosciuti (e di cui è facile inferire la natura sociale e convenzionale), come accade nel caso del messaggio linguistico. Ma nel caso di un sistema di parentela? In un caso in cui non possiedo ancora il codice, ma devo inferirlo dal messaggio (da decifrare)? In questo caso pongo un codice (costruzione mentale, modello operativo) e ponendo il codice do senso alla struttura del messaggio. Il codice si pone come il modello di vari messaggi possibili (cosí come il modello atomico di Bohr è il modello di vari modelli particolari, come quello dell'atomo di idrogeno — che a propria volta costituisce la modellizza-

[71] *Ibidem*, pag. 302.
[72] *Ibidem*, pag. 344.

zione di una esperienza non altrimenti attingibile). Ma su cosa
misuro la validità del codice, poiché l'ho inferito dai messaggi?

La misuro solo in base alla sua capacità di mettere ordine in
quel messaggio e in altri messaggi, e di permettermi di parlare
di essi in termini omogenei (usando cioè gli stessi strumenti
definitori). Trovare *strutture unitarie* (e cioè codici) per messaggi
diversi (e poi risolvere il codice-struttura unitaria a propria volta
in messaggio particolare di un codice più vasto che lo omogeneiz-
za ad altri codici minori), significa capire fenomeni difformi con
strumenti concettuali eguali. Che lingue diverse (codici diversi,
intesi come esecuzioni-messaggi di un codice dei codici linguistici)
siano riducibili a un numero fisso di opposizioni, ci dice solo
che — ricorrendo a questa costruzione ipotetica — si riesce a
definirle tutte insieme in modo più economico. Si è irrigidita
l'esperienza in un modello; nulla, dal punto di vista epistemologico, interviene ancora per affermare o negare che l'esperienza
contenesse *anche* gli aspetti che ne sono stati isolati, accanto a
infiniti altri tipi di correlazioni.

II.6. Questa la conclusione possibile. Ma in Lévi-Strauss questa conclusione, abbozzata in molte pagine, si scontra con l'altra,
più conclusiva, e comunque più suggestiva, che gradatamente
prende il sopravvento: ogni messaggio è interpretabile in base
a un codice, ed ogni codice è trasformabile in un altro, perché
tutti fanno riferimento a un Ur-codice, una Struttura delle Strutture, che si identifica coi Meccanismi Universali della Mente, con
lo Spirito o — se volete — con l'Inconscio. Il tessuto connettivo
di ogni indagine strutturale è lo stesso di ogni comportamento
comunicativo primitivo o civilizzato: *è la presenza di un pensiero oggettivo*.

Lo stesso problema della regressione da codice a metacodice,
che abbiamo discusso in termini operativistici, si propone in
Lévi-Strauss, a un certo punto, come già risolto in partenza da
una fiducia filosofica nelle leggi del pensiero oggettivo:

" Che si limiti l'esame a una sola società o lo si estenda a più società,
bisognerà spingere le analisi dei differenti aspetti della vita sociale abbastanza
a fondo da cogliere un livello in cui diventerà possibile il passaggio da un
ambito all'altro; ossia elaborare una sorta di codice universale, capace di
esprimere le proprietà comuni alle strutture specifiche desunte da ogni
aspetto. L'impiego di questo codice dovrà essere legittimo, oltre che per
ogni sistema preso isolatamente, per tutti i sistemi quando si tratterà di

paragonarli. Si sarà così in grado di sapere se si è raggiunta la loro più profonda natura e se la loro realtà sia o no dello stesso tipo... Una volta operata questa riduzione preliminare [la comparazione dei sistemi di parentela ai sistemi linguistici] il linguista e l'antropologo potranno chiedersi se differenti modalità di comunicazione... tali che siano osservabili nella medesima società, possano o no essere connesse a strutture inconscie similari. Nel caso affermativo, saremmo certi di essere giunti a una espressione davvero fondamentale ".[73]

III.   La filosofia di Lévi-Strauss: le leggi costanti dello Spirito

III.1. A questo punto ha fatto il suo ingresso sulla scena della riflessione strutturale un personaggio che nessuna metodologia avrebbe mai potuto accettare, perché appartiene all'universo della filosofia speculativa: lo Spirito Umano.

"Noi non ci siamo abbastanza resi conto che lingua e cultura sono due modalità parallele di una attività più fondamentale: alludo, qui, a quell'ospite presente tra noi, benché nessuno si sia sognato di invitarlo alle nostre discussioni: lo *spirito umano* ".[74]

Certo, i modelli strutturali sono apparsi come comode verità di ragione, utili per parlare in modo omogeneo di fenomeni diversi. Ma cosa fondava la funzionalità di queste verità di ragione? Ovviamente, una sorta di isomorfismo tra le leggi del pensiero investigativo e quelle delle condotte investigate: "questo principio ci impegna in una direzione opposta a quella del pragmatismo, del formalismo e del neopositivismo, poiché affermare che la spiegazione più economica sia anche quella che — fra tutte quelle considerate — si avvicina di più alla verità, poggia, in ultima analisi, sull'identità postulata fra le leggi del mondo e quelle del pensiero ".[75]

Cosa significa allora studiare i miti? Significa individuare un sistema di trasformazione da mito a mito che dimostri come in ciascuno di essi si ripercorrevano alcuni cammini fondamentali del pensiero, che i costruttori di miti lo sapessero o no. Qualunque cosa i miti pretendessero di raccontare, essi ripetevano e ri-

---

[73] *Antropologia strutturale*, cit., pagg. 77-78.
[74] *Ibidem*, pag. 87.
[75] *Ibidem*, pag. 106. Sull'isomorfismo cfr. anche Bonomi, *art. cit.*

petono la stessa storia. E questa storia è l'esposizione delle leggi
dello spirito su cui essi si basano. Non l'uomo pensa i miti, ma
i miti si pensano negli uomini; meglio ancora, nel gioco di trasformazioni reciproche possibili, *i miti si pensano tra di loro*:

> " La struttura stratificata del mito... permette di vedere in esso una
> matrice di significazioni ordinate in linee e in colonne, ma dove, in qualsiasi
> modo si effettui la lettura, ogni piano rinvia sempre a un altro piano. Ana-
> logamente ogni matrice di significazioni rinvia a un'altra matrice, ogni mito
> ad altri miti. E se si chiede a quale ultimo significato rinviino queste
> significazioni reciproche, che devono pur sempre riferirsi tutte insieme a
> qualcosa, l'unica risposta che questo libro suggerisce è che i miti significano
> lo spirito, il quale li elabora per mezzo del mondo del quale egli stesso
> fa parte. Possono cosí essere simultaneamente generati sia i miti stessi, per
> opera dello spirito che li origina, sia, per opera dei miti, una immagine
> del mondo già iscritta nell'architettura dello spirito ".[76]

III.2. Questa conclusione de *Le cru et le cuit* conduce Lévi-
Strauss a una ammissione a cui cercano di ancorarlo ormai i suoi
commentatori piú lucidi[77]: l'universo dei miti e del linguaggio
è la scena di un *gioco* che si svolge alle spalle dell'uomo e in
cui l'uomo non è implicato, se non come voce obbediente che si
presta a esprimere una combinatoria che lo supera e lo annulla
come soggetto responsabile. Ma, come vedremo, pur arrivando
alle soglie di questa conclusione, Lévi-Strauss continua a tenere
in gioco due altre opzioni che, pur apparendo complementari a
questa, le si oppongono: da un lato, mentre rivela una matrice
combinatoria che permette tutte le strutture possibili, continua
a manovrare ancora le strutture esplicative come modelli strumentali; dall'altro continua a pensare in termini di soggettività, sia
pure riducendo questa soggettività (al di qua del gioco apparente degli scambi intersoggettivi e storici) alla determinazione di
un inconscio *strutturato* che si pensa negli uomini. Una sorta di
matrice trascendentale, le cui qualità Paul Ricoeur[78] aveva individuato quando aveva contestato a Lévi-Strauss di costruire un

---

[76] *Il crudo e il cotto*, cit., pag. 446.
[77] Cfr. J. DERRIDA, " La structure, le signe et le jeu dans le discours des
sciences humaines ", in *L'écriture et la différence*, cit.
[78] PAUL RICOEUR, *Symbole et temporalité*, in " Archivio di filosofia ", 1-2,
1963; e *Structure et herméneutique*, in " Esprit ", 11, 1963, in part. pag. 618.
La risposta di Lévi-Strauss a Ricoeur è in *Le cru et le cuit*, nella " Ouverture " (pag. 20 ed. fr.).

kantismo senza soggetto trascendentale; cosí che Lévi-Strauss aveva risposto appellandosi a un inconscio, a un deposito archetipo,
diverso da quello junghiano, perché non contenutistico ma formale. In questa avventura del pensiero, dove il pensiero appariva
quasi timoroso di alcune ammissioni ultime, il pensiero di Lévi-
Strauss continuava cosí ad aggirarsi sulla soglia di una dichiarazione inespressa.

III.3. Alle obbiezioni tipo Ricoeur (siamo di fronte alle leggi di un pensiero oggettivo, d'accordo, ma se questo non sgorga
da un soggetto trascendentale, e se tuttavia ha le caratteristiche
di un inconscio categoriale e combinatorio, cos'è allora? Omologo
alla natura? natura stessa? inconscio personale? inconscio collettivo?), la risposta anticipata stava nella prefazione che Lévi-Strauss
ha steso per l'edizione dei saggi di Mauss.[79]

" È stata infatti la linguistica, e piú particolarmente la linguistica strutturale, che ci ha reso familiare, da allora, l'idea che i fenomeni fondamentali della vita dello spirito, quelli che la condizionano e determinano le
sue forme piú generali, si collocano sul piano del pensiero incosciente ".
Siamo qui di fronte ad attività che appaiono *nostre e altrui*, " condizioni
di tutte le vite mentali di tutti gli uomini e in tutti i tempi ".

Qui Lévi-Strauss non dice soltanto, come si limitava a dire
Saussure, che la lingua è una funzione sociale che il soggetto
registra passivamente ed esercita senza rendersene conto. Perché
Saussure, definendo la lingua in questo modo, la intendeva come
una forma di contratto, stabilitosi attraverso una media di singoli atti di esercizio del linguaggio, ed esistente *virtualmente*, sí,
in ciascun soggetto, ma perché depositatovi dalla *pratica della
parola*. Questa non è una affermazione metafisica, è l'assunzione
metodologica di una natura sociale della lingua, della cui origine
il linguista strutturale non si preoccupa (terrorizzato dall'idea
assurda di ricercare un Ur-Sprache) e la cui attività inconscia è
spiegata attraverso il cristallizzarsi di una pratica continua, di
un addestramento che è *inculturazione*. Lévi-Strauss invece parla
di condizioni *metastoriche* e *metasocietarie*. Quelle che egli addita
sono delle *radici archetipe* di ogni attività strutturante. Lévi-

---

[79] C. LÉVI-STRAUSS, *Introduzione* a MARCEL MAUSS, *Teoria generale della
magia*, Torino, Einaudi, 1965 (ma lo scritto originale per l'edizione francese
è del 1950).

Strauss cerca di distinguere queste condizioni universali dall'inconscio collettivo junghiano [80]: in ogni caso, tuttavia, è cosí convinto che alla radice dello strutturarsi delle relazioni sociali o delle abitudini linguistiche stia una attività incosciente universale, eguale per tutti gli uomini (quella che permette allo strutturalista di costituire sistemi descrittivi isomorfi), che è portato a vedere questa come una sorta di *necessità* basilare e determinante, di fronte alla quale le teorizzazioni che ogni popolo dà delle proprie abitudini, appaiono come una sorta di ideologia (nel senso negativo del termine), una manifestazione di cattiva coscienza, una attività sovrastrutturale attraverso la quale si " copre ", si occultano le reali ragioni di base che spingono ad agire in un determinato modo.

III.4. Questo risulta assai chiaro dall'analisi che Lévi-Strauss fa del *Saggio sul dono* di Mauss. Cos'è che spinge i Maori a scambiarsi doni secondo un rigoroso sistema di corrispondenze? Lo *hau*, risponde Mauss, perché lo ha appreso dagli indigeni. Ma Lévi-Strauss corregge questa pretesa ingenuità dell'etnologo:

" Lo *hau* non costituisce la ragione ultima dello scambio. Esso è la forma cosciente sotto la quale uomini di una società determinata, dove il problema aveva una importanza particolare, hanno colto una necessità incosciente, la cui ragione è altrove... Dopo aver individuato la concezione indigena, occorreva sottoporla a una critica obbiettiva, che permettesse di raggiungere la realtà soggiacente. Orbene, è molto piú probabile che quest'ultima risieda

---

[80] " Il problema etnologico è dunque, in ultima analisi, un problema di comunicazione; e questa constatazione deve bastare per separare radicalmente la via seguita da Mauss, identificando *inconscio* e *collettivo*, da quella di Jung, che si potrebbe essere tentati di definire in modo simile. Non è, infatti, la stessa cosa definire l'inconscio come una categoria del pensiero collettivo o distinguerlo in settori secondo il carattere individuale o collettivo del contenuto che gli si attribuisce. In entrambi i casi si concepisce l'inconscio come un sistema simbolico; ma per Jung l'inconscio non si riduce al sistema; è tutto pieno di simboli nonché di cose simbolizzate che formano una specie di sustrato. O questo sustrato è innato, ma senza l'ipotesi teologica è inconcepibile che il contenuto dell'esperienza preceda l'esperienza stessa; o è acquisito, nel qual caso il problema dell'eredità di un inconscio acquisito sarebbe meno temibile di quello dei caratteri biologici acquisiti. In realtà non si tratta di tradurre in simboli un dato estrinseco, ma di ridurre alla loro natura di sistema simbolico cose che sfuggono ad esso solo per diventare incomunicabili. Al pari del linguaggio, il fattore sociale è una realtà autonoma (la stessa, del resto): i simboli sono piú reali delle cose che rappresentano, il significante precede e determina il significato." (pag. XXXVI).

in strutture mentali incoscienti, raggiungibili mediante le istituzioni e,
meglio ancora, nel linguaggio, che in elaborazioni coscienti ".81

III.5. A questo punto si verifica però il rischio di una singolare regressione nel campo delle scienze antropologiche. Lo sforzo delle quali è stato, dall'inizio del secolo ad oggi, quello di superare progressivamente l'etnocentrismo del ricercatore, per individuare sistemi di pensiero e di comportamento diversi dal modello occidentale e tuttavia altrettanto operativi nell'ambito di
situazioni storiche e sociali diverse. Spiegare un inconcepibile
sistema di scambio di doni scoprendo la dottrina con il quale i
nativi lo giustificano, allarga la nostra conoscenza dei processi
mentali dell'uomo, e ci permette di capire l'esistenza· di logiche
complementari tra loro. L'attività di comparazione strutturale apparirebbe un metodo estremamente utile onde ridurre, per esigenze di comprensione, queste logiche complementari a modelli omogenei, che ne rispettino tuttavia (pur mettendone in luce gli iso-
morfismi possibili) le diversità di fatto. Ma con l'operazione di
Lévi-Strauss si rischia un ritorno occulto all'etnocentrismo. Rifiutare la validità della dottrina dello *hau* per riportarla alla logica
obbiettiva del pensiero universale, non significa ancora una volta
riportare il pensiero *diverso* al pensiero *unico*, al modello storico
da cui parte il ricercatore?

Lévi-Strauss è troppo acuto per non accorgersene; anzi, assume l'ipotesi e la ribadisce, proprio in *Le cru et le cuit*:

" Infatti, se il fine ultimo dell'antropologia è quello di contribuire a una
migliore conoscenza del pensiero oggettivato e dei suoi meccanismi, è in definitiva la stessa cosa che, in questo libro, il pensiero degli indigeni suda-
mericani prenda forma sotto l'azione del mio o il mio sotto l'azione del
loro. Ciò che importa è che lo spirito umano, senza riguardo per l'identità
dei suoi messi occasionali, vi manifesti una struttura sempre più intelligibile,

---

81 *Ibidem*, pag. XLII. La spiegazione consisterebbe nel ridurre la vita sociale a un sistema di relazioni che contemplano appunto la circolarità del dono;
e non si può negare che leggendo il saggio di Mauss si intuisca continuamente la riducibilità dei suoi dati a precisi rapporti strutturali. Ma vi sono
dei punti, in cui si esaminano riti di distruzione delle ricchezze per motivi di
pubblico prestigio, che richiamano alla mente le manifestazioni di prestigio tipiche della società industriale occidentale (si pensi alla *leisure class* di Veblen)
e ci si accorge che la teoria indigena serve a spiegare il comportamento civilizzato, più di quanto il comportamento civilizzato serva a spiegare i riti
indigeni.

a mano a mano che si sviluppa il procedimento doppiamente riflessivo di due
pensieri che agiscono l'uno sull'altro e ognuno dei quali, di volta in volta,
può essere la miccia o la scintilla dal cui avvicinamento scaturirà la loro
comune illuminazione. E se quest'ultima viene a rivelare un tesoro, non ci
sarà bisogno di arbitri per procedere alla spartizione, giacché si è cominciato
con il riconoscere che l'eredità è inalienabile, e che essa deve rimanere
indivisa ".[82]

Cosí Lévi-Strauss sfugge al rischio dell'etnocentrismo: quale
che sia il reticolo interpretativo che l'interprete sovrapporrà all'interpretazione indigena, il reticolo sarà tanto suo quanto degli indigeni, poiché è la risultante di una chiarificazione che il ricercatore ha compiuto dal di dentro del sistema esaminato, garantito
dal fatto che i meccanismi del suo pensiero (al limite) sono gli
stessi del pensiero indigeno.

Ma se il progetto è edificante, i risultati appaiono discutibili.
Infatti accade a Lévi-Strauss di annunciare una decisione di metodo che appare singolarmente offensiva per ogni spirito scientifico e
che si riassume in questa dichiarazione: " Il metodo viene applicato in modo cosí rigoroso che, se dovesse scoprirsi un errore
nella soluzione delle equazioni cosí ottenute, esso avrebbe piú
probabilità di essere imputato a una lacuna nella conoscenza delle
istituzioni indigene che a un errore di calcolo ".[83]

Cosa significa tutto ciò? Certo, il ricercatore, prima di ritenere sbagliato il metodo, deve controllare i dati contraddittori per
esaminare se per caso fossero errati. Ma, a lungo, egli ha il dovere
di dubitare anche del metodo. *Se è ritenuto un metodo.* Ma se è
ritenuto una logica oggettiva che rispecchia le leggi strutturali
universali? Allora ha ragione Lévi-Strauss, come aveva ragione il
filologo medievale il quale, di fronte a una discrepanza tra diversi brani delle sacre scritture, o tra questi e le pagine di una
auctoritas, stabiliva o che egli non avesse capito il testo o che ci
fosse un errore di trascrizione. L'unica cosa che non è piú am-

---

[82] *Il crudo e il cotto,* cit., pagg. 29-30.
[83] Introduzione a Mauss, cit., pag. XXXVIII. Sulla " metafisica " di Lévi-
Strauss si veda CARLO TULLIO-ALTAN, *Lo strutturalismo di L.-S. e la ricerca
antropologica,* in " Studi di sociologia ", III, 1966; nonché il primo capitolo
del volume *Antropologia funzionale,* Milano, Bompiani, 1968. Una denuncia
piú polemica — diremmo: piú politica — dell'equivoco metafisico in Lévi-
Strauss, è quella di FRANCO FORTINI, *La pensée sauvage,* in " Questo e altro "
2, 1962.

missibile, sui fondamenti di una logica universale, è la possibilità reale di una contraddizione.

Tuttavia anche questa conclusione è vera solo se l'Ur-Codice rappresenta ancora una struttura, che pone alcune leggi di combinazione escludendo tutte le altre.

Ma se l'Ur-Codice fosse qualcosa di diverso da una struttura, e fosse invece una sorgente indeterminata che permette tutte le configurazioni possibili, anche quelle che si contraddicono tra loro?

III.6. Quando il pensiero arriva a questa domanda, deve chiedersi se per caso la presunzione di una attività dello spirito, che determina ogni comportamento umano, non implichi di diritto la rinuncia all'idea di struttura. Come vedremo altri pensatori, con assoluta consequenzialità, sono arrivati a questa conclusione. Ciò che rende la ricerca di Lévi-Strauss appassionante, ansimante, densa di suggestioni anche per chi parta da posizioni opposte, è proprio, invece, il rifiuto di pervenire a questa ammissione definitiva. È questa oscillazione tra l'ideale positivistico di una esplicazione totale sulla base di strutture determinabili e determinanti, e il fantasma di una struttura come assenza e libertà assoluta, che morde lo strutturalismo filosofico dall'interno e ne scuote la coerenza portandolo infine (in Lacan e nella corrente lacaniana) ad esplodere. In altri termini: con l'idea di Spirito Umano come radice determinante di ogni comportamento culturale, Lévi-Strauss ha tradotto l'universo della Cultura in universo della Natura. Ma dopo aver individuato questa Natura come Natura Naturans, continua a manovrarla e descriverla nelle sue caratteristiche formali inalterabili come se fosse Natura Naturata.

Così, quando al ricercatore appare una definizione strutturale nei cui termini un fenomeno nuovo non può rientrare, se non riesce a rinunciare all'idea che la struttura che aveva individuato fosse quella definitiva (e che ciò che è definitivo sia necessariamente una struttura) egli non può che sconfessare il fenomeno aberrante.

Così Lévi-Strauss annuncia di volere e di dover fare con i comportamenti dei primitivi. E così gli avviene di fare quando affronti i comportamenti della cultura contemporanea. Scoperta immobile ed eterna (intemporale) alle radici stesse della cultura, la Struttura — che da strumento è diventato Principio Ipostatizzato — determina anche il nostro modo di valutare lo sviluppo e la storia.

Seguire le contraddizioni di *questo* pensiero strutturale nel momento in cui si incontra con un "pensiero seriale" (quale giustificazione del movimento e del divenire delle strutture) significa portare alla luce le contraddizioni di ogni strutturalismo che si eriga in visione filosofica, e introdurci allo studio successivo dell'esplosione dell'idea stessa di struttura.

4. PENSIERO STRUTTURALE E PENSIERO SERIALE

I. Struttura e "serie"

I.1. Nella "Ouverture" a *Le cru et le cuit* Claude Lévi-Strauss conduce una disamina delle differenze tra due atteggiamenti culturali, che egli chiama "pensiero strutturale" e "pensiero seriale". Quando parla di pensiero strutturale egli si riferisce alla posizione filosofica implicita che si sottende al metodo di indagine strutturalistico nelle scienze umane; quando parla di pensiero seriale, egli si riferisce alla filosofia implicita che si sottende alla poetica della musica post-weberniana, e in particolare alla poetica di Pierre Boulez.

Questa contrapposizione è degna di considerazione per due ragioni:

a) anzitutto, quando Lévi-Strauss parla di pensiero seriale, l'oggetto della sua polemica non è soltanto la musica, ma — in generale — tutto l'atteggiamento delle avanguardie e dello sperimentalismo contemporaneo. In realtà la sua critica al serialismo si collega alla critica della pittura astratta e informale già accennata negli *Entretiens* — e, in definitiva, esplicita la diffidenza di Lévi-Strauss verso forme d'arte che si propongono di mettere in crisi sistemi d'attese e sistemi di formazione tradizionali, appoggiati su elementi che la presente cultura occidentale considera, dalla fine del Medio Evo ad oggi, archetipi e "naturali";

b) in secondo luogo, parlando di "pensiero strutturale" e di "pensiero seriale", Lévi-Strauss lascia intendere che i due atteggiamenti non devono essere considerati come semplici decisioni metodologiche, ma come vere e proprie visioni del mondo. L'approfondimento di questo testo è dunque utile per comprendere in quale direzione tenda una metodologia strutturalistica nel momento in cui si presenti come filosofia.

I.2 Quali sono gli elementi del pensiero seriale? Diamo la parola a Boulez, citando dal saggio a cui si rifà anche Lévi-Strauss:

 " La serie è diventata un modo di pensare polivalente... È dunque una reazione totale contro il pensiero classico, che vuole che la forma sia, praticamente, una cosa preesistente, e nello stesso tempo una morfologia generale. Qui (nel pensiero seriale) non vi sono scale precostituite, vale a dire strutture generàli in cui s'inserisca un pensiero particolare; in cambio, il pensiero del compositore, utilizzando una metodologia determinata, crea gli oggetti di cui ha bisogno e la forma necessaria per organizzarli, ogni volta che deve esprimersi. Il pensiero tonale classico è fondato su un universo definitivo attraverso la gravitazione e l'attrazione; il pensiero seriale, invece, su un universo in perpetua espansione ".[84]

Ed è su questa ipotesi di una produzione di possibilità orientate, di una stimolazione di esperienze di scelta, di messa in questione di ogni grammatica stabilita, che si fonda ogni teoria dell'*opera aperta,* nella musica come in ogni altro genere artistico (la teoria dell'opera aperta altro non essendo che una poetica del pensiero seriale).

Pensiero seriale come produzione di una struttura aperta e polivalente: nella musica come nella pittura, nel romanzo come nella poesia e nel teatro. Ma la stessa nozione di opera aperta, nel momento in cui viene tradotta (ragionevolmente, anche se rischiosamente, come " struttura aperta ") porta con sé un problema: gli strumenti che lo strutturalismo ci offre per analizzare una struttura aperta, possono coesistere con le nozioni di polivalenza e di serialità? Cioè, è possibile pensare strutturalmente la serie? Vi è omogeneità tra pensiero strutturale e pensiero seriale?

I.3. Non a caso Lévi-Strauss parla, nel suo testo, di " pensée structurale " e non di " pensée structurelle " (là dove il lessico francese gli consentirebbe entrambi gli usi). In un suo saggio Jean Pouillon fa il punto su questa sfumatura semantica e ci aiuta a capire in che senso il problema di una struttura aperta possa non avere ancora nulla a che vedere con la problematica strutturalistica, mentre vi rinvia a un livello successivo.

Jean Pouillon, nel saggio citato, associa l'aggettivo " structurel " alla configurazione reale che l'analisi scopre in un oggetto,

---

[84] PIERRE BOULEZ, *Relevés d'apprenti*, Paris, Seuil, 1966, pag. 297.

e l'aggettivo "structural" a quella legge di variabilità delle realtà "structurelles", a quella sintassi generale, che permette di
predicare omologie relazionali di oggetti diversi. "Una relazione
è 'structurelle' quando la si considera nel suo ruolo determinante
in seno a una organizzazione data; e la stessa relazione è 'structurale' quando la si assume come suscettibile di realizzarsi in piú
modi diversi ed egualmente determinanti in piú organizzazioni".[85]
Dunque la differenza, a questo punto, è chiara: mentre il pensiero
seriale lavorava a produrre realtà "structurelles" aperte, il pensiero strutturalista lavorava sulle realtà "structurales". Come vedremo si trattava di due ambiti di ricerca abbastanza distinti,
anche se in ultima analisi *si deve* tradurre i risultati dell'uno
nei termini dell'altro. Ma la superficiale assonanza ha fatto sí
che tout court si ritenesse l'attività strutturatrice delle avanguardie direttamente legata all'attività di indagine sulle strutture propria dello strutturalismo. A tal punto che molti interpreti avventati (ma è la maggior parte della pubblicistica colta, e la totalità della pubblicistica incolta) hanno pensato allo strutturalismo come alla traduzione metodologico-critica dell'attività for-
matrice delle avanguardie. Sovente si tratta solo di un sofisma
passabilmente ingenuo: lo strutturalismo è una metodologia di
avanguardia, dunque è la metodologia dell'avanguardia. Spesso,
comunque, si trattava di una identificazione frettolosa, che ha
spinto molti ad applicare le categorie strutturalistiche a operazioni di avanguardia, con risultati assai discutibili.

Il fine di queste pagine non è quello di scindere l'ambito degli interessi strutturalistici da quello delle ricerche artistiche di
avanguardia, ma di scindere le responsabilità mettendo in luce
il fatto che qui sono in gioco due diversi livelli di esperienza.
Solo quando questa distinzione sarà chiara, sarà possibile parlare
delle possibilità di un linguaggio comune ai due livelli.

D'altra parte se l'equivoco è avvenuto è perché vari elementi
contribuivano ad accreditarlo; e giustamente (anche se poi le conclusioni non coincidono con le nostre) Lévi-Strauss, nelle pagine
citate, ricorda che il pensiero seriale è una corrente della
cultura contemporanea che è tanto piú importante distinguere dallo strutturalismo quanto piú presenta con esso dei tratti in comune.

I.4. Vediamo dunque cosa distingua il pensiero seriale dal

---

[85] JEAN POUILLON, *Présentation* al numero unico di " Les Temps Modernes " dal titolo *Problèmes du structuralisme* (novembre 1966).

pensiero strutturale; in che senso il pensiero strutturale si opponga al pensiero seriale; e se il pensiero strutturale che appare opposto al pensiero seriale sia il pensiero strutturale in toto, o semplicemente una sua incarnazione particolare; e se dunque, nel suo complesso, il pensiero strutturale debba ricevere dal pensiero seriale la configurazione dei propri limiti e l'indicazione di altre sue possibilità (nel contempo: se il pensiero strutturale, nella sua accezione piú estrema e rigorosa, non serva a porre al pensiero seriale i suoi limiti e l'indicazione delle sue possibilità).

Quali sono i concetti piú importanti introdotti dai metodi strutturali, seguendo la lezione delle ricerche linguistiche — e, piú in generale, di una teoria della comunicazione?

1) *Il rapporto codice-messaggio.* Ogni comunicazione si realizza nella misura in cui il messaggio viene decodificato in base a un codice prestabilito, comune a l'emittente e al destinatario.

2) *La presenza di un asse della selezione e di un asse della combinazione.* Su questi due assi riposa, in ultima analisi, l'idea di una doppia articolazione della lingua: dato che ogni comunicazione si stabilisce quando unità di prima articolazione nascono dalla combinazione di unità di seconda articolazione, meno numerose, previste dal repertorio selettivo del codice, e fornite di un valore opposizionale dovuto alla loro posizione nel sistema.

3) *L'ipotesi che ogni codice riposi sull'esistenza di codici piú elementari*: e che, di codice in codice, ogni comunicazione, nella sua meccanica elementare, possa essere ricondotta, per successive trasformazioni, a un codice unico e *primo* (dal punto di vista logico e formale, un *Ur-codice*) che costituisce, esso soltanto, la vera Struttura di ogni comunicazione, di ogni lingua, di ogni operazione culturale, di ogni attività di significazione, della lingua articolata alle catene sintagmatiche piú complesse, quali i miti; dal linguaggio verbale alla " lingua " della cucina o della moda.

Quali sono, al contrario, i concetti fondamentali di un pensiero seriale?

1) *Ogni messaggio mette in questione il codice.* Ogni atto di parola costituisce una discussione sulla lingua che lo genera. Al limite: ogni messaggio pone il proprio codice, ogni opera appare come la fondazione linguistica di se stessa, la discussione sulla propria poetica, la liberazione dai legami che, prima di essa, pretendevano determinarla, la chiave della propria lettura.

2) *La nozione di polivalenza mette in crisi gli assi cartesiani, bidimensionali, del verticale e dell'orizzontale, della selezione e della combinazione.* La serie in quanto costellazione è un campo di possibilità che genera

scelte multiple. È possibile concepire una articolazione di grandi catene sintagmatiche (come il " gruppo " musicale di Stockhausen; l'insieme materico
dell'action painting; l'elemento di linguaggio prelevato da un altro contesto
e inserito, in quanto nuovo elemento di articolazione, in un discorso dove
ciò che conta sono i significati che scaturiscono dall'assemblage, non i significati primari che costituivano l'elemento-sintagma nel suo contesto naturale;
eccetera) che si pongono come episodi di articolazioni ulteriori rispetto alle
articolazioni prese come punto di partenza.

3) Infine, se pure è possibile che ogni comunicazione riposi su un Ur-
codice che permette ogni tipo di scambio culturale, ciò che importa per il
pensiero seriale è *individuare dei codici storici e metterli in discussione per
generarne nuove modalità comunicative*. Il fine primario del pensiero
seriale è fare evolvere storicamente i codici e scoprirne dei nuovi, non regredire progressivamente verso il Codice generativo originale (la Struttura).
Quindi il pensiero seriale mira a produrre storia, non a ritrovare, al disotto
della storia, le ascisse intemporali di ogni comunicazione possibile. In altre
parole, mentre il pensiero strutturale mira a *scoprire*, il pensiero seriale mira
a *produrre*.

Poste queste differenze, appariranno piú chiare le obbiezioni
che Lévi-Strauss muove al pensiero seriale e — dal suo punto di
vista — con alcune ragioni. Rileggiamoci queste pagine per vedere
se gli elementi di contrasto siano veramente irriducibili o se sia
possibile intravvedere una mediazione che le pagine di Lévi-
Strauss sembrano escludere.[86]

II. La critica di Lévi-Strauss all'arte contemporanea

II.1. Il discorso di Lévi-Strauss inizia con una comparazione tra pittura e linguaggio verbale:

" La pittura merita di essere chiamata linguaggio, solo nella misura
in cui, come ogni linguaggio, si compone di un codice speciale i cui termini sono generati per combinazione di unità meno numerose e dipendenti
anch'esse da un codice piú generale ". Ma " nel linguaggio articolato il primo
codice non significante è, per il secondo codice, mezzo e condizione di significazione, cosicché la significazione stessa è isolata su di un piano. La
dualità si ristabilisce nella poesia, che riprende il valore significante virtuale

[86] Cfr. *Il crudo e il cotto*, cit., " Ouverture ", pagg. 38-44.

del primo codice per integrarlo al secondo. Infatti la poesia opera sulla significazione intellettuale delle parole e delle costruzioni sintattiche, e al tempo stesso su proprietà estetiche, termini in potenza di un altro sistema che rafforza, modifica o contraddice questa significazione. È la stessa cosa in pittura, dove le opposizioni di forme e di colori sono accolte come tratti distintivi che dipendono simultaneamente da due sistemi: quello delle significazioni intellettuali, ereditate dall'esperienza comune, risultante dall'articolazione e dall'organizzazione dell'esperienza sensibile in oggetti; e quello dei valori plastici, che diviene significativo solo a condizione di modulare l'altro e integrandosi ad esso...

... Si comprende allora perché la pittura astratta, e più in generale tutte le scuole che si proclamano ' non figurative ', perdano il potere di significare: esse rinunciano al primo livello di articolazione e pretendono di accontentarsi del secondo per sussistere ".

Svolgendo questa obbiezione (già presente negli *Entretiens* — e anche in un altro testo strutturalista sulla musica seriale, il saggio di Nicolas Ruwet contro Henri Pousseur),[87] Lévi-Strauss si sofferma su alcune distinzioni assai sottili: anche la pittura calligrafica cinese sembra riposare su forme che valgono come puri elementi sensibili di seconda articolazione (fatti plastici, cosí come i fonemi sono fatti auditivi sprovvisti di significato); ma nella pittura calligrafica cinese le unità, apparentemente di seconda articolazione, riposano su una articolazione preesistente, quella di un sistema di segni dotati di significati precisi, che nell'articolazione plastica non vengono completamente annullati.

Però l'esempio della pittura calligrafica è utile per riportare il discorso dalla pittura informale alla musica: la musica, infatti, rinvia, nella sua esistenza puramente sonora, a un sistema di prima articolazione creato dalla cultura, e cioè al sistema dei suoni musicali.

II.2. Naturalmente questo paragone obbliga Lévi-Strauss a pronunciarsi su un punto fondamentale, che costituisce la chiave di tutta l'argomentazione successiva:

" Questo punto è capitale, perché il pensiero musicale contemporaneo respinge, in modo formale e tacito, l'ipotesi di un fondamento naturale che giustifichi oggettivamente il sistema dei rapporti stipulati fra le note della scala. Queste ultime si definirebbero esclusivamente — secondo la significativa

⁸⁷ " Incontri musicali ", III, 1959.

formula di Schoenberg — per 'l'insieme delle relazioni che intercorrono tra i suoni'. Tuttavia l'insegnamento della linguistica strutturale dovrebbe permettere di superare la falsa antinomia tra l'oggettivismo di Rameau e il convenzionalismo dei moderni. In seguito alla scomposizione che ogni scala opera nel continuum sonoro, fra i suoni appaiono rapporti gerarchici. Questi rapporti non sono dettati dalla natura, giacché le proprietà fisiche di qualsiasi scala musicale eccedono considerevolmente, per il numero e la complessità, quelle che ogni sistema preleva per costituire i suoi tratti pertinenti. Ma rimane pur sempre vero che, al pari di qualsiasi sistema fonologico, ogni sistema modale o tonale (o anche politonale o atonale) si basa su proprietà fisiologiche e fisiche; esso ne conserva alcune tra tutte quelle che sono disponibili in numero probabilmente illimitate, e sfrutta le opposizioni e le combinazioni alle quali queste proprietà si prestano per elaborare un codice atto a discriminare delle significazioni. Allo stesso titolo della pittura, la musica presuppone quindi una organizzazione naturale dell'esperienza sensibile, e ciò non equivale a dire che la subisce ".

II.3.   A questo punto Lévi-Strauss si trova a definire la differenza tra musica concreta e musica seriale; né mostra di cadere nell'equivoco pubblicistico che le confonde. Il caso della musica concreta è semplicemente paradossale: se conservasse ai rumori che impiega un valore rappresentativo, disporrebbe di unità di prima articolazione su cui lavorare; ma poiché essa mira a snaturare i rumori per farne pseudo-suoni, cade il livello di prima articolazione su cui poteva elaborarsi una seconda articolazione.

La musica seriale, al contrario, lavora sui suoni con una grammatica e una sintassi raffinata che la pongono nel solco tradizionale della musica classica. Ma non sfugge lo stesso ad alcune contraddizioni che ha in comune con la pittura informale o la musica concreta.

"Portando sino alle sue estreme conseguenze l'erosione delle particolarità individuali dei toni, che comincia con l'adozione della scala temperata, il pensiero seriale sembra non tollerare piú tra essi se non un grado molto debole di organizzazione"; per usare le parole di Boulez, il pensiero seriale crea ogni volta gli oggetti di cui ha bisogno e la forma necessaria per organizzarli. Rinuncia, in altri termini, alle relazioni che costituiscono i suoni della gamma tonale e che, come Lévi-Strauss suggerisce, corrispondono alle parole, ai monemi, al livello di prima articolazione, tipico di ogni lingua che intenda comunicare. E in tal senso la musica seriale gli pare scivolare verso l'eresia del secolo (giustamente del secolo: poiché, lo si è visto, la discussione sul

pensiero seriale mette in gioco tutta l'arte contemporanea): quella
cioè di voler "costruire un sistema di segni su un unico livello
di articolazione "...

"I sostenitori della dottrina seriale risponderanno che essi rinunciano
al primo livello per sostituirlo con il secondo, compensando però questa
perdita grazie all'invenzione di un terzo livello, al quale affidano la funzione una volta assolta dal secondo. Pertanto si avrebbero sempre due
livelli. Dopo l'era della monodia e quella della polifonia, la musica seriale
segnerebbe l'avvento di una ' polifonia delle polifonie '; essa integrerebbe
una lettura dapprima orizzontale, poi verticale, mettendo capo a una lettura
' obliqua '. Nonostante la sua coerenza logica, questo argomento non coglie
l'essenziale: in ogni linguaggio la prima articolazione non è mobile, salvo
in limiti ristretti. Soprattutto essa non è permutabile, in quanto le rispettive
funzioni delle due articolazioni non possono essere definite astrattamente
l'una in rapporto all'altra. Gli elementi che la seconda articolazione promuove a una funzione significante di un nuovo ordine, devono giungere,
a questa seconda articolazione, già dotati delle proprietà richieste, ossia
marcati da e per la significazione. Ciò è possibile solo perché questi elementi non sono soltanto ricavati dalla natura, ma organizzati in sistema
sin dal primo livello di articolazione: ipotesi viziosa, a meno che si riconosca
che questo sistema ingloba talune proprietà di un sistema naturale che,
per degli esseri di natura simile, istituisce le condizioni a priori della comunicazione. In altri termini, il primo livello consiste di rapporti reali
ma inconsci, rapporti che devono a questi attributi il fatto di poter funzionare
senza essere conosciuti, o correttamente interpretati ".

II.4. Questo lungo brano, che valeva la pena di rileggere per
intero, gioca — ci pare — su alcuni sofismi. Il primo argomento
è: la musica seriale non è linguaggio, perché proprio di ogni
linguaggio è presentare due articolazioni non sostituibili (vale
a dire: non si possono liberamente eleggere, come fa la musica
seriale, i parametri della composizione; ci sono le parole, già
dotate di significati, e ci sono i fonemi; non ci sono altre soluzioni possibili); è chiaro che l'argomento potrebbe essere rovescia-
to in questi termini: il linguaggio verbale è solo una delle tante
specie di linguaggio, poiché ve ne sono anche — come il linguaggio musicale — con sistemi di articolazione diversi, piú liberi e diversamente atteggiabili. Una risposta indiretta ma assai
acuta a questa obbiezione viene data da Pierre Schaeffer nel suo
Traité des objets musicaux quando nota che nella *Klangfarben-
melodie* succede che ciò che in un sistema precedente era variante facoltativa, il timbro, può prendere funzione di fonema, e cioè

di tratto distintivo, di opposizione significante.[88]

Il secondo argomento è: il rapporto stretto e immodificabile tra i due livelli di articolazione si basa su alcune costanti comunicative, su forme a priori della comunicazione — quello che in altre sedi Lévi-Strauss chiama l'Esprit e che in definitiva è sempre e ancora la Struttura in quanto Ur-codice. E qui l'unica risposta possibile (onde ricondurre nei termini di una onesta metodologia strutturalistica quello che minaccia di diventare metafisica strutturale) è: se è valida l'idea regolatrice di un Codice dei Codici, non si vede perché esso debba essere cosí rapidamente identificato con uno dei suoi messaggi storici, vale a dire il sistema delle attrazioni rette dal principio di tonalità, e perché l'esistenza storica di questo sistema obblighi a riconoscere nei suoi parametri i parametri costitutivi di ogni comunicazione musicale possibile.

II.5. Certo le obbiezioni di Lévi-Strauss hanno tutta l'apparenza dell'attendibilità quando danno luogo ad appelli emotivi di tal genere:

" All'opposto del linguaggio articolato, inseparabile dal suo fondamento fisiologico e anche fisico; quello di cui ci occupiamo fluttua alla deriva dacché ha spontaneamente rotto gli ormeggi. Nave senza velatura che il suo capitano, insofferente del fatto che essa serva da pontone, avrebbe lanciato in alto mare, nell'intima persuasione che, sottoponendo la vita di bordo alle regole di un minuzioso protocollo, potrà distogliere l'equipaggio dalla nostalgia di un porto fidato e dal desiderio di una destinazione ".[89]

Ma, di fronte a grida d'allarme cosí immediatamente compartecipabili (e non è questa la sensazione che coglie ogni ascoltatore di musica seriale, ogni spettatore di quadro non figurativo?) coglie il sospetto che il lamento dello strutturalista — che dovrebbe essere l'amministratore di un metalinguaggio capace di parlare di tutti i linguaggi storici visti nella loro relatività — sia quello del superstite di un uso linguistico storicamente datato, incapace di allontanarsi dalle proprie abitudini comunicative, che commette il grave errore di scambiare per metalinguaggio il proprio linguaggio privato. Col che si avrebbe la confusione tra

[88] Paris, Seuil, 1966, pagg. 300-303.
[89] Il crudo e il cotto, cit., pag. 45.

idioletto e metalinguaggio, l'ultima nella quale dovrebbe cadere un teorico della comunicazione.

Ma Lévi-Strauss compie questo salto senza esitazioni: la musica e la mitologia sono le forme di cultura che mettono in causa, in colui che le ascolta, strutture mentali comuni; e — prima di darci il tempo di essere d'accordo sul principio generale — ecco che si ripresenta l'estrapolazione arbitraria: queste strutture mentali comuni sono quelle messe in crisi dal pensiero seriale, sono dunque le strutture del sistema tonale (della pittura figurativa, anche). Compiuta questa identificazione, non rimane a Lévi-Strauss che l'ultima deduzione: poiché il pensiero strutturale riconosce strutture mentali comuni, esso è conscio di una serie di determinazioni dello spirito, e dunque è un pensiero materialista. E poiché il pensiero seriale vuole liberarsi dal sistema tonale (che rappresenta le strutture mentali comuni), esso afferma una assoluta libertà dello spirito, e dunque è un pensiero idealista. Conclusione:

" Se, nel giudizio del pubblico, si confonde spesso strutturalismo idealismo e formalismo, basta che lo strutturalismo trovi sulla propria strada un idealismo e un formalismo autentici, perché la sua propria ispirazione, deterministica e realistica, si manifesti in piena luce ".[90]

III. La possibilità di strutture generative

III.1. Per comprendere a fondo, in tutte le loro pieghe emotive, le pagine che abbiamo commentato, non bisogna dimenticare il cammino inverso che hanno portato lo strutturalismo linguistico ed etnologico, da un lato, e la musica contemporanea, dall'altro, a porsi il problema dell'universalità e della determinatività delle regole di comunicazione.

Dopo secoli in cui avevano trionfato le persuasioni ingenue circa una naturalità del sistema tonale, basato sulle leggi stesse della percezione e sulla struttura fisiologica dell'udito, ecco che la musica (ma il problema ancora una volta riguarda, in vari settori, tutta l'arte contemporanea), grazie a una coscienza storica ed etnografica più raffinata, scopre che le leggi della tonalità rappresentavano delle convenzioni culturali (e che altre culture,

[90] *Ibidem*, pag. 48.

nel tempo e nello spazio, avevano concepito leggi diverse).

Al contrario, la linguistica e l'etnologia (la seconda al rimorchio della prima) dopo aver saputo — come ogni evidenza pretendeva, almeno da Cristoforo Colombo in poi — che le lingue e i sistemi di rapporti sociali differivano da popolo a popolo, (nel tempo come nello spazio) hanno scoperto che, al di sotto di queste differenze, esistevano — o potevano essere postulate — delle strutture costanti, delle articolazioni assai semplici e universali, capaci di generare poi strutture piú differenziate e complesse.

È quindi naturale che il pensiero strutturale si muova nella direzione di un riconoscimento degli "universali", mentre il pensiero seriale si muove verso la distruzione di qualsiasi pseudo-universale, riconosciuto non come costante ma come storico.

Ma occorre chiedersi se tale opposizione di metodo comporti una differenza di prospettiva filosofica, o non sia il segno di due intenzioni operative diverse, come si diceva, tra le quali sia operabile una mediazione.

III.2. Poniamo che il concetto di una struttura universale della comunicazione, di un Ur-codice, costituisca semplicemente una ipotesi di ricerca (soluzione che, dal punto di vista epistemologico, elimina ogni equivoco ontologico e metafisico, mentre dal punto di vista euristico non impedisce che l'analisi dei processi comunicativi tenda a porre in luce questa struttura). In tal caso è naturale che il pensiero seriale, in quanto attività di produzione di forme e non di ricerca delle loro caratteristiche ultime, non sia messo in causa da una ricerca strutturale — che esso implica ma che non è chiamato a sviluppare. Può darsi che sotto a ogni modalità comunicativa vi siano strutture costanti, ma la tecnica seriale (tecnica prima che pensiero, tecnica che può implicare una visione del mondo, ma che non nasce come filosofia) mira a costruire nuove realtà strutturate, non a scoprire le eterne ragioni strutturali.

III.3. Ma accettiamo pure i postulati dello strutturalismo ontologico: dunque, le strutture comunicative messe in luce dalle ricerche linguistiche ed etnologiche *esistono davvero*, sono comportamenti costanti e immodificabili della mente umana, forse dei modi di funzionamento di un apparato cerebrale le cui strutture sono isomorfe a quelle della realtà fisica... Ma in tal caso la ricerca strutturale deve tendere a mettere in luce le strutture profonde, le piú profonde, la Struttura *cujus nihil majus cogitari possit...* Perché allora pensare che queste strutture siano quelle della musica tonale, mentre sarebbe assai piú conveniente per lo scienziato domandarsi se non vi siano strutture piú generali che comprendono e spiegano, insieme con altri tipi di logica musicale, anche la musica tonale; *strutture generative* al di qua di ogni grammatica (come quella tonale) e di ogni negazione di grammatica (come quella atonale), al di qua di ogni costituzione selettiva ' che isoli, nel continuum dei rumori, dei suoni come tratti distintivi culturalizzati?

È facile comprendere come tale ricerca corrisponderebbe esattamente a quanto ci si attende da una metodologia strutturale, e potrebbe spiegare il passaggio storico dalle scale greche, orientali o medioevali alla scala temperata, e da questa alle gamme e alle costellazioni della musica post-weberniana. Ed è facile arguire che tale ricerca non dovrebbe piú elaborare un sistema primario, come sarebbe quello tonale, ma una sorta di *meccanismo generativo* di ogni opposizione sonora possibile, nel senso di una grammatica generativa chomskiana.[91]

---

[91] In tal senso occorrerebbe forse abbandonare l'ipotesi saussuriana di un codice come *sistema* costituito, inventario, tassonomia, per avvicinarci a una nozione della " competence " come *meccanismo finito capace di una attività infinita.* Rispetto a questa struttura " profonda " i sistemi come quello tonale o le serie sarebbero strutture " superficiali " — nel senso attribuito da Chomsky a questi termini. Cfr. in questo senso GIORGIO SANDRI, *Note sui concetti di " struttura " e " funzione " in linguistica,* in " Rendiconti ", 15-16, 1967. Chomsky poi distinguerebbe (a proposito della possibilità di un discorso " seriale ") tra una " creatività che è governata dalle regole " — e che è la " competence " — e una " creatività che cambia le regole " — che si esercita nella " performance ". Naturalmente la possibilità di un pensiero seriale porrebbe di primo acchito in forse quegli universali del linguaggio a cui Chomsky pensa; ma — come già si osservava — una matrice generativa potrebbe presiedere sia alla formazione che alla destrutturazione delle regole (di qui il problema dell'opportunità di non individuarla subito come definitiva a un punto dato della ricerca; e — probabilmente — di non individuarla mai). Il lavoro di Chomsky apre indubbie possibilità per lo studio di una " combinatoria aperta ", ma allo stato attuale della ricerca sarebbe inopportuno tradurre di colpo le proposte della grammatica trasformazionale in termini piú ampi come richiederebbe il discorso semiologico, specie se consideriamo che lo stesso Chomsky considera il suo modello — piú volte ridefinito — ancora " rudimentale " (cfr. *The formal nature of language,* in E. H. LENNEBERG, *Biological foundations of Language,* N.Y., 1967, pag. 430). Particolarmente utili le suggestioni di NICOLAS RUWET, *Introduction a La Grammaire générative,* numero speciale di " Langages " (4, 1966); cfr. pure GUALTIERO CALBOLI, *Rilevamento tassonomico e " coerenza " grammaticale,* in " Rendiconti ", 15-16, 1967

III.4. Invece, pare dalle pagine di Lévi-Strauss che il fine primo del pensiero strutturale sia quello di opporre a una tecnica seriale — impegnata a *fare storia*, a produrre variazioni della comunicazione — delle strutture prestabilite e preesistenti per giudicare, in riferimento a queste assunte come parametro, la validità dei nuovi tipi di comunicazione che nascono proprio in opposizione ai parametri chiamati in causa. Sarebbe come giudicare della legalità di un gesto rivoluzionario, che si oppone a una costituzione data, appellandosi alla costituzione negata; formalmente il procedimento è perfetto (e di fatto viene applicato), ma storicamente è risibile. Alla investigazione scientifica si richiede di solito di individuare un parametro piú vasto che consenta di collocare in relazione reciproca e la costituzione negata e l'atto rivoluzionario negatore. Ma ogni ricerca è sempre bloccata quando si identifica il momento negato con la " natura immutabile delle cose ". Non si vede proprio cosa distingua questo atteggiamento da quello del Cremonini che si rifiutava di guardare nel telescopio di Galileo per non confondersi le idee, dato che la teoria tolemaica delle sfere planetarie costituiva l'unica base naturale di ogni " comunicazione " interplanetaria. Quando si arrocca su tali posizioni (ma solo in questo caso) lo strutturalismo di Lévi-Strauss (ma solo quello di Lévi-Strauss) rivela una sua natura pericolosamente conservatrice. Una metodologia strutturalistica che voglia scoprire le ascisse intemporali al di sotto del divenire storico, deve attendere i movimenti della storia per verificare su questi se le strutture che esso ha posto possano spiegare anche quello che sta succedendo di nuovo. A maggior ragione quando (e lo strutturalismo pare ormai collegialmente conscio di questa sua natura) le strutture universali non sono indotte da un regesto totale dei casi particolari, ma poste come modello teorico, costruzione immaginativa che *dovrà* poter spiegare tutti i casi a venire. E sarebbe assai ingenuo rifiutare d'emblée diritto di vita a nuove modalità comunicative solo perché esse si strutturano in direzioni non previste dalla teoria — una teoria elaborata prima che queste nuove modalità prendessero forma.[92] Certo, è possi-

---

[92] Emerge qui a proposito delle strutture il problema che DINO FORMAGGIO in *L'idea di artisticità* (Milano, Ceschina, 1962) — in una prospettiva banfiana — si poneva circa una definibilità dell'idea dell'arte; sostituendo, a una definizione inevitabilmente " storica ", una idea di artisticità, teoreticamente pura, che permetta il riconoscimento di tutte le poetiche possibili senza sottoporle a verifica normativa; il problema teorico di Formaggio non è quello metodologico che ci poniamo in questa sede; ma in entrambi i casi emerge la

bile che queste nuove modalità non siano comunicative; ma non bisogna trascurare neppure l'ipotesi che la teoria non sia abbastanza comprensiva. In questo caso il serialismo porrebbe in questione una interpretazione troppo rigida della doppia articolazione di ogni sistema linguistico; o la persuasione della linguisticità di ogni sistema comunicativo; o l'assunzione della comunicatività di ogni operazione artistica...

III.5. Non elaborando tutte le cautele di metodo a cui si accennava, è facile allora cadere nella liquidazione dell'avversario attraverso puri giochi di parole (tipo: "quelli che non sono con noi non sono 'democratici'"). Ed ecco come Lévi-Strauss che ha apparentemente buon gioco a affermare: poiché io riconosco la presenza di strutture necessitanti, sono materialista; poiché il serialismo afferma la possibilità di rinnovare queste strutture attraverso atti di invenzione, è idealista.

Se si vuole giocare al semplice livello delle "etichette", la risposta è assai facile: poiché Lévi-Strauss riconosce delle strutture necessitanti naturali, al di sotto di ogni evoluzione storica, è un meccanicista; poiché il serialismo riconosce la possibilità che l'evoluzione storica modifichi, con il contesto, le stesse strutture dell'intelligenza e del gusto, è materialista dialettico. Ma il gioco è troppo semplice, e non bisogna lasciarvisi trascinare.

Ciò non toglie che sia importante, nella prospettiva seriale — ciò che trasforma questa tecnica in una visione del mondo e dunque in un "pensiero" — il riconoscimento del fondamento sociale e storico dei codici, la persuasione che una azione sovrastrutturale possa contribuire a mutare questi codici, e che ogni cambiamento dei codici comunicativi comporti la formazione di nuovi contesti culturali, l'organizzazione di nuovi codici, la ristrutturazione continua di questi ultimi, l'evoluzione storica delle modalità di comunicazione, seguendo le interrelazioni dialettiche tra sistema di comunicazione e contesto sociale. Basta pensare alle correlazioni poste da Henri Pousseur tra l'universo della musica tonale e una estetica della ripetizione, dell'eguale, dell'eterno ritorno, di una concezione periodica e chiusa del tempo, che coinvolge e rispecchia una ideologia e una pedagogia conservatrici,

---

preoccupazione di non far coincidere la definizione di un campo con l'organizzazione storica che quel campo ha assunto in un dato momento. Quanto alle differenze tra le proposte di Formaggio e le nostre; cfr. il nostro saggio *La definizione generale dell'arte*, in "Rivista di estetica", 2, 1963.

proprie di una società data, di una determinata struttura politica
e sociale...[93]

IV. L'inganno delle costanti

IV.1. Queste osservazioni valgono per tutti i fenomeni nello
studio dei quali intervenga l'impiego di griglie strutturali.

Certo, chi cerca omologie presuppone costanze. Se, come ci
ricorda Dumezil[94], è costume dei popoli piú vari pensare gli dèi
per triadi, è bene saperlo, ed è bene sospettare che ciò corrisponda
a qualche esigenza permanente della mente umana — o per lo
meno della mente che pensa religiosamente. Ma non è già una
scelta, ispirata a criteri di pertinenza, voler accomunare i popoli
a seconda del numero di dèi che riescono a pensare e non a seconda — per esempio — dell'atteggiamento di amore o timore
che hanno nei loro confronti? È importante individuare i comportamenti secondo cui lo "Spirito" segue una norma. Ma perché dovrebbe perciostesso diventare irrilevante individuare i comportamenti in cui esso viola le norme e ne propone altre?

IV.2. Ci ricorda Desmond Morris,[95] in un suo libro in cui
l'uomo viene studiato in quanto ancora e costitutivamente scimmia, che quando due primati si impegnano in una lotta che
mette in gioco tutto il potenziale di aggressività di cui entrambi
dispongono, a un certo punto il piú debole, quando voglia segna-
lare la sua volontà di resa (e attenuare l'aggressività dell'altro) si
dispone a rituali di sottomissione, di cui il piú sicuro è l'offrirsi
in posizione sessuale.

Nota lo stesso zoologo come questi rituali di sottomissione si
siano conservati anche presso di noi, al massimo mascherandosi
sotto forma di rituali di pulizia. Per cui, quando ad esempio cerchiamo di ammansire il vigile che ci ha contestato una contrav-
venzione, e per non eccitarlo non solo ammettiamo subito di aver
torto, ma istintivamente ci atteggiamo ad avversario non pericoloso (vuoi grattandoci il mento, vuoi soffregando nervosamente le
mani, vuoi ostentando balbuzie), noi ribadiamo il fatto che la no-

---

[93] HENRI POUSSEUR, *La nuova sensibilità musicale*, in "Incontri musicali",
II, 1958.

[94] Cfr. *Jupiter, Mars, Quirinus*, Torino, Einaudi, 1955.

[95] DESMOND MORRIS, *La scimmia nuda*, Milano, Bompiani, 1968.

stra potenziale aggressività si è mutata in dichiarazione di debolezza e profferta di schiavitú. Ed è senza dubbio rivelativo ritrovare al fondo di un comportamento cosí abituale, in filigrana, lo schema ancestrale che denuncia nel nostro gesto l'antica offerta di resa. La costante riaffiora e denuncia la immutabilità dei nostri istinti primordiali.

Ma — se è importante che al fondo di due comportamenti cosí diversi appaia un modello esplicativo unico (sia per capire i nostri gesti passati che per controllare i presenti e progettare i futuri) — è però altrettanto interessante che il modello primitivo si sia cosí evoluto da perdere ogni riconoscibilità.

In altri termini (e per mostrare quanto sia importante, in un discorso sui modelli strutturali, dare alle varianti un peso almeno pari a quello delle costanti) ciascuno di noi ha il diritto di sentirsi incuriosito apprendendo che il moto impercettibile delle mani con il quale accompagna l'urbana sua contestazione al vigile riflette e sostituisce l'offerta del proprio corpo al nemico vittorioso; ma, per quanta sia la sua passione strutturale, non potrà non sentirsi altrettanto attratto dal fatto che il suo rapporto col vigile sia ormai cosí macroscopicamente diverso da un indecoroso amplesso omosessuale.

IV.3. Lasciando il paradosso, e tornando ai problemi di partenza, non diremo che le obbiezioni presentate abbiano condotto a una vittoria del pensiero seriale sul pensiero strutturale. Nel momento in cui si è cercato di mostrare come ogni ipostatizzazione della ragione strutturale ritrovi i suoi limiti criticistici di fronte alla realtà delle tecniche seriali, che modificano le presunte costanti eterne ritrovandole come storiche — nello stesso tempo ci siamo resi conto che ogni tecnica seriale deve essere spiegata (quanto alla sua efficacia comunicativa, e in quanto opposizione alle tecniche che nega) sulla base di una metodologia strutturale che dia ragione dei parametri ultimi ai quali forme consumate e forme innovatrici si riferiscono entrambe.

Il problema di un metodo strutturale (e dicendo "metodo" abbiamo anticipato una risposta), per non diventare una forma di sapere antistorico, è di non identificare mai la Struttura cercata con una serie data, vista come manifestazione prediletta degli universali della comunicazione. Eliminato questo equivoco, ecco che il metodo seriale apparirà come l'altra faccia dialettica del metodo strutturale, il polo del divenire opposto a quello della permanenza. La serie non si porrà allora come la semplice negazione

della struttura, ma come la struttura che dubita di sé e si riconosce come storica — e non per negarsi la possibilità di un tèrmine ultimo della ricerca, ma eleggendo l'utopia del termine ultimo a *idea regolativa* di un'indagine in progresso: in modo che
ogni struttura cerchi sempre in sé una base piú sottile, un codice
ulteriore di cui essa si riconosca come messaggio. In una tensione
continua, in un movimento di sospetto metodologico (un "provando e riprovando" nel senso filologico del motto) che — esso
solo — può farsi produttore di senso.

V. Struttura come costante e storia come processo

V.1. Se la Struttura si identifica coi meccanismi dello spirito, il sapere storico non è piú possibile. L'idea di un inconscio
strutturale che si ritrovi non solo in tutti gli esseri umani ma
in ogni epoca storica (e che conservi contemporaneamente le caratteristiche della storicità e della validità universale) è destinato a generare soluzioni contraddittorie.

V.2. Lo spettacolo piú drammatico di queste contraddizioni ci è dato da quell'estremo tentativo compiuto per fondere
Lévi-Strauss, Lacan e Marx da Lucien Sébag in *Marxisme et
Structuralisme*.[96]

Qui la lezione di Lévi-Strauss, controllata sulla predicazione
di Lacan, porta l'autore a riconoscere la presenza di una sorgente
combinatoria universale che si sottende ad ogni cultura storica;
l'individuazione, compiuta da Dumezil, di una tripartizione teologica che si conserva nel pensiero religioso di tutti i popoli, lo
porta a riconoscere "un certo ordine... indipendente dalla gamma
delle sue realizzazioni", e a scoprire il solo livello a cui "il codice può essere raggiunto".[97] D'altra parte, se esistono dei "complessi primari" che sono quelli fondamentali in ogni civiltà, si
può cercare di individuarli non come strutture determinanti al
di qua dell'uomo che le esprime, ma come l'atto proprio dei gruppi umani che lo storico assume quale proprio oggetto.[98] In questo senso si potrebbe uscire dalle aporie di un strutturalismo idea-

[96] Paris, Payot, 1964.
[97] *Ibidem*, pag. 121.
[98] *Ibidem*, pag. 123.

listico e nel contempo ricuperare la ricchezza delle possibilità inerenti allo sviluppo storico: il ritagliare strutture sarebbe il risultato di una "operazione dello spirito" (questa volta spirito = intelligenza indagatrice) "che dissolve le forme multiple di causalità, le relazioni che ogni parte del reale intrattiene con altri dominii, per trarne le proprietà specifiche che sono le sue".[99] Si porrebbe allora come possibile una duplice lettura del materiale storico sociale: da un lato lo studio diacronico delle cause e degli effetti, dall'altro il taglio sincronico di totalità significanti, che il ricercatore non pretende come definitive, ma solo come utili a spiegare i rapporti tra settori diversi della cultura a un momento dato; sicuro peraltro che "l'insieme di questi sistemi possono essere considerati come altrettante realizzazioni a livelli diversi di un certo numero di operazioni proprie allo spirito umano" (e qui leggi "spirito = leggi oggettive e inconscie"). Allora sarebbe possibile, senza rinunciare alla prospettiva storicista marxista, esaminare anche i miti indipendentemente dalla società che li produce,[100] e come "linguaggio che ubbidisce a certe regole che non sono date coscientemente ai soggetti e che essi pertanto utilizzano.[101] Come si fonde l'apparizione di queste strutture intemporali con l'accettazione di una causalità storica? In un certo senso attraverso la fiducia in una razionalità della storia "come produttrice di senso"; in altri termini la razionalità del processo storico farebbe sí che i sistemi che si concretano via via nei vari contesti storici, siano a un tempo riconducibili a regole inconscie universali e contemporaneamente dovute a uno sviluppo che, non meno dei sistemi, è soggetto alle stesse regole. "L'analisi marxista suppone sempre la possibilità permanente di rapportare i linguaggi forgiati dall'uomo a un luogo originario a partire dal quale si opererebbe ogni vera creazione del mondo umano...[102]

[99] *Ibidem*, pag. 125.

[100] Cfr. in MICHEL FOUCAULT, *Le parole e le cose*, Milano, Rizzoli, 1967, a pag. 220, dove, dopo aver mostrato come la differenza tra posizione fisiocratica e posizione utilitaristica, nel XVIII secolo, è esprimibile attraverso la trasformazione di un unico schema strutturale, si nota: " Sarebbe stato forse piú semplice dire che i fisiocrati rappresentano i proprietari fondiari e gli ' utilitaristi ' i commercianti e gli imprenditori... Ma se l'appartenenza a un gruppo sociale può sempre spiegare che questo o quello abbia scelto un sistema di pensiero a differenza di un altro, la condizione perché tale sistema sia stato pensato non risiede mai nell'esistenza del gruppo stesso ".

[101] SÉBAG, cit., pag. 127.

[102] *Ibidem*, pag. 128.

Alla scienza storica corrisponde evidentemente la praxis propria degli individui e dei gruppi restituiti in tutta la ricchezza delle loro determinazioni, ma inversamente i sistemi che una tale prassi mette in forma a tutti i livelli possono essere considerati come altrettanti prodotti dello spirito umano che struttura a ogni momento un dato estremamente diversificato. È questo che richiede ora di essere compreso ".[103]

È chiaro a cosa miri Sébag: " ogni società appare sottomettersi a un principio di organizzazione che non è mai il solo concepibile, una realtà che si presta a una molteplicità di trasformazioni ", i diversi messaggi individuati sono compresi sotto un angolo funzionale e il loro significato riproduce gli aspetti delle realtà sociali corrispondenti agli interessi di quella società e di quegli uomini;[104] il problema è di permettere la comprensione di quello che noi abbiamo chiamato un " pensiero seriale " in termini di pensiero strutturale, di considerare la totalità come qualcosa che sorpassa le strutture storiche che vi individuo... Ma il progetto è condannato al fallimento nel momento in cui la *razionalità della storia*, che dovrebbe garantirmi questa possibilità di accadimenti e di letture multiple, si risolve nella *razionalità come logica oggettiva che predetermina i fatti e il mio modo di metterli in forma*:

" L'intelletto nel suo impiego come nelle leggi a cui si sottomette è tanto *reale* quanto ciò che gli si fa riflettere: *e poiché è reale egli si prende come oggetto sin dall'origine*. La coscienza non è solo, come scrive Marx, coscienza della vita reale, ma anche del suo essere proprio; e questo non è semplice presenza immediata, intuitiva del soggetto a se stesso; esso si definisce come sistema di regole che non sono ricalcate ma acquisite da e attraverso l'uso progressivo dell'intelligenza, che si applica a un universo di oggetti. Di queste regole si possono fare dei semplici strumenti perché sono esse che permettono di organizzare il dato, di mettere alla luce l'ordine che vi soggiace; ma inversamente questo dato non è che la materia nella quale l'intelletto attinge per significare la propria organizzazione logica ".[105]

Cosa è questa realtà dell'intelletto che lo rende sostanzialmente atto a crescere in modo da poter mettere in forma un reale

[103] *Ibidem*, pag. 144.
[104] *Ibidem*, pag. 147.
[105] *Ibidem*, pag. 148.

che si rinnova, ma in modo che le forme, pur mutevoli, corri-
spondano sempre all'ordine dei dati?

Sébag lo ha detto in un brano che abbiamo già citato: è la
sua riconducibilità a "un luogo originario".

V.3.   Ora è proprio la nozione di "luogo originario" che
sembra opporsi alla nozione di processo storico. O meglio, ogni
tematica del "luogo originario" è tematica della storia come continuo divenire di eventi che scaturiscono dal luogo originario
ma — e per il momento la storia del pensiero non ci ha offerto
ancora una risposta diversa — nel momento in cui tutto viene
ribaltato sulla scoperta del luogo originario, la materialità stessa
del processo storico si vanifica, la filosofia si rimette sulla propria
testa con i piedi in alto. Ma, ciò che piú conta, il luogo originario a cui si riferisce Sébag non è il luogo da cui si origini
hegelianamente ogni catena dialettica, ma è un altro. E se non
bastasse l'espressione impiegata a denunciare il rimando filosofico,
valga la nota che vi viene apposta, dove si ricorda che il problema della filosofia non è domandarsi "Cosa è ciò che è", bensí
"Come pensare ciò che è". Le cadenze stilistiche sono heideggeriane. L'influenza filosofica che grava su Sébag è quella di Lacan.
L'ultimo testo filosofico di Sébag, è *Le mythe: code et message* [106]: e in questo testo l'aspirazione a mantenere la possibilità
di una dialettica e di un processo si nullifica nel riconoscimento
di strutture definitivamente permanenti dello Spirito, in virtú
delle quali "è il sensibile stesso che donandosi svela una organizzazione che lo trascende".[107]

Il luogo originario è quello in cui l'Essere, mascherandosi, si
svela determinandosi in eventi strutturali, ma sfuggendo ad ogni
strutturazione. La struttura come oggettiva e stabile, e il processo
come creatore di strutture sempre nuove, esplodono — come già
doveva avvenire in Lévi-Strauss — e rimane, padrone del campo,
ciò che non è piú strutturabile.

[106] " Les temps modernes ", marzo, 1965.
[107] *Ibidem*, pag. 1622.

5. LA STRUTTURA E L'ASSENZA

I. L'autodistruzione ontologica della Struttura

I.1. Se il Codice dei Codici è un termine ultimo che sempre regredisce man mano che l'indagine pone come trovati i suoi messaggi particolari, le sue apparizioni in cui esso non si esaurisce, la Struttura si proporrà eminentemente come Assenza.

È Struttura quella che non c'è ancora. Se c'è, se l'ho individuata, ho tra le mani solo un momento mediano della catena che mi garantisce, al di sotto di questa, una struttura piú elementare e onniesplicativa. A questo punto devo sapere quale interesse mi muove. O mi sono avvicinato a un gruppo di fenomeni per comprenderli meglio attraverso la predicazione di omologie strutturali che mi permettano di correlarli: e allora la struttura è uno strumento operativo finalizzato al discorso sul campo concreto dei fenomeni affrontati. O ciò che mi interessa veramente, e soltanto, è l'individuazione dell'Ur-Codice, e allora i fenomeni da cui sono partito erano semplici mezzi che avevo scelto per far baluginare, tra le pieghe dell'indagine, il volto di quella Realtà Ultima che costituiva il vero movente e il vero fine della mia inchiesta.

I.2. Nel primo caso, il sospetto che sotto ai modelli strutturali che manovro si possano celare strutture piú evanescenti, non deve affascinarmi; se seguissi il fantasma perderei di vista i fenomeni da cui sono partito. Arresto la ricerca al punto in cui sono pervenuto e considero i miei modelli strutturali come strumenti sufficientemente manovrabili per consentirmi un certo discorso. Questo discorso si correlerà con altri discorsi, e solo quando il reticolo delle correlazioni mi avrà posto altri problemi, mi chiederò se i modelli di partenza siano ancora validi o vadano sostituiti con altri. Questa correlazione tra discorsi si aprirà a una serie di *modificazioni* dei fenomeni stessi, e se la modificazione darà risultati instabili mi riproporrò il problema dei modelli da cui sono partito. Sia ben chiaro che ho scelto quei modelli perché ho scelto di indagare un campo di fenomeni da un certo criterio di pertinenza e quindi da un certo punto di vista, che già implicava come preferenziali certe operazioni e certi risultati, secondo moventi e criteri di valutazione che un metodo strutturale non è chiamato a fondare (al massimo, come ogni strumento che mi permette di far presa sui fatti, esso potrà porre in crisi, creando situazioni nuove, le valutazioni e i moventi di partenza). Comunque l'Ur-Codice sarà espunto dal gioco delle mie preoccupazioni del momento.

I.3. Nel secondo caso, invece, ciò che può accadere nel contesto del campo di partenza ha pochissimo peso. Sono arrivato a stringere dappresso una determinazione dell'Ur-Codice, e devo proseguire. Se la fallacia universalistica mi rende inabile e cieco, allora farò (come si è visto) quello che ogni mente non filosofica fa ponendosi a far filosofia: irrigidirò una *serie* in *struttura*, e chiamerò Ur-Codice il punto di passaggio provvisorio di una inchiesta che andava portata piú a fondo. Ma se la mia ricerca si nutrirà di ben altre malizie filosofiche, allora saprò — come si è detto all'inizio di queste pagine — che la Struttura mi si rivelerà solo attraverso la propria assenza progressiva. Non appena avrò riconosciuto l'assenza costitutiva dell'Ur-Codice, dovrò avere il coraggio di affermare che, in quanto assente, la struttura costitutiva di ogni altra struttura, non è strutturata. Se lo appare, è segno che al di sotto di essa sta ancora una struttura piú definitiva, *piú assente*, se mai fosse permesso di esprimersi in tal modo (e lo è). In tal caso *il fine naturale di ogni intrapresa strutturale ontologicamente conseguente, sarebbe la morte dell'idea di struttura*. E ogni ricerca delle costanti che si voglia strutturale e che riesca a mantenersi tale, sarà ricerca fallita, mistificata, che si consola della propria incompletezza chiamandola esaustività, e assolve il proprio scacco definendolo Ultima Tappa. Come tenteremo di vedere, è in questa aporia che si conclude logicamente lo strutturalismo come ontologia e come ricerca sulle costanti.

II. Lacan: la logica dell'Altro

II.1. Si veda cosa avviene col pensatore che — pur attraverso una ambiguità del discorso che, per quanto programmatica, non è per questo meno sviante — ha portato piú coraggiosamente a fondo quel progetto che in Lévi-Strauss, o in altri, continua a riproporsi senza denunciarsi con totale sincerità.

Se Lévi-Strauss aveva detto che "i miti significano lo spirito", Jacques Lacan, saltando a pié pari ogni ricerca sul linguaggio, sui miti, sui vari accadimenti mediante i quali l'uomo comunica, si pone a studiare la natura dello spirito stesso, e come psicoanalista. Il suo discorso verte dunque sull'Inconscio e sulla sua struttura.[108]

Si dice che Lacan riconduca l'inconscio a linguaggio, ma vediamo quale significato assuma questa riduzione. In Lévi-Strauss si poteva ancora pensare all'esistenza di uno spirito umano le cui leggi si riproducessero nei comportamenti linguistici come in quelli sociali. In Lacan invece l'ordine del simbolico non è costituito dall'uomo (o dallo spirito che costituisce l'uomo) ma *costituisce l'uomo*[109]: "jusqu'au plus intime de l'organisme humain, cette prise du *symbolique*" si esercita sotto forma della "*insistance* de la chaîne signifiante".[110]

Ordine del simbolico, catena significante, altro non sono che le manifestazioni dell'inconscio, attraverso il quale ciò che ci costituisce si rivela: sogni, atti mancati, sintomi e oggetti di desiderio.

Il significante prevale sul soggetto[111]:

"c'est ainsi que si l'homme vient à penser l'ordre symbolique c'est qu'il y est d'abord pris dans son être. L'illusion qu'il l'ait formé par sa conscience, provient de ce que c'est par la voie d'une béance spécifique de sa relation imaginaire à son semblable, qu'il a pu entrer dans cet ordre comme sujet. Mais il n'a pu faire cette entrée que par le défilé radical de la parole".[112] "La subjectivité à l'origine n'est d'aucun rapport au

---

[108] JACQUES LACAN, *Écrits*, Paris, Seuil, 1966. Tutte le citazioni da Lacan, che seguono, si riferiranno esclusivamente a quest'opera. Le citazioni da Lacan sono lasciate in francese a causa della funzione che l'ambiguità linguistica assume nel metodo lacaniano.
[109] LACAN, pag. 46.
[110] LACAN, pag. 11.
[111] *Ibidem*, pag. 39.
[112] *Ibidem*, pag. 53.

réel, mais d'une syntaxe qu'y engendre la marque signifiante ".[113]

II.2. Per capire meglio questo punto lacaniano, non ci si può non riportare all'esempio dei tre condannati che viene sviluppato nel saggio "Le temps logique". Il direttore della prigione avverte i tre condannati che attaccherà sulla schiena di ciascuno di essi un dischetto: i dischetti sono cinque, tre bianchi e due neri. Fatalmente due dischetti (i condannati non sapranno quali) saranno esclusi. Ciascun condannato vedrà i dischetti attaccati sulla schiena degli altri due, ma ignorerà quale sia il proprio. Eppure dovrà dedurlo logicamente (non inferirlo probabilisticamente) e se oltrepasserà la soglia della stanza recandosi dal direttore e dichiarando quale sia il suo disco, e per quale deduzione incontrovertibile sia arrivato a scoprirlo, sarà libero.

Detto fatto, il direttore appende alla tre schiene i tre dischi bianchi. Ciascun condannato vede due dischi bianchi e non sa se il suo sarà bianco o nero. Il condannato "modello", che chiameremo *A* (ma è chiaro che in lui si riassumono i processi mentali degli altri due, contemporanei e analoghi al suo) cercherà dunque di arrivare a una conclusione attraverso *exempla ficta*; cosí pensa: "Se io avessi il disco nero, *B* — che vede un disco bianco sulla schiena di *C* — e quindi sa di poterlo avere o bianco o nero, penserebbe: ' *Se anch'io avessi il disco nero*, C, *che ne vedrebbe uno nero su* A *e uno nero su di me, saprebbe senza dubbi di sorta che egli non può averlo che bianco, e uscirebbe dalla stanza; poiché non esce, è segno che io ho il disco bianco ed egli è perplesso*'. Arrivato a questa conclusione *B* allora uscirebbe dalla stanza sicuro di aver il disco bianco. Se non lo fa è perché io (*A*) ho il disco bianco, e *B* vede due dischi bianchi, restando con le stesse perplessità che agitano me". A questo punto *A* potrebbe avviarsi per uscire, sicuro di avere il disco bianco. Ma nello stesso momento gli altri due, che avrebbero compiuto il suo stesso ragionamento, si appronterebbero ad uscire.

Vedendo gli altri due che escono, *A* è costretto ad arrestarsi. Infatti egli pensa che *B* e *C* escano non perché si trovino nella sua stessa situazione, ma perché egli (*A*) ha realmente il disco nero, e gli altri due sono arrivati a quelle stesse conclusioni che egli, pensando con la loro testa, aveva semplicemente anticipato di qualche secondo. Dunque *A* si arresta. Ma *B* e *C*, che hanno seguito il suo stesso processo logico, si arrestano pure. Quando

B e *C* si arrestano, allora *A* è sicuro di avere il disco bianco. Se lo avesse avuto nero, il ragionamento di *B* e *C* non sarebbe stato inficiato dal suo arresto, ed essi avrebbero proseguito sicuri; ma poiché si sono arrestati, è segno che entrambi sono nella sua stessa situazione e cioè vedono sulle schiene altrui due dischi bianchi. *A* dunque esce e *B* e *C* escono con lui, perché sono arrivati alle sue stesse conclusioni.

Abbiamo qui un processo logico che si costituisce come incontrovertibile solo nella misura in cui entrano a far parte della deduzione anche alcune scansioni temporali. Scansioni temporali che sono essenziali per far giocare, nella deduzione, anche le possibili deduzioni altrui. Questo processo logico è dunque possibile solo nel momento in cui il soggetto introduce la dimensione della alterità. Egli riconosce se stesso solo sulla presenza dell'altro, e fingendo a se stesso il ragionamento altrui, integrando la reazione dell'altro ai dati da cui dedurre. Ma al tempo stesso questo riconoscimento di alterità può avvenire solo perché (almeno nei limiti dell'esempio proposto) tutti e tre i soggetti, nel misurarsi sugli altri che si trovano di fronte, si riferiscono a un meccanismo di pensiero che non è di ciascuno degli altri preso isolatamente, ma è di tutti e tre, e determina il pensiero di tutti e tre. È la presenza di questo Altro con l'A maiuscola, che consente a ciascuno di definire la propria identità (bianco o nero) misurandola sull'alterità altrui.

La parabola può trovare sostituti piú comprensibili (ma meno eleganti) nella meccanica logica e psicologica del " pari e dispari ", dove io nel gettare i miei colpi cerco di immaginare quello che l'altro immagina che io immagini di lui, per mettere " pari " solo se sono sicuro che lui si attende " dispari ", e viceversa. Nel momento in cui io gioco a immaginare quello che lui immagina che io immagini, siamo entrambi dentro a una logica che ci supera: l'Altro.[114]

Il fatto che si sia scritto " meccanica logica e psicologica " non è casuale: l'Altro è il luogo psichico non individuale della logica che ci determina. "C'est de la structure de la détermination qu'il est ici question".[115] E comunque ci si muova è a questa struttura della determinazione che ci si ritrova davanti: " l'inconscient est cette partie du discours concret en tant que transindividuel, qui fait défaut à la disposition du sujet pour

[114] *Ibidem*, pagg 58-59.
[115] *Ibidem*, pag. 52.

réétablir la continuité de son discours conscient ".[116]

II.3. La questione generale è: chi parla? [117] O ancora: chi è
che pensa al mio posto? "Quel est donc cet autre à qui je suis
plus attaché que à moi, puisque au' sein le plus assenti de mon
identité à moi-même, c'est lui qui' m'agite? "[118] Perché la stessa
questione della verità si faccia luce, occorre che il linguaggio
sia: quel linguaggio per il quale l'inconscio si afferma come il
discorso dell'Altro, quell'Altro "qu'invoque même mon mensonge
pour garant de la verité dans laquelle il subsiste ".[119]

Ora quest'Altro che lo stesso movimento dell'analisi ci ordina
di cogliere (e nella scoperta della sua inattingibilità, per terribile
che sia, sta l'unica terapia che la psicoanalisi di Lacan può concepire) "ce n'est pas cela qui puisse être l'objet d'une connaissance,
mais cela, ne le dit-il pas [Freud], qui fait mon être et dont
il nous apprend que je témoigne autant et plus dans mes caprices,
dans mes aberrations, dans mes phobies et dans mes fétiches,
que dans mon personnage vaguement policé ".[120] Questo Altro
che presiede agli atti mancatì e alla follia stessa, come ai movimenti di pensiero del saggio (capace, lo abbiamo visto, di ricono-
scersi per deduzione inconfutabile sui movimenti di identificazione che il soggetto esercita specchiandosi negli altri) dovrebbe essere il Logos.[121] Il Logos (lo spirito di Lévi-Strauss), che si manifesta nell'inconscio in quanto discorso dell'Altro, non sarà allora
la catena significante, il linguaggio nelle sue leggi costitutive, che
diventa la struttura stessa della determinazione?

III. Lacan: la struttura della determinazione

III.1. Ma in base a quale struttura il linguaggio diventa
la struttura della determinazione? In base a una struttura *binaria*, quella messa in luce dai linguisti, da Saussure a Jakobson,
quella stessa che presiede all'algebra di Boole (e quindi alla lo-

---

[116] *Ibidem*, pag. 258.
[117] *Ibidem*, pag. 411. Ma è questione nietzschiana. Cfr. anche FOUCAULT,
cit., pag. 330.
[118] *Ibidem*, pagg. 523-524.
[119] *Ibidem*, pagg. 524-525.
[120] *Ibidem*, pag. 121.
[121] *Ibidem*, pag. 526. Cfr. anche pag. 642.

gica dei calcolatori elettronici), quella che regge la teoria dei giochi.

La catena significante si esprime per presenze e assenze: il gioco per cui il bambino, ancora in-fante, sottolinea con sillabe alternate l'occultamento e lo svelamento (*fort-da!*)[122] di un oggetto,

" ce jeu par où l'enfant s'exerce à faire disparaître de sa vue, pour l'y ramener, puis l'oblitérer à nouveau, un objet, au reste indifférent de sa nature, cependant qu'il module cette alternance de syllabes distinctives, — ce jeu, dirons-nous, manifeste en ses traits radicaux la détermination que l'animal humain reçoit de l'ordre symbolique. L'homme littéralement dévoue son temps à déployer l'alternative structurale où la présence et l'absence prennent l'une de l'autre leur appel ".[123]

Una serie che gioca sull'alternativa fondamentale del *sí* e del *no*, una successione di colpi " dont la réalité se répartit strictement ' au hasard ' ".[124] Se da Saussure Lacan prende l'idea di un sistema ove la natura dei significanti si disegna per un gioco di differenze e di opposizioni, dalle teorie statistiche mutua l'idea di una combinatoria i cui esiti possono essere predetti con metodi in base ai quali l'aleatorietà, riconosciuta, viene imprigionata nelle maglie di una legge. La catena significante come soggettività primordiale associa l'oggetto della psicoanalisi a quello di ogni altra scienza esatta. L'esempio dei tre condannati non ci dice che la verità di ciascuno viene ritrovata in un gioco di commisurazioni psicologiche all'altro. Ci dice che viene individuata solo se ci si sottomette alla legge combinatoria dell'Altro. Tanto che se i condannati sono tre, sono indispensabili, perché il loro riconoscimento sia esatto, due passi avanti e un arresto; e se fossero quattro, i passi avanti sarebbero tre e gli arresti due; e se cinque, i passi quattro e gli arresti tre.[125] La struttura della determinazione è tale perché è strettamente determinata.

---

[122] Per PAUL RICOEUR, *Della interpretazione*, Milano, Il Saggiatore, 1967, pag. 318: " il bambino mette in scena lo scomparire e l'apparire della madre nella figura simbolica dell'oggetto a sua disposizione. Così il dispiacere stesso è dominato per mezzo della ripetizione ludica, della messa in scena della perdita dell'oggetto amato "

[123] *Ibidem*, pag. 46.

[124] *Ibidem*, pag. 47.

[125] *Ibidem*, pagg. 212-213.

" Le symptôme se résout tout entier dans une analyse de langage, parce
qu'il est lui-même structuré comme un langage, qu'il est langage dont la
parole doit être délivrée. C'est à celui qui n'a pas approfondi la nature du
langage, que l'expérience d'association sur les nombres pourra montrer
d'emblée ce qu'il est essentiel ici de saisir, à savoir la puissance combinatoire
qu'en agence les équivoques, et pour y reconnaître le ressort propre de
l'inconscient ".[126]

III.2.   Ecco perché le leggi stesse che regolano l'interdizione
universale dell'incesto e presiedono al gioco degli accoppiamenti
sono ancora le leggi stesse del linguaggio. Quell'Inconscio impreciso che nell'antropologo non si chiariva ancora (e poteva essere un trascendentale non soggettivo, o un deposito archetipo
che lasciava scaturire i miti e le usanze) ora prende il suo nome
esatto e riconosce il proprio scopritore (tramite Lacan) in Freud.[127]
Si vede cosí " comment la formalisation mathématique qui a
inspiré la logique de Boole, voire la théorie des ensembles, peut
apporter à la science de l'action humaine cette structure du temps
intersubjectif, dont la conjecture psychanalytique a besoin pour
s'assurer dans sa rigueur ".[128] Logica intersoggettiva e temporalità
del soggetto (si pensi ai tre condannati e alle scansioni temporali
che rendevano la loro deduzione possibile) fondano la dimensione dell'inconscio come discorso dell'Altro: dove il " de " assume
la duplice funzione che manifesta quando indica (in latino) l'argomento *su cui* si parla e quando specifica, nelle lingue romanze,
di chi sia il discorso che si ode.[129] *L'Altro, in quanto catena
significante, parla in noi su di sé*. E parla cosí come Jakobson ha
mostrato che parla il discorso poetico, per una successione di
metafore e di *metonimie*: metafora il sintomo, che sostituisce un
simbolo con un altro rendendo oscuro il procedimento della ri-
mozione, metonimia il desiderio che si appunta su un oggetto
sostitutivo, rendendo indecifrabile il fine ultimo di ogni nostra
aspirazione, quello per cui ogni desiderio, di spostamento metonimico in spostamento metonimico, si rivela come desiderio del-
l'Altro.[130] Ragion per cui la catena significante conta, per le proprie leggi e per la propria possibilità d'essere messa in luce in
modo rigoroso, indipendentemente dai significati a cui, in un

[126] *Ibidem*, pag. 269.
[127] *Ibidem*, pag. 285 e pag. 868.
[128] *Ibidem*, pag. 287. Cfr. pure pag. 806: " cet Autre n'est rien que le
pur sujet de la stratégie des jeux ".
[129] *Ibidem*, pag. 814.
[130] *Ibidem*, pagg. 505-15. Cfr. pure pag. 622, pag. 799 e pag. 852.   ·

gioco di specchi continuamente derisorio, rinvia senza mai appagare (a livello del significato posseduto) la nostra sete di verità: la quale si appaga solo nel riconoscimento della struttura stessa della determinazione, e nel godimento (se mai fosse possibile) delle trame simboliche in cui ci invischia.

III.3. Non compete a queste pagine stabilire cosa tutto questo possa comportare per il lavoro terapeutico dello psicoanalista né sino a che punto il lacanismo sia, come si pretende, l'interpretazione conseguente e fedele del freudismo [131]; ma poiché il discorso psicoanalitico in Lacan intende mettere a nudo la struttura generale della determinazione, si è obbligati a dire cosa le sue conclusioni comportino per qualsiasi ricerca sull'universo della comunicazione, dall'antropologia alla linguistica, dall'ascia di un indigeno al cartellone stradale. Ed ecco cosa comporta: che ogni ricerca, se condotta con rigore, deve darmi sempre e comunque, al di sotto delle variazioni su cui si esercita, lo stesso risultato; e ricondurre ogni discorso ai meccanismi dell'Altro che lo profferisce. E poiché questi meccanismi sono ormai noti in partenza, la funzione di ogni ricerca non sarà altro che di verificare l'Ipotesi per eccellenza. In conclusione, ogni ricerca si rivelerà vera e fruttuosa nella misura in cui ci dirà *quel che sapevamo già*. Non vi sarà scoperta piú folgorante, nel leggere strutturalmente l'*Edipo Re*, che lo scoprire che Edipo aveva il complesso di Edipo: perché se si scoprisse qualcosa in piú, questo *in piú* sarebbe un *di piú*, una sorta di polpa non sufficientemente rosicchiata che ricopre l'osso della determinazione prima. È questa una accusa che investe gran parte della critica letteraria a impianto psicoanalitico e Serge Doubrowsky poteva rivolgere le stesse obbiezioni alla psicocritica di Mauron. [132] Ma, benché sia banale muovere obbiezioni del genere, è pur necessario dire quel che va detto, dal momento che il non dirlo aiuta a perdere di vista il nucleo della questione.

IV. Il caso Lacan: le conseguenze nella "nouvelle critique"

IV.1. Eppure ci si potrebbe chiedere perché una metodolo-

---

[131] Cfr. J. LAPLANCHE e J.-B. PONTALIS, *Vocabulaire de la psychanalyse*, Paris, P.U.F., 1967.
[132] Cfr. *Critica e oggettività*, Padova, Marsilio, 1967, pagg. 129-147.

gia dagli esiti cosí splendidamente scontati, abbia potuto affascinare tanta parte della "nouvelle critique" francese, tra le cui pagine il fantasma di Lacan traspare con tanta frequenza.[133]

Al limite una critica strutturale di derivazione lacaniana dovrebbe scoprire in ogni opera (e qui parliamo della critica letteraria, ma il discorso potrebbe essere facilmente trasposto agli esercizi di semiologia del racconto o ad altre imprese etnologiche e linguistiche), la combinatoria chiusa (chiusa nelle sue leggi stocastiche costitutive, anche se aperta negli esiti a cui può dar luogo) della catena significante che sorregge ogni discorso umano (a questo punto non piú umano, ma dell'Altro). Ma, posto che il critico sia mosso davvero dal desiderio frustrante di mettere a nudo la combinatoria che conosceva già, questo sarebbe possibile se la combinatoria potesse essere definita nei termini di un metalinguaggio che la espone e la colloca. Che dire invece se del discorso dell'Altro non si può dare metalinguaggio, e non si può parlare di codice se esso non è già il codice dell'Altro,[134] se il Luogo della Parola non può essere parlato, perché al massimo si parla in noi, tanto che Lacan per evocarlo è costretto ad usare un linguaggio non definitorio, ma suggestivo, non tanto un linguaggio che parli dell'Altro esplicitamente, ma che lo suggerisca, lo evochi, lo faccia intravvedere e subito lo nasconda, così come nel malato il sintomo allude ed occulta, svela e ricopre?

La risposta (se non esplicita, comunque di fatto) è questa: che, mancando il possesso definitivo della catena significante, la critica "lacaniana" gioca a far scaturire significati elusi e delusori, a spostare di metonimia in metonimia, di metafora in metafora, il gioco dei rimandi e delle evocazioni che il linguaggio (universale e trans-soggettivo in ogni opera in cui esso *si* parla), *il linguaggio che noi non parliamo ma che parla noi,* lascia scaturire dal suo gioco di specchi. E a questo punto l'opera (e, lo abbiamo detto, con l'opera il fenomeno etnologico, il rapporto parentale, l'oggetto, il sistema di convenzioni, ogni fatto simbolico) che pure riposa su una presunta struttura determinante, può funzionare, valere, prendere peso ai nostri occhi solo se viene intesa come Vuoto generatore di senso, come Assenza, Vortice, cavità attingibile solo nella predicazione dei sensi che essa fa scaturire ma in cui non si esaurisce.

---

[133] Si vedano ancora i colloqui di Cerisy (*Les chemins actuels de la critique,* a cura di G. Poulet), Paris, Plon, 1967.
[134] LACAN, pagg. 807-813.

IV.2. Si ascolti ad esempio chi, tra i piú giovani, ci ha dato le piú smaglianti applicazioni di questo principio critico, Gérard Genette:

" Il genio, dice Thibaudet in modo un po' enigmatico, è al tempo stesso il superlativo dell'individuale e l'esplosione dell'individualità. Se vogliamo trovare il commento piú chiarificatore di questo paradosso, lo dovremo forse cercare in Maurice Blanchot (e in Jacques Lacan), in questa idea oggi familiare alla letteratura, ma di cui la critica non ha certo ancora assunto tutte le conseguenze, che l'autore, l'artigiano di un libro, come diceva anche Valéry, *non è in realtà nessuno* — o meglio, che una delle funzioni del linguaggio, e della letteratura come linguaggio, è di distruggere il proprio locutore e di designarlo come assente ".[135]

Di qui il primato della " scrittura " sul linguaggio, della scrittura che si crea uno spazio autonomo, un tessuto di figure dove il tempo dello scrittore e quello del lettore si mescolano in una decifrazione continua che è decifrazione di qualcosa che trascende entrambi ed esibisce le proprie leggi di puro significante. Per cui anche la lingua stessa sarebbe una scrittura che (come dice Genette riprendendo Derrida) " è gioco fondato sulla differenza pura e la spaziatura, dove ciò che significa è la relazione vuota e non lo spazio pieno ".[136] La critica moderna sarebbe allora " una critica di creatori senza creazioni ", o meglio di creatori la cui creazione sarebbe in qualche modo quel " vuoto centrale ", quel " desouvrement " profondo di cui la critica disegnerebbe come la forma cava. Questo perché ciò che definisce la scrittura rispetto allo scrittore è che la scrittura non è piú un mezzo di cui egli si avvale, ma " il luogo stesso del suo pensiero ", perché " non è lui che pensa il suo linguaggio ma il suo linguaggio che lo pensa e lo pensa fuori di sé ".[137]

IV.3. Un movimento di pensiero che parte dalla disparizione del soggetto davanti all'opera per arrivare alla disparizione dell'opera stessa, riassorbita nella vita onnicomprensiva di un linguaggio che si parla attraverso mille bocche lungo i secoli.[138]

---

[135] *Les chemins*, cit., pagg. 227-28.
[136] *Les chemins*, pagg. 241-46.
[137] *Les chemins*, pag. 246.
[138] È il tema che ritorna, ma in un impianto storicistico maggiore, J. P. FAYE, in *Le récit hunique* (Paris, Seuil, 1966).

È facile ritrovare il gusto del Vuoto e del Vortice nella critica
blanchotiana, che viene assai prima dell'esplosione "struttural-
lacaniana". In Blanchot [139] apparentemente la teoria si dispiega
già in tutte le sue implicazioni: il libro come opera d'arte non
è un tessuto di significati univoci, ma si apre a ogni lettura come
all'unica e alla prima come spazio aperto e indeterminato; "uno
spazio in cui, a rigore, niente ancora ha un significato, e verso il
quale tuttavia tutto ciò che ha significato risale come verso la
propria origine". Il "vuoto dell'opera... è la sua presenza a se stessa nella lettura" e "in qualche modo si ricorda anche del vuoto
che nella genesi segnava l'incompiutezza dell'opera, come tensione
dei suoi nuovi movimenti antagonisti". Nella lettura "l'opera ritrova cosí la sua inquietudine, la ricchezza della sua indigenza,
l'insicurezza del suo vuoto, mentre la lettura, unendosi a questa inquietudine e sposando questa indigenza, diviene ciò che assomi-
glia al desiderio, all'angoscia e alla sua leggerezza di un movimento di passione". L'opera "è la *libertà violenta* per cui essa
si comunica e per cui l'origine, la profondità vuota e indecisa del-
l'origine, si *comunica* attraverso di lei a formare la decisione piena, la fermezza dell'*inizio*". Tuttavia, e come ha notato bene
Doubrovsky, le parole di Blanchot non vanno ricondotte a una
metafisica della scrittura, a una ontologia della catena significante
autonoma e autosufficiente nella sua freddezza di determinazione
assolutamente (e una volta per tutte) determinata:

" agli antipodi dell'obbiettività strutturalista " la comprensione dell'opera
per Blanchot " si fonda sull'apprensione dell'uomo non come oggetto di
un sapere, ma come soggetto di una esperienza radicale, colta in un movimento riflessivo... All'inverso del fenomeno di ' polisemia ' nella critica
formalista, l'ambiguità del linguaggio in Blanchot, non si rifà alle leggi
di funzionamento di un sistema simbolico: essa enuncia l'essere stesso del-
l'uomo; l'espressione linguistica ha uno statuto ontologico... La riflessione
di Blanchot fa qualcosa di meglio che presentare delle antinomie: le
articola... L'esperienza del linguaggio non *traduce* una esperienza metafisica:
essa *è* questa esperienza stessa... Quando Blanchot scrive che ' la letteratura
è quell'esperienza per cui la coscienza scopre il proprio essere nella sua
impotenza a perdere coscienza, nel movimento in cui, scomparendo, strap-
pandosi alla puntualità di un io, si ricostituisce, al di là dell'incoscienza,
in una spontaneità impersonale... ', lo svelamento dell'essere nell'esperienza

[139] MAURICE BLANCHOT, *Lo spazio letterario*, Torino, Einaudi, 1967, " La
comunicazione "

letteraria riconferma precisamente il suo svelamento nell'esperienza fenomenologica, tale e quale la descrive Sartre... Per Blanchot la spersonalizzazione è
un *momento dialettico*, attraverso il quale passa ogni uso del linguaggio... ".
Per cui " senza alcun dubbio Blanchot è infinitamente piú vicino di Sartre,
ed in ogni caso di Heidegger e di Levinas, che di Lévi-Strauss e di
Barthes ".[140]

Le osservazioni sono giuste: tra Blanchot e la nuova critica
imbevuta di idee lacaniane si è passati, come mostra tutto il
plaidoyer di Doubrovsky in *Critica e oggettività*, da una riflessione sul soggetto che si riconosce in un movimento creatore di
senso, alla scoperta che l'apparente creazione di sensi (che sembra coronare lo sporgersi del critico sull'orlo vuoto dell'opera) serve solo a confermare la nullità del soggetto e dell'opera stessa
rispetto alla sovrana preminenza dell'Altro che si afferma nelle
maglie di ogni discorso.

Ma è poi vero che i due movimenti sono cosí divergenti come sembrano? La realtà è non solo che Sartre e Heidegger (ri-
mettendo in gioco Hegel) traspaiano attraverso tutta la teoria
lacaniana dell'Altro, ma anche che — al di sotto della fiducia
nell'oggettiva sfilata dei significanti — il non potere non riportare questa sfilata a una Assenza che la origina, svela il magistero di Heidegger nel cuore stesso del pensiero lacaniano. E
obbliga la ragion statistica della catena significante a manifestar-
si solo come l'estrema (ma non finale) possibilità di strutturare
una Assenza, che è l'Essere stesso come Differenza, e che si pone
fatalmente al di qua di ogni tentativo di metodologia strutturale.

V. Lacan: l'ipostasi dell'Assenza

V.1. Come è possibile che da una rilevazione della piú solida
e inconfutabile delle determinazioni strutturali, la meccanica statistica della catena significante, si sia passati alla celebrazione
di una Assenza?

Questo accade perché la nozione di assenza si cela nel discorso
di Lacan come ipoteca ontologica che fa assumere valore metaforico a tutte le predicazioni di differenzialità e assenza opposizionale che il discorso di origine binaristica gli mette a disposizione.

[140] *Les chemins*, pagg. 266 e sgg.

Perché bisogna intendersi sul valore che l'assenza ha nel sistema binario. Certo, in un sistema strutturato, ogni elemento vale in quanto non è l'altro o gli altri che, evocando, esclude. Certo l'elemento fonematico non vale per la propria corposa presenza ma per la valenza, in sé vuota, che ricopre nel sistema. Ma in fin dei conti, perché il senso scaturisca, bisogna che uno dei termini dell'opposizione si presenti e *ci sia*. Se non c'è, neppure l'assenza dell'altro viene rilevata. *L'assenza opposizionale vale solo in presenza di una presenza che la rende evidente*. O meglio, lo spazio vuoto tra due entità che non ci sono vale solo se tutti e tre i valori (*sì, no*, e spazio tra i due) sussistono in tensione. Come ha fatto notare Ricoeur siamo qui in presenza di una *dialettica* dell'assenza e della presenza. Quando Saussure nega che nella lingua vi siano termini positivi, esclude che possano essere considerati i suoni fisici o le idee, non le valenze in tensione. L'assenza di cui parla lo strutturalista concerne due fatti: 1) non conta cosa ci sia al posto del *sì* o del *no*, ma che le entità che ne coprono la valenza siano appunto in tensione; 2) una volta profferito il *sì* (o il *no*) l'entità profferita significa per il fatto che si staglia sull'assenza dell'altra. Ma in definitiva, in questa meccanica dell'opposizione significativa, ciò che conta è che si dia la possibilità sistematica che qualcosa ci sia differenziandosi da qualcosa che non c'è. Non è la Differenza in sé, con l'iniziale maiuscola, ipostatizzata e diventata metafora di qualcosa di stabile, al di qua dell'opposizione, che conta. L'assenza strutturalistica conta in quanto *qualcosa* non c'è, e al proprio posto appare *qualcos'altro*. L'Assenza di Lacan invece pare contare proprio in quanto, qualsiasi cosa appaia, ciò che viene messo in evidenza è l'Assenza stessa, che vanifica fatalmente quel che derisoriamente appare.

E questo perché il fatto che la catena significante possa esprimersi attraverso differenza tra ciò che c'è e ciò che non c'è, dipende dal fatto che essa nasce da una *frattura*, da una *mancanza*, da un peccato originale per cui l'io si caratterizza come privazione di qualcosa che non potrà mai raggiungere e questo qualcosa, l'Altro, di fatto non esiste e comunque non è mai attingibile.

V.2. Cioè, non è perché la catena significante operi per presenze e assenze che nell'universo lacaniano appare l'Assenza. È perché c'è già una Assenza costitutiva che la catena significante assume i modi dell'opposizione e della differenza. Il Non-Essere

non è il risultato di uno iato tra due termini in opposizione, è
l'origine di ogni opposizione possibile.

" L'inconscient est ce chapitre de 'mon histoire qui est marqué par un
blanc ou occupé par un mensonge [141] ... *Fort! Da!* C'est bien déjà dans sa
solitude que le désir du petit d'homme est devenu le désir d'un autre,
d'un *alter ego* qui le domine et dont l'objet de désir est désormais sa
propre peine. Que l'enfant s'adresse maintenant à un partenaire imaginaire
ou réel, il le verra obéir également à la négativité de son discours, et son
appel ayant pour effet de le faire se dérober, il cherchera sans une
intimation bannissante la provocation du retour qui le ramène à son
désir. Ainsi le symbole se manifeste d'abord comme meurtre de la chose,
et cette mort constitue dans le sujet l'éternisation de son désir ".[142]

L'inconscio è il discorso dell'Altro; in questo discorso l'astu-
zia metonimica svela che oggetto di ogni desiderio è l'Altro; ma
lo spostamento continuo che il simbolico crea da oggetto a oggetto,
rivela che " ce dont l'amour fait son objet, c'est ce qui manque
dans le réel; ce à quoi le désir s'arrête, c'est au rideau derrière
quoi ce manque est figuré par le réel ".[143]

Cosí il soggetto scopre la propria mancanza all'essere: " son
être est toujours ailleurs ".[144] " Le drame du sujet dans le verbe,
c'est qu'il y fait l'épreuve de son manque-à-être ".[145] Il ruolo del
vuoto nella catena significante verifica la struttura del soggetto
come discontinuità nel reale. I " buchi " del senso sono quelli
che determinano il suo discorso. Ciò che importa è indicato non
dalla tensione opposizionale, ma dalla assenza che vi si disegna
in seno.[146]

Il punto ultimo (diciamo la parola: L'Essere), si offre all'intuizione evocatrice come Pura Differenza. Il significante è il significante di " un manque dans l'Autre, inhérent à sa fonction
même d'être le trésor du signifiant ".[147]

E quindi, l'Altro svanendo nel medesimo momento in cui
pare affermarsi, io potrei al massimo provargli che esiste " non
bien sûr avec les preuves de l'existence de Dieu dont les siècles

[141] LACAN, pag. 259.
[142] LACAN, pag. 319. Cfr. la critica in RICOEUR, cit., pag. 418.
[143] LACAN, pag. 439. Si veda tutto il saggio " La direction de la cure ".
[144] *Ibidem*, pag. 633.
[145] *Ibidem*, pag. 655.
[146] *Ibidem*, pag. 801.
[147] *Ibidem*, pag. 818.

le tuent, mais en l'aimant". E dunque l'uomo si salverebbe
nella dedizione a un nulla che lo fa *passione inutile* (è lecito
evocare con questa terminologia un universo che Lacan rifiuta
ma che pare avergli dato alcune suggestioni?). Ma questo amore
sarebbe ancora quello del kerigma cristiano, e non risponderebbe
ancora alla domanda "Chi sono Io?". Mentre il mio io si rivela
nello stesso fallimento dell'amore e della gioia che conseguirebbe
al desiderio realizzato:

> "Cette jouissance dont le manque fait l'Autre inconsistant, est-elle donc
> la mienne? L'expérience prouve qu'elle m'est ordinairement interdite, et
> ceci non pas seulement, comme le croiraient les imbéciles, par un mauvais
> arrangement de la société, mais je dirais par la faute de l'Autre s'il existait:
> l'Autre n'existant pas, il ne me reste qu'à prendre la faute su Je, c'est à
> dire à croire à ce à quoi l'expérience nous conduit tous, Freud en tête:
> au péché originel ".[148]

V.3. Cosí il soggetto rivela quella che Lacan chiama una
"béance" costitutiva: una apertura, una divaricazione, una ferita aperta, per cui il soggetto è al nodo della differenza.

Spaltung, Entzweiung, le metafore freudiane si complicano
nelle metafore lacaniane: *béance, refente, différence, division*.[149] Al
fondo, la costituzione dell'io come qualcosa che non è la pienezza dell'Essere — poiché vi è peccato originale — ma nel contempo la definizione dell'Essere come qualcosa che non è mai
la pienezza di sé, ma la Differenza da tutto, perché il peccato
originale concerne anch'esso.

E sia, il peccato originale è un mito, al fondo cela ben altre
realtà psichiche, il complesso di castrazione, l'assenza del Nome
del Padre...[150] Ci pare inutile vedere per quali traduzioni psicoana-
litiche Lacan celi qui una ontologia che non può negarsi come
tale, dal momento che ci porta alla soglia propria di tutte le ontologie, al problema dell'Essere, della sua presenza consolatoria
o della sua assenza e Nullità. Se una visione tragica del genere
sconvolga o inveri il messaggio freudiano, non è problema che

---

[148] *Ibidem*, pagg. 819-820.
[149] Per questi termini, che ritornano continuamente nel corso degli scritti
lacaniani, si vedano ad es. le pagg. 415, 642, 852-857.
[150] " ... Nom-du-Père — c'est à dire [le] signifiant qui dans l'Autre, en
tant que lieu du signifiant, est le signifiant de l'Autre en tant que lieu de
la loi " (pag. 583).

va risolto in queste pagine. Che, di converso, si ricolleghi a ontologie filosofiche riconoscibili, questo è palese; e pertanto va sottolineato per coglierne sino alle ultime conseguenze.

VI. Lacan e Heidegger

VI.1. Nominato non molte volte nel corso degli scritti lacaniani, Heidegger appare ben piú che Freud la radice da cui si origina tutta la dottrina dell'Assenza.

C'è già chiaramente in Heidegger l'idea di un Essere non altrimenti attingibile se non attraverso la dimensione del linguaggio: di un linguaggio che non è in potere dell'uomo perché non l'uomo si pensa in esso ma esso si pensa nell'uomo.[151] Ed è proprio nelle pieghe del linguaggio che deve essere colto il particolare rapporto dell'uomo con l'essere.

Che è un rapporto di differenza e di divisione. L'oggetto del pensiero è la Differenza in quanto tale,[152] la differenza come differenza; e pensare la differenza in quanto tale costituisce l'atto filosofico per eccellenza, il riconoscimento della dipendenza dell'uomo da qualcosa che lo origina attraverso la propria assenza, mentre non si lascia mai attingere se non per via di teologia negativa. Riconoscere che per Heidegger " ciò per cui un pensiero vale... non è quello che esso dice, ma quello che lascia non detto facendolo tuttavia venire in luce, richiamandolo in un modo che non è quello dell'enunciare ",[153] altro non è che ripetere il discorso che Lacan ci viene facendo.

Quando Heidegger ci ricorda che di fronte a un testo, ascoltarlo come manifestazione dell'essere non significa capire ciò che esso dice, ma anzitutto ciò che non dice e tuttavia richiama, non afferma altro che quel che afferma Lacan quando insegue nel linguaggio le derisioni della metafora e della metonimia. La domanda lacaniana (" Chi parla? ") è ancora la domanda heideggeriana, formulata nel momento in cui si deve definire cosa sia che chiamiamo " pensiero ": *chi* è che ci chiama, *chi* è che ci

---

[151] Per i testi heideggeriani, oltre a *Hölderlin e l'essenza della poesia*, cfr. *Brief über der Humanismus, Hunterwegs zur Sprache*. Per una interpretazione generale delle posizioni heideggeriane a cui ci rifaremo qui, si veda GIANNI VATTIMO, *Essere, storia e linguaggio in Heidegger*, Torino, Edizioni di " Filosofia ", 1963, in particolare il capitolo IV, " Essere e linguaggio ".

[152] Cfr. *Identität und Differenz*. Vedi VATTIMO, *cit.*, pag. 151 e capitolo V in genere.

[153] VATTIMO, *cit.*, pag. 152.

appella al pensare? Ma il soggetto di questo appello non può essere esaurito in una definizione. Di fronte a un frammento parmenideo [154] apparentemente semplice (interpretato di solito, secondo Heidegger, come " È necessario dire e pensare che l'essente è "),[155] Heidegger gioca con tutte le sue finezze e acrobazie etimologiche per ricondurre il detto a una esplicazione piú profonda, che quasi ne rovescia il senso usuale: dove il " dire " diventa un " lasciar essere-posto-davanti " nel senso di un disvelare, lasciar apparire, e il pensare un " prendere cura ", un custodire nella fedeltà. Il linguaggio lascia apparire qualcosa che il pensiero custodirà e lascerà vivere senza violentarlo e irrigidirlo in definizioni che lo determinino e lo uccidano. E ciò che viene lasciato apparire e viene preso in custodia, è Ciò che attira e lascia essere ogni dire e ogni pensare. Ma questo Ciò si costituisce come Differenza, come ciò che non potrà mai essere detto, perché sta alla scaturigine di tutto quel che ne verrà detto, perché la differenza è costitutiva del nostro rapporto con esso, la Duplicità dell'essente e dell'Essere. Tra i quali, divisione e " béance ", " refente " e " Spaltung ", si pone quello che già Platone (e Heidegger lo riprende) designava come il χωρισμός, una *differenza* di luogo che si costituisce come Differenza costitutiva.[156]

VI.2. Ed è rivelativo che il gioco etimologico con cui Heidegger rovescia l'interpretazione del detto parmenideo, sia esattamente ripreso e mimato da Lacan quando si applica al famoso detto freudiano " *Wo Es war, soll Ich werden* ". Che non viene piú inteso nel senso consueto (" là dove era l'Es dovrà essere l'Io "),[157] ma in senso opposto, e proprio ricercando un senso originario dei termini che articolano l'enunciato: Io devo venire

---

[154] Cfr. *Was heisst Denken?*, Niemayer, 1954. L'interpretazione del brano parmenideo a cui ci si riferisce nelle linee che seguono è nella parte II, capitoli V-XI.

[155] Il frammento dice (è tra parentesi la parte che H. non utilizza): χρὴ τὸ λέγειν τε νοεῖν τ'ἐὸν ἔμμεναι (ἔστι γὰρ εἶναι). ANGELO PASQUINELLI (*I Presocratici*, Torino, Einaudi, 1958) traduce: " Per la parola e il pensiero bisogna che l'essere sia ". Altre traduzioni adottate: " il dire e il pensare deve essere un ente " (DIELS, *Parm.*); " ciò che può essere pensato e detto deve essere " (BURNET); " è necessario dire e pensare che solo l'essere è " (*Vors.*).

[156] Cfr. *Was heisst Denken?*, parte seconda, lezioni di collegamento, ora X-XI.

[157] Lacan traduce anche, attenendosi all'uso contro cui polemizza (*Écrits*, pag. 585): " Le Moi doit déloger le Ça ".

alla luce là, in quel luogo in cui l'Es è come "luogo d'essere",
Kern unseres Wesens; io posso ritrovarmi e trovare la pace solo
se so di non essere dove abitualmente sono ma di essere dove abitualmente non sono, devo ritrovare quel luogo di origine, riconoscerlo, *liegen lassen*, lasciarlo apparire e custodirlo.[158] E non per
nulla Lacan attribuisce al precetto freudiano un "tono presocratico",[159] perché ha presente l'operazione analoga che Heidegger
compie su un detto che presocratico è di fatto e per lui (Lacan)
completamente analogo a quello freudiano. Là dove l'Es permane,
laggiú come soggetto devo io arrivare. Per perdermi in Esso,
ovviamente, non per spodestarlo e instaurare al suo posto una pa-
rodia di soggettività ritrovatasi. Io devo custodire l'essere, o come
direbbe Lacan, devo "assumere la mia propria causalità"[160]

E allora comprendiamo ciò che vuole dirci Lacan quando con-
fessa: "Quand je parle d'Heidegger ou plutôt quand je le tra-
duis, je m'efforce à laisser à la parole qu'il profère sa significance
souveraine".[161]

VI.3. Il lacanismo si rivela dunque come un caso di manierismo heideggeriano. Ma nel momento in cui Heidegger ci aiuta
a capire il senso che acquistano le proposizioni di Lacan, ci impone anche di portarne le premesse sino alle ultime conseguenze.
Perché, si accetti o meno la prospettiva heideggeriana, ciò che
è chiaro in Heidegger è il fatto che l'Essere, predicato per differenza, non può essere sottomesso a alcuna determinazione strutturale. Catene significanti, leggi del simbolo, strutture — infine —
nel senso piú lato del termine, appaiono e scompaiono come manifestazioni "epocali" dell'essere, ma non si riducono ad esso,
che sta sempre al di qua, ne è la scaturigine e l'Origine, le fa essere, ma non vi si riduce.

"La verità dell'ente (per Heidegger) è nel suo svelarsi come
aperto a un rapporto con altri che ente non è, e che non si lascia
mai ridurre entro una concatenazione di fondante-fondato"......
"L'essere non è altro che la sua storia".[162]

[158] LACAN, *cit.*, pagg. 417; 518; 563.
[159] *Ibidem*, pag. 842 (e anche pag. 585).
[160] *Ibidem*, pag. 865.
[161] *Ibidem*, pag. 528.
[162] Ci rifacciamo qui alle interpretazioni di GIANNI VATTIMO, *Poesia e
ontologia*, Milano, Mursia, 1967. Cfr. pagg. 17-19.

" L'essere nel mondo proprio dell'uomo... è un ' abitare nel linguaggio '.
L'appartenere a questo onnicomprensivo orizzonte linguistico significa per
gli essenti che il loro essere, in quanto si offre alla comprensione interpretante, è simile all'essere proprio dell'opera d'arte e in generale degli eventi
storici, consiste cioè in un *Sichdarstellen* la cui essenza è di presentarsi
sempre e soltanto nell'interpretazione. L'orizzonte linguistico è quello entro
cui i singoli eventi storici (cose, persone, opere) si offrono ad essere compresi, e si illuminano e pervengono nel loro *Da*, come dice Gadamer, riprendendo la terminologia heideggeriana, presentandosi nel loro essere proprio.
L'orizzonte come tale non è mai visibile, giacché ogni comprensione si
muove all'interno di esso e ne è resa possibile. Inteso cosí, il linguaggio
finisce per identificarsi con l'essere stesso, almeno nel senso heideggeriano,
che Gadamer pare accettare, di luce nella quale i singoli essenti si fanno
presenti, ma che si sottrae alla vista proprio nell'atto di rivelare, rendere
visibili gli essenti... L'essere, raggiunto come l'orizzonte linguistico che
regge ogni possibilità di rapporto storico, è insieme *Sichdarstellen*, venire
in luce, e possibilità di ogni particolare venire in luce... Non si tratta di
dissolvere l'essere nel linguaggio, ma semmai di riconoscere il linguaggio
come *parola dell'essere*, in cui ogni essente si rivela e in cui l'uomo stesso
è già sempre posto ".[163]

Di qui un'unica possibilità, in Heidegger, di rapporto con
l'essere: l'attività ermeneutica, una esplicitazione mai completata,
mai totale, un muoversi dentro la vicinanza dell'essere, un farlo
parlare senza mai avere la pretesa di esaurirlo in quello che ci ha
detto, un vedere la parola come "aprirsi dell'essere stesso", non
segno delle leggi che regolano la natura dell'essere, un muoversi,
infine "permanendo nell'identico",[164] conservando una indeter-
minatezza che si oppone alla fame di rigore propria di ogni
scienza, e diventa non risposta ma capacità di ascoltare.

VI.4. Se abbiamo riportato alcuni brani di una interpretazione heideggeriana che ci pare chiarire il pensiero del filosofo,
non è stato per umiliare chi — come noi d'altronde — sperasse
ancora nella possibilità di una predicazione che permetta, per
fini dati, di immobilizzare la ricchezza delle determinazioni possibili degli eventi che ci attorniano, in una definizione strutturale. Non si vuole affermare cosí che, poiché Heidegger ha ragione, predicare strutture sia un vano esperimento. Ma la coe-

---

[163] *Ibidem*, pagg. 175-180.
[164] Cfr. VATTIMO, *Essere, storia e linguaggio in H.*, cit., pag. 159 e in
part. V, 2.

renza del pensiero heideggeriano porta alla luce le aporie di pensieri che non ne esibiscono la stessa consequenzialità radicale. È in ogni caso un vano esperimento predicare strutture *che si pretendono definitive*. Perché nel momento in cui una struttura pretende di essere l'ultima, rimanda a qualcos'altro, e cosí facendo, di rimando in rimando, approda a *qualcosa che non può piú essere strutturato*. In Lacan si consumano le aporie dello strutturalismo ontologico perché, nel momento in cui il discorso strutturale è condotto alle ultime conseguenze, l'Altro, su cui si fa presa, sfugge alla presa ponendosi come Differenza ed Assenza; e poi perché, una volta riconosciute, la Differenza e l'Assenza non sono piú strutturabili. Al limite della propria deduzione conseguente, lo strutturalismo ontologico muore: e nasce una ontologia pura e semplice, senza strutture di sorta.

VII. La liquidazione dello strutturalismo (Derrida e Foucault)

VII.1. Allora tanto vale riconoscere il punto a cui si è pervenuti. Dove chi ha riflettuto sulle sorti dello strutturalismo alla luce di una sensibilità filosofica, ha accettato di celebrare una inesausta generatività dell'essere, che si presenta attraverso i discorsi in cui si svela, ma non può essere ridotto alle loro leggi; oppure ha descritto gli eventi epocali in cui l'essere si manifesta, mostrando i modi in cui si struttura, ma ben sapendo che le strutture messe in opera si garantiscono solo in quanto *eventi dell'essere* e non *la sua trama*.

Questi due atteggiamenti filosofici ci paiono presenti in due liquidatori dello strutturalismo francese dopo Lacan: Derrida e Foucault.

In Derrida l'opposizione, che già abbiamo citato, tra la *forma* e la *forza*, tra la struttura spazializzata e l'energia che promana dall'opera, si chiarisce come una opposizione tra Apollo e Dioniso che non risiede *nella* storia: sta all'origine di ogni storia possibile, è la struttura della storicità. Ma produce ogni sviluppo proprio perché è costitutivamente Differenza, scarto permanente (ancora una volta, *béance*). E in questa contraddizione il rapporto tra Dioniso e la struttura che lo definisce è un rapporto di morte.[165]

[165] Solo i pensieri che vi vengono camminando hanno valore, ricorda

VII.2. Ci sono alcune pagine molto prestigiose (alto esercizio di stile oltre che di finezza ermeneutica e di sensibilità metafisica) in cui Derrida usa come metafora-guida un testo scritto
da Freud con intenti prettamente scientifico-positivistici. Si tratta
di " Freud et la scène de l'écriture " e degli scritti di Freud
sulla meccanica neuronica della memoria e della percezione. Freud
cerca di spiegare la registrazione del ricordo attraverso una impronta, che certi neuroni conserverebbero, dell'eccitazione che li
ha attivati. Questa impronta è una " Bahnung ", e dunque un
" passaggio ", un " varco " (ancora una volta: una ferita, una cicatrice, aperta, una divaricazione, una " béance ", una frattura —
se si fa risalire il termine francese " frayage ", che Derrida impiega, al participio latino che indica come la via sia " fracta "). La
memoria dunque sarebbe "rappresentata dalle differenze di *frayage* tra i neuroni ". Ciò che ne costituirebbe la qualità sarebbe un
sistema di differenze e opposizioni, ancora una volta. Di qui
Derrida sviluppa la sua lettura metaforica: la memoria come traccia è pura differenza. "La via psichica non è né la trasparenza
del senso né l'opacità della forza ma la differenza nel lavoro
delle forze. Nietzsche lo sapeva bene ".[166] Anche qui abbiamo,
come già in Lacan, una ipostatizzazione ontologica di una soglia differenziale il cui valore era puramente dialettico. In tal
senso allora " la differenza non è una essenza, dato che non è
nulla, *non è* la vita se l'essere viene determinato come *ousia*,
presenza, essenza-esistenza, sostanza o soggetto. Bisogna pensare
la vita come traccia prima di determinare l'essere come presenza.
È la sola condizione per poter dire che la vita *è* la morte, che
la ripetizione e l'al di là del principio di piacere sono originari
e congenitali a ciò stesso che trasgrediscono ".[167] Dire che la differenza è originaria è distruggere il mito della presenza contro cui
si è battuto anche Heidegger, ed è stabilire che ciò che è originario è la *non-origine* [168]; significa ricordare che ciò che ci costi-

---

Nietzsche a Derrida: " L'écriture est l'issue comme descente hors de soi en soi
du sens: métaphore-pour-autrui-en-vue-d'autrui-ici-bas, métaphore comme possi-
bilité d'autrui ici-bas, métaphore comme métaphysique où l'être doit se cacher
si l'on veut que l'autre apparaisse... Car l'autre fraternel n'est pas *d'abord*
dans la paix de ce qu'on appelle l'intersubjectivité, mais dans le travail et le
peril de l'inter-rogation; il n'est pas d'abord certain dans la paix de la
réponse où deux affirmations *s'épousent* mais il est appelé dans la nuit par
le travail en creux de l'interrogation " (*L'écriture et la différence*, cit., pag 49).

[166] DERRIDA, cit., pag. 299.
[167] *Ibidem*, pag. 302.
[168] *Ibidem*, pagg. 303-315. Si veda qui come Derrida tenta di ricondurre a
questa nozione anche il " telos " husserliano.

tuisce è il fallimento originario, ciò che ci manca e ci fa vittime
di un desiderio senza scopo: "la differenza tra principio di piacere e principio di realtà, per esempio, non è solo né all'inizio
una distinzione, una esteriorità, ma la possibilità originaria,
nella vita, della deviazione, della differenza (Aufschub) e dell'economia della morte ".[169] Nato come mancanza, cicatrice aperta sin
dal suo primo porsi, morso da un desiderio che non avrà mai
la soddisfazione finale, condannato a mascherarlo attraverso il
gioco dei travestimenti simbolici, l'uomo è segnato da quell'errore
che lo dispone alla morte e celebra la costitutività della morte
in ogni suo gesto. In tal senso la nostra origine sfugge allo stesso
binarismo, perché lo rende possibile a partire da niente.[170]

VII.3. In Derrida si celebra quello che, a un livello di minore "agudeza" metafisica, in un discorso piú psicoanalitico,
commentando alcuni scritti di Lacan, diceva J.-B. Pontalis: la
scoperta freudiana è quella di un *decentramento*; e non sostituisce al centro perduto — per cui il soggetto diventa un puro
miraggio — un soggetto assoluto, né cerca di ridurre ciò che si
manifesta come ingannevole ad una Realtà diversa; la coscienza si
trova intrappolata nel lavorío del senso che, anziché imporsi come
una Realtà determinabile, si manifesta come gioco di andate e
ritorni, sotterfugi, derisioni... "Se l'esperienza immediata libera
di primo acchito delle significazioni, non dice cosa le organizza,
non dona lo schema del reticolo in cui son prese...".[171] L'uomo è
fondamentalmente catturato in una trappola senza forma e l'analista non lo guarisce restituendogli il soggetto "vero" ma mo-
strandogli "che la verità non è deposta in alcun luogo, né nel-
l'analizzato, né nell'analista e neppure nella loro relazione: essa
è senza luogo e senza formule".[172] "L'uomo non è immaturo per
un fallimento della sua organizzazione, ma prematuro per vocazione, carenza per sempre, ed è in questa *béance* vitale che il suo
desiderio si origina e lo vota a una storia fatta di vuoti, di sviluppo disuguale, di conflitti ".[173] Di conseguenza la lezione di
Freud è una lezione tragica, l'ottimismo della psicoanalisi ameri-

[169] *Ibidem*, pag. 295.
[170] *Ibidem*, pag. 339.
[171] J. B. PONTALIS, *Après Freud*, Paris, Juilliard, 1965, pagg. 52-53.
[172] *Ibidem*, pag. 75.
[173] *Ibidem*, pag. 80.

cana che cerca di reintegrare un io fittizio alle regole di una comunità in cui si trovi a proprio agio è un tradimento della lezione freudiana, l'unica terapia analitica è una educazione all'accettazione del nostro essere-per-la-morte. E qui le conclusioni del
lacanismo sono le stesse delle pagine di *Sein und Zeit* sulla "decisione anticipatrice". L'analisi è piazzata sotto il segno della morte.

Che poi per lo psicanalista la *béance* iniziale prenda forme
fisiologicamente più riconoscibili che in Heidegger, conta assai
poco per le conclusioni filosofiche che se ne vogliano trarre.

VII.4. Ciò piuttosto che importa è che, e Derrida lo mostra
con disperata arguzia in risoluzione della sua lettura freudiana,
nel momento in cui quella pena inutile che è il soggetto si accorge di ubbidire solo (che parli o che scriva) al gioco di nascon-
dimenti ed elusioni in cui la catena simbolica lo cattura, questa
coscienza non lo porta fuori del gioco. Lo si era detto, non c'è
metalinguaggio dell'Altro — e quindi non c'è fondazione trascendentale del rapporto tra il soggetto e l'essere di cui parla.
Non c'è neppure per Freud: ed eccolo smascherato (mentre ar-
ticolava la sua ricerca attraverso una serie di metafore in cui
baluginavano immagini quali la scrittura, le macchine più complesse, il camminare) dalle citazioni finali che Derrida trae dalla
Traumdeutung: per metafore e metonimie Freud, parlandoci della struttura neuronica della memoria, designava pur sempre il
pene, il coito, il desiderio di unione con la madre.

Avviso dunque a chi volesse ancora fingere di individuare
strutture definitive: non solo raccontandole voi racconterete sempre *qualcos'altro,* ma in ogni caso *non riuscirete a fondarle,* perché il linguaggio che pretende di fondarle è quello stesso i cui
inganni le strutture vorrebbero smascherare.

Si capisce allora come molta critica di impianto fenomenologico possa inalberarsi e in definitiva porre — ai liquidatori dello
strutturalismo — questioni che ad essi appaiono prive di senso.
Ed è quello che accade per esempio nella polemica intorno a
Le parole e le cose di Michel Foucault.[174]

VII.5. Certo in Foucault, la conclamata e fraintesa "morte
dell'uomo" implica chiaramente la rinuncia alla fondazione tra-

---

[174] Cfr. per esempio le critiche di Ezio Melandri, in "Lingua e Stile",
II, 1.

scendentale del soggetto e quindi la coscienza del fatto che, oltre
un certo limite, tra Husserl e Sartre, da una parte, e il filone
Nietzsche-Heidegger dall'altra, non si dà coesistenza. Ma quello
che è curioso nella sua opera (contro le impressioni di una prima lettura) è che mentre la scelta Nietzsche-Heidegger implica anche la liquidazione dello strutturalismo, in tutto il libro l'autore
non pare far altro che elaborare griglie strutturali (in contrasto
con le sue sincere professioni pubbliche, che il pubblico crede
una civetteria, di non-strutturalismo).

   L'assunto di Foucault è noto: tracciare le mappe di una archeologia delle scienze umane, dalla rinascenza a oggi, in cui
fare emergere degli "a priori storici", la *episteme* di una certa
epoca, "le configurazioni che hanno dato luogo alle varie forme
della conoscenza empirica", ciò a partire dal quale conoscenze e
teorie sono state possibili...[175]

   L'idea della somiglianza regge il mondo simbolico medieval-
rinascimentale (il rinascimento di Foucault possiede molte delle
caratteristiche del medioevo); l'idea settecentesca della rappresentazione, poggiandosi alla fiducia di una parentela tra l'ordine
delle cose e l'ordine del linguaggio, classifica gli esseri attraverso
la omologia dei loro caratteri visibili; e le idee della vita, del lavoro, del linguaggio come energia, che nel XIX secolo sostituiscono la genesi alla descrizione tassonomica, la vitalità organica
alla descrivibilità formale, l'attività alla rappresentazione, fanno
sí che ormai l'essere di ciò che viene rappresentato cada fuori
della sua rappresentazione.[176] Sorge allora la problematica del-
l'origine e del fondamento, l'uomo si fa problema a se stesso come possibilità di essere delle cose nella coscienza, e scopre le
impossibilità paralizzanti a cui conduce questa sete di fondazione
trascendentale. Segue la soluzione apportata ora dalle scienze umane, che studieranno quei campi in cui qualcosa che è *altro dal-
l'uomo* lo attraversa e lo determina: il campo della psicologia, in
una dialettica tra *funzione* e *norma*, quello della sociologia, in
cui si oppongono *conflitto* e *regola*, e quello dei miti e delle let-
terature, retto da una opposizione tra *significato* e *sistema*: un
gioco dialettico, al limite, tra *messaggi* e *codici*, le cui regole
sono date dalle due scienze il cui oggetto si sottende a quello

---

[175] MICHEL FOUCAULT, *Le parole e le cose*, cit., pagg. 11-12.
[176] *Ibidem*, pag. 259.

delle altre, l'etnologia e la psicoanalisi, che studiano appunto i sistemi di determinazioni profonde, collettive e individuali, in base a cui le altre opposizioni si strutturano.

Ma Foucault, rifugge sempre dal fondare le griglie che usa. Si veda ad esempio il gioco di opposizioni al quale sono ridotte le differenze (viste come permutazioni) tra utilitaristi e fisiocratici, nel secolo XVIII:

" gli utilitaristi basano sull'*articolazione* degli scambi l'*attribuzione* alle cose di un certo valore; i fisiocrati spiegano attraverso l'*esistenza* delle ricchezze la *circoscrizione* progressiva dei valori. Ma per gli uni come per gli altri la teoria del valore, come quella della struttura nella storia naturale, connette il momento che *attribuisce* a quello che *articola* ".[177]

Cioè, negli utilitaristi l'articolazione (il gioco dei bisogni e delle utilità) spiega l'attribuzione (il conferimento di valore); nei fisiocrati l'attribuzione (l'esistenza del valore naturale) spiega la articolazione (il sistema delle utilità). Come si vede, abbiamo qui una struttura che spiega due posizioni ideologiche diverse in base alla stessa matrice combinatoria. Questa griglia strutturale può essere ritenuta dal lettore come reperita nel contesto dell'episteme classica, e dunque esibita *come data* dal pensiero dell'epoca esaminata.

Ma piú avanti, per spiegare il passaggio dalla teoria classica della conoscenza a quella ottocentesca, Foucault si esprime cosí:

" Le condizioni di possibilità dell'esperienza vengono in tal modo ricercate nelle condizioni di possibilità dell'oggetto e della sua esistenza, mentre, nella riflessione trascendentale, le condizioni di possibilità degli oggetti dell'esperienza vengono identificate con le condizioni di possibilità dell'esperienza medesima ".[178]

Anche qui una matrice permutazionale che spiega due diversi modi di fondare la verità del discorso filosofico. Ma mentre nel primo caso la griglia poteva essere considerata *infra-epistemica*, come disvelantesi a chi cercasse la forma soggiacente del pensiero dell'epoca classica, qui la griglia, che permette di scavalcare due

---

[177] *Ibidem*, pag. 226.
[178] *Ibidem*, pag. 264.

epoche, è chiaramente *trans-epistemica*. È anch'essa *data*, si offre
alla indagine, o viene *posta*, e diventa strumento usato per spiegare i fatti?

Foucault non ritiene troppo importante rispondere a questa
domanda; cosí come non ritiene di fondare le griglie usate dalle
scienze umane né di dire esplicitamente se le griglie offerte da
etnologia e psicoanalisi abbiano uno statuto trascendentale o ontologico tale che permetta loro di fondare le griglie delle scienze
umane. Anche interrogato su questo argomento, Foucault ammette che le cosiddette griglie gli siano apparse spontaneamente
nel momento in cui interrogava una situazione storica, e fossero
state accolte nel corso dell'indagine senza che per questo egli dovesse preoccuparsi di darne statuto gnoseologico. E a ragione, perché tutto il suo libro costituisce un atto d'accusa contro la pretesa fallita, da parte dell'uomo moderno, di elaborare la fondazione trascendentale della conoscenza.

Ora, alla luce di quanto si era detto prima, la risposta appare
chiara, specie se si rileggono meglio alcune pagine iniziali:

" Esiste quindi tra lo sguardo già codificato e la conoscenza riflessiva,
una regione mediana che offre l'ordine nel suo essere stesso: l'ordine
vi appare, a seconda delle culture e delle epoche, continuo e graduato, o
frammentato e discontinuo, legato allo spazio o costituito ad ogni istante
dalla spinta del tempo, imparentato a un quadro di variabili o definito da
sistemi separati di coerenze, composto di somiglianze che si succedono
in corrispondenza della loro prossimità o si rispondono specularmente, organizzato intorno a differenze crescenti, ecc. Tale regione ' mediana ', nella
misura in cui manifesta i modi d'essere dell'ordine, può quindi darsi come
la piú fondamentale; anteriore alle parole, alle percezioni, ai gesti ritenuti
atti a tradurla con maggiore o minore precisione o felicità (ecco perché
tale esperienza dell'ordine, nel suo essere massiccio e primo, svolge costantemente una funzione critica); piú salda, piú arcaica, meno dubbia, sempre
piú ' vera ' delle teorie che tentano di dare a quelli una forma esplicita, una
applicazione esaustiva, un fondamento filosofico. In ogni cultura esiste dunque, fra l'impiego di quelli che potremo chiamare i codici ordinatori e le
riflessioni sull'ordine, l'esperienza nuda dell'ordine e dei suoi modi d'essere ".[179]

Sostituite ora alla nozione di " ordine nel suo essere stesso "
quella di " essere come scaturigine di ogni ordine ", e avrete

[179] *Ibidem*, pag. 11.

ancora e di nuovo la posizione heideggeriana. Ecco perché Foucault non può fondare le griglie strutturali che usa. perché queste gli appaiono all'interpretazione che egli dà degli eventi epocali dell'essere, come i modi in cui l'essere si è espresso in vari secoli, riconoscibili per la parentela che ci lega, dividendoci, a esso, senza che alcuna griglia, originata dall'essere, lo definisca una volta per tutte, né possa venir fondata su un qualche suo meccanismo riconoscibile e predicabile.

VIII.   Dell'estremo sotterfugio dell'Assenza...

VIII.1. Eppure (Foucault in questo è un esempio vistoso)[180] le strutture sono continuamente manovrate *come* per spiegare tutto. Cosa accade dunque a questo pensiero che sembra avere fatto cosí chiaramente le proprie scelte e tuttavia sembra ancora agitato da una contraddizione permanente tra ciò che dichiara e il modo in cui opera?

Ancora una volta la risposta piú lucida ci sembra di poterla ritrovare in Derrida, in quel saggio su "La structure, le signe et le jeu dans le discours des sciences humaines" che conclude *L'écriture et la différence.*[181]

La lezione nietzschiana e heideggeriana ha rivelato ai liquidatori dello strutturalismo che non può essere definita una presenza (una *ousia*) che esaurisca il mobile gioco delle apparizioni di una non-origine senza fondo. Ma anche chi è arrivato vicino a questa rivelazione, non si è deciso a rinunciare alle griglie strutturali di cui (positivisticamente, meccanicisticamente, con disperata empiria) sperava ancora di potersi servire per discorrere sulle cose. E l'esempio principe di questa contraddizione diventa, per Derrida, Lévi-Strauss. Che Lévi-Strauss mirasse, con tutto il suo discorso, a conclusioni come quelle che abbiamo individuato nel lacanismo, era implicito nella stessa analisi che abbiamo condotto sui suoi testi. Tutta l'analisi dei miti, oltre che lo studio sulle relazioni di parentela, tende a ritrasformare i prodotti della cultura in un dato di natura Originario che dovrebbe spiegare il perché delle strutture. Ma cercando ancora di risolvere il pro-

---

[180] Cosí il suo può sembrare *Un positiviste désespéré* (SYLVIE LE BON, in "Les Temps Modernes", gennaio 1967). Piú comprensiva la lettura che ne dà, *ibidem*, MICHEL AMIOT (*Le relativisme culturaliste de M. F.*).
[181] Tradotto in italiano nella rivista "Portico", febbraio 1967. Citiamo i brani che seguono da questa traduzione.

blema all'interno di una opposizione tra natura e cultura Lévi-
Strauss, quando si incontra in un fenomeno che pare appartenere
ai due ordini, come la interdizione universale dell'incesto, avverte un che di irrisolto, una opacità del sistema; non ha il coraggio di pensare questo qualcosa di originario come ciò che precede ogni distinzione e la fonda, cosí da dover essere lasciato
nell'impensato, nel senso in cui l'impensato è ciò a cui ontologicamente dobbiamo stare vicino e in cui *abitare*, senza farlo uscire dalla propria elusività.

Eppure Lévi-Strauss (non lo avevamo notato anche noi?) oscilla sempre tra una ricerca della struttura oggettiva e la dichiarazione che le strutture che impiega sono buoni artifici metodologici, strumenti di operazione. Ovvio come per Derrida questa ingenuità operativistica suoni a condanna di una impresa votata
allo scacco in partenza. E noi stessi, conducendo alle ultime conseguenze le posizioni di uno strutturalismo "filosofico", abbiamo riconosciuto lo scacco come costitutivo dell'operazione. Scacco
che consiste, sottolinea Derrida, nel "conservare come strumento
di lavoro ciò di cui si mette in discussione il valore di verità"
— ma a cui, aggiungiamo noi, si confida pur sempre di poter
attribuire questo valore. Lévi-Strauss si accorge come, dal proprio punto di vista, non esista "un termine vero e proprio del-
l'analisi mitica, né una unità segreta· che si possa cogliere alla fine
del lavoro di scomposizione. I temi si sdoppiano all'infinito... raggi privi di qualsiasi fuoco che non sia virtuale"; ed è naturale,
perché il discorso mitico, come quello dell'inconscio, è trasposizione metonimica continua, dove un inganno rinvia a un altro
e tutti metaforizzano l'Assenza del centro. Eppure, insiste Derrida, "non c'è un libro o uno studio di Lévi-Strauss che non si
proponga come un saggio empirico che altre informazioni potrebbero sempre completare o mettere in crisi". Cosí l'enumerazione degli elementi, che lo strutturalista (linguista o etnologo
che sia) non può perfezionare prima di aver elaborato una struttura che li contempli tutti nella loro possibilità articolatoria, può
essere o inutile o impossibile. Se è impossibile è perché sono teoricamente illimitati e dunque l'ipotesi strutturale deve anticipare
una totalità che solo il procedere dell'indagine può verificare
passo per passo; e siamo a una assunzione metodologica. Se è
inutile è perché la totalità non esiste come presenza ma solo come virtualità; e allora non è neppure il caso di elaborare strutture
che la presentifichino. Lévi-Strauss non si decide a scegliere tra
inutilità e impossibilità e agisce empiricamente manipolando ciò

che non appartiene all'empiria. Derrida: "se allora la totalizzazione non ha piú senso, ciò non dipende dal fatto che l'infinità
del campo non può essere coperta da un discorso finito, ma piuttosto dal fatto che la natura del campo... esclude la totalizzazione:
questo campo è in realtà il campo di un gioco, cioè di una sostituzione infinita nell'ambito di un sistema finito" perché "gli
manca qualche cosa, cioè un centro che arresti e fondi il gioco
delle sostituzioni". E qui Derrida torna a Lacan e attraverso
a Lacan ancora una volta, con Heidegger, a Nietzsche.

VIII.2. Si capisce perché in Lévi-Strauss appare cosí fati-
cosa la soluzione del dibattito tra storia e struttura: è proprio
il rifiutarsi al riconoscimento di questa virtualità dell'origine, da
cui scaturisce la storia che Essa fonda, e il cercare ancora di riat-
taccarsi a una Struttura che si pretende intemporale, ma non
può essere generatrice di storia, che porta alla neutralizzazione
del tempo. La Struttura è una Presenza che si distende lungo il
tempo senza mutare: l'Origine sarebbe invece una assenza che
non ha nulla a che vedere col tempo e con la storia, ma proprio
per questo li permette.
   "Il gioco è la distruzione della presenza". Invece "volta verso la presenza perduta o impossibile dell'origine assente, questa
tematica strutturalistica della immedietà spezzata, è dunque la
faccia triste, negativa, nostalgica, colpevole, russoviana, del pensiero del gioco, di' cui l'*affermazione* nietzschiana, l'affermazione gioiosa del gioco e dell'innocenza del divenire, l'affermazione
di un mondo di segni senza errore e senza verità, senza origine,
aperto a una interpretazione attiva, sarebbe l'altra faccia".[182]
   Derrida sa bene che pretendere oggi di risolvere il conflitto
tra le due tendenze è cosa prematura. Giustifica in fondo l'oscillazione palese di Lévi-Strauss e quella già piú consapevole e maliziosa di Foucault. Ma in ogni caso in questa distinzione ed esclusione reciproca delle due possibilità (la cui compresenza è solo
uno degli eventi della nostra epoca, non la garanzia di una mediazione) liquida definitivamente lo strutturalismo come filosofia.

VIII.3. Ma questa oscillazione irrisolta non sopravvive anche in Lacan? Non abbiamo notato il tentativo di fondare la
struttura della determinazione sul codice binario della catena significante e, al tempo stesso, la liquidazione di ogni struttura nel-
l'Ipostatizzazione ontologica dell'assenza, che permette lo spazio

---

[182] DERRIDA, *cit.*, pag. 16.

tra due affermazioni in ogni comunicazione binaria?

Le affermazioni di Derrida sul gioco ci aiutano a risolvere questa apparente contraddizione e a capire perché, in alcune sue pagine, Lacan sia cosí diffidente verso la nozione di codice.

Ricordiamo quello che abbiamo detto del codice, in A.1.IV. Un codice viene sovrapposto alla equiprobabilità di una fonte di informazione per ridurre, in base a certe regole, la possibilità che possa avvenire *di tutto*. Un codice è un sistema di probabilità che riduce l'equiprobabilità originaria. Un codice fonologico sceglie poche decine di suoni, li irrigidisce in un sistema astratto di opposizioni, e conferisce loro un significato differenziale. Tutto quello che sta prima di questa operazione è il mondo indifferenziato di tutti i suoni e di tutti i rumori possibili, ove ogni unione è possibile. Un codice interviene per porre un senso a qualcosa che in origine non lo ha, promuovendo certi elementi di quel qualcosa a rango di significante. Ma in assenza di un codice, quel qualcosa non codificato che lo precede, può produrre infinite aggregazioni alle quali *solo dopo*, sovrapponendovi un codice qualsiasi, potrà essere attribuito un senso.

E come è che l'andamento del non-codificato può essere descritto o previsto e comunque nominato? Attraverso una teoria delle probabilità. Ma una teoria probabilistica, sia che identifichi le leggi statistiche con presunte leggi oggettive del caos, sia che le intenda solo come strumenti attendibili di previsione, cerca solo di dire *in che modo tutto possa accadere* là dove non vi è stata ancora l'impronta di un codice, e quindi di una struttura. Ora la catena significante non è strutturata da un codice, Lacan ce lo ha detto, ma da leggi probabilistiche.[183] *E dunque non è un codice (né una struttura) ma una Fonte, una Sorgente.* E guarda caso (forse è proprio un caso, all'origine, ma non è un caso che Lacan abbia approfittato di questo caso), la Fonte e la Sorgente dei teorici dell'informazione (che non hanno probabilmente mai riflettuto sui problemi dell'ontologia) viene denotata con due parole che basta usare con connotazioni diverse perché servano a meraviglia a indicare l'Origine e la Differenza, la Scaturigine, ma anche l'Apertura da cui prendono vita tutti gli eventi. "Fonte" e "Sorgente" ci ricordano miti e metafore della poesia di Höl-

---

[183] " Cet Autre, n'est rien que le pur sujet de la moderne stratégie des jeux, comme tel parfaitement accessible au calcul de la conjecture, pour autant que le sujet réel, pour y régler le sien, n'a à y tenir aucun compte d'aucune aberration dite subjective au sens commun, c'est-à-dire psychologique, mais de la seule inscription d'une combinatoire dont l'exhaustion est possible " (*Ecrits*, pag. 806).

derlin, da cui Heidegger trae la sua dottrina del linguaggio come voce dell'origine. "Ma ciò che faccia il fiume — nessuno sa". Come di ogni fonte informazionale.

Il ciclo si è compiuto, l'ultimo residuo di strutturalità si è perduto nella definizione statistica di una catena significante che è solo la matrice, indefinibile, del puro gioco combinatorio in cui Derrida (con Nietzsche) risolveva la verità e l'errore.

Che la catena potesse poi scandirsi per movimenti binari, lo abbiamo visto, non è perché il codice dei linguisti e dei fonologi sopravvivesse come tale; è solo perché una Fonte come differenza non può che produrre dei giochi differenziali. Una volta che ha riconosciuto la propria origine giocosa, il Superuomo non ha più bisogno dell'Uomo di Ginevra (né di quello che ci invitava a ritrovare la saggezza della natura, né di quello che ci insegnava a costruire il sistema della cultura).

IX.   ... e del modo di contestarlo

IX.1. A questo punto la critica d'arte, la semiologia dei miti, l'analisi delle strutture sociali, se si richiamano a questo strutturalismo (cioè a quello che Derrida e Foucault, dopo Lacan, mettono in crisi) dovrebbero essere coerenti. Se ogni struttura altro non è che un evento dell'essere, e se l'essere parla solo se gli ci avviciniamo secondo una valenza affettiva, in una interrogazione che non si arresti mai,[184] allora ogni operazione è possibile, meno una: l'analisi scientifica della catena dei significanti nella loro evidenza oggettiva.

Quale oggettività dei significanti, se essi ci si disvelano in una interrogazione che non può mai arrestarsi a un senso definitivo?

Come potrà l'operazione critica pretendere di ridursi (o promuoversi) a una messa in luce delle forme significanti e del loro funzionamento, prescindendo dai sensi che questo congegno potrebbe assumere? [185]

---

[184] Cfr. *Was heisst Denken?*, cit., 2, IX: il pensiero non è una " presa " concettuale, il pensiero che si sviluppa non conosce il concetto che immobilizza, il vero pensiero " resta in cammino ". Il " Sistema " è una pura trovata rassicurante. Sulla valenza affettiva si veda poi il capitolo " Arte, sentimento, originarietà nell'estetica di H. " in GIANNI VATTIMO, *Poesia e ontologia*, cit.

[185] Si veda l'oscillazione tra questa pretesa di oggettività assoluta e la coscienza del continuo riempimento di senso che si attua nella lettura dell'opera,

Come potrà rispondere Lévi-Strauss (a chi propone il problema di una *struttura della fruizione*, dialetticamente connesso a
quello di una struttura dell'opera) che l'opera deve poter essere
indagata *come un cristallo*, facendo astrazione dalla nostra risposta? [186]

Se la Struttura Ultima esiste, non può essere predicata, perché
non c'è metalinguaggio che la possa imprigionare; e se la si lascia apparire tra le pieghe di un linguaggio che la evochi, allora
essa non è l'Ultima, perché nel momento in cui appare manca
delle caratteristiche di ciò che è Ultimo, la capacità cioè di ritrarsi
per generare altre apparizioni. E comunque, se anziché essere stata definita è stata evocata, allora nella sua evocazione si è introdotta quella componente affettiva che è essenziale a un rapporto ermeneutico: e dunque la struttura non è oggettiva, ma
caricata di senso. Ma nel momento in cui reintroduco la dialettica dell'interpretazione (e abbiamo visto che rifiutarla e, ad un
tempo, pretendere a una ontologia strutturale o a uno strutturalismo ontologico, costituisce una contraddizione radicale), la fiducia che la struttura individuata sia oggettiva dipende solo da
una postulazione di tipo mistico: e cioè che la Scaturigine di
ogni senso mi garantisca sulla legittimità del senso che ho individuato.

IX.2. Se però *sospendo* questa postulazione, *non mi rimane
che interpretare la struttura individuata* (e l'attribuzione di senso
che comporta) *come modello conoscitivo.*

Se so che la struttura è un modello so anche che, ontologicamente parlando, *essa non esiste*. Ma se la postulassi come realtà
ontologica dovrei concludere che, come struttura (lo abbiamo
visto), *essa non esisterebbe lo stesso. In ogni caso la Struttura è
assente*. Non posso che celebrarla come Assenza costitutiva del
mio rapporto con l'essere, o come Finzione. La terza soluzione,
di continuare a maneggiarla come vera e descrivibile insieme, è
ingannevole e mistificatoria.

nel discorso critico di Roland Barthes: sia in *Saggi critici*, cit., che in *Critique et vérité*, Paris, Seuil, 1966 (parte seconda, tradotta su "Marcatre",
23-24-25).

[186] Ci riferiamo all'intervista rilasciata da Lévi-Strauss a Paolo Caruso in
"Paese Sera-Libri" del 20-1-67, dove si polemizza con le posizioni da noi
sostenute in *Opera aperta* circa la "struttura della fruizione": sostenendo che
il momento della fruizione dell'opera non deve intervenire nella considerazione strutturale della medesima, intesa a vederla nella sua pura struttura
significante. Per la nostra risposta, cfr. la Prefazione alla seconda edizione di
Opera aperta, Milano, Bompiani, 1967.

IX.3. Ma non ci stiamo di nuovo invischiando in una serie di pietose contraddizioni che un pensiero ontologicamente conseguente è pronto a smascherare avvalendosi delle nostre stesse premesse?

Cosa siano queste finzioni che proponiamo in cambio delle predicazioni di strutture oggettive, è chiaro, sono *i codici come istituzioni sociali e tentativi ipotetici di indicare i meccanismi degli eventi*, e come i messaggi si originino dai sistemi di regole che vi presiedono. Ma opporre delle finzioni, sapute come tali, al riconoscimento virile della impossibilità di definire una origine, non è uno sfuggire all'ammissione suprema?

La quale, nel crepuscolo dello strutturalismo, sembra scindersi in due opzioni, spesso cosí vicine da confondersi, talora drammaticamente opposte — quasi quanto l'aporia tra struttura e assenza. Da un lato lo strutturalismo può morire in un heideggerismo assai piú vicino a *Sein und Zeit* che all'ultimo Heidegger: la cura (psicanalitica) come liberazione dalla Cura (come *Sorge*) si risolve nella decisione anticipatrice dell'essere-per-la-morte. Dall'altro, l'heideggerismo ritrova la sua matrice nietzschiana e la scoperta della non-origine provoca la celebrazione gioiosa del gioco che ne consegue: se "in ogni ora l'Essere comincia" e "intorno a ogni Qui gira la sfera del Là", se "il Centro è dappertutto" e "Curvo è il sentiero dell'eternità", allora "non furono dati alle cose nomi e suoni perché l'uomo si consoli? È dolce follia il parlare: parlando l'uomo passa danzando su tutte le cose. Come è dolce ogni parola e le menzogne dei suoni! Mediante i suoni danza il nostro amore su variopinti arcobaleni".[187] Che è poi ogni poetica intesa a celebrare, nell'assenza, la possibilità inesausta del racconto che il linguaggio fa a se stesso.

Se l'ammissione suprema è il riconoscimento della ferita che ci consegna sin dal principio alla morte, sfuggirvi significa *rimuoverla*. Se è il riconoscimento del gioco, rifiutarla è ammetterla: salvo che l'ammissione anziché fermarsi su se stessa produce una poetica del gioco, e mi porta ad architettare trappole, aquiloni, fuochi d'artificio, gadgets operativi manifestamente ludici e consolatori: la scienza, i metodi,[188] la Cultura.

IX.4. Ma se soltanto una di queste trappole servisse a costruire qualcosa che possa colmare il desiderio che ci muove? Non

---

[187] *Cosí parlò Zarathustra*, III, " Il convalescente "
[188] " Metodo: non serve a nulla " (FLAUBERT, *Dizionario delle idee correnti*).

è possibile, mi risponde il pensiero ontologico, non avrai fatto altro che condannarti ancora una volta alla beffa in cui ti trovavi. Ma se soltanto una di queste trappole riuscisse a mutare di un palmo la situazione da cui sono partito? Non sarebbe successo nulla, risponde il pensiero ontologico, perché la situazione in cui ti ritrovi è ancora allo stesso numero di passi dal nulla. Non avrai spostato di un millimetro la vicinanza alla morte, che ti costituisce. Al massimo, se nel gioco avrai trovato la gioia, sarai guarito nell'accettazione dell'eterno ritorno.

La coerenza di queste risposte è tale (e tale era la coerenza del processo che ha portato lo strutturalismo ontologico a dissolvere ogni possibilità di conoscenza oggettiva) che non rimarrebbe che accettarle. E tacere.

Ma solo *se* si decidesse di continuare a muoversi nel giro di deduzioni implicate dalla domanda di partenza, ponendo la quale si era ancora fuori dal pensiero, e vi ci si entrava. E la domanda era "Chi parla?".

IX.5. Badiamo, questa domanda è la prima, quella che costituisce ogni pensiero, se si accetta il presupposto che a porla sia sempre e qualcosa che sta prima di noi e si svela pensando in noi. Ma per arrivare a questa ammissione bisogna già avere accettato la conclusione finale a cui la domanda ci ha condotti. Altrimenti la domanda va riconosciuta per quello che era, un atto di fede, una postulazione mistica. Non diciamo ora che questa domanda non possa essere posta, che l'uomo non sia naturalmente portato a porla. Sarebbe difficile affermarlo, dal momento che per alcune migliaia di anni l'uomo non ha fatto altro. Ma chi lo ha fatto? Una categoria di uomini, coloro a cui il lavoro servile altrui permetteva la contemplazione dell'essere, e permetteva di sentire questa domanda come la piú urgente fra tutte.[189]

Poniamo l'ipotesi che possa esistere una domanda piú costitutiva, che viene posta non dall'uomo libero (messo nelle condizioni di poter "contemplare") ma *dallo schiavo*, che non può porsela, e che trova piú urgente domandarsi, anziché "chi parla?", "*chi muore?*" (e di lí muoversi non per far filosofia, ma per costruire una ruota ad acqua, che permetta a lui di morire meno in fretta e di liberarsi dalla macina a cui è legato).[190]

---

[189] Il primato della contemplazione, asserito nella *Metafisica* aristotelica, si fonda su quell'equilibrio della società, che contempla la funzione dello schiavo, asserito nella *Politica*. Non c'è altra soluzione.

[190] Ma il Signore contemplatore non può accettare questa soluzione, cosí

La *vicinanza all'essere* non è, per lo schiavo, la parentela piú radicale: viene prima *la vicinanza al proprio corpo e a quello degli altri*. E nel sentire quest'altra parentela lo schiavo non esce dall'ontologico per regredire (o restare, inconsapevole) nell'ontico: ma semplicemente si affaccia al pensiero da un'altra situazione precategoriale, di pari dignità a quella di chi si chiede chi parli.

Con la domanda "chi muore?" non siamo entrati di colpo in una dimensione empirica in cui qualunque filosofia non valga piú nulla. Si è partiti piuttosto da un altro presupposto pre-filosofico per fondare un'altra filosofia.

(Se può sembrare poco filosofico il sospetto che la rivelazione dell'essere possa valer meno del sapore di una mela, sia chiaro allora che ci si muove qui a un livello di opzioni precategoriali rispetto alle quali può diventare legittima la rinuncia a ogni filosofia che visceralmente ci appaia ingannevole.)

"Chi muore?". Non sarà meno spietato del ridurre il soggetto a un inganno, il riconoscere che la *mia* morte è piú importante delle altre. La nostra, dalla loro. Quella di chi vive con me oggi nel mondo, da quella di coloro che sono morti mille anni fa. Quella di tutti gli uomini in tutti i tempi, da quella (termica) degli universi e delle nebulose. Sia chiaro: alla filosofia del Superuomo si oppone qui la filosofia degli schiavi.

IX.6. C'è una terribile pagina in *Was heisst Denken?* di Heidegger, quando egli si domanda se l'uomo, ancora cosí restio a pensare l'Essere, sia metafisicamente preparato ad accollarsi la dominazione della terra attraverso la tecnica (dal momento che ciò che nel nostro tempo dà piú a pensare, è che noi non pensiamo ancora). Preso nei suoi pensieri troppo corti, a raggio politico e sociale, l'uomo ha affrontato un tremendo conflitto da poco finito (Heidegger parla nel 1952). E — affrontata in questo oblio del tema principale — cosa ha portato la fine di questo conflitto? Nulla. La guerra non ha risolto niente. Heidegger ha ra-

lontana dal retto pensiero dell'Essere: e l'ortolano metafisico di cui narra Ciang Tse (riportato consensualmente da ELÉMIRE ZOLLA, in *Volgarità e dolore*, Milano, Bompiani, 1962, pag. 113) a chi gli propone di usare per il proprio lavoro di irrigazione una gru, risponde con ira: "Ho udito dire dal mio maestro: ' Chi usa macchine è macchina nelle sue opere: chi è macchina nelle sue opere acquista cuore di macchina. Ma chi ha cuore di macchina ha perduto la pura semplicità. Chi ha perduto la pura semplicità ha lo spirito inquieto; nello spirito inquieto non dimora il Tao '. Non ch'io non conosca il vostro congegno; mi vergognerei di usarlo ". Col che — e sia detto — l'ortolano ha consumato a irrigare a braccia il tempo che una buona gru gli avrebbe dato per compiere la Lunga Marcia.

gione, ma non nel senso in cui egli parla. Egli intende riferirsi
al fatto che i mutamenti succedutisi alla fine del conflitto non
hanno mutato di un palmo il rapporto dell'uomo con l'unico oggetto degno di pensiero.[191]

Ora (e ci si vergogna di usare un argomento cosí demago-
gico — ma sarebbe forse piú vergognoso, per timore di demago-
gia, rinunciare ad argomenti di tal fatta) visto che la fine del conflitto ha arrestato il massacro (per esempio) di sei milioni di
ebrei, se io fossi stato il primo del settimo milione, il primo dunque a scampare, per una unità, dal massacro, debbo dire che la
fine del conflitto avrebbe avuto per me una importanza enorme.

*Cosa ci autorizza a pensare che quest'ordine di priorità sia fi-
losoficamente secondo all'altro?*

IX.7. Il gioco di deduzioni che ci ha portato a riconoscere
l'impasse di uno strutturalismo filosofico ha tutte le apparenze
di essere legittimo, e ci ha messo di fronte ad alcuni risultati
inoppugnabili: certo la riflessione strutturale, portata alle sue e-
streme conseguenze, ritrova il nucleo profondo di ogni interrogazione sui fondamenti della conoscenza, sulla definizione del
posto dell'uomo nel mondo, sulla definizione stessa di mondo.

Ma quando il lampo di questa scoperta mi piegasse all'adora-
zione della scaturigine da cui è baluginato, sono sicuro che quello
che lascio in ombra non sia altrettanto radicale? Se la lezione del
vivere per la morte mi dice cosa posso fare per non essere vittima
di falsi scopi, la dialettica dei presunti falsi scopi è tuttavia una
dialettica di interrogazione e azione che, permettendomi di modificare le cose, può forse permettere di dilazionare la mia o
l'altrui morte. Riconoscere la presenza della morte non significa
elaborare una cultura della morte, ma rispondere con tecniche di
sfida alla morte.

Ecco le ragioni per cui, nel ridotto campo delle predicazioni
strutturali, ciò che può fondare la mia scelta può essere una sorta
di radicamento affettivo per cui, se pure gli altri in cui ci riconosciamo sono una delle tante trappole della Differenza, il pensiero trova una consolazione che è propria dell'uomo nel discorrere con essi e su di essi. La struttura come ipotesi fittizia, nella
misura in cui mi offre strumenti per muovermi nell'universo dei
rapporti storici e sociali, soddisfa almeno in parte il nostro de-

---

[191] Prima parte, lezioni di collegamento, dalla VI alla VII ora.

siderio senza scopo, e gli pone dei termini in cui sovente l'animale uomo si è trovato appagato.

L'ultimo sospetto (poiché qualcuno lo ha agitato) è che questa decisione mi immerga sin dall'inizio in una ideologia della tecnica come operazione modificatrice che implichi fatalmente una dialettica del dominio e conduca alla mia stessa distruzione. In tal caso, compiuto il tentativo, mi ritroverei vicino alla morte, il pensiero ontologico avrebbe vinto la sua scommessa, la domanda iniziale sarebbe stata sbagliata: ma almeno ora lo saprei di scienza mia, e potrei arrendermi senza il rimorso di non aver tentato.

Ma se vinco? Come dice un saggio cinese dell'ultima dinastia: "Per acquistare delle conoscenze, bisogna partecipare alla pratica che trasforma la realtà. Per conoscere il gusto di una pera bisogna trasformarla mangiandola ".[192]

---

[192] Il " pragmatismo " di questo progetto potrà offendere chi ritiene che la conoscenza, al proprio livello, debba perseguire una assoluta autonomia concettuale e trovare in sé le condizioni strutturali della propria verifica. È la tesi sostenuta dagli autori di *Lire le Capital* (cfr. la tr. it., ridotta, LOUIS ALTHUSSER e ETIENNE BALIBAR, *Leggere il Capitale*, Milano, Feltrinelli, 1968). Ed è per lo meno curioso e inquietante come autori che si professano rivoluzionari e leninisti si rifacciano esplicitamente, per fondare la loro epistemologia, a Lacan e a Foucault. Nella sua polemica antistoricistica, antipragmatistica e antiempiristica, *Lire le Capital* cerca di eliminare ogni interazione storica che fletta l'autodeterminatività di una struttura conoscitiva, limpida e autosufficiente come un cristallo. Ma perché la conoscenza si determini da sola, e tuttavia possa conoscere e trasformare il mondo, occorre in qualche modo che l'Essere sia. E se l'Essere è, la trasformazione degli enti sarà solo un epifenomeno la cui superficialità avrebbe forse preoccupato Marx. Così quando si tratta di spiegare come una conoscenza, mossasi al puro livello delle strutture conoscitive, possa poi incidere sul mondo reale, Althusser si rifà (implicitamente, ma con citazioni-spia) a un magistero ontologico il più alto tra tutti, quello di Spinoza. E la filosofia marxiana agirebbe allora sul mondo perché — infine   *ordo et connexio idearum idem est ac ordo et connexio rerum*. Il che costituisce grande e affascinante decisione metafisica, ma lascia perplessi sulla genuinità rivoluzionaria di un simile pensiero della Necessità. Ancora una volta: *Wo Es war, soll Ich werden.*

6. I METODI DELLA SEMIOLOGIA

I. La finzione operativa

I.1. Ed eccoci tornati alla tesi di questo studio. Assente in ogni caso, la struttura non verrà piú vista come il termine oggettivo di una ricerca definitiva, ma come lo strumento ipotetico con cui saggiare i fenomèni per condurli a correlazioni piú vaste.

Ricordiamo ancora come tutto il nostro discorso si sia originato dalla possibilità di predicare strutture (di riconoscere codici) *a livello dei fenomeni di comunicazione.* Il problema epistemologico di cosa sia la struttura che predico di un fenomeno naturale, qui si trova notevolmente facilitato: una ricerca semiologica lavora su un fenomeno sociale quale la comunicazione e su sistemi di convenzioni culturali quali i codici. Riconoscerli come codici rappresenta forse una finzione, ma definirli in ogni modo come fenomeni intersoggettivi basati sulla socialità e sulla storia è un dato sicuro.

Stabilire se un atomo esista è già finzione operativa che precede le descrizioni ipotetiche della sua struttura; ma stabilire che gli uomini si scambiano messaggi è un punto saldo da cui partire per ipotizzare le strutture che permettono ai messaggi di comunicare.

Il salto consiste nel passare, attraverso una serie di finzioni descrittive, dall'universo degli esseri umani che parlano all'universo dei modelli comunicativi.

I.2. In un certo senso accade allora alla semiologia quello che, riprendendo Foucault in un'altra chiave, accade alle scienze umane quando cerchino di rimontare una situazione di impasse filosofico in cui l'uomo si faceva problema a se stesso ed elegge-

va a oggetto primario del suo discorso il proprio discorso, la domanda che egli poneva all'essere. A questo punto le scienze umane eliminerebbero l'uomo dalla scena della cultura. È chiaro però
ormai in che senso — per noi — lo eliminino: esse riducono la
loro ricerca a una individuazione di *codici culturali* sullo sfondo
dei quali studiare l'articolarsi (ridondante o informativo) di ogni
messaggio — e le variazioni che lo scambio dei messaggi nel tempo e nello spazio, attraverso un gioco di codici diversi, fa subire agli stessi sistemi di convenzioni culturali.

Per studiare questa dialettica, lo abbiamo visto, la semiologia
ipotizza codici come modelli strutturali di scambi comunicativi
possibili. Queste proposte ipotetiche sono prospettiche, parziali,
circostanziali — in una parola "storiche". Ma dire che sono
storiche implica una doppia serie di problemi. Perché se da un
lato occorre definire in che senso la loro storicità non le inficia,
ai fini di un discorso generale sulla comunicazione — dall'altro
occorre vedere se esse riescano, pur essendo storiche, e aspirando
nel contempo a una generalità di impiego — a render ragione
della stessa storicità dei processi di comunicazione. Storicità che
non sappiamo ancora se sia costitutiva della dialettica codice-messaggio, o soltanto conseguente all'impossibilità (dimostrata nei
capitoli precedenti) di cogliere la sfilata oggettiva dei significanti
senza doverla fondare in una profondità che la nullifica.

II. Struttura e processo

II.1. Una semiologia operativistica pone il modello di una
macchina generativa, che è la catena della comunicazione già
esaminata in A.1.II. Questa catena implica che il messaggio significante, nel momento in cui arriva al destinatario, sia *vuoto*. Ma
la sua vacuità non è quella dell'opera-vortice, dell'opera assente
teorizzata dalla "nouvelle critique": *è la disponibilità di un apparato significante non ancora illuminato dai codici che scelgo
di far convergere su di esso*.

In che senso lo riconosco come apparato significante? Illumi-
nandolo subito, nel momento in cui lo ricevo, con alcuni codici
di base. "I vitelli dei romani sono belli": ricevo il segnale, e lo
riporto a un codice fonologico; subito prende forma una certa
sfilata di significanti che, prima ancora di dirmi cosa significhino,
mi si annunciano strutturati in un certo modo. Solo nel momento in cui farò convergere sul messaggio il codice lingua la-

tina o lingua italiana, avrò incominciato a introdurvi una serie di significati denotativi. Ma il messaggio presenta ancora una quota di indeterminazione e mi permette ancora altre scelte. Se lo intendo in latino, chi sarà questo Vitellio che viene invitato alla battaglia? E il dio che lo guida? Cos'è un suono di guerra nella mitologia e nella liturgia militare romana? Tuba tubicinante, canto di Tirteo, clangore di spade? E cosí via. Il messaggio via via si riempie, ma basta che la situazione del ricettore muti e i codici si sfaldano, nuovi sensi irrompono.

Quali sono i sensi attendibili? Anche la proposta di un codice di fronte a un messaggio è una sorta di ipotesi strutturale che non è meno avventurosa e epistemologicamente interessante per il fatto che di solito la compiamo spontaneamente. Proporre un co-dice è avanzare una proposta e saggiarla sul risultato. Il codice proposto fa scaturire certi significati, ma andrà poi confrontato ad altri codici, lessici, sottolessici, per vedere se *tiene*, in tutta l'estensione delle possibilità connotative che il messaggio esibisce. Il movimento nasce perché il messaggio (messaggio intenzionale: un'opera d'arte; messaggio inconscio: una associazione parentale) si scontra contro l'iceberg massiccio delle convenzioni sociali (i codici) e delle circostanze (v. A.2.VI.1-2.) che orientano la scelta dei codici e rappresentano il parametro del referente, che non interviene a determinare il messaggio ma lo tallona dappresso.

II.2. La vacuità del messaggio non è dovuta a una sua qualità: la sua "assenza" (ma questa è chiaramente e soltanto una metafora) è dovuta alla presenza invadente delle convenzioni che gli si sovrappongono. Assente, il messaggio non è per que-sto trasparente: non mi rivela nulla in un colpo; è opaco perché batte contro codici che forse non sono suoi. Il mio movimento di fedeltà può consistere in una serie di saggi operativi che mi-rino a ritrovare i codici di partenza e a vedere se funzionano quelli ipotizzati come tali. Certo, l'attendibilità dei codici pro-posti è regolata da una *logica dei significanti*: ma lo abbiamo visto, anche la logica dei significanti, il riconoscere nel messag-gio quei significanti e non altri, è frutto di una prima decodifica. Un ritmo, una scansione geometrica o aritmetica che regola certe forme e mi impedisce di attribuire loro significati che contrastino con quella regolarità, è già individuato *presumendone* la strut-tura. Data la serie "2, 4, 6, 8" la logica dei significanti mi può rendere prevedibile l'apparizione successiva del "10", solo se sovrappongo alla serie l'ipotesi (che può essere accreditata dalla consuetudine) di una progressione "due per due". Dati i numeri "3, 7, 10" esiste una logica della serie solo se prevedo la regola-codice: "il numero mediano dà il seguente per addizione del precedente", per cui il prossimo numero dovrebbe essere "17". Ma se il codice riguardasse la serie dei numeri dotati di connotazioni sacre (trinità, peccati capitali, comandamenti) ecco che la serie potrebbe essere continuata da numeri diversi, l'ultimo dei quali sarebbe probabilmente *settanta volte sette*.[193]

Quando ci esaltiamo quindi sulla "logica dei significanti" noi di fatto rispettiamo in essa la consequenzialità dei codici contrattati. Quando ci inebriamo del vuoto generatore di senso, abbiamo a che fare invece con la ricchezza storico-sociale dei codici che battono e si frangono contro il messaggio determinandone la vita lungo il tempo. La cui durata può dipendere o dalla "apertura" prevista dal messaggio o da una sua casuale disponibilità. In ogni caso, la catena comunicativa implica la dimensione storica e la spiega, mentre ne è fondata.

Se quindi si è potuto orchestrare una battaglia così accanita tra struttura e storia è stato perché la struttura in questione non veniva considerata un mezzo di indagine sincronica su fenomeni affetti da una fondamentale storicità, ma perché già in partenza la struttura si poneva come negazione della storia, in quanto aspirava ad essere fondazione dell'Identico.

---

[193] Si veda un testo come "*Les chats*" *di Charles Baudelaire*, di R. JAKOBSON e C. LÉVI-STRAUSS (in "L'Homme", gennaio-aprile 1962), che dovrebbe rappresentare un modello di analisi strutturale "oggettiva". Che l'analisi sia strutturale è indubbio, ma cosa significa oggettiva? Se la poesia raggiunge la dignità di "oggetto assoluto" è proprio perché l'analisi di un livello rimanda a quella dell'altro, e tutte insieme "si tengono" (e viene verificata qui la nozione di idioletto estetico di cui parlavamo in altra sede). Ora, apparentemente l'attribuzione di una struttura fonologica e sintattica può sembrare una semplice ricognizione oggettiva, ma che dire quando gli autori ammettono che "questi fenomeni di distribuzione formale hanno un fondamento semantico"? Qui siamo già alla lettura connotativa di certi elementi semantici alla luce di dati codici culturali (esempio il rapporto "Erebo-tenebre") e a questo punto lo stesso riconoscimento di corrispondenze significanti è individuato seguendo la falsariga delle corrispondenze significate; come è naturale. L'oggetto assoluto è tale perché viene spiegato come il meccanismo che permette varie letture, ma è assoluto nel senso che rappresenta il massimo di oggettività possibile da una certa prospettiva storica che era quella dei suoi lettori — oggettività favorita dal fatto che la prossimità storica permetteva ai lettori di inferire abbastanza tranquillamente i codici dell'autore, le modalità di pronuncia baudelairiana, eguali a quelle del francese moderno, in base alle quali si costituiscono le rime, e così via.

II.3. L'equivoco dell'oggettività dei significanti grava anche su quella branca della semiologia che dovrebbe esserne immune, e cioè la semantica come studio dei significati. Quando una semantica strutturale cerca di organizzare le unità di significato in sistema, la tentazione di pensare che — poiché vi è sistema — vi sia oggettività univocamente individuabile, diventa assai forte.

Vediamo per esempio le obiezioni che muove Claude Brémond a un tentativo di semantica strutturale quale l'analisi su schede perforate dei concetti del Corano.[194]

Bremond osserva che questa ricerca effettivamente "smascherando luoghi di attiramento e repulsione che esistono tra nozioni che non si penserebbe a mettere in rapporto, farebbe apparire costellazioni inattese, inerenti alla struttura stessa del testo, benché impercettibili alla lettura piú attenta"; ma in definitiva gli autori, riverberando sul messaggio i propri codici, avrebbero messo in sistema non le idee "oggettive" del Corano, ma "le idee dell'occidente scientifico contemporaneo sul Corano". Brémond oppone a questa iniziativa una ricerca oggettiva che proceda a mettere in luce un sistema di concetti "immanente al testo", ispirandosi non alla *codifica* piú comoda, ma alla *decodifica* "piú esatta". Non è difficile riconoscere qui, ancora una volta, l'utopia della sfilata dei significanti: in realtà non si può additare un significante senza già attribuirgli, per il fatto che lo si addita, una pertinenza alla luce di un significato implicito; per cui un preteso sistema dei "semi" immanente al testo sarebbe ancora una volta l'individuazione delle idee di una parte dell'occidente scientifico contemporaneo su quel testo. Anche una operazione rigorosa come quella di Hjelmslev, che pretende di definire il valore semantico di un termine per differenza dallo spazio semantico occupato da un altro termine, presume che entrambi i termini siano stati già intesi in quanto riempiti di significato; altrimenti non si vede come stabilire che lo spazio occupato dal francese "bois" sia piú ampio di quello occupato dall'italiano "bosco" (se non già sapendo che quando dico "bosco" in italiano escludo la legna da ardere e da costruire). E allora, se la messa in struttura dei significanti non sfugge alle loro concrete condizioni di uso — e se l'ammettere però che il significato sia l'uso che ne fanno i parlanti non mi permette di andare al di là dell'affermazione generale, salvo passare a un censimento degli usi — ecco allora che il censi-

[194] M. ALLARD, M. ELZIÈRE, J. C. GARDIN, F. HOURS, *Ana'yse conceptuelle du Coran sur cartes perforées*, Paris-Aja, Mouton, 1963; CLAUDE BRÉMOND, *L'analyse conceptuelle du Coran*, in "Communications", 7, 1966.

mento degli usi deve trasformarsi in una proposta di codici situazionali, che mi permetteranno poi di capire in concreto come, nella catena comunicativa, un dato messaggio emesso secondo dati codici, verrà interpretato secondo altri codici e quindi si rivelerà capace di sopportare significati multipli.

II.4. Cosí come avviene per gli studi semantici, anche la ricerca sulle grandi catene sintagmatiche e sulle "funzioni" narrative può essere ossessionata troppo presto dall'utopia dell'oggettività dei significanti. In tal caso una rilettura della *Poetica* di Aristotele (da cui tanti discorsi sulla narratività dipendono) potrebbe salvare da molti equivoci. Certo, un intreccio può essere visto come una serie di *funzioni*, o una *matrice* strutturata di funzioni in opposizione alternativa, ma l'individuazione di queste funzioni non può liberarsi dall'attribuzione preliminare di pertinenza (e quindi di significato) a ciascuna di esse. Cosa significa per esempio che al personaggio tale deve accadere qualcosa di terribile, o di pietoso? Significa che deve accadere qualcosa che (alla luce delle opinioni comuni circolanti in una società data) susciterà pietà o terrore. Suscita terrore il fatto che un personaggio sia indotto a mangiare, inconsapevolmente, le carni del proprio figlio? Sí, per un greco, e in genere per un occidentale. Ma possiamo immaginare un modello di cultura in cui questo comportamento rituale non appaia terribile. È comprensibile che un greco si sentisse indotto a pietà di fronte al fatto che Agamennone *doveva* sacrificare Ifigenia, mentre a noi, se il fatto ci venisse raccontato fuori dal suo contesto originale, un individuo che per mera superstizione accettasse di uccidere sua figlia, ci apparirebbe soltanto disgustoso, e riverseremmo su Agamennone non pietà ma sdegno e desiderio di punizione. La *Poetica* non può essere compresa senza il ricorso alla *Retorica*: le funzioni dell'intreccio acquistano valore solo se commisurate ai *codici di valori* di un dato gruppo. Non si può definire come "inatteso" un fatto se non conosciamo il *sistema di attese* del destinatario. Cosí anche la ricerca sulle strutture del racconto rimanda a una definizione socio-storica dei codici; può utilmente svilupparsi in direzione di un discorso sulle costanti universali della narratività, ma non dovrà erigere le *serie* che trova in *strutture* definitive; anche se, individuate le serie, dovrà domandarsi pur sempre se il loro funzionamento riposa su costanti fisiopsicologiche.

III. Gli universali del linguaggio

III.1. Qui entra in gioco il problema degli universali del linguaggio, e cioè di quelle costanti comportamentali che fan sí che in ogni lingua conosciuta si ritrovino soluzioni identiche (il che equivale anche a dire: il problema del perché esista una base intersoggettiva della comunicazione). Charles Osgood suggerisce che i codici delle varie lingue siano come degli icebergs di cui si conosce solo la piccola parte che emerge dall'acqua: sotto si nascondono i potenziali comuni allo sviluppo dei linguaggi, i meccanismi universali della metafora e della sinestesia, legati a radici biologiche e psicologiche comuni a tutti gli uomini,[195] e Jakobson ritiene la ricerca delle costanti universali della semiotica il problema centrale della linguistica (e di ogni semiologia) futura[196]. Jakobson è troppo sottile per non sapere a quali obiezioni epistemologiche presti il fianco questa ricerca, ma altrove avverte: " Non c'è dubbio che descrizioni piú esatte ed esaurienti delle lingue del mondo completeranno, correggeranno, e perfezioneranno il codice delle leggi generali. Ma sarebbe erroneo rimandare a piú tardi la ricerca di queste leggi, in attesa di un ulteriore ampliamento della nostra conoscenza dei fatti... Sono d'accordo con Grammont nel credere che una legge che richiede delle rettifiche sia piú utile dell'assenza di qualsiasi legge ".[197]

III.2. Certo — a parte la consapevolezza di Jakobson — una ricerca degli universali mette in gioco una tematica filosofica la cui ignoranza molti rimproverano ai linguisti. Quali universali? platonici? kantiani? freudiani? biologici? D'altra parte sarebbe abbastanza petulante, per una astratta preoccupazione epistemologica, impedire ai linguisti di mettere in luce delle costanti che potrebbero spiegarci molti processi. E bisogna distinguere con molta cura il problema di una ricerca degli universali della comunicazione, cosí come lo pongono i linguisti, da quello (criticato a proposito del lacanismo) di una assunzione ontologica preliminare a ogni

---

[195] *Language Universals and Psycholinguistics*, in J. H. Greenberg, ed., *Universals of Language*, M.I.T., 1963, pag. 322.
[196] *Implications of Language Universals for Linguistics*, in *Universals*, cit., pagg. 276-277.
[197] *Saggi di linguistica generale*, cit, pagg. 50-51. Cfr. anche le osservazioni di Luigi Heilmann nella prefazione all'edizione italiana. Ancora, Emile Benveniste, *Le langage et l'expérience humaine*, in *Problèmes du langage*, cit.

ricerca che pone, subito e senza possibilità di revisione empirica, la presenza di una Condizione Assoluta.

Anzitutto gli universali del linguaggio non sono necessariamente, nel momento in cui vengono individuati, delle strutture universali dello spirito. *Sono dei fatti.* Dire che "ogni lingua che possiede vocaboli anteriori arrotondate ha anche vocali posteriori arrotondate"; che "il significante del plurale tende a rispondere alla significazione di aumento numerico attraverso un aumento della lunghezza della forma",[198] o che "la percentuale di ridondanza è per lo piú costante in ogni lingua nota,[199] non significa dire, per esempio, che la struttura della determinazione linguistica dipende dalla mancanza costitutiva che caratterizza l'essere-nel-mondo.

In altre parole, un conto è constatare delle costanti (operazione utilissima), un altro è fondarle filosoficamente in modo cosí definitivo da non permettere la revisione della constatazione.

In questo senso allora le ricerche sugli universali della comunicazione si legano alle ricerche sulle strutture psicologiche nei loro rapporti coi nostri fondamenti biologici;[200] biologia e cibernetica si danno qui la mano per identificare le strutture fisiche che consentono la comunicazione.[201]

III.3. Ma problemi del genere diventano urgenti nello studio delle lingue naturali, dove si parte da un relativismo riconosciuto dei codici per approdare al riconoscimento delle costanti. Per gli altri sistemi di segni la situazione è diversa. Si pensi al linguaggio dei gesti: di solito non si è mai dubitato che fosse istintivo e universale, ed è costato un certo sforzo studiarlo come storico, situazionale, convenzionale. Il problema, allora, per questi sistemi, è ancora quello di riconoscerne la relatività e di distinguerne i codici, collegandoli al loro background socio-culturale. E in tal caso l'ipotesi di Whorf, che l'uomo sia determinato, nel suo modo di vedere il mondo, dai codici culturali che ne regolano la comuni-

---

[198] R. JAKOBSON, *Šaggi*, cit., pag. 50; e *A la recherche de l'essence du langage*, in *Problèmes du langage*, cit., pag. 30.

[199] *Universals*, cit., pagg. XVII-XVIII del Memorandum introduttivo.

[200] Cfr. ad esempio JEAN PIAGET, *Biologie et connaissance*, Paris, Gallimard, 1967; ROSS ASHBY, *Design for a Brain*, London, Chapman & Hall, 1952.

[201] Cfr. le osservazioni di V. V IVANOV, *Rol' semiotiki v kibernetičeskom issledovani čeloveka i kollektiva* (Ruolo della semeiotica nell'indagine cibernetica dell'uomo e della realtà) in *Logičeskaja struktura naučogo znanija*, Mosca, 1965 (tr. inedita di Remo Faccani).

cazione, rimane valida anche se è utile ricondurre ogni comunicazione alle presunte e probabili costanti bio-neuro-psicologiche che vi presiedono.

Naturalmente la ricerca semiologica dovrà distinguere ulteriormente vari strati di codici: alcuni che riposano su costanti biologiche tali (si pensi al codice della percezione) che possiamo in molti casi trascurare la loro natura culturale e accettarli come manifestazioni naturali; altri che sono chiaramente culturali, ma talmente radicati nelle abitudini e nella memoria della specie o dei vari gruppi, che si possono anch'essi — in situazioni date — accettare come motivati e non arbitrari (cosí ad esempio il possibile codice iconico); e infine altri che sono chiaramente sociali e storici, e come tali vanno individuati, e talora denunciati, prima ancora di celebrare la caduta del "dogma saussuriano dell'arbitrarietà del segno".

IV. La verifica psicolinguistica

IV.1. Negazione dell'oggettività della catena significante, insistenza sulla funzione dei codici di destinazione e atteggiamento empirico nei confronti degli universali della comunicazione, implicano un altro problema: quello della psicologia della ricezione. La tradizione semiologico strutturalista sino ad oggi, seguendo il dogma della descrizione sincronica e oggettiva, ha centrato la sua attenzione sul messaggio e sui codici. Il problema della ricezione veniva relegato tra le debolezze psicologiche, cosí come quello dell'emittenza veniva lasciato con sollievo alla filologia, alla sociologia, alle preoccupazioni romantiche sul processo creativo. Il sospetto di interessarsi non alla struttura del codice o del messaggio · *ma a quella della fruizione*, bastava a far emettere scomuniche.

Questa fallacia è anche all'origine delle *analisi di contenuto*, che arrivano a scoprire come costituenti oggettive del messaggio i significati che vi immette il ricercatore, con tutte le implicazioni culturali e classiste che la sua formazione comporta. E tutta la nostra impostazione ha cercato invece di mettere in rilievo l'importanza del polo-destinatario, coi suoi codici, il peso della *circostanza di comunicazione* e dell'*ideologia* del destinatario.[202]

---

[202] Su questi aspetti insiste particolarmente F. ROSSI-LANDI, *Significato, comunicazione e parlare comune*, Padova, Marsilio, 1961, capitolo "La situazione comunicativa e l'inserimento d'una trasmissione in un contesto".

Cosí tutta la discussione sulla comunicazione oggi si ritrova davanti, ad ogni passo, il problema della *psicolinguistica*.

IV.2. Se, come si è suggerito a piú riprese, la semiologia non può dire cosa avvenga del messaggio una volta ricevuto, *la psicolinguistica può però dire cosa, in situazioni sperimentali date, il destinatario riverbera sul messaggio*; e cosí fornisce alla semiologia i dati per individuare i codici di destinazione; le consente di elaborare una casistica di circostanze, e di prevedere quali formulazioni del messaggio (con tutte le variazioni tra ridondanza e informazione), possono determinare la variazione della ricezione. E questo come disciplina sperimentale che " tratta direttamente del processo di codifica e decodifica in quanto essi rapportano stati dei messaggi a stati dei comunicatori.[203] La psicolinguistica si collega poi a ricerche di paralinguistica (di cui si dirà) ponendo il problema delle intonazioni, delle pause, del ritmo, delle preferenze lessicali e sintattiche, dell'utilizzazione dei mezzi extralinguistici di commento, quali la mimica, la gestualità convenzionale, e cosí via; porta alla luce il ruolo del *contesto* del messaggio nella determinazione della risposta interpretativa; induce a riesaminare il problema dell'affettività, l'impatto delle disposizioni psicofisiche del destinatario (fatica, tristezza, eccetera) e obbliga a recensire sotto la rubrica " circostanza " eventi che la semiologia non poteva prevedere teoricamente. E si comprende come l'esperienza psicolinguistica (ma si dovrà parlare in seguito di *psicosemiotica* in generale), intervenga a chiarire i processi di co-

---

[203] CH. OSGOOD e TH. A. SEBEOK ed., *Psycholinguistics*, Indiana Un. Press, 1965, pag. 4. Quest'opera costituisce una delle piú complete introduzioni al problema, e offre una bibliografia che parte dal 1954, quando la psicolinguistica si disegna come disciplina autonoma. Per una rapida rassegna sul tema cfr. TATIANA SLAMA-CAZACU, *Essay on Psycholinguistic Methodology and Some of Its Applications*, in " Linguistics ", 24. V. anche RENZO TITONE, *Qualche problema epistemologico della psicolinguistica*, in " Lingua e stile ", 3, 1966. Per una rassegna francese v. AAVV, *Problèmes de Psycho-Linguistique*, Paris, P.U.F., 1963 (con Piaget, Oléron, Fraisse ed altri). Un pioniere in questo campo è stato LEV SEMENOVICH VYGOTSKY, *Pensiero e linguaggio*, Firenze, Barbera, 1966 (l'opera appare in russo nel 1934); ma pionieristica è anche l'opera di G. A. MILLER, *Language and Communication*, N.Y., McGrow Hill, 1951; di Miller si veda pure *Psychology and Communication*, New York, Basic Books, 1967, nonché i molteplici studi che hanno aperto varie vie all'indagine psicolinguistica. Un'altra antologia orientativa è SHELDON ROSENBERG ed., *Directions in Psycholinguistics*, N.Y., Macmillan, 1965. Su basi psicolinguistiche è il libro di ROGER BROWN, *Words and Things*, Glencoe, Free Press, 1958.

municazione a funzione estetica, emotiva, fàtica, e cosí via.

Tutto il problema della connotazione ne dipende; e non perché la connotazione debba essere ridotta ad avvenimento psicologico e non possa essere strutturata in sistema di opposizioni, ma al contrario perché per individuare le opposizioni connotative possibili occorre rifarsi all'esperienza psicolinguistica che le ha messe in luce, come avviene per esempio con gli studi di Osgood sul differenziale semantico.[204]

IV.3. Tutte queste esperienze empiriche concorrono dunque a fornire materiale per l'individuazione dei codici. E al tempo stesso forniscono verifiche che, al polo destinazione, stabiliscono in che misura il messaggio corrispondesse ai codici che si erano ipotizzati per definirlo.

Ma questo ricorso empirico significa dunque che la costruzione dei codici costituisce una *operazione induttiva?*

Ora il procedimento semiologico dovrebbe implicare che il ricorso all'esperienza concreta non contraddice *la postulazione di una arbitrarietà teorico-deduttiva dei codici.*

V. L'arbitrarietà dei codici e la provvisorietà del modello strutturale

V.1. Nei capitoli precedenti abbiamo seguito il processo di autodistruzione di una "struttura" che si pretendeva oggettiva; e abbiamo deciso che la risposta a questo atteggiamento consisteva nel riconoscere che le strutture, che la semiologia descrive, altro non sono che modelli esplicativi. Questi modelli saranno teorici, nel senso che saranno postulati come i piú comodi e "eleganti", anticipando un censimento empirico e una ricostruzione induttiva che la vastità del territorio, e la sua diacronicità, renderebbero utopistici.[205]

---

[204] Cfr. il fondamentale Сн. E. Osgood, G. J. Suci, P. H. Tannenbaum, *The Measurement of Meaning*, Urbana, Un. of Illinois Press, 1957.

[205] Ci pare che, sulla scia dell'influenza del trasformazionalismo in quanto metodo (se non in quanto implicita filosofia razionalistica) Roland Barthes si sia maggiormente avvicinato a questa accezione del problema (abbandonando l'utopia dell'oggettività assoluta) nella *Introduction à l'analyse structurale des récits* (in "Communications", 8, 1966). Piazzata di fronte a migliaia di racconti, non potendo inferirne la struttura da una analisi empirica, la metodologia

Come osservava Emmon Bach,[206] si sostituirà a un procedimento baconiano (registrazione di esperienze in *tabulae*) un modello kepleriano (ipotesi teorica: il mondo potrebbe essere cosí; vediamo ora se questa immagine postulata si applica all'esperienza concreta). Come suggerisce Bach, riprendendo Popper, "le ipotesi migliori sono le meno probabili"; funzionano a distanza. La loro forma ideale è quella di una assiomatica (la linguistica chomskyana vi sta arrivando; ma le ipotesi strutturali sulla combinatoria che regge ogni intreccio procedono sulla stessa via). Qualunque siano le vie che questa ipotesi potrà seguire nel costituirsi, il suo ideale epistemologico potrebbe essere ancora quello della scuola glossematica:

"si possono edificare tali sistemi in modo totalmente arbitrario, come una sorta di gioco dove tutto procede bene purché siano osservate le regole convenute... È la scelta degli elementi che decide sull'aspetto dei sistemi e questa scelta può essere arbitraria poiché i detti sistemi non debbono necessariamente avere dei rapporti con gli oggetti del mondo reale". Ma ciò significa: "la teoria è, da un lato, considerata come un sistema puramente deduttivo senza rapporti necessari con degli oggetti reali, e dall'altro come un sistema deduttivo capace di essere utilizzato come strumento di descrizione, vale a dire che esso deve rappresentare dei fatti linguistici realmente esistenti insieme alle loro relazioni".[207]

I modelli del fisico nucleare non sono di tipo diverso. I modelli semiologici dovranno, come quelli, rendere conto di una struttura sincronica e di una processualità diacronica dei fenomeni studiati; e come quelli *dovranno avere il coraggio di considerarsi provvisori*, anche dopo che avranno permesso operazioni concrete coronate da successo.

---

strutturale è costretta "a concepire dapprima un modello ipotetico di descrizione" e "a discendere in seguito, a poco a poco, a partire da questo modello, verso le specie che, a un tempo, vi partecipano e se ne allontanano". Ma su una ritraduzione esemplarmente operativistico-empiristica dei metodi linguistici e in particolare del "razionalismo" chomskyano, si veda LUIGI ROSIELLO, *Linguistica illuminista*, Bologna, Mulino, 1967.

[206] *Linguistique structurelle et philosophie des sciences*, in *Problèmes du langage*, cit.

[207] HANS CHRISTIAN SØRENSEN, *Fondements épistémologiques de la glossematique*, in "Langages", 6, 1967, pagg. 10-11 (numero unico sulla glossematica). Per tutto questo aspetto, rimandiamo ai lucidi capitoli di L. HJELMSLEV, *Fondamenti della teoria del linguaggio*, cit., capp. 3-5.

V.2. Ed eccoci a uno dei problemi piú urgenti e inquietanti di una semiologia di domani. Questi modelli sono parsi efficaci nella misura in cui risolvevano strutturalmente i fenomeni in un sistema di differenze e opposizioni. Ma si è visto come la tentazione di ipostatizzare le strutture individuate rendesse difficile prevederne delle nuove; e si è convenuto che sarebbe interessante individuare al di sotto delle strutture conosciute delle *leggi generative* che ne spiegassero il divenire. Ora un rigoroso esempio di metodologia generativa è quello della grammatica chomskyana: ma il problema che esiste in proposito *è se la metodologia chomskyana non liquidi il metodo strutturale.*[208] Per lo meno essa liquida la nozione "tassonomica" di un insieme di elementi, dato e classificato una volta per tutte, e delle sue possibilità di combinazione. La grammatica generativa sostituisce alla tassonomia strutturalistica un sistema di leggi capaci di generare un insieme infinito di frasi, e riconosce a queste frasi una struttura, ma non individua secondo metodi strutturali le regole generative.

Come già si è detto, la grammatica generativa permette di parlare di *strutture superficiali* (i vari codici noti) ma quando parla di *struttura profonda,* in realtà parla di qualcosa che non è piú una struttura nel senso strutturalistico del termine (quello esaminato nella sezione D.1, 2, 3).

Di fronte a questo problema gli atteggiamenti sono molteplici:

a) si potrebbe dire che la semiologia deve presupporre una dialettica tra *messaggio* e *codice.* e una grammatica generativa la ritrova nel rapporto tra *competence* e *performance*; ma *non è detto che il codice debba essere descritto struttura!mente*; e questa scoperta dimostrerebbe piuttosto ancora una volta quanto sia utile mantenere un atteggiamento duttile e smagato nei confronti della presunta universalità dei codici.

b) si potrebbe mostrare come la prospettiva chomskyana non esclude una interpretazione strutturalistica; la fonologia generativa, per esempio, disconosce l'esistenza del fonema come entità, ma riconosce ancora le opposizioni fonologiche e le vede, almeno per ora, come binarie [209]; in piú la stessa struttura delle *kernel sentences* e di quelle ottenute per trasformazione da

---

[208] Su questo argomento, oltre al saggio di R. CALBOLI già citato, si veda: T. TODOROV, *Recherches sémantiques*, in " Langages ", 1, 1966, pagg. 24 sgg.; N. RUWET, introduzione al numero di " Langages " sulla grammatica generativa, già citato; B. POTTIER, *Au de'à du structuralisme en linguistique*, in " Critique ", febbraio 1967.

[209] SANFORD A. SCHANE, Introduzione a *La phonologie générative*, numero unico di " Langages ", 8, 1967.

queste, in Chomsky, sono descrivibili in termini di disgiunzioni binarie; certe analisi di testi poetici condotte secondo moduli generativi non escludono nel contempo l'applicazione di criteri strutturali, e di metodi distribuzionalisti.[210]

c) si potrebbe infine affermare che le correzioni apportate dal trasformazionalismo allo strutturalismo sono irrilevanti, e che i metodi strutturali risultano ancora i piú efficaci.[211]

V.3. Alla fase attuale delle ricerche sarebbe difficile operare una scelta: può darsi che sia solo una debole manifestazione di empirismo suggerire che il semiologo dovrà applicare il metodo piú redditizio nel punto in cui rende di piú, preoccupandosi per il momento di mettere in forma un territorio di fenomeni e riservandosi piú tardi di perfezionare i collegamenti; ma la cautela empirica avrebbe dato origine comunque a un *principio di complementarità* che ha già diritto di cittadinaza negli studi fisici; e che riposa in ogni caso su un fatto, e cioè che la *semiologia per ora si trova per lo piú a dover affrontare dei sistemi di comunicazione che corrispondono a quelle che Chomsky chiama strutture superficiali.* Il problema delle leggi generative che le rendono possibili potrà essere affrontato dopo.[212]

V.4. D'altra parte sarebbe inutile nascondersi che anche questa scelta implica uno sfondo filosofico: una filosofia della transazione che, se vuole ritrovare i propri testi, li individua piú facilmente nelle fenomenologie della percezione, anche quando esse assumono l'aspetto di psicologie della percezione per diventare — come nel caso di Piaget — epistemologia genetica.

---

[210] N. Ruwet, *L'analyse structurale de la poésie*, in " Linguistics ", n. 2; S. Levin, *Linguistic structures in Poetry*, Aja, Mouton, 1962. Cfr. su una possibile " coesistenza " il recente dibattito americano di cui in T. A. Sebeok, *Linguistics here and now*, in " A.C.L.S. Newsletter ", 18 (1), 1967.
[211] Cfr. in part. Sebastian K. Saumjan, *La cybernétique et la langue*, in *Problèmes du langage*, cit.; Gustav Herdan, *Quantitative Linguistics or Generative Grammar?*, in " Linguistics ", 4; *Principi generali e metodi della linguistica matematica*, in " Il Verri ", numero speciale sullo strutturalismo linguistico, 24, 1967; C. F. Hockett, *Language, Linguistics and Mathematics*, Aja, Mouton, 1967.
[212] Si veda come in *Syntactic Structures*, cap. 3, Chomsky elabora la proposta di un " linguaggio a stati finiti ", dedotto dagli studi di Shannon e Weaver, che egli ritiene troppo semplice per descrivere la grammatica del linguaggio verbale ma che risulta ottimo per altri sistemi di segni; cfr. anche G. A. Miller, " Project Grammarama ", in *The Psichology of Communication*, cit.

VI. La genesi epistemologica della struttura

VI.1. Ai problemi dello ·strutturalismo, anticipando tante
questioni successive, dedicava già uno dei suoi saggi piú lucidi
Maurice Merleau-Ponty in *Signes*: certo, studiando a fondo i fenomeni sociali, scopriremo sempre piú che essi sono riconducibili a strutture, e queste a strutture piú comprensive, ma fini-
remo con ciò con l'individuare delle *invarianti universali*? " C'est
à voir. Rien ne limite dans ce sens la recherche structurale —
mais rien aussi ne l'oblige en commençant à postuler qu'il y en
ait ". E sia: un pensiero incosciente si delinea al fondo dei sistemi sociali e dei sistemi linguistici, " une anticipation de l'esprit
humain, comme si notre science était deja faite dans les choses,
et comme si l'ordre humain de la culture était un second ordre
naturel, dominé par d'autres invariants ": ma anche se questo
ordine esistesse, l'universo che esso delineerebbe non sostituirebbe
la realtà particolare piú di quanto la geometria generalizzata an-
nulli la verità locale delle relazioni dello spazio euclideo. I modelli puri, i diagrammi tracciati da un metodo puramente oggettivo, sono *strumenti di conoscenza*. L'etnologo si troverà costretto a costruire un sistema di riferimenti generali in cui trovino posto il suo pensiero e quello dell'indigeno: ecco un modo
di pensare che ci si impone quando l'oggetto della ricerca è
diverso ed esige che noi stessi ci trasformiamo per coglierlo.
Tutto qui.

In questo senso l'atteggiamento di Merleau-Ponty appare non
diverso da quello, già citato, di Hjelmslev, e da quello dei ricer-
catori della psicologia transazionale: l'esperimento della *camera
distorta* mi dice che la struttura è ipotizzata partendo da una
situazione; che l'azione che posso compiere (un *tâtonnement* col
bastone) ci fornisce basi per ipotesi correttive; che come risultato
di queste ipotesi (permanendo la visione monoculare richiesta
dall'esperimento) posso muovere meglio il bastone anche senza
sapere come sia " in realtà " la camera e se essa si adegui alla
struttura che ne ho supposta. Come ci ricorda la psicologia genetica, alle radici stesse della percezione sta un rapporto operа-
tivo tra modelli ipotetici e dati bruti.[213]

VI.2. Il rapporto di transazione, in cui si risolve il processo
di formazione della percezione e della comprensione intellettuale,

---

[213] JEAN PIAGET, *Les mécanismes perceptifs*, Paris, PUF, 1961.

esclude che si colga una configurazione di elementi già dotata di una sua organizzazione oggettiva, riconoscibile grazie a un fondamentale (ma fondato come?) isomorfismo tra strutture dell'oggetto e strutture psico-fisiologiche del soggetto. L'esperienza si attua in un *processo*.

" Come esseri umani noi cogliamo solo quegli *insiemi* che hanno un senso per noi come esseri umani. Vi sono infiniti altri *insiemi* di cui non sapremo mai nulla. È ovvio che per noi è impossibile sperimentare tutti i possibili elementi che vi sono in ogni situazione e tutte le loro possibili relazioni... Perciò siamo costretti a chiamare in causa, situazione per situazione, come fattore formante della percezione, l'esperienza acquisita... In altre parole, ciò che noi vediamo è certamente funzione di una media calibrata di altre nostre esperienze passate. Sembra cosí che noi mettiamo in rapporto un dato pattern di stimoli con esperienze passate, attraverso una complessa integrazione di tipo probabilistico... Ne consegue che le percezioni che risultano da tali operazioni non costituiscono affatto delle assolute rivelazioni di ' ciò che sta fuori ', ma rappresentano predizioni e probabilità basate su esperienze acquisite ".[214]

Una integrazione di tipo probabilistico: è ciò di cui parla Piaget, quando vede la strutturazione del dato sensoriale come il prodotto di una equilibrazione che dipende insieme da fattori innati e da fattori esterni, entrambi interferenti senza posa.[215]

Si tratta in ogni caso di una esperienza strutturante che è processuale e " aperta ", e che in Piaget si mostra piú compiutamente nell'analisi che egli conduce dell'intelligenza. Il soggetto intelligente procede per una serie di ipotesi e tentativi, guidato dall'esperienza, e arriva a comporre delle strutture: ma queste non sono le forme statiche e preformate dei gestaltisti, bensí strutture mobili e reversibili, sottomesse a possibilità operatorie diverse.[216]

Peraltro, anche a livello della percezione, se pure non si ha la reversibilità delle operazioni intellettuali, appaiono regolazioni diverse che " abbozzano o annunciano già quei meccanismi di composizione che diverranno operatorii una volta divenuta possibile

---

[214] J. P. Kilpatrick, *The Nature of Perception*, in *Explorations in Transactional Psychology*, New York Un. Press, 1961 (tr. it., *La psicologia transazionale*, Milano, Bompiani, 1967)

[215] Piaget, *Rapport* al Symposium *La Perception*, Paris, P.U.F., 1955, pag. 21.

[216] Cfr. tutta la *Psicologia dell'intelligenza*.

la reversibilità intera ". In altre parole, se a livello dell'intelligenza si costituiscono strutture mobili e variabili, a livello della percezione si hanno comunque processi aleatori e probabilistici che fanno anche della percezione un processo a molti esiti possibili.[217]

VI.3. Questi risultati dello psicologo e dell'epistemologo servono, in questa nostra sede, a definire in modo aperto e processuale quella risposta definitiva che il metodologo (Hjelmslev) demandava all'epistemologo. Ancorché dirci definitivamente se dobbiamo parlare in termini di realismo e di nominalismo, l'epistemologo ci pone di fronte a una attività continua di strutturazione, in cui le strutture prendono forma ad opera di una dialettica continuamente riproponentesi e riequilibrantesi in avventure successive.

" Un carattere fondamentale della percezione è che essa risulta da un processo *fluttuante*, che comporta scambi incessanti tra la disposizione del soggetto e la configurazione possibile dell'oggetto, e che queste configurazioni dell'oggetto sono piú o meno *stabili* o *instabili* all'interno di un sistema temporo-spaziale piú o meno *isolato*, caratteristico dell'episodio comportamentale... La percezione può essere espressa in termini di probabilità sul modello di ciò che accade in termodinamica o nella teoria dell'informazione "[218]

Infatti il percetto si presenterebbe come la configurazione sensibile, momentaneamente stabilizzata, sotto la quale si presenta il raggruppamento piú o meno ridondante delle informazioni utili che il ricettore ha prelevato nel campo stimolante durante la propria operazione. Questo perché è lo stesso campo stimolante che offre la possibilità di trarre un numero indeterminato di modelli con un grado di ridondanza variabile; anche se di fatto quello che i gestaltisti chiamano la "forma buona" è, tra tutti i modelli, quello che richiede "una informazione minima e comporta una ridondanza massima". Cosí la buona forma corrisponde "allo stato di probabilità massimale di un insieme percettivo fluttuante".
Ma a questo punto ci rendiamo conto che, tradotta in termini di probabilità statistica, la nozione gestaltica di buona forma perde ogni connotazione di necessità ontologica e non comporta piú,

[217] PIAGET, in *La perception*, cit., pag. 28.
[218] A. OMBREDANE, *Perception et information*, in *La perception*, cit., pagg. 85-100.

come suo corrispettivo, una struttura fissa del sistema nervoso del soggetto.

Infatti il campo stimolante di cui parla Ombredane, offre varie possibilità di raggruppamento ridondante, grazie alla sua indeterminazione, e non si oppone alla buona forma come un informe non percepibile si opporrebbe a ciò che di fatto è percepibile e percepito.

In un campo di stimoli il soggetto individua la forma piú ridondante quando vi è spinto da particolari propositi, ma egli può anche non rinunciare alle altre operazioni di coordinamento possibile che rimangono sullo sfondo. Ombredane pensa che operativamente (" e anche tipologicamente ") si potrebbero distinguere diversi mezzi di esplorazione del campo stimolante :   .

" Si potrebbe distinguere l'individuo che abbrevia la sua esplorazione e decide di usare una struttura avvertita prima di aver sfruttato tutti gli elementi di informazione che avrebbe potuto raccogliere; l'individuo che prolunga la sua operazione e si proibisce di adottare le strutture che essa gli mostra; l'individuo che accorda i due atteggiamenti, sia per confrontare piú decisioni possibili, sia per integrarli meglio in un percetto unitario costruito progressivamente. Vi si potrebbe aggiungere l'individuo che scivola da una struttura all'altra senza rendersi conto delle incompatibilità che esse possono avere tra loro, come si vede nel caso dell'onirismo. Se la percezione è un impegno, vi sono maniere diverse d'impegnarsi o di rifiutare di impegnarsi nella via di una ricerca di informazioni utili ".

Osservazioni del genere ci richiamano alla mente quelle che Merleau-Ponty opponeva all'isomorfismo gestaltistico, quando di converso definiva la forma (la struttura) non come un elemento del mondo ma come un *limite* verso cui tende la conoscenza fisica, e che essa stessa definisce.[219]

Ma qui ci interessa rilevare che, nella misura in cui l'attività strutturante appare libera e tentativa (vorremmo dire: inventiva) a livello della percezione e dell'intelligenza, a maggior ragione ci deve apparire tale a livello dell'elaborazione di modelli epistemologici atti a mettere in forma l'universo dei prodotti culturali.

---

[219] *La struttura del comportamento*, cit.

VII. Dell'operare come se la Struttura non fosse

VII.1. Ma accettare una nozione di struttura come *strumento prognostico* elimina davvero il presupposto dell'esistenza di comportamenti costanti della mente?

Quando la ricerca semiologica (si vedano a esempio le indagini di semiologia dell'intreccio che paiono individuare cosí esattamente il ricorrere di strutture costanti della narratività) ci suggerisce la presenza di costanti, non possiamo che accettare questo suggerimento e farlo fruttare per quel che vale, portando piú avanti ancora la verifica. *In realtà, il funzionamento costante della mente umana è un presupposto fecondissimo per ogni ricerca semiologica.*

VII.2. Elaborare un modello che si sa ipotetico e tentativo, non esclude la fiducia nel fatto che i fenomeni concreti messi in forma presentassero di fatto le relazioni evidenziate. Ma si può nutrire la fiducia piú assoluta nelle realtà delle connessioni messe in luce da un modello strutturale, senza per questo negare che ne esistessero altre possibili, capaci di apparire solo se intenzionate da un punto di vista diverso. Né, nel momento in cui il modello proposto funziona operativamente, saprò mai quali e quante altre relazioni possibili la mia operazione abbia lasciato in ombra.

Mentre irrigidisco la realtà in modelli (né posso far diversamente per aver presa sulla realtà) so che la realtà mi presenta *anche*, e non *solo*, i profili che individuo. Il risultato della mia operazione (che si verifica spingendo i fatti a un altro livello di comprensibilità e quindi arricchendo la mia presa sulle cose e contribuendo quindi a modificare il mondo) non deve spingermi a concludere che la realtà si riduceva solo a quei profili.

In conclusione, la *fallacia ontologica* della predicazione strutturale non consiste nel cercare di elaborare modelli di costanza per approfondirne poi le differenziazioni situazionali (che possono a loro volta revocare in dubbio le costanti). Consiste nell'eleggere le presunte costanti a unico oggetto e a fine ultimo dell'indagine, punto di arrivo e non punto di partenza per nuove contestazioni. Non è fallacia ontologica tenere sottomano una ipotesi sull'*identico* per approdare a uno studio unificato del *diverso*. È fallacia ontologica saccheggiare il magazzino del *diverso* per scoprirvi sempre, subito, e con certezza assoluta, l'*Identico*.

VII.3. L'atteggiamento operazionistico mi si presenta come il piú profittevole per il fatto che non esclude la possibilità di altre opzioni: posso studiare l'impulso a trasformare i codici in nuove strutture convenzionali della comunicazione (ed ho gli studi sui meccanismi dell'invenzione e sugli scarti dalla norma che generano nuove istituzioni); posso studiare come le iniziative comunicative si concretano in codici (e ho la semiografia come descrizione dei sistemi di convenzioni); e posso studiare la possibile matrice trascendentale o ontologica dei codici (e ho in tal caso una filosofia del linguaggio che può nutrirsi dello studio semiografico dei miti e della grande sintagmatica narrativa, o ricercare le leggi della comunicazione nei meccanismi stessi dell'inconscio); ma la *ricerca semiologica*, nella sua considerazione continua di una dialettica tra codici e messaggi, congloba questi interessi e non deve farsi assorbire da uno di essi. L'ipotesi operazionistica si rivela la piú produttiva nella misura in cui lascia aperta ciascuna di queste scelte. L'assunzione empirica mi lascia attento e sensibile alle aberrazioni, alle diramazioni dalle norme ipotizzate, onde considerarle prove determinanti per una revisione totale delle ipotesi. Mi porta insomma a rovesciare il *pari* pascaliano in una forma che sarebbe piaciuta al Cavalcanti del Boccaccio: nell'incertezza sull'esistenza di uno Spirito definito in tutta la sua combinatoria possibile, appare molto piú produttivo, nel corso della ricerca semiologica, " cercare se trovar si potesse che Iddio non fosse "

E.

LA FRONTIERA SEMIOLOGICA

I. UN SISTEMA IN SISTEMAZIONE

I. Semiologia e semiotiche

I.1. Per quanto impostata da Peirce negli ultimi decenni del secolo scorso, postulata da Saussure all'inizio di questo (e prima ancora, prefigurata da Locke),[1] la semiologia si presenta ancora come una disciplina non solo in progresso, ma in via di definizione per quanto riguarda il campo specifico e l'autonomia dei metodi. Tanto che è ancora lecito domandarsi se non debba venir considerata piuttosto un territorio interdisciplinare all'interno del quale tutti i fenomeni di cultura sono esaminati secondo una "ossessione" della comunicazione, scegliendo poi gli strumenti piú adatti, settore per settore, per far risaltare la natura comunicativa del fenomeno esaminato.

I.2. Tanto per cominciare, esiste una discussione sul nome della disciplina in discussione. *Semiotica o semiologia?* "Semiologia", si afferma quando si tenga presente la definizione saussuriana;[2] "semiotica", si insiste, pensando alla lezione di Peirce e

---

[1] Cfr. Ferruccio Rossi-Landi, *Note di semiotica. I - Perché 'semiotica'*, in "Nuova Corrente", 41, 1967.

[2] "La lingua è un sistema di segni esprimente delle idee e, pertanto, è confrontabile con la scrittura, l'alfabeto dei sordomuti, i riti simbolici, le forme di cortesia, i segnali militari, ecc. ecc. Essa è semplicemente il piú importante di tali sistemi. Si può dunque concepire *una scienza che studia la vita dei segni nel quadro della vita sociale*; essa potrebbe formare una parte della psicologia sociale e, di conseguenza, della psicologia generale; noi la chiameremo *semiologia* (dal greco σημεῖον ' segno '). Essa potrebbe dirci in che consistono i segni, quali leggi li regolano. Poiché essa non esiste ancora non possiamo dire che cosa sarà; essa ha tuttavia diritto di esistere e il suo posto è determinato in partenza. La linguistica è solo una parte di questa

alla semiotica morrisiana.[3] E si aggiunge: si potrebbe parlare di semiologia se si pensasse a una disciplina generale che studia i segni e che contempla i segni linguistici solo come una provincia particolare; ma Barthes ha capovolto la definizione saussuriana, e ha inteso la semiologia come una translinguistica che esamina tutti i sistemi di segni come riportabili alle leggi del linguaggio.[4] Per cui si pensa che chi tenda invece ad uno studio dei sistemi di segni che non dipenda necessariamente dalla linguistica (come abbiamo proposto in questo libro) debba parlare di semiotica.[5] E a questo termine si attengono oggi le scuole americana e sovietica (e gli slavi in genere). D'altra parte il fatto che Barthes abbia dato una particolare accezione alla proposta di Saussure non ci impedisce di ritornare a quella, riscoprendone il senso originario e riutilizzandone la terminologia.

In questo libro si è parlato di semiologia e ci pare di poter continuare a proporre questo termine. In un paese come il nostro in cui parte della popolazione chiama " pranzo " ciò che l'altra parte chiama " cena ", e " seconda colazione " ciò che gli altri chiamano " pranzo ", tutto sta a definire l'ora esatta in cui il nostro interlocutore dovrà presentarsi a casa nostra quando lo inviteremo " a pranzo ".

Decideremo pertanto — e sia chiara la convenzione che regge il discorso che segue — di chiamare " *semiologia* " *una teoria generale della ricerca sui fenomeni di comunicazione visti come elaborazione di messaggi sulla base di codici convenzionati come sistemi di segni*; e chiameremo " *semiotiche* " questi singoli sistemi di segni nella misura in cui siano tali, e pertanto formalizzati (se già sono individuati come tali) o formalizzabili (se sono appunto da individuare là dove non si pensava che vi fosse un codice). In altri casi si dovrà riconoscere che la semiologia mette in luce l'esistenza non di semiotiche vere e proprie ma di *repertori di simboli* (che alcuni designano come *semìe*) che, se non sono sistemabili come

scienza generale, le leggi scoperte dalla semiologia saranno applicabili alla linguistica e questa si troverà collegata a un dominio ben definito nell'insieme dei fatti umani " (*Cours*, cit., pag. 33; ed. it. pag. 26; per una prima bibliografia cfr. nell'ed. it. la nota 73 di De Mauro).

[3] Cfr. Tomas Maldonado, *Kommunikation und Semiotik*, in " Ulm ", 5, 1959 (poi tradotta in G. K. Koenig, *Analisi del linguaggio architettonico*, cit.). Sempre di Maldonado si veda il dizionarietto di semiotica su basi peirciane, *Beitrag zur Terminologie der Semiotik*, Ulm, Korrelat, 1961.

[4] *Elementi di semiologia*, cit., introduzione.

[5] Vedi F. Rossi-Landi, *Note di semiotica*, citato e *Sul linguaggio verbale e non verbale*, in " Nuova Corrente ", 37, 1966, pag. 7, nota.

semiotiche, dovranno essere ricondotte per le loro condizioni d'uso
ad altre semiotiche base.

I.3. Come si vede, proponiamo una definizione *empirica e non
sistematica*. Si sarebbe tentati di accettare (anche ai fini dell'elenco
di ricerche che proponiamo nel capitolo 2 di questa sezione) la
classificazione che Hjelmslev proponeva già sin dal 1943.[6]

Secondo Hjelmslev, oltre alle lingue naturali, si dovrebbe individuare altri sistemi di segni (traducibili poi nel sistema della
lingua naturale) e questi sistemi sarebbero delle semiotiche. Le
semiotiche si distinguerebbero in *semiotiche denotative* e *semiotiche
connotative*. Le semiotiche denotative sarebbero semiotiche di cui
nessuno dei piani (espressione e contenuto) è una semiotica; le
connotative avrebbero come piano dell'espressione (secondo lo
schema che abbiamo già proposto in A.2.I.8) una semiotica denotativa.

Le semiotiche si distinguerebbero poi in *semiotiche scientifiche*
e *semiotiche non scientifiche*.

Una *semiologia* sarebbe allora una metasemiotica che studia
come oggetto una semiotica non scientifica. Una *metasemiologia*
dovrebbe studiare la terminologia speciale della semiologia. Però
Hjelmslev propone anche una *meta-(semiotica connotativa)* che
studia come oggetto le semiotiche connotative. Ma questa classificazione lascia molti dubbi irrisolti. Per esempio, vi sono sistemi
come i giochi che servono di modello per le semiotiche scientifiche,
ma che Hjelmslev esita a definire semiotiche; poi ci si può domandare perché una semiologia generale non debba studiare tutte
le semiotiche, anche quelle scientifiche (come di fatto da molte
parti si propone) e quelle connotative.

Infine, intervengono per Hjelmslev nelle semiotiche connotative
dei *connotatori* (toni, registri, gesti, ecc.) che più avanti egli vede
come appartenenti non alla forma dell'espressione ma alla *sostanza*,
e quindi tradizionalmente al di fuori da ogni considerazione semiologica; tanto che riserva lo studio di questi fenomeni materiali alla metasemiologia. La quale così da un lato appare come
la formalizzazione metalinguistica degli strumenti della ricerca
semiologica generale (e si associa alle proposte di una *characteristica universalis* che esaminiamo più avanti) e dall'altro si avvicina
alle ricerche di quella disciplina che ai tempi di Hjelmslev non si

---

[6] *I fondamenti della teoria del linguaggio*, Torino, Einaudi, 1968. Cfr.
capp. 21-23.

era ancora organizzata e che è la *paralinguistica* (con le sue appendici, probabilmente indipendenti, che sono *cinesica* e *prossemica*; e di cui si dirà nel capitolo 2). Ancora, parte dell'oggetto della metasemiologia come studio della sostanza e dei fenomeni extralinguistici, riguarda l'indagine sugli *universali del linguaggio* e la *psicolinguistica*, però parte di questi aspetti (i connotatori, per esempio) studiabili dalla paralinguistica e dalla psicolinguistica, rientrerebbero sia nella metasemiologia che nella *meta-(semiotica connotativa)*. Infine Hjelmslev ritiene che della *meta-(semiotica connotativa)* faranno parte le indagini su quelle realtà extralinguistiche (sociologiche, psicologiche, politiche, religiose, ecc.) che sfuggirebbero all'analisi della semiologia come scienza delle semiotiche denotative; mentre oggi l'indagine semantica, che per Hjelmslev andava affidata alle semiotiche denotative, si occupa anche della messa in sistema di unità di significato che sono appunto fatti psicologici, sociali, religiosi (come si vedrà per le ricerche sui sistemi di modellizzazione del mondo, per la tipologia culturale o per lo studio su campi semantici in civiltà particolari).

I.4. Queste osservazioni non intendono svuotare di senso storico e operativo la sistemazione hjelmsleviana, che ha avuto una funzione di illuminazione sostanziale. È Hjelmslev ad essersi reso conto, dopo Saussure, che "non si trova nessuna non semiotica che non sia componente di una semiotica, e in ultima analisi nessun oggetto che non venga illuminato dal punto centrale della teoria linguistica" (noi diremmo: *semiologica*); per cui "la teoria linguistica arriva per necessità interna a riconoscere non soltanto il sistema linguistico, nel suo schema e nel suo uso, nella sua totalità e nella sua individualità, ma anche l'uomo e la società umana dietro la lingua, e tutta la sfera delle conoscenze umane attraverso la lingua"; ed è Hjelmslev che, come osserva Lepschy, ha proposto all'attenzione dei linguisti (e della semiologia generale) il problema dell'esistenza e dell'eventuale identificazione degli elementi pertinenti del contenuto (e di qui tutto il problema semiologico dei codici connotativi di cui ci siamo occupati a piú riprese). Ma Lepschy stesso osserva come proprio la distinzione tra piano della espressione e piano del contenuto, che si moltiplica attraverso la considerazione delle semiotiche connotative, è ancora lontana dall'aver dato risultati definitivi (per cui egli si chiede se il piano del contenuto non sia ancora il dominio del *continuo* anziché del *discreto*).[7]

[7] Cfr. l'introduzione ai *Fondamenti della teoria del linguaggio*, cit.,

Pertanto riteniamo che, alla fase attuale della ricerca semiologica, sia impossibile definire i territori della ricerca imprigionandoli nel quadro di una gerarchia definitiva delle semiotiche e delle meta-semiotiche,[8] e, rifiutandoci di fornire uno specchietto, nel capitolo 2 di questa sezione procederemo a una recensione empirica dei problemi oggi sul tappeto. L'ipotesi totalitaria di Hjelmslev vale come incentivo alla sistemazione teorica di questi problemi.[9]

II. Progetto per un elenco provvisorio

II.1. A questo punto possiamo tentare una rassegna delle varie semiotiche ormai individuate dagli studiosi. Dato lo stato della ricerca sia chiaro che qui non si dà una sistemazione, ma *un elenco* (e un elenco indicativo, senza pretese di esaustività). Parimenti le note bibliografiche servono a esemplificare le ricerche di cui si fa cenno, o a indicare fonti bibliografiche reperibili. D'altra parte non si saprebbe rimandare a un corpus bibliografico esaustivo;

pagg. 135-136 per i brani di Hjelmslev e pag. XXIII-XXXI per quelli di Lepschy.

[8] Per la nostra distinzione ci rifacciamo piuttosto a CHRISTIAN METZ, *Les sémiotiques ou sémies*, in " Communications ", 7, 1966. Ci distingueremmo invece dalla nomenclatura proposta da A. J. GREIMAS, *Modelli semiologici*, Urbino, Argalia, 1967 dove, nel saggio " Considerazioni sulla teoria del linguaggio ", definisce come ' semiotiche ' le formalizzazioni delle scienze naturali e come ' semiologie ' quelle delle scienze dell'uomo, chiarendo ancora che " si potrebbe riservare il nome di *semiotiche* alle scienze dell'espressione, utilizzando il termine di *semiologie*, rimasto disponibile, per le discipline del contenuto " (pag. 23).

[9] Come osserva TZVETAN TODOROV, " la semiologia è una scienza postulata prima di esistere. Quindi le sue nozioni principali non provengono da una necessità empirica ma sono poste a priori " (*Perspectives sémiologiques*, in " Communications ", 7, 1966). Così facendo si rischia di giudicare inessenziali delle suddivisioni che potranno poi rivelarsi molto importanti. Todorov ad esempio ritiene che la maggior parte dei sistemi di comunicazione non verbali (paralinguistica) non offrano un grande interesse e si prestino solo a una lessicografia, dato che non possiederebbero una sintassi; e quindi predilige gli studi linguistici, etnolinguistici, estetici. Ma le ricerche più recenti stanno rivelando l'esistenza di sistemi di codificazione abbastanza elaborata anche nei territori più insospettabili. Una polemica con i progetti semiologici è quella di GUIDO MORPURGO TAGLIABUE, *L'arte è linguaggio?*, in " Op. Cit. ", 11, 1968. La posizione dell'autore, con la quale abbiamo polemizzato nelle pagine introduttive di questo libro, deriva dal fatto che egli si preoccupa di salvare, contro le attività *rappresentative*, la possibilità *presentative* dell'arte e del reale che si " danno " esibendo un senso senza imporre processi segnici. Il problema è ancora quello, già esaminato, della " astanza ".

e si preferisce suggerire al lettore la consultazione di una serie di bollettini bibliografici, ormai coordinati su scala internazionale, che a intervalli assai frequenti segnalano il progresso di queste ricerche.[10]

II.2. Nell'elenco che segue, *la lunghezza dei paragrafi non corrisponde all'importanza dei settori*: ci si intrattiene di piú sui settori meno comunemente individuabili, si omette la bibliografia per settori già esplorati in altre parti del libro; per le semiotiche riconosciute, come le lingue naturali, ci si limita alla semplice menzione.

Rimane inteso che è ancora incerto se in molti casi si abbia a che fare con semiotiche già organizzate o semíe. E se vadano individuati per ogni territorio, *codici, sottocodici, lessici* o semplici *repertori*.[11]

Cosí come si presenta oggi l'orizzonte della ricerca, accadrà di dover allineare in elenco " voci " che, ad una classificazione coerente, apparirebbero poco omogenee: cosí si vedrà una voce sulla semantica, mentre per ogni semiotica indicata esiste un livello se-

[10] Oltre alle varie segnalazioni bibliografiche delle riviste, ricordiamo il bollettino ciclostilato *Sémiologie - Bulletin d'information*, della Ecole Pratique des Hautes Etudes-CECMAS; questo bollettino ora è assorbito da *Social Science Information - Information sur les sciences sociales*, pubblicato dal Consiglio Internazionale delle Sc. Sociali col concorso dell'Unesco e dell'Ecole Pratique des Hautes Etudes (edito da Mouton). Nel n. VI.2/3 una bibliografia semiotica per il periodo 1964-65. Dopo questo periodo l'aggiornamento viene assicurato da LLBA (*Language and Language Behavior Abstracts*, a cura della Università del Michigan e pubblicato da Appleton-Century-Crofts e Mouton. Cfr. anche ALDO ROSSI, *Semiologia a Kazimierz sulla Vistola*, in " Paragone ", 202, 1966 e in genere tutta l'attività di informazione e aggiornamento sui temi semiologici che Rossi conduce su questa rivista.

[11] Sono state proposte varie classificazioni: la sezione semio-linguistica del Laboratoire d'Anthropologie sociale de l'Ecole Pratique des Hautes Etudes et du Collège de France distingue tra: I. Teoria semiotica (generalità, dimensione diacronica, metalinguaggi scientifici); 2. Linguistica (semantica, grammatica, fonetica e fonologia); 3. Semiotica delle forme e degli oggetti letterari (semiotica letteraria, poetica, strutture narrative); 4. Semiotiche diverse. I sovietici di Tartu distinguono dagli studi linguistici i sistemi di modellizzazione secondaria, che si reggono sul sistema denotativo primario della lingua (cfr. *Trudy po znakovym sistemam*, II, Tartu, 1965, citato da JULIA KRISTEVA, *L'expansion de la semiotique*, in " Inform. sur les sc. soc. ", VI, 5. In *Approaches to semiotics*, cit. (pag. 232) ERVING GOFFMAN propone di distinguere tra: 1. " detective model ", che sarebbero *indici*; 2. codici semantici; 3. sistemi di comunicazione in senso stretto; 4. relazioni sociali; 5. fenomeni di interazione tra due parlanti.

mantico da individuare; ma non si può evitare di citare a sé una serie di ricerche ormai autonome — come quelle semantiche — che hanno preceduto molte delle individuazioni semiologiche suc- cessive.[12]

[12] Oltre a vari altri testi via via citati, la rassegna che segue si rifarà in particolare ai già citati *Approaches to Semiotics* (Mouton, 1964) che d'ora in poi sarà citato direttamente nel testo come *App.* seguito dal numero di pagina. Altre raccolte decisive per la nostra casistica sono: *Strukturno-tipolo- gičeskie issledovanija* (Ricerche di tipologia strutturale), Mosca, 1962 — d'ora in poi citato come *Strukt.* — di cui si veda la recensione di GIAN LUIGI BRAVO su "Marcatre" 16/18; con un'antologia di testi di A. ZOLKOVSKIJ e J. SCEGLOV (*Sulla possibilità di una poetica strutturale*), B. A. USPENSKIJ (*Sulla semeiotica dell'arte*) e A. K. ZOLKOVSKIJ (*Dell'amplificazione*), e la nostra nota intro- duttiva *Una mutazione genetica*; e *Simpozium po strukturnomu izuchniju znakovych sistem* (Simposio sullo studio strutturale dei sistemi di segni), Mo- sca, 1962 — d'ora in poi citato come *Simp.* — di cui si veda la recensione di G. L. BRAVO su "Marcatre", 8/10, con un testo di Sceglov. Su queste raccolte sovietiche hanno informato a varie riprese VITTORIO STRADA ("Questo e altro", 6-7, 1962; "Strumenti critici", 2, 1967, ecc.) e Tzsvetan Todorov. Per vario altro materiale che verrà citato in seguito ringraziamo Remo Fac- cani che ne sta curando una raccolta.

2. LE SEMIOTICHE

I. Codici ritenuti "naturali"

ZOOSEMIOTICA: i sistemi di comunicazione tra gli animali vengono studiati come un aspetto dell'etologia. Es. le nuove scoperte sulla comunicazione tra le api che paiono mettere in crisi le nozioni acquisite circa i significati della proverbiale "danza". Lo studio zoosemiotico può contribuire all'individuazione di universali della comunicazione, ma potrebbe portare alla revisione del concetto di intelligenza animale e a individuare processi di convenzionalizzazione elementare.[13]

SEGNALI OLFATTIVI: basterebbe se non altro il *codice dei profumi* (fresco, sensuale, virile, eccetera) a stabilire l'esistenza di possibilità comunicative. La tradizione poetica (v. Baudelaire) ci dà alcune indicazioni. Se i *profumi* artificiali hanno anzitutto valore connotativo di cui si è detto, gli *odori* hanno chiaramente un valore denotativo; in tal caso potrebbero venire catalogati come "indici" (odore di bruciato) ma negli studi di prossemica di Hall, citati, si attribuisce agli odori personali, in molte civiltà, un valore di significazione sociale che va al di là della comunicazione indiziale.

COMUNICAZIONE TATTILE: fondamentale per la prima esperienza

---

[13] Cfr. le ricerche di T. A. SEBEOK (come la comunicazione al congresso semiologico di Kazimierz di cui dà notizia Aldo Rossi nel già citato rapporto su "Paragone", 22, 1966); sempre di Sebeok, cfr. *Aspects of Animal Communication*, in "Etc. ", 24, 1967 e *La communication chez les animaux*, in "Revue Int. de Sc. Sociales", 19, 1967 (con distinzioni tra zoopragmatica, zoosemantica e zoosintassi). Citiamo ancora H. e M. FRINGS, *Animal Communication*, N.Y., Blaisdell, 1964.

del mondo esterno nel bambino, secondo alcuni predetermina la comprensione successiva dei messaggi verbali. Rientrano in questo settore gli studi della *modificazione della pelle* attraverso pratiche igieniche, profumi, unguenti; l'esperienza tattile del pari influenza la scelta del *vestiario*; quando la comunicazione tattile si convenzionalizza ulteriormente si stabiliscono tabú che già rientrano nei codici prossemici esaminati in C.6.III. Fanno parte dei *messaggi tattili codificati* il bacio, l'abbraccio, lo schiaffo, nella misura in cui non rappresentano stimoli ma stilizzazioni.[14]

CODICI DEL GUSTO: oltre alle implicite differenze nelle preferenze di gusto da civiltà a civiltà, con le possibilità di sistemi opposizionali che regolano l'accoppiabilità di sapori diversi, sono individuabili convenzioni sulla composizione dei pasti sino alle regole di imbandigione; lo stesso si può dire per le bevande; si apre poi il campo dei sistemi connotativi e sinestesici (il " sapore forte "; o le trasposizioni metaforiche delle denominazioni di sapore ad altri dominii, come un " amore dolce "). Sui sistemi semantici impostati sul gusto emergono naturalmente le ricerche del Lévi-Strauss di *Le cru et le cuit* e *Du miel aux cendres*.

II. Paralinguistica

Si definisce come " paralinguistica " *lo studio dei tratti soprasegmentali (i toni di voce) e delle varianti facoltative che corroborano la comunicazione linguistica e si presentano come sistematizzabili e convenzionalizzati* (o che, riconosciuti come " naturali " e motivati, sono in qualche modo sistematizzabili). Si tratta di fenomeni che sono diventati oggetti di studio piú preciso in virtú dei nuovi sistemi di registrazione, che permettono di analizzare anche le variazioni meno percettibili all'osservazione diretta. Comunemente si associa alla paralinguistica anche la *cinesica*, intesa come *studio dei gesti e dei movimenti corporali a valore significante convenzionale*. Ma gradatamente si tende ormai a separare i due settori.

Stankiewicz, che in *App.* dedica all'argomento il già citato saggio *Problems of emotive language*,[15] si domanda se anche i segni paralinguistici siano unità prefabbricate come quelle del co-

[14] Cfr. L. K. FRANK, *Comunicazione tattile*, in *Comunicazione di massa*, Firenze, La Nuova Italia, 1966.

[15] Con una bibliografia di 136 titoli.· Cfr. in genere tutto *App.*

dice linguistico, o se questi fenomeni non siano aspetti del messaggio, e quindi variazioni individuali che il parlante introduce per colorire la comunicazione impostata sulle regole del codice linguistico.

Peraltro egli ammette che il parlante abbia a disposizione artifici formali per la colorazione del messaggio e a questo punto è lecito domandarsi se non abbiano ragione coloro che cercano di *codificare* questi artifici. Da Bühler, che per primo pose in luce gli aspetti emotivi del linguaggio, ma non distinse tra fenomeni emotivi determinati dal contesto, e *artifici emotivi previsti dal codice*, attraverso gli studi di Karcevskji sulle interiezioni come sottosistema con precise particolarità linguistiche, si arriva alle ricerche di McQuown, Pike, Hockett, Smith, Trager, Hall, Sebeok, Wells, Hayes, Mahl, Schulze,[16] a quelle già citate di Fonagy, e al concorrere di esperienze psicologiche, cliniche e antropologiche. Come osserva Mahl, quando la gente individua *certi tipi di tosse* allusivi, sta già parlando di un comportamento paralinguistico istituzionalizzato. Questo può essere un codice altrettanto importante di quello linguistico (*App.*, 133).

Una volta accettato questo programma di ricerca, si può tentare un elenco dei territori possibili di indagine. Non dimenticando che per alcuni studiosi la conoscenza dei codici paralinguistici non solo appare utile per l'apprendimento delle lingue e dei costumi stranieri, ma anche per evitare malintesi nei rapporti tra civiltà diverse, là dove il ricorso al semplice codice denotativo della lingua induce a cogliere in modo aberrante (spesso con conseguenze umane, politiche, sociali gravissime) tutti i livelli connotativi del messaggio.[17]

SEMEIOTICA MEDICA: questo settore va distinto in due zone di-

---

[16] Cfr. in *App.* i saggi di F. MAHL e G. SCHULZE con bibl. di 274 titoli e quello di Hayes (con bibliografia di 84 titoli).

[17] Per questo aspetto v. in *App.* pagg. 218-220 le conclusioni di La Barre; cfr. pure, in forma più paradossale e divulgativa, vari aspetti di STUART CHASE, *Il potere delle parole*, Milano, Bompiani, 1966 e in genere — per gli aspetti del linguaggio in relazione ai problemi della comprensione sociale, tutta la polemica della General Semantics. In particolare ALFRED KORZYBSKI, *Science and Sanity: An Introduction to Non-Aristotelian Systems and General Semantics*, International Non-Aristotelian Library Publishing, 1933. Per una critica alla General Semantics dal punto di vista della filosofia semantica cfr. ADAM SCHAFF, *Introduzione alla semantica*, cit. e FRANCESCO BARONE, *La semantica generale*, in " Archivio di Filosofia ", numero speciale " La semantica ", Roma, Bocca, 1955.

verse: da un lato abbiamo il sistema di *indici* naturali attraverso
cui il medico individua il *sintomo* (ma poiché per la comunità
medica *certi* sintomi si esprimono attraverso *certi* indici, si ha
già, a livello del gruppo medico, un sistema di convenzioni); dal-
l'altro il sistema di espressioni linguistiche attraverso cui pazienti
di gruppi o civiltà diverse *usano* denunciare verbalmente o cinesi-
camente un sintomo.[18]

PARALINGUISTICA PROPRIAMENTE DETTA: Trager[19] suddivide tutti
i rumori non aventi struttura linguistica propriamente detta in:

A. *Tipo di voce*: dipendente dal sesso, dall'età, dalla salute, dal luogo del
parlante, eccetera. Vengono studiati diversi toni di voce usati dalla stessa
persona in diverse circostanze. Ostwald (*App.*, 235) accenna a ricerche
sulle diversità delle modulazioni a bocca chiusa al telefono in diverse
ore del giorno, rapportate a variazioni del sodio e del potassio nel sangue.
Ricerche del genere riportano alle basi biologiche della comunicazione e
rientrano in ricerche di semeiotica medica. Di fatto per Trager il tipo
di voce non rientra nel paralinguaggio.

B. *Paralinguaggio*: si distingue in:

   a) qualità vocali: per esempio l'altezza dei suoni, il tipo di controllo
   delle labbra o della glottide, la pesantezza o la leggerezza del respiro, il
   controllo articolatorio, la risonanza, il tempo, eccetera.

   b) vocalizzazioni: si distinguono in:

   b.1. caratterizzatori vocali (esempio: riso, soffocato o represso,
   pianto, piagnucolio, singhiozzo, sussurro, strillo, grido soffocato,
   borbottio, gemito, lamento, uggiolio, rutto, spezzatura della voce,
   sbadiglio...)

   b.2. qualificatori vocali (per esempio intensità e altezza del suono)

---

[18] Cfr. in *App.* lo studio di P. F. OSTWALD, con bibl. di 97 titoli. A
questi studi si collegano in modo più ampio gli interessi psicopatologici cen-
trati sul linguaggio, tra cui spicca il celebre studio di Jakobson sui due tipi
di afasia (*Saggi*, cit.). Cfr. in questo campo SERGIO PIRO, *Il linguaggio schi-
zofrenico*, Milano, Feltrinelli, 1967 (la bibliografia contiene più di mille titoli,
ma non è specifica e comprende citazioni da tutto lo scibile, da Croce a
Grimm ed Einstein); cfr. anche G. MACCAGNANI ed., *Psicopatologia dell'espressione*, Imola, Galeati, 1966; e i capitoli " Isterismo e linguaggio " in T. S.
SZASZ, *Il mito della malattia mentale*, Milano, Saggiatore, 1967. Cfr. pure gli
studi di FERDINANDO BARISON su arte e schizofrenia (v. bibl. completa in
Piro, cit.) e L. BERTUCELLI, *Arte e schizofrenia*, in " Psichiatria ", 2, 1965
(sulla scia degli studi di Barison).

[19] GEORGE L. TRAGER, *Paralanguage: A First Approximation*, in DELL
HYMES ed., *Language in Culture and Society*, N.Y., Harper and Row, 1964
(importante tutta la raccolta).

b.3. segregati vocali: è il complesso dei suoni che, piú che modulare le emissioni fonetiche, le accompagnano, come le nasalizzazioni, le ispirazioni, i grugniti, gli " uhm " di commento e interiezione, i rumori della lingua e delle labbra (che, detto per inciso, sono stati codificati abbastanza bene da quel tipo di trascrizione drammatica dei segregati, intesi come segni, che sono le espressioni verbali dei fumetti...).

LINGUAGGI TAMBUREGGIATI E FISCHIATI: il sospetto che i " toni " abbiano valore convenzionale viene accresciuto quando si passa all'esame, già condotto dagli antropologi, dei vari sistemi di segnalazione attraverso fischi, zufolii, flauti e tamburi. Weston La Barre (*App.*, 212 sgg.) elenca una serie di sistemi segnici quali il linguaggio fischiato e la conversazione con xylofoni dei Chin birmani; il tambureggiamento su radici di alberi degli Kwoma; il linguaggio a bocca chiusa del Chekiang; lo yodel alpino; le comunicazioni referenziali in codice fischiato degli Ashanti (il soggetto riesce a comunicare il luogo in cui si deve cercare un oggetto); il linguaggio fischiato degli abitanti delle Canarie, che modulano non i tonemi paralinguistici, ma i veri e propri fonemi dello spagnolo parlato; il linguaggio tambureggiato dell'Africa Occidentale, che riproduce tratti tonemici del linguaggio parlato in due toni base del tamburo, realizzando peraltro anche comunicazioni strettamente convenzionalizzate, mentre gli Ewe del Togo hanno addirittura convenzionalizzato intere frasi (ma qui siamo a sistemi di trascrizione simili ai nostri codici telegrafici); oppure i segnali col corno a quattro toni, che trasmettono non l'equivalente melodico dei toni soprasegmentali, ma vere e proprie unità differenziali astratte.

III. Cinesica e prossemica

Valgono per la cinesica le stesse osservazioni della paralinguistica: artifici del parlante per condire emozionalmente il messaggio, o artifici previsti dal codice? Gli studiosi di questa disciplina, che appare ormai notevolmente formalizzata, anche come sistema di notazione scritta, parlano ormai di codici veri e proprii.[20]

[20] Cfr. per bibl. in *App.* lo studio di La Barre e quello di Hayes. Note su una bibliografia italiana in ALDO ROSSI, *Le nuove frontiere della semiologia*, in " Paragone ", 212, 1967, par. 2.1. Qui si riporta anche il piano di ricerca comunicato privatamente da Greimas e Metz agli studiosi, per una

Come dice Birdwhistell: "quando la gente emette suoni e ascolta, muove e guarda, tocca e sente, emette e riceve odori, eccetera, tutte queste cose sono combinate in vario modo cosí da prender parte al sistema comunicativo, e non sarà strano postulare che queste modalità possano essere strutturate analogicamente: apprese sistematicamente, potranno essere modellizzate nello stesso modo — o almeno si può cercare di farlo... Se voi esaminate un corpus di dati, per esempio i film col sindaco La Guardia quando parla italiano, o jiddish, o inglese americano, i suoi modelli di movimento cambiano in modo cosí sistematico che voi potete eliminare il sonoro e sapere quale lingua stia parlando " (*App.*, 178).

La questione se la cinesica altro non sia che una forma di paralinguaggio viene superata dall'ipotesi (per la verità abbastanza romantica) *che un linguaggio gestuale abbia preceduto il linguaggio articolato*. Ma la vera ragione per cui la distinzione va posta è che la cinesica pare aver trovato una propria autonomia quanto all'oggetto e agli strumenti. Birdwhistell ha ora elaborato un sistema di notazione dei movimenti corporali che raggiunge momenti di estrema precisione, cosí come ha impostato una nomenclatura dei tratti pertinenti e delle configurazioni sintagmatiche gestuali a cui ci siamo già riferiti parlando del codice cinematografico (cfr. *App.*, 159).

Quanto ai territori dell'indagine cinesica ecco alcune voci di una rassegna suggerita da La Barre (*App.*, 190-220): il *linguaggio gestuale muto* dei monaci di clausura, il linguaggio dei sordomuti, dei mercanti Indu, dei persiani, degli zingari, dei ladri, dei banditori di tabacco; le *movenze rituali delle mani* dei preti Buddisti e Indu; le comunicazioni dei pescatori Patani; la cinesica orientale e mediterranea, dove larga parte è occupata dalla *gestualità napoletana* (non bisogna dimenticare che la cinesica napoletana, attraverso lo storico gesto di Sraffa, sta miticamente alla base delle questioni wittgensteiniane sul significato...); i *gesti stilizzati* delle figure della pittura Maya, utilizzati per decifrarne il linguaggio scritto, cosí come uno studio della gestualità greca quale appare dalle pitture vascolari può offrire illuminazioni sul periodo studiato (mentre lo studio della gestualità partenopea può riportare a usi cinesici della Magna Grecia e di là illuminare la cinesica attica). Allo stesso titolo la cinesica studia la *gestualità teatrale ri-*

---

indagine completa sulla gestualità: dall'etnosemiologia alla patologia, alla trascrivibilità, agli studi di sistemi precostituiti nel film, nel fumetto, nei quadri, sino alla transcodifica linguistica del gesto nelle opere letterarie.

tualizzata, nei teatri classici orientali, nel *mimo*, nella *danza*.[21]

Gli *stili di camminata*, che variano da cultura a cultura e da cultura a cultura connotano un *ethos* diverso; gli *stili posizione eretta*, dove la codifica si fa piú rigorosa, (ma anche piú variabile) nelle variazioni militari dell'*attenti!* e negli stili pressoché liturgici dei *passi da parata*.

Elementi del paralinguaggio, le varie modalità del *riso*, del *sorriso*, del *pianto*, sono anche elementi di una cinesica, e uno studio della loro variabilità culturale (nei modi come nel significato connotato) possono liberare il fenomeno del comico da molti misteri filosofici che lo deprimono. Al limite, la ricerca delle cinesiche altamente culturalizzate (e si era già accennato in un altro capitolo agli studi di Mauss sulle *tecniche del corpo*) arriva allo studio delle *posizioni defecatorie, della minzione e del coito* (nonché della posizione degli alluci nel momento dello spasimo — non solo determinata da moventi fisiologici, ma variabile da cultura a cultura, come mostrano vari esempi di antica scultura erotica).

Si aggiungano gli studi sul *movimento del capo* (la relatività culturale dei cenni per "sí" e "no" è universalmente riconosciuta), quelli sui *gesti di ringraziamento*, quelli sul *bacio* (che storicamente appare comune alle civiltà Greco-Romana, Germanica e Semitica ma — pare — estraneo a quella Celtica; carico comunque di significati diversi in molte civiltà orientali). Semi cinesici come il *mostrare la lingua* acquisiscono denotazioni opposte nella Cina del sud o in Italia; *i gesti di disprezzo* (di cui la cinesica italiana è cosí ricca) sono tanto codificati quanto almeno gli *accenni* (là dove lo stesso gesto per un latino americano significa "vieni qui" e per un nord americano "va via"). I *gesti di cortesia* sono tra i piú codificati, mentre gli *atti motori convenzionalizzati* variano talmente nel tempo da rendere di difficile comprensione, o ridicola, la cinesica del film muto anche per un occidentale. I *gesti di conversazione*, che puntualizzano o sostituiscono intere frasi, si uniscono ai *grandi gesti oratori*. Esistono studi sulla diversa gestualità in una conversazione tra un italiano e un ebreo di

---

[21] In *App.* La Barre riscopre lo studio di A. De Jorio, *La mimica degli antichi investigata nel gestire*, Napoli, 1832. Sulla gestualità ritualizzata, nel teatro, nelle cerimonie e nella pantomima, cfr. T. V. Civ'jan, T. M. Nikolaeva, D. M. Segal e Z. M. Volockaja, *Žestovaja kommunikacija i ee mesto sredi drugich sistem čelovečeskogo običenija*, (La comunicazione gestuale e il suo posto tra gli altri sistemi della comunicazione umana), in *Strukt.* (tr. inedita di Remo Faccani). Cfr. pure J. Guilhot, *La dynamique de l'expression et de la communication*, Aja, Mouton, 1962.

America, mentre ci si spinge a esaminare il valore convenzionale
di *gesti simbolici* (offerte, doni), sino alla gestualità degli *sport*
(stili di tiro nel baseball, modi di condotta della canoa), sino agli
stili di *tiro all'arco* che insieme ai gesti nella *cerimonia del tè* costituiscono uno dei capisaldi dell'etichetta zen. Infine i vari significati del *sibilo* e del *fischio* (applauso, disprezzo, eccetera) e le *modalità nel bere* e *nel mangiare*.

In ciascuno di questi casi, come per tutto ciò che riguarda il
paralinguaggio, si potrebbe osservare — in definitiva — che anche
quando gesti e toni di voce non avessero valore istituzionalizzato
formalizzabile, andrebbero in ogni caso interpretati come segnali
convenzionali che orientano il destinatario verso il codice connotativo da impiegare per decodificare il messaggio linguistico; e
quindi la loro funzione di *segnalatori di codice* sarebbe in ogni
caso di estrema importanza semiologica.

Un capitolo a parte andrebbe dedicato alla *prossemica*, ma su
questo argomento ci si è già intrattenuti a proposito dei codici architettonici in C.6.II.

Quanto all'*etichetta* alcuni autori (come Birdwhistell, *App.*, 230)
ritengono che non possa essere compresa solo nella cinesica, perché vi giocano altri elementi verbali o visivi.

IV. I codici musicali

Il problema della musica viene messo in campo di solito quando si tratta di verificare la possibilità di codificare i tonemi.
Ostwald (*App.*, 176) ricorda come la notazione musicale attuale
nasca da antiche notazioni dei gesti e dalla notazione neumatica,
che registrava fenomeni cinesici e paralinguistici a un tempo. In
ogni caso nel campo musicale si possono individuare:

SEMIOTICHE FORMALIZZATE: sono le varie scale e grammatiche
musicali, i *modi* classici, i sistemi di attrazione.[22] Vi rientra lo
studio della sintagmatica musicale, armonia, contrappunto ecc.
Vi si possono aggiungere oggi i nuovi sistemi di notazione impiegati dalla musica contemporanea, in parte idiolettali, in parte fondati su notazioni apparentemente iconiche ma che riposano su
riferimenti culturali che le convenzionalizzano.

---

[22] Cfr. il minuzioso studio di M. M. LANGLEBEN, *K opisaniju sistemy
notnoj zapisi*, (Descrizione del sistema della notazione musicale), in *Trudy
po znakovym sistemam*, Tartu, 1965 (tr. inedita di Remo Faccani).

SISTEMI ONOMATOPEICI: da quelli del linguaggio verbale ai *repertori di onomatopee* dei fumetti.

SISTEMI CONNOTATIVI: tutta la tradizione pitagorica affidava a ciascun *modo* la connotazione di un *ethos* (in quel caso si trattava anche della stimolazione di un comportamento), come nota anche La Barre (*App.*, 208). La connotazione di un *ethos* si ritrova in tradizioni musicali come quella cinese classica e quella indiana. Sulla connotatività di grandi catene sintagmatiche musicali si può consentire anche per quanto riguarda la musica moderna, anche se vige giustamente l'avvertenza di non considerare le frasi musicali come dotate di valore semantico. Ma è difficile negare a certe musiche stereotipate connotazioni istituzionalizzate: si pensi alla musica "thrilling", alla musica "pastorale" o "marziale"; si hanno poi musiche cosí legate a ideologie precise da far loro assumere valore connotativo indiscutibile (la Marsigliese, l'Internazionale).

SISTEMI DENOTATIVI: es. i segnali militari musicali, che denotano a tal punto un comando (attenti, riposo, alza bandiera, rancio, silenzio, sveglia, carica) che chi non ne coglie la denotazione precisa incorre in sanzioni. Questi stessi segnali assumono poi valori connotativi del tipo "coraggio", "Patria", "guerra", "valore", e cosí via. La Barre (*App.*, 210) cita il sistema di conversazione attraverso il flauto pentatonale, usato da aborigeni del sud America.

CONNOTAZIONI STILISTICHE: in tal senso una musica riconoscibile come settecentesca connota un *ethos* riconoscibile, un *rock* connota "modernità", un ritmo binario ha connotazioni diverse da un ritmo in tre quarti, a seconda del contesto e della circostanza. Parimenti sono studiabili i vari *stili del canto* nei secoli e nelle varie culture.

V. Linguaggi formalizzati

Si parte qui dallo studio delle strutture matematiche[23] per ar-

[23] Cfr. GIOVANNI VAILATI, *La grammatica dell'algebra*, 1909, saggio ristampato in "Nuova Corrente", 38, 1967; MARC BARBUT, *Sur le sens du mot structure en mathématiques*, in "Le Temps Modernes", e in genere tutte le

rivare alle varie *lingue artificiali,* come avviene per la chimica e
per la logica, sino alle semiotiche in senso greimasiano, come formalizzazioni dei contenuti delle varie scienze naturali. Rientrano
sotto questa voce tutti i linguaggi inventati (ad es. il Lincos come
linguaggio interspaziale),[24] gli alfabeti come il Morse o il codice
booleiano per calcolatori elettronici. Si inserisce qui il problema,
accennato in E.1.1.3, di una *metasemiologia.*[25]

ricerche sull'assiomatica, i sistemi simbolici, l'applicazione dell'algebra delle
classi ai sistemi di segni, come in Luis Prieto, *Messages et signaux,* cit. Sotto
questa rubrica rientrano di diritto tutte le ricerche del neopositivismo logico
sui linguaggi formalizzati. Si veda ancora M. Gross, A. Lentin, *Notions
sur les grammaires formelles,* Paris, Gauthier-Villars, 1967; Jacques Bertin,
Sémiologie graphique, Mouton e Gauthier-Villars, 1967, che studia le condizioni ottimali dell'informazione grafica nelle carte geografiche e topografiche
e in vari tipi di diagrammi.

[24] Cfr. Hans Freudenthal, *Lincos: Design of a Language for a Cosmic
Intercourse,* Amsterdam, 1960. Ma si vedano le obiezioni mosse a questo
libro da Robert M. W. Dixon nella recensione su " Linguistics ", 5, dove si
osserva che anche le formule matematiche, ritenute dall'autore " universali ",
sono astrazioni da modelli sintattici indo-europei, e che perciò risultano
comprensibili solo a chi conosca già i codici di certi linguaggi naturali.

[25] È l'esigenza di un linguaggio iperformalizzato, formato di *segni vuoti,*
adatto a descrivere tutte le semiotiche possibili. Su questo progetto di molti
semiologi moderni vedi Julia Kristeva, *L'expansion de la sémiotique,* cit.:
rifacendosi alle ricerche del russo Linzbach essa auspica una assiomatica per
cui " la semiotica si costruirà allora a partire dal cadavere della linguistica,
morte che Linzbach già prevedeva, e a cui la linguistica si rassegnerà dopo
aver preparato il terreno alla semiotica, dimostrando l'isomorfismo delle pratiche semiotiche con gli altri complessi del nostro universo ". La semiotica
si proporrebbe allora come il luogo d'incontro assiomatizzato di tutte le conoscenze possibili, arte e scienza compresa. Questo progetto è sviluppato dalla
Kristeva in *Pour une sémiologie des paragrammes,* in " Tel Quel ", 29, 1967
(dove non si pare che la formalizzazione esasperata del discorso poetico dia
dei risultati soddisfacenti) e in *Distance et anti-représentation,* " Tel Quel ",
32, 1968, dove introduce Linnart Mall, *Une approche possible du Sunyavada,*
il cui studio del " soggetto zerologico " e della nozione di " vuoto " in antichi
testi buddhisti richiama curiosamente il " vuoto " lacaniano. Ma è da rilevare
che tutto questo programma assiomatico richiama la semiologia alla *characteristica universalis* di Leibniz, e da Leibniz su sino alle *artes combinatoriae*
tardomedievali, e a Lullo (v. per una rassegna su questo filone Paolo Rossi,
Clavis Universalis - Arti mnemoniche e logica combinatoria da Lullo a Leibniz,
Milano, Ricciardi, 1960). E questo si dice non per fare le solite scoperte del
filosofo supponente che si diletta ad andare a smascherare i " grandi ritorni ",
ma per insistere su una eredità storica che gli studi semiologici dovranno accollarsi consapevolmente se vorranno evitare sforzi inutili e acquisire esperienze
preziose.

VI. Lingue scritte, alfabeti ignoti, codici segreti

Lo studio delle lingue scritte si scinde da quello delle lingue naturali intese come verbali, e si unisce piuttosto al problema della decifrazione degli alfabeti ignoti e dei messaggi segreti basati su criptocodici. Ma riguarda anche i valori connotativi della denotazione alfabetica scritta o stampata, come ha mostrato Marshall McLuhan, e il problema piú generale della scrittura.[26]

VII. Lingue naturali

È questo il territorio della *linguistica* propriamente detta e dell'etnolinguistica, su cui non è il caso di soffermarsi in questa sede. Converrà piuttosto indicare come i compiti della ricerca semiologica si specifichino in direzione dei lessici e dei sottocodici. Dagli stereotipi del linguaggio, a tutto il sistema *retorico*, a cui si sono già dedicati alcuni capitoli di questo libro, via via sino alle convenzioni linguistiche particolari: *lessici specializzati* (politici, tecnici, giuridici — tutto un settore di grande importanza per lo studio delle comunicazoini di massa) sino allo studio di *lessici di gruppo*: richiami di venditori ambulanti, lingue segrete e jargons, linguaggio colloquiale.[27] Infine gli usi retorici del linguaggio quotidiano per costruire messaggi a piú livelli semantici, come avviene negli *indovinelli* e negli *enigmi* o nei *cruciverba*.[28]

---

[26] MARSHALL MC LUHAN, *The Gutenberg Galaxy*, Un. of Toronto Press, 1962; JACQUES DERRIDA, *De la Grammatologie*, Paris, Ed. de Minuit, 1967.

[27] Cfr. vari studi sovietici in *Simp.*, gli studi di Bogatyrev su linguaggio colloquiale e linguaggi del canto, ecc.

[28] Sui cruciverba v. A. J. GREIMAS in *Modelli semiologici* citato (" La scrittura cruciverbista "); sugli indovinelli v. JULIAN KRZYZANOWSKI, *La poétique de l'énigme*, in *Poetics*, cit., e J. L. BORGES, *Le Kenningar*, in *Storia dell'eternità*, Milano, Saggiatore, 1962; cfr. anche le nostre osservazioni sui *riddles* e sulla loro ripresa joyciana in *Le poetiche di Joyce*, Milano, Bompiani, 2ª ed., 1966. Su questa linea si innestano nella problematica semiologica gli studi sui *giochi di parole*, le *facezie*, e di lí sul problema del *comico* in generale. Cfr. tra i primi esempi VIOLETTE MORIN, *L'histoire drôle*, in " Communications ", 8, e la nostra comunicazione ancora inedita al convegno di Urbino sulla semiologia dell'intreccio (1967) di cui dà notizia ALDO ROSSI, sul già citato articolo di " Paragone ", 212.

VIII. Comunicazioni visive

A questo vasto dominio abbiamo consacrato due sezioni del nostro libro. Basti ricordare qui i temi di cui già si è detto ed accennare a ricerche in corso su altri settori:

SEGNALETICHE AD ALTA CONVENZIONALIZZAZIONE: bandierine navali, segnali stradali, gradi militari, possibili alfabeti universali basati su simboli visivi di accettazione comune.

SISTEMI CROMATICI: dai tentativi poetici di associare ai colori sinestesie precise, sino ai sistemi semantici legati ai fatti cromatici presso comunità primitive, via via sino ai valori connotativi dei colori nelle società occidentali (nero-lutto, bianco-lutto, bianco-nozze, rosso-rivoluzione, nero-signorilità, eccetera).

ABBIGLIAMENTO: le indagini di Barthes sulla moda, che concernono solo l'espressione verbale dei modelli, non coprono tutto il campo delle ricerche sull'abbigliamento come comunicazione, il cui punto massimo di formalizzazione è raggiunto dalla semiotica delle *divise militari* e degli *abiti e paramenti ecclesiastici*.

SISTEMI VISIVO-VERBALI: qui il panorama è immenso. Va dal *cinema* e la *televisione* come codici di comunicazione denotativa (cinema e TV rientrano anche come capitoli di uno studio di una grande sintagmatica narrativa), sino ai *fumetti*, alla *pubblicità*, ai sistemi di *cartamoneta*, ai *rebus*, alle semiotiche delle *carte da gioco*, delle *carte da divinazione* e di tutti i *giochi* in genere (scacchi, dama, domino, eccetera); si ha poi lo studio delle *carte geografiche e topografiche* e delle loro condizioni ottimali di denotazione, a cui si aggiunge lo studio dei *diagrammi* e dei *progetti* architettonici, per arrivare alle *notazioni coreografiche* e al sistema simbolico dell'*astrologia* (varie indicazioni in *Simp.* e *Strukt.*).

ALTRI SISTEMI: sotto questa voce facciamo rientrare ricerche già trattate altrove, come lo studio dei *codici iconici, iconologici, stilistici*; lo studio del *design* e dell'*architettura*; eccetera.

IX. Semantica

Come si è già detto lo studio dei livelli semantici interessa tutti i sistemi elencati altrove, ma è difficile ignorare il corpus di ricerche etichettate sotto la voce "semantica" e occorre considerarne isolatamente i problemi.

Con la semantica abbiamo anzitutto un territorio di indagine di cui, volta a volta, si è cercato di negare l'esistenza, o di ridurre ad esso tutta la ricerca semiologica. Si tratta di quegli studi genericamente indicati come semantica, e che hanno dato luogo, nel corso di tutta la storia della filosofia, a discussioni e sistemazioni, portando negli ultimi due secoli a quello che De Mauro chiamava "la paura del significato".[29]

Da Carnap a Quine, da Wittgenstein alla scuola analitica inglese, da Croce a Calogero o a Pagliaro, la riflessione *filosofica* sul significato ha trovato una propria strada: le idee del significato come creazione continua dei parlanti, o come media degli usi nella comunità di chi parla il linguaggio quotidiano, le riflessioni su estensione e intensione, e così via, ecco una serie di temi in cui ci si chiede sino a che punto la semiologia potrebbe intervenire apportando altri metodi di analisi.

D'altra parte, nel territorio *linguistico* vero e proprio, passiamo dalla semantica hjelmsleviana, rigorosamente assiomatizzata, all'*analisi distribuzionale* delle ricorrenze statistiche, e di qui alla continuazione delle varie teorie dei *campi semantici*, a cui lo strutturalismo si è rifatto per elaborare l'*analisi componenziale*, l'*analisi semica*, l'*analisi in fattori semantici*.[30] La semantica strutturale, ela-

---

[29] Cfr. T. DE MAURO, *Introduzione alla semantica*, cit., pag. 79. Il vasto capitolo della semantica filosofica è più ampio di quello degli studi semiologici, e richiederebbe un discorso a parte. In ogni caso, specie ai fini di una metasemiologia, i semiologi attuali dovranno rifarsi più di quanto non avviene (ma l'appunto riguarda i francesi e non i sovietici) alle esperienze del Circolo di Vienna, alla sintassi logica di Carnap, al filone dei logici slavi (Tarski, per esempio), anche se, almeno dal filone glossematico, queste indicazioni sono in qualche modo pervenute ai linguisti, e se la semiotica morrisiana immette direttamente negli studi sulla comunicazione le esperienze della Enciclopedia della Scienza Unificata (per non parlare dell'influenza di Peirce).

[30] Si veda come ottima iniziazione il già citato fascicolo di "Langages" sulla semantica e in particolare l'introduzione *Recherches sémantiques* di TODOROV. Per il filone distribuzionalista che fa capo a Z. HARRIS (*Methods in structural Linguistics*, Chicago, 1951) cfr. in questo fascicolo il saggio di J. APRESJAN, *Analyse distributionnelle des significations et champs sémantiques structurés*, apparso originariamente in russo, dove si riprende il concetto di campi semantici e si studia (seguendo Harris) la distribuzione di un elemento

borando la nozione di "sema", ha cercato di isolare delle unità
di significato e di organizzarle in un sistema di opposizioni che
dovrebbe dar ragione del loro funzionamento significativo. In tal
senso si è esercitata non solo sui significati lessicali comuni, ma
anche sui sistemi di termini parentali, sui codici dei colori, sulle
categorie religiose, le tassonomie classiche, i sistemi di valori; ha
cercato di isolare sistemi di semi all'interno dell'opera di un artista, o addirittura di elaborare il sistema di concetti morali, biologici, educativi che presiedono a un sistema religioso, come nella
citata analisi su schede perforate dei concetti del Corano.

Quanto al superamento di una semantica strutturale su basi tra-
sformazionali, essa tende a stabilire le *categorie semantiche*, i *diffe-
renziatori* e le *restrizioni selettive* di un singolo termine, che ne
consentono l'articolazione con certi e non con altri termini.[31]

X. Le strutture dell'intreccio

Un settore dell'analisi semantica è quello delle strutture narrative o delle grandi catene sintagmatiche. Dai primi tentativi —
classici e benemeriti — di Propp, alle integrazioni che ne ha fatto

semantico come " la somma di tutti i contesti nei quali lo si incontra, vale
a dire la somma di tutte le posizioni — differenti — di un elemento per
rapporto agli altri ". Lo studio di Apresjan lavora a un livello di astrazione
maggiore di quello di F. G. LOUNSBURY, che nello stesso fascicolo studia
strutturalmente i termini di parentela, secondo metodi di analisi componenziale. Apresjan vede i campi semantici come una sorta di funzione propo-
sizionale a posti vuoti, riempibile poi di elementi concreti significativi; egli
studia dunque modelli strutturali di combinazioni semantiche; Lounsbury
esamina invece le costellazioni di unità di significato individuate, nella
fattispecie i termini di parentela. Unità di significato sono quelle di A. J.
GREIMAS, *Sémantique structurale*, Paris, Larousse, 1966, dove sono elaborati
sistemi di *semi*. Qui " sema " non va inteso nel senso da noi assunto nella
sezione B (come segno non linguistico che corrisponde a un enunciato della
lingua) ma come *unità di significato*. In Greimas queste unità di significato
sono fatte giocare ad esempio all'interno di un'opera narrativa come quella di
Bernanos (complicandosi con una ripresa strutturale dello schema delle funzioni narrative di Propp in termini di una " analyse actantielle "). Sugli
sviluppi del metodo greimasiano cfr. J.-C. COQUET, *Questions de sémantique
structurale*, in " Critique ", gennaio 1968. Si veda pure la semantica di PRIETO
(il già citato *Principes de noologie* ora in tr. it., *Principi di noologia*, Roma,
Ubaldini, 1968, ove appare la nozione di " noema ").
   [31] J. A. KATZ e J. A. FODOR, " The structure of Semantic Theory ", ora
in *The Structure of Language*, Prentice Hall, 1964, su cui vedi l'esposizione
di Todorov, che vi si ispira anche per il saggio *Les anomalies sémantiques*
(in " Langages ", cit.), studio che tocca i territori della poetica e della retorica.

Lévi-Strauss, si è passati con le scuole di Barthes e di Greimas a un vero e proprio studio organizzato della *semiologia dell'intreccio* (che non riguarda solo la narrativa scritta, ma il racconto orale, l'intreccio filmico, la storia a fumetti, ecc.).[32] L'opinione iniziale, per molti versi attendibile, che ricerche del genere possano svolgersi solo sugli intrecci piú semplici, unidimensionali, come quelli delle fiabe e delle storie popolari, pare in via di superamento grazie all'impegno di chi si sta esercitando sul Decameron e su Laclos, come Todorov, sull'opera dannunziana come Rossi, su *Pinocchio* come Fabbri, eccetera.[33]

Naturalmente i risultati piú controllabili sono ancora quelli sul patrimonio etnologico tradizionale (miti, leggende, favole)[34] e sui romanzi polizieschi, che si reggono principalmente sull'intreccio.[35]

[32] Su questo tema si parte da W. JA. PROPP, *Morfologia della fiaba*, Torino, Einaudi, 1966, per passare alle ricerche di GREIMAS in *Semantique structurale*, cit.; agli studi di C. METZ sulla grande sintagmatica del film (v. *Le cinéma: langue ou langage?*, già citato; e *La grande syntagmatique du film narratif*, in "Communications", 8, 1966). Per la narrativa v. C. BRÉMOND, *Le message narratif*, in "Communications", 4, e *La logique des possibles narratifs*, in "Communications", 8; sullo stesso numero il nostro studio *James Bond: une combinatoire narrative* e lo studio di Greimas sul racconto mitico, ora in *Modelli semiologici*, cit., nonché il saggio di R. BARTHES, *Introduction à l'analyse structurale des récits*. Si vedano ancora ibidem, gli studi di G. GENETTE, J. GRITTI, V. MORIN, T. TODOROV. Di quest'ultimo v. il volume *Littérature et signification*, Paris, Larousse, 1967. Da citare ancora la splendida lettura di Sade offerta da BARTHES in *L'arbre du crime*, in "Tel Quel", 28, 1967. Tutta l'équipe di "Tel Quel" lavora, Philippe Sollers in testa, con una sensibilità alle strutture narrative, ma qui ci troviamo di fronte piú a *letture critiche* cariche di umori semiologici che non a vere e proprie analisi formali dei testi.

[33] Cfr. A. ROSSI, articolo citato su "Paragone", 212.

[34] Per lo studio dei miti e del folklore, oltre a Lévi-Strauss, ricordiamo i lavori della scuola americana di ispirazione strutturalista. Cfr. anzitutto "Communications" n. 8, quindi P. MARANDA, *Recherches structurales en mythologie aux Etats Unis*, in "Informations sur les sciences sociales", VI, 5, con bibl. di 86 titoli. Tra questi studiosi è da citare in particolare AIAN DUNDES, che nei suoi studi sul folklore indiano e africano si rifà ai metodi di Propp. Cfr. in proposito C. BRÉMOND, *Posterité américaine de Propp*, in "Communications", 9, 1968.

[35] J. SCEGLOV, *Per la costruzione di un modello strutturale delle novelle di Sherlock Holmes*, in "Marcatre", 8/10; AAVV, *Il caso Bond*, Milano, Bompiani, 1965; gli studi di J. LOTMAN sulla nozione di inizio e di fine in letteratura (*Tezisi dokladov vo Vtoroj letnej škkole po vtoričnym modelirujuščim sistemam*, Tartu, 1966), I. REVZIN e O. G. KARPINSKAJA, *Semiotičesckij analiz rannich p'es Ionesko* dove si riportano tutti gli artifici drammatici di Ionesco a una utilizzazione paradossale e intenzionale dei modelli della semiologia); I. REVZIN, *Semiologia del detective*, in *Programma i*

E anche qui l'apporto delle scuole slave, dai vecchi formalisti ai nuovi semiotici, è stato determinante.[36]

XI. Codici culturali

Siamo qui ai sistemi di *comportamenti* e di *valori* che tradizionalmente non vengono considerati sotto l'aspetto comunicativo. Elenchiamo:

ETICHETTA: non solo come sistema gestuale ma come sistema di convenzioni, tabú, gerarchie, eccetera.

SISTEMI DI MODELLIZZAZIONE DEL MONDO: sotto questo nome i semiologi sovietici fanno rientrare miti, leggende, teologie primitive e tradizionali che forniscono un quadro unitario onde comunicare la visione globale del mondo di una comunità.[37]

TIPOLOGIA DELLE CULTURE: è un capitolo su cui insiste molto la semiologia sovietica (si vedano in particolare gli scritti di Juri M. Lotman).[38] La semiologia può collaborare allo studio di una cultura,

_____

tesizy dok!adov v letnej škole po vtoričnym modelirujuščim sistemam, Tartu, 1964).

[36] Cfr. V. SKLOVSKIJ, *Teoria della prosa*, cit.; B. M. EJCHENBAUM, *Come è stato fatto " Il cappotto " di Gogol*, in " Il Corpo ", 2, 1965; i saggi di *Théorie de la prose*, cit., e in particolare *Thématique* di BORIS TOMAŠEVSKIJ. Si veda pure, sull'opera di Bachtin: JULIA KRISTEVA, *Bakhtine, le mot, le dialogue et le roman*, in " Critique ", aprile 1967. Un altro capitolo ancora sarebbe quello delle tecniche narrative nel romanzo contemporaneo; anche questo è indipendente dagli interessi semiologici, ma vi apporta non pochi elementi di scoperta e di indagine: cfr. per una rassegna iniziale WARREN BEACH, *Tecnica del romanzo novecentesco*, Milano, Bompiani, 1948 e U. ECO, *Le poetiche di Joyce*, Milano, Bompiani, 1966 (2ª ed.).

[37] Molte indicazioni in proposito in *Strukt.* e in *Simp.* nonché in altre raccolte sovietiche: citiamo lo studio di IVANOV e TOPOROV sul sistema semiotico dei Cheti. Degli stessi cfr. *Slavianskie jazykovye modelirujuščie semiotičeskie sistemy*, Mosca, 1965, sulla visione del mondo propria agli antichi slavi, dove si studiano i diversi livelli del sistema religioso, e si elabora una lista di universali semantici, strutturati in opposizioni binarie, che si troverebbero in tutte le mitologie (v. la recensione di T. Todorov in " L'homme ", aprile-giugno 1966).

[38] Di J. LOTMAN oltre il già citato *Metodi esatti nella scienza letteraria sovietica*, si veda *Problèmes de la typologie des cultures*, in " Inf. sur les sc. soc. ", VI, 2/3 e lo studio sulla concezione dello spazio geografico nei testi russi del Medio Evo, in *Trudy po znakovym sistemam*, II, Tartu, 1965 (citato da Kristeva in " Inf. sur les sc. soc. ", VI, 5). Ancora, *Sur la délimitation linguistique et littéraire de la notion de structure*, in "Linguistics", 6, 1964 (dove, malgrado il titolo, la parte centrale si occupa di tipologia delle culture).

in senso diacronico come in senso sincronico, irrigidendola in una semiotica autonoma; tutta la ricerca filologica, tanto per fare un esempio, risulta arricchita da una tipologia che provveda la descrizione dei sistemi di codici rispetto ai quali, in una cultura data, è stato emesso un certo messaggio. Certo una tipologia delle culture esisteva prima del fiorire degli interessi semiologici; ma il compito della ricerca semiologica non consiste tanto nel riconoscere nel medioevo c'era un codice della mentalità cavalleresca, quanto nel risolvere questo "codice" (ancora definito tale per metafora) in una semiotica rigorosa, capace di mostrarsi omologa ad altre semiotiche attraverso regole di trasformazione.[39]

MODELLI DI ORGANIZZAZIONE SOCIALE: si potrebbero indicare come esempi tipici gli studi sulle organizzazioni di parentela, ma il problema concerne anche l'organizzazione globale delle società avanzate. In tal senso rientra in questo capitolo l'inserzione delle prospettive semiologiche nel sistema filosofico marxiano. Inserzione che — da questo punto di vista — non riguarda tanto le discussioni sull'accettabilità delle prospettive semiologiche in un orizzonte marxista,[40] o le discussioni sul rapporto tra metodo sincronico strutturale e prospettive storicistiche, quanto piuttosto tentativi come quello di Rossi-Landi per interpretare semioticamente le categorie del *Capitale* (si potrebbe parlare di una semiotica della " merce ").[41]

XII. Codici e messaggi estetici

Si è già visto in A.2. quale tipo di chiarificazioni il punto di vista semiologico possa apportare ai problemi dell'estetica e come

---

[39] Che era poi il progetto, da noi impostato ancora senza far riferimento alle esperienze semiologiche, di *Opera aperta* come studio dei modelli di poetica in quanto omologhi ad altri modelli delle scienze contemporanee. Si vedano le precisazioni nella *Prefazione* alla seconda edizione. Alla tipologia delle culture si può ascrivere anche *Le parole e le cose* di M. FOUCAULT, cit.

[40] A questo proposito, oltre a SCHAFF e a REZNIKOV, già citati, si veda, per la ricchezza dell'indagine, HENRI LEFEBVRE, *Le langage et la société*, Paris, NRF, 1966; mentre per la discussione della problematica strutturale alla luce di un marxismo molto vicino alla cultura fenomenologica, si veda KAREL KOSIC, *Dialettica del concreto*, Milano, Bompiani, 1965.

[41] *Sul linguaggio verbale e non verbale*, cit. Cfr. pure *Il linguaggio come lavoro e come mercato*, in " Nuova Corrente ", 36, 1965; *Lavorando all'omologia del produrre*, in " Nuovi Argomenti ", 6, 1967; e *Per un uso marxiano di Wittgenstein*, in " Nuovi Argomenti ", I, 1966.

possa dar vita addirittura a quella disciplina specifica che è la
" poetica ".[42] Si può arrivare ora a stabilire una distinzione tra una
semiologia che si occupa dell'estetica (più che altro per trarre dal-
l'analisi di opere d'arte conferme e verifiche dei propri assiomi),
e una *estetica semiologica,* e cioè una estetica che si presenta come
studio dell'arte in quanto processo comunicativo.

Se l'estetica è la filosofia che specifica la propria attenzione sui
problemi dell'arte e del bello, il campo degli studi estetici supera
quello degli interessi semiologici, e una estetica semiologica è
solo una delle possibilità dell'estetica; ma è certo che ne costituisce oggi una delle possibilità più feconde; mentre la considerazione semiologica può fornire lumi anche a chi affronti il problema dell'arte da altri punti di vista filosofici (ontologia dell'arte,
teoria delle forme, definizione del processo creativo, rapporti tra
arte e natura, tra formatività artistica e formatività naturale, tra
arte e società, eccetera).

La semiologia sta anche mostrando oggi di ricuperare alcune
nozioni della estetica tradizionale rivedendole alla luce dei propri problemi. Definizioni strutturali dello stile ritrovano ad esempio l'idea kantiana di finalità senza scopo, mentre è ancora da
riconsiderare la funzione del *canale* nell'opera d'arte, per riprendere in altra luce la tematica della " materia " artistica e della sua
influenza sul processo di produzione dell'opera. Il canale come puro
veicolo del segnale interessa alla semiologia solo quando viene di-
sturbato dal rumore; ma, se nel messaggio " lapide " il marmo
serve solo a veicolare una serie di segnali alfabetici (e il rumore vi
interviene come corrosione, muschio, patina del tempo), nel caso
di una statua il canale " pietra " entra a costituire la forma del
messaggio, ne determina l'ambiguità, ne compartecipa l'autoriflessività, e risolve in segnale, e quindi in messaggio, le varie forme
di rumore (che diventano connotazioni di antichità, classicità, e
così via). E così dicasi del canale " pagina " che, puramente strumentale nell'orario ferroviario, diventa essenziale, proprio in quanto spazio bianco, in un testo di Mallarmé o di Cummings. Probabilmente la tematica del canale visto come " materia " dovrà essere fatta rientrare nell'esame dei livelli inferiori del messaggio

---

[42] È chiaro che la " poetica " degli strutturalisti non è il programma artistico esplicito o implicito teorizzato dagli estetici italiani, come Pareyson
o Anceschi. Com'è che una ricerca semiologica potrebbe ricuperare questa
seconda nozione di " poetica "? Studiando il programma dell'artista come
codice di emittenza.

estetico — livelli che la materia come sostanza dell'espressione (in senso hjelmsleviano) entra a costituire.

E allo stesso modo andrà riconsiderata la nozione ambigua di "medium" — che si ritrova in espressioni come "i mezzi artistici", i "mass media", o in locuzioni polivalenti e fortunate come "il medium è il messaggio".[43] Anche qui si può anticipare una ricerca estetica che ritraduca il mitologico "medium" via via nelle nozioni di canale, segnale, forma del messaggio, codice, a seconda delle accezioni.

XIII. Le comunicazioni di massa

Quanto si è detto ha già condotto la problematica semiologica nel campo delle comunicazioni di massa. E qui bisogna dire che le connessioni sono storicamente piú strette di quanto non appaia a prima vista.

Se osserviamo il decorso di eventi che ha portato a un infittirsi di interessi semiologici in Francia e in Italia, dobbiamo riconoscere che tali interessi si sono fatti strada in ambienti interessati alle comunicazioni di massa. Potremmo quindi osservare che la problematica delle comunicazioni di massa, nata in ambito sociologico, particolarmente negli Stati Uniti, e in ambito sociofilosofico nell'ambito della Scuola di Francoforte (Adorno, Horkheimer, Benjamin ecc.), a un dato momento ha fatto nascere l'esigenza di una fondazione semiologica dei suoi problemi e dei suoi principi.

Ci si chiede infatti — poiché tra i mezzi di comunicazione di massa si annoverano il cinema, la stampa, la televisione, la radio, i settimanali a rotocalco, i fumetti, la pubblicità, le varie tecniche di propaganda, la musica leggera, la letteratura popolare, e cosí via — se ciascuno dei settori delle comunicazioni di massa non sia già oggetto di ricerche specifiche e se, in genere, le ricerche sulle comunicazioni di massa non consistano, nell'applicare il metodo di una qualche disciplina (psicologia, sociologia, pedagogia, stilistica, eccetera) a uno di questi mezzi di comunicazione, alle loro tecniche, al loro effetto.

---

[43] Cfr. la nostra critica a MARSHALL MC LUHAN in "Quindici", 5, 1967; e la nostra comunicazione al congresso "Vision 67", pubblicata in "Marcatre", 37.

Invece, se pure sino ad oggi gli studi sulle comunicazioni di massa hanno fatto ricorso, con estrema duttilità, ai metodi piú disparati, essi si devono caratterizzare per *l'unità del loro oggetto*.

Lo studio delle comunicazioni di massa esiste come disciplina nel momento in cui non esamina la tecnica o gli effetti di un " genere " particolare (romanzo poliziesco o fumetto, canzonetta o film) con un qualunque metodo di indagine: ma nel momento in cui stabilisce che tutti questi generi, nell'ambito di una società industriale, hanno una caratteristica comune.

Le teorie e le analisi delle comunicazioni di massa si applicano infatti a diversi " generi " di comunicazione nella misura in cui si hanno: 1) *una società di tipo industriale, in apparenza sufficientemente livellata, ma in realtà ricca di differenze e contrasti*; 2) *dei canali di comunicazione che permettono di raggiungere non dei gruppi determinati, ma una indefinita cerchia di ricettori in situazioni sociologiche diverse*; 3) *dei gruppi produttori che elaborano ed emettono messaggi determinati con mezzi industriali*.

Quando esistono queste tre condizioni, le differenze di natura e di effetto di vari modi di comunicazione (cinema o giornale, televisione o fumetto) cadono in secondo piano rispetto all'emergere di strutture ed effetti comuni.

Uno studio delle comunicazioni di massa può analizzare in profondo le tecniche particolari di un mezzo, e può studiarle seguendo i metodi piú disparati; *ma il suo fine principale sarà sempre quello di metterne in luce quegli aspetti che accomunano il fenomeno studiato agli altri fenomeni di comunicazione di massa.*

Lo studio delle comunicazioni di massa si propone un oggetto unitario nella misura in cui postula che l'industrializzazione della comunicazione cambi non solo le condizioni di ricezione e di emissione del messaggio ma (e su questo paradosso apparente si regge la metodologia di questi studi) *lo stesso senso del messaggio* (vale a dire quel blocco di significati che si pensava facessero parte inalterabile del messaggio cosí come l'autore lo aveva pensato, indipendentemente dai suoi modi di diffusione).

Ma, quando individua cosí esattamente il proprio oggetto, lo studio delle comunicazioni di massa è costretto a individuare anche il proprio metodo specifico. Per studiare le comunicazioni di massa, per radunare materiali atti all'approfondimento unitario dei suoi vari oggetti, si può e si deve ricorrere (*attraverso il lavoro interdisciplinare*) a metodi disparati, dalla psicologia alla sociologia alla stilistica: ma *si può impostare uno studio unitario dei fenomeni solo se si considerano le teorie e le analisi delle comunica-*

zioni di massa come uno dei capitoli, uno dei più importanti, di una semiologia generale.[44]

XIV. Codici retorici e codici ideologici

Arriviamo infine allo *studio delle ideologie,* specie se implicite, *attraverso i comportamenti segnici* (codici e idioletti) in cui si rivelano essendone connotate. Stanno nascendo studi sul linguaggio religioso e teologico,[45] nell'ambito degli studi di comunicazioni di massa si conducono ricerche ormai abbondantissime sul linguaggio politico, Jean-Pierre Faye ha tentato una demistificazione di certo linguaggio heideggeriano riportandolo a stilemi prefissati della retorica nazista;[46] e Marcuse cita, come esempio di inserzione attiva della filosofia nella demistificazione della società repressiva, una analisi dei modi di linguaggio. Naturalmente egli diffida di una ricerca del tipo analitico inglese, dove viene studiato un linguaggio comune sradicato dalle circostanze storiche che lo rendono ambiguo, contraddittorio e problematico; e pare inclinare verso una analisi che si svolga *al di dentro* della situazione studiata, come in una forma di ermeneutica demistificatrice; in tal senso paiono i suoi richiami a ricerche come quella di Karl Kraus, che " ha dimostrato come una analisi ' interna ' del discorso e del documento scritto, della punteggiatura, persino degli errori tipografici può rivelare un intero sistema morale e politico "; e tale analisi non necessiterebbe di un metalinguaggio. Ma il metalinguaggio contro cui si batte Marcuse è un insieme di regole logiche intese nel senso neopositivistico più ristretto, e il cui fine

---

[44] Non si fornisce qui una bibliografia sulle comunicazioni di massa, per la quale cfr. il nostro *Apocalittici e integrati.* Si indicano invece tre testi in cui sono reperibili indicazioni circa gli apporti dell'indagine semiologica a una scienza delle comunicazioni di massa: PAOLO FABBRI, *Le comunicazioni di massa in Francia,* in " Rassegna italiana di sociologia ", I, 1966; PIER PAOLO GIGLIOLI, *La sociologia delle comunicazioni di massa in Italia,* ibidem; GILBERTO TINACCI MANNELLI, *Le grandi comunicazioni,* Università di Firenze, 1966 (capitolo IV).

[45] Cfr. per es. J. A. HUTCHINSON, *Language and Faith: Studies in Sign, Symbol and Meaning,* Philadelphia, The Wenstminster Press, 1963; D. CRYSTAL, *Linguistic, Language and Religion,* Hawthorn Books, New York, 1965.

[46] J. P. FAYE, *Langages totalitaires,* in " Cahiers Int. de Sociologie ", XXXVI, 1964, 1; Cfr. inoltre, AAVV, *Language of Politics, Studies in Quantitative Semantics,* M.I.T., 1965.

ultimo è l'espressione tautologica. Di converso egli avverte il bisogno di un'operazione "metalinguistica" capace di ritradurre i termini del linguaggio oggetto in modo da mostrarne la dipendenza da circostanze e ideologie che li determinano.

La sua matrice romantica, il suo moralismo "radicale" e — in definitiva — il suo estetismo antiscientifico non gli permettono di distinguere tra formalizzazione tautologica ed elaborazione di modelli conoscitivi che — per diventare operanti — debbono essere rigorosi, e solo cosí possono consentire il passaggio dallo "sdegno" alla contestazione incontestabile.

Cosí il progetto marcusiano deve convertirsi in quello proposto in queste pagine se vuole verificare una ipotesi del genere: "un certo discorso, un articolo di giornale o anche una comunicazione privata sono fatti da un certo individuo che è il portavoce (autorizzato o no) di un gruppo particolare (professionàle, residenziale, politico, intellettuale) in una data società. Un gruppo del genere ha i suoi propri valori, obiettivi, *codici di pensiero* [sottolineatura nostra] e di comportamento che entrano — accettati e contrastati — con vari gradi di consapevolezza e chiarezza, nella comunicazione individuale. In tal modo quest'ultima 'individualizza' un sistema sopraindividuale di significato, il quale costituisce una dimensione di discorso differente da quella della comunicazione individuale, e tuttavia fusa con essa. Tale sistema sopraindividuale fa parte a sua volta di un esteso, onnipresente, dominio di significato che è stato sviluppato, e normalmente 'chiuso', dal sistema sociale entro il quale e dal quale ha origine la comunicazione".[47]

---

[47] HERBERT MARCUSE, *L'uomo a una dimensione*, Torino, Einaudi, 1967, pagg. 205-211. Per uno studio sui rapporti tra codici comunicativi, ideologia e fenomeni di mercato, cfr. il nostro tentativo di individuare le tre serie omologhe della struttura narrativa, della struttura della distribuzione commerciale e della struttura dell'ideologia dell'autore nei *I misteri di Parigi* di SUE, nello studio *Eugène Sue, il socialismo e la consolazione*, premesso all'edizione Sugar dei *Misteri*, Milano, 1966; e poi ripreso con un inquadramento metodologico piú preciso in *Rhétorique et idéologie dans "Les Mystères de Paris" de Eugène Sue*, in "Rev. int. des sciences sociales", XIX, 4, 1967. Sui rapporti tra struttura narrativa e posizioni ideologiche vedi anche i nostri studi "Il mito di Superman" e "Lettura di Steve Canyon", in *Apocalittici e integrati*, cit.

3. I LIMITI DELLA SEMIOLOGIA
E L'ORIZZONTE DELLA PRASSI

I. A questo punto si potrebbe pensare che l'utopia semiologica oscillando tra una esigenza di rigore e formalizzazione e una apertura sul concreto processo storico, si avvolga in una contraddizione che la rende inattuabile.

Infatti, nel corso di tutto questo libro, si sono delineate due linee di discorso:

a) da un lato l'appello a una descrizione delle singole semiotiche come sistemi "chiusi", rigorosamente strutturati, visti in taglio sincronico;

b) dall'altro la proposta del modello comunicativo di un processo "aperto", dove il messaggio varia a seconda dei codici, i codici vengono messi in campo a seconda delle ideologie e delle circostanze, e tutto il sistema dei segni si ristruttura continuamente sulla base dell'esperienza di decodifica che il processo istituisce come *semiosi in progress*.

Ma in realtà i due aspetti non si oppongono come una opzione scientifica concreta contro una opzione filosofica generica; l'uno implica l'altro e lo istituisce nella propria validità. Non possiamo non ignorare il carattere processuale dei fenomeni di comunicazione; lo abbiamo visto, ignorarlo significa indulgere a utopie eleganti ma ingenue. È inutile credere nella stabilità delle strutture e nell'oggettività delle serie significanti a cui pongono capo, se nel momento in cui definiamo queste serie siamo *nel processo* e individuiamo come definitiva *una fase del processo*. Definire il modello comunicativo di un processo aperto implica una prospettiva di totalità che consideri — in un universo visto *sub specie communicationis* — anche quegli elementi che interferiscono con la comunicazione ma non sono riducibili a comunicazione, e che tuttavia determinano le modalità della comunicazione.

Ma questa prospettiva non va al di là di una definizione generale delle *condizioni della totalità*. E ogni discorso che implichi la totalità delle prospettive rischia di limitarsi a dichiarazioni generali per il timore di scendere ad analisi particolari che spezzino l'omogeneità del panorama. Cosí la totalità rimane soltanto "asserita" e la filosofia perpetra uno dei suoi crimini piú consueti, che consiste nel non dire nulla per la fretta di dire tutto. Se si vuole sapere *che cosa* di fatto avvenga in questa prospettiva di totalità del processo comunicativo, *bisogna scendere all'analisi delle sue fasi*. Allora la totalità del processo si scompone — da prospettiva "aperta" che era — negli universi "chiusi" delle semiotiche che individua. Il processo viene asserito, ma non verificato. Le semiotiche che entrano nel processo, analizzate in un momento dato del loro costituirsi, vengono verificate ma nòn "asserite": cioè non vengono ipostatizzate come definitive, proprio perché la prospettiva del processo, sullo sfondo della ricerca, trattiene il ricercatore da passi filosoficamente avventati (e altrettanto ingenui di quelli di chi voleva asserire la totalità e non verificarne le fasi).

Cosí all'organizzazione di universi chiusi corrisponde la coscienza dell'apertura del processo che li ingloba e li ristruttura; ma questo processo può essere individuato solo come successione di universi chiusi e formalizzati.

II. Ma ricordiamo che il lavoro descrittivo che conduce a ipotizzare i codici (e quindi i sistemi di convenzioni integrati sui quali una società si regge) non porta affatto a fare della ricerca la giustificazione dello *statu quo*. Si è accusata ogni indagine sugli usi linguistici come un modo per ricondurre il pensiero a un'unica dimensione, quella della comprensibilità univoca, per eliminare l'ambiguo, il non ancora detto, quello che è lasciato in ombra e che potrebbe essere detto, e quindi il possibile e il contraddittorio. In questo senso l'analisi comunicativa che privilegia la piattezza e l'inconfutabilità dell'uso comune può costituire (anche se la illazione è temeraria e generica) una forma di tecnica pacificatoria e conservatrice.

Ma — e lo si è detto — la ricerca sui codici non mira a definire le condizioni ottimali di integrazione: mira a scoprire le condizioni di una società di comunicanti a un punto dato.

La catena comunicativa implica però una dialettica codice-messaggio che la ricerca semiologica non solo giustifica ma — nella misura in cui diffonde la consapevolezza del processo — promuove di continuo. Per questo la semiologia, erigendo dei piccoli

"sistemi", non può concludersi in un Sistema. E per questo
il sottotitolo del nostro libro non parla di "sistema semiologico"
ma di "ricerca semiologica". Perché il mostrare che una soluzione
comunicativa è già codificata (e riflette un universo ideologico costituito) apre la strada a un nuovo tentativo comunicativo che
obbliga il codice a ristrutturarsi. Il procedimento operativo della
ricerca semiologica non si risolve fatalmente nell'ideologia del-
l'operativismo per cui si riducono i nomi a un unico significato,
che corrisponde all'unica operazione possibile attuabile su cose
dominabili in un solo modo e a un solo fine.

Se "con tutto il suo esplorare, sceverare e chiarire ambiguità
e oscurità, il neopositivismo non ha interesse per la grande e
generale ambiguità ed oscurità dell'universo stabilito dell'esperienza",[48] ebbene la prospettiva semiologica che si propone
mira invece proprio a fondare le possibilità di esistenza di questa
processualità dei sensi, e a definire il modo di incrementarla e
promuoverla, là dove risulti produttiva (come sospetto fecondo
che tutto possa essere altro da quel che appare e da quel che
vien detto), anche se spesso può essere utile il procedimento inverso, quello di chiarire gli strumenti per ridurre l'ambiguità là
dove diventi tecnica di dominio, confusione mistificatrice.

Cosí, se una tecnica dell'analisi linguistica è potuta apparire
come una tecnica di dominio, dove "il linguaggio multidimensio-
nale è ridotto a un linguaggio unidimensionale, in cui significati differenti e contraddittori non penetrano piú, sono tenuti in
disparte, la dimensione storico esplosiva del significato è ridotta
al silenzio",[49] una ricerca semiologica che tenga conto della dialettica codice-messaggio, del *décalage* continuo dei codici, della
connessione tra universo retorico e universo ideologico, della presenza massiccia delle circostanze reali che orientano la scelta dei
codici e la lettura dei messaggi, diventa fatalmente — né abbiamo mai pensato di nascondercelo — una ricerca motivata, prospettica, non oggettiva (se l'oggettività è la trasparenza assoluta
di una verità massiccia che ci precede), e si assume un compito
terapeutico, dal momento che "l'intero universo del linguaggio
comune inclina a coagularsi in un universo totalmente manipolato
e indottrinato".[50]

III. Nel sottoporre le semiotiche chiuse alla processualità del

[48] H. MARCUSE, *cit.*, pag. 195.
[49] *Ibidem*, pag. 210.
[50] *Ibidem*, pag. 211.

modello aperto, abbiamo privilegiato (e sempre piú, man mano che
i capitoli di questo libro, integrandosi e chiarendosi a vicenda, pro-
cedevano) un elemento extrasemiologico come la *circostanza*
(A.1.VI.2).

Viene piú volte ripetuto che la semiologia non ci induce tanto
ad usare un *testo* per capirne il *contesto*, quanto a ritrovare il
contesto come elemento strutturale del testo; e il nesso che abbiamo posto tra universo dei segni e universo delle ideologie (co-
noscibili semiologicamente solo quando si traducano in codici) ci
è parso il modo migliore per fondare questo rapporto tra due livelli di esperienza sovente incatenati a reciproche soggezioni. Ma
occorre ricordare che ciò che di solito viene definito come " contesto " (reale, esterno — non il contesto formale del mèssaggio)
va distinto in *ideologie*, di cui si è detto, e in *circostanze di comunicazione*. Le ideologie si risolvono in segni, o non vengono
comunicate (e quindi non sono). Ma non tutte le circostanze si
risolvono in segno. C'è un margine ultimo della circostanza, ove
essa si sottrae al giro dei codici e dei messaggi, e li attende al
varco. Ed è dove e quando il messaggio (con tutte le connotazioni che gli permettono di reinglobare ideologie e circostanze di
partenza) *va a cadere* in una circostanza di destinazione non prevista. Sino a che questa " caduta " del messaggio non diventi norma — e allora la 'circostanza implicherà convenzionalmente dei
codici di ricezione riconoscibili e omologabili — la circostanza ir-
romperà a turbare la vita dei segni, e si presenterà come residuo
irrisolto.

In questo senso, nel nostro discorso, la circostanza si è andata
sempre piú configurando come il complesso di fattori biologici,
il contesto degli accadimenti economici, degli eventi e delle inter-
ferenze esterne che si modellano come la cornice ineliminabile di
ogni rapporto comunicativo. Quasi come la presenza della " realtà "
(se ci è permessa questa locuzione ambigua), che flette e modula i
movimenti non autonomi dei processi di significazione. Quando
Alice domanda: " la questione è se tu puoi far sí che le parole significhino cose tanto diverse ", la risposta di Humpty-Dumpty è:
" la questione è chi debba essere il padrone ".

Una volta accettata questa prospettiva, ci si potrebbe chiedere
se il processo della comunicazione sia capace di piegare le circostanze in cui avviene.

L'esperienza della comunicazione, che è l'esperienza della cultura, ci permette di rispondere positivamente, se non àltro nella
misura in cui la circostanza, intesa come base " reale " della co-

municazione, si traduce anch'essa di continuo in un universo di
segni, e mediante questi viene individuata, valutata, contestata,
mentre dal canto proprio la comunicazione, nella sua dimensione
pragmatica, produce comportamenti che concorrono a mutare le
circostanze.

IV. Ma c'è un aspetto semiologicamente piú interessante, secondo cui la circostanza può diventare elemento intenzionale della
comunicazione. Se la circostanza concorre a fare individuare i
codici mediante i quali si attua la decodifica dei messaggi, allora
la semiologia può insegnarci che, *anziché modificare i messaggi,
o controllare le fonti di emittenza, si può alterare un processo comunicativo agendo sulle circostanze in cui il messaggio sarà ricevuto.*

È questo un aspetto "rivoluzionario" della coscienza semiologica, tanto piú importante in quanto (in un'era in cui le comunicazioni di massa si presentano spesso come la manifestazione di
un dominio che ribadisce il controllo sociale attraverso la pianificazione della trasmissione di messaggi), là dove appare impossibile
alterare le modalità dell'emittenza o la forma dei messaggi, rimane possibile (come in una ideale "guerriglia" semiologica) mutare le circostanze alla luce delle quali i destinatari sceglieranno
i propri codici di lettura.

La vita dei segni appare labile, sottomessa alla corrosione delle
denotazioni e delle connotazioni sotto l'impulso di circostanze
che ne svuotano la potenza significatrice originaria; pensiamo a
un sema visivo cosí provocatorio come la runa del movimento per
il disarmo atomico, cosí scandaloso quando appariva ai primi oc-
chielli di coloro che contestavano le logiche dell'escalation, e poi
gradatamente sottoposto a nuove codifiche connotative man mano
che il simbolo appariva commercializzato nelle boutiques, sino
al momento in cui divenne l'insegna scherzosa di una catena di
supermarket (col motto consumistico: "fate la spesa e non la
guerra"). Eppure è bastato che *in circostanze date* il sema ap-
parisse sui cartelli di chi stava impedendo il reclutamento di
soldati per una guerra di sopraffazione e, *almeno in quella circostanza* (e in altre analoghe), il sema non apparve piú né neutro
né neutralizzato, ma riacquistò le connotazioni piú oltraggiose e
temibili.

Contro una ingegneria della comunicazione che si ingegna a
ridondare i messaggi per assicurarne la ricezione secondo i piani
prestabiliti, si profila la possibilità di una tattica della decodifica

che *istituisca* circostanze diverse per decodifiche diverse, rimanendo inalterato il messaggio come forma significante (ma ciò non induca all'ottimismo: lo stesso procedimento serve alla contestazione come al ristabilimento di un dominio).

Se questa energia pragmatica della coscienza semiologica mostra come anche una disciplina descrittiva possa tradursi in progetto attivo, al tempo stesso induce il sospetto che il mondo visto *sub specie communicationis* non sia tutto il mondo, e il timore che l'universo della comunicazione sia solo l'esile sovrastruttura di qualcosa che avviene alle spalle della comunicazione. Ma questa esile sovrastruttura ci istituisce talmente in ogni nostro comportamento, che intenzionarla come modalità del nostro essere-nella-circostanza non rimane impresa di poco conto. La comunicazione congloba tutti gli atti della prassi, nel senso che la prassi stessa è comunicazione globale, è istituzione di cultura e quindi di rapporti sociali. È l'uomo che si appropria del mondo e fa sí che la natura si trasformi continuamente in cultura. Solo che si possono interpretare i sistemi di azioni come sistemi di segni purché i singoli sistemi di segni si inseriscano nel contesto globale dei sistemi di azioni; ciascuno come uno dei capitoli (mai da solo il piú importante e risolutivo) della prassi come comunicazione.

INDICE DEGLI AUTORI CITATI

420

Blanchot M., 333-335.
Bloomfield L., *32, 33.*
Bobbio N., *84.*
Boccaccio G., 380.
Bohr N., 257, 293.
Bogatyrev P., *401.*
Bonomi A., *289, 290, 292, 295.*
Bonsiepe G., *92, 167, 171.*
Bontempelli M., *172.*
Boole G., 24, 328, 330.
Borges J.L., *401.*
Bosco N., *36.*
Bottero M., *245.*
Botticelli S., 163.
Boulez P., 266, 267, 303, 304, 309.
Braga G., *16.*
Brandi C., *192, 199,* 279, 280.
Bravo G.L., *271, 389.*
Brémond C., 11, *142, 271,* 365, 405.
Bridgman P., 285, 286.
Broch H., *89.*
Brodey W., *238.*
Brøndal V., *41.*
Brown R., *370.*
Bühler K., 393.
Burchiello, 96.
Butor M., 266, 267.

Calboli G., *80, 314, 373.*
Calogero G., 403.
Calvesi M., 163.
Cantineau J., *43.*
Cantoni R., *93.*
Canziani F., *120.*
Cargnello D., *255.*
Carnap R., *33,* 62, 403.
Caruso P., *239, 262, 355.*
Cassirer H., 255.
Castagnotto U., *170, 172.*
Chamie M., *72.*

Charbonnier C., *132.*
Chase S., *224, 393.*
Chatman S., *65, 68.*
Cherry C., *16, 25, 27.*
Choay F., *192.*
Chomsky N., *42, 80,* 287-288, *314,* 373, 374.
Church A., *33.*
Ciang Tse, *358.*
Civ'jan T.V., *397.*
Coleridge S.T., 254.
Constable J., 117.
Contini G.F., *272, 278.*
Coons E., *73.*
Coquet J.C., *404.*
Corti M., 11, *238, 271, 272*-277.
Coseriu E., *34.*
Croce B., 61, 78, 403.
Crystal D., *411.*
Cummings E.E., 408.
Curi F., 97.
Curtius E.R., *84.*

Daumier H., 120.
De Benedetti A., *170.*
De Bruyne E., *84.*
De Campos A., *72.*
De Campos H., *72.*
De Fusco R., *92, 206, 221, 227.*
De Jorio A., *397.*
Della Volpe G., *63, 64, 74*-75, *79, 278.*
De Mauro T., 17-22, *32, 384,* 403.
De Robertis G., *278.*
Derrida J., 278-282, *292, 296,* 333, 343-354, *401.*
Devoto G., *73.*
Dexter L.A., *97.*
Dilthey W., 254.
Disney W., 120.

UMBERTO ECO: LA VITA, I LIBRI

1932

Umberto Eco nasce ad Alessandria, il 5 gennaio.

1954

Si laurea in filosofia all'università di Torino con una tesi su "Il problema estetico in San Tommaso d'Aquino" che verrà in seguito pubblicata in una prima edizione dalle Edizioni di "Filosofia" a Torino nel 1956 (Il problema estetico in San Tommaso) *e in edizione riveduta da Bompiani nel 1970* (Il problema estetico in Tommaso d'Aquino), *con una nuova introduzione, un'appendice e alcune inserzioni sulla situazione generale del pensiero estetico medievale.*

1955

Lavora alla RAI per i programmi culturali TV.

1956

Inizia a collaborare al Verri *e alla* Rivista di Estetica.

1959

Collabora con Luciano Berio. Scrive i primi saggi di Opera aperta *sulla rivista* Incontri Musicali. *Inizia a collaborare con la casa editrice Bompiani per la quale dirige le collane di saggistica filosofica, sociologica e semiotica. Pubblica nel primo volume di* Momenti e problemi di storia dell'estetica *(Marzorati) il lungo capitolo "Sviluppo dell'estetica medievale".*

1961

È libero docente in estetica. È tra i co-fondatori di Marcatré.

1962

Tiene corsi liberi di estetica alla facoltà di Lettere e Filosofia di Torino (1962-63, 1963-64) e alla facoltà di Architettura di Milano (1964-65). Nello stesso anno esce la prima edizione di Opera aperta.

1963

Pubblica presso Mondadori Diario minimo.
Inizia l'attività del "Gruppo 63".
Inizia a collaborare al The Times Literary Supplement.

1964

Esce presso la Bompiani Apocalittici e integrati.

1965

Sempre presso la Bompiani pubblica Le poetiche di Joyce, *edizione riveduta della seconda parte di* Opera aperta.
*Inizia la collaborazione all'*Espresso.

1966

È incaricato di Comunicazioni visive alla facoltà di Architettura di Firenze dove insegnerà fino al 1969.
Tiene un corso all'università di São Paulo.

1967

Pubblica da Bompiani Appunti per una semiologia delle comunicazioni visive *(fuori commercio) che sarà poi integrato in* La struttura assente. *È tra i co-fondatori di* Quindici.

1968

Escono da Mursia La definizione dell'arte *e da Bompiani* La struttura assente.

1969

Insegna alla New York University.

1970

È incaricato di semiotica alla facoltà di Architettura di Milano. Tiene corsi in università argentine.

1971

Ottiene l'incarico di semiotica all'università di Bologna, facoltà di Lettere e Filosofia. (Dal 1975 è titolare della cattedra omonima nella stessa università).
Dà vita alla rivista internazionale di semiotica Versus.

Pubblica presso la Bompiani Le forme del contenuto.
Inizia con lo pseudonimo di Dedalus una serie di corsivi satirici sul Manifesto.

1972

Insegna alla Northwestern University.

1973

Escono Il segno *da Isedi,* Il costume di casa *da Bompiani e* Il Beato di Liebana *da Ricci, per il quale ha curato l'introduzione e le note iconografiche.*

1974

Organizza, come segretario generale della International Association for Semiotic Studies, il primo Congresso Internazionale di Semiotica a Milano.

1975

Pubblica presso la Bompiani il Trattato di semiotica generale, *versione italiana dell'opera che apparirà nell'edizione inglese presso l'Indiana University Press, nel 1976, col titolo,* A Theory of Semiotics.

1976

Pubblica presso Bompiani Dalla periferia dell'Impero, *che fa seguito, per così dire, a* Il costume di casa, *riferendosi però a quanto avviene alla periferia del grande impero americano, nei paesi barbari dell'area meridionale.*

1977

Esce nei "Tascabili Bompiani" Come si fa una tesi di laurea, *un manuale rivolto particolarmente ai laurendi in discipline umanistiche.*

1979

Pubblica presso Bompiani Lector in fabula (La cooperazione interpretativa dei testi narrativi), *sulla situazione del lettore nei labirinti della creatività.*

1980

Pubblica presso Bompiani Il nome della rosa (gothic novel, *cronaca*

medievale, romanzo poliziesco, racconto ideologico a chiave, allegoria),
che diviene un autentico bestseller.

1981

Al Nome della rosa *viene assegnato il Premio Strega.*

1982

Alla traduzione francese del Nome della rosa *viene assegnato il Prix Médicis.*

1983

Esce da Bompiani Sette anni di desiderio *e* Il Segno dei tre *di cui è curatore e autore del saggio* Corna, zoccoli, scarpe. Alcune ipotesi su tre tipi di abduzione.

1985

Esce la collana strumenti Bompiani di cui è direttore e per la quale pubblica Arte e bellezza nell'estetica medievale. *Sempre presso Bompiani pubblica* Sugli specchi e altri saggi.

1986

Esce il film Il nome della rosa, *regia di Jean-Jacques Annaud, interpreti Sean Connery, F. Murray Abraham.*

1987

Pubblica Arte e bellezza nell'estetica medievale *nella collana strumenti Bompiani.*

1988

A otto anni di distanza da Il nome della rosa, *esce* Il pendolo di Foucault *(una sorta di "libro totale" sulla ricerca ossessiva della verità), il secondo romanzo che diviene immediatamente un bestseller.*

INDICE GENERALE

TASCABILI BOMPIANI
Periodico settimanale anno V numero 202 - 14/7/1980
Registr. Tribunale di Milano n. 133 del 2/4/1976
Direttore responsabile: Giovanni Giovannini
Finito di stampare nel settembre 1989 presso
la Milanostampa S.p.A. - Farigliano (CN)
Printed in Italy